치유와 여성신학

여성신학사상 제14집

치유와 여성신학

2022년 2월 28일 처음 발행

엮은이 | 한국여성신학회
지은이 | 강희수 김나경 유연희 이난희 이영미 이주아
　　　　정혜진 정희성 조지윤 조현숙 진미리
펴낸이 | 김영호
펴낸곳 | 도서출판 동연
등　록 | 제1-1383호(1992. 6. 12.)
주　소 | (우 03962) 서울시 마포구 월드컵로 163-3
전　화 | (02) 335-2630
팩　스 | (02) 335-2640
이메일 | h-4321@daum.net / yh4321@gmail.com

Copyright ⓒ 한국여성신학회, 2022

ISBN 978-89-6447-762-5 94230
　　　 978-89-6447-578-2(세트)

여성신학사상 제14집

치유와 여성신학

한국여성신학회 엮음

강희수 김나경 유연희 이난희 이영미 이주아
정혜진 정희성 조지윤 조현숙 진미리 함께 씀

동연

　　2020년 7월 10일 비대면으로 진행된 정기총회에서 제28기 회장
으로 선임된 지가 며칠 전같이 느껴지는 데 벌써 임기 마지막 분기를
맞이하면서 여성신학사상 제14집 『치유와 여성신학』 발간사를 쓰게
되었습니다. 2020년과 2021년은 한국여성운동사에서 기억될 몇 가
지 주요한 사건들을 겪었던 해입니다. 그중에 두 가지 활동만 언급하
자면, 먼저 여성신학회가 한국여성연구학회협의회 소속 학회와 함께
"여성을 범죄자로 만드는 '낙태죄' 형법 개정안을 즉각 폐기하라"는 성
명서를 발표하였습니다(2020.10.13.). 정부가 2020년 10월 7일 예고
한 형법-모자보건법 개정안이 여성의 자기결정권 존중이라는 헌법재
판소 결정의 근본 취지를 축소, 왜곡하고 있기 때문에 여성신학회는
정부의 개정안을 즉각 폐지할 것을 요구했습니다. '낙태죄' 처벌이 아
니라 여성의 자기결정권을 강화하고 전 생애에 걸쳐 안전하고 건강한
삶을 살 수 있도록 보장하는 것으로 정부 정책의 초점이 전환되어야
할 것을 재차 강조하였습니다.

　　다음으로, 여성신학회는 14년째 묶여 있는 차별금지법을 2021년
연내 제정하는 목표를 가지고 2021년 9월 6일에 출범한 "차별과 혐오
없는 평등세상을 바라는 그리스도인 네트워크"에 연대하고 회원으로

참여하여 활동하였습니다. 우리 여성들은 수 세기 동안 다층적인 차별을 경험하면서 개별적 영역의 법안으로는 교차적 차별을 해결할 수 없으므로 포괄적 차별금지법이 필요함을 경험하였기 때문이었습니다. 교차적 차별의 경험은 교차적 페미니즘 연구로 이어질 수밖에 없다는 사실이 이번『치유와 여성신학』의 글들을 통해서도 살펴볼 수 있습니다. 2015년 페미니즘 리부트 이후 발전한 교차적 페미니즘 연구가 최근에는 장애, 질병, 퀴어 등의 영역에서 활발하게 이루어지고, 그 저변도 확장되고 있습니다. 또한 제28기 여성신학회는 페미니즘의 리부트로 차세대 여성신학자들의 양성을 위한 책임도 절감하며, 중점 사업으로 젊은 여성신학도들의 연구지원과 교육 콘텐츠 계발을 진행하였습니다. 여성신학회 홈페이지(https://cafe.daum.net/kafemtheo)를 통해 공유된 결과를 살펴주시고, 학교나 교회에서 많이 활용해주시기를 바랍니다.

『치유와 여성신학』을 기획하고 출판 준비를 하는 과정은 협업과 소통의 미덕을 배우고 그 기쁨을 향유할 수 있는 여정이었습니다. 조현숙 편집위원장님을 중심으로 한 편집회의를 통해 지금의 시대를 고려하면서 여성신학의 과제를 담을 수 있는 주제를 선정하였고, 지속되는 코로나의 비대면 사회 속에서 서로를 보듬고 격려하는 치유가 필요함을 공감하였습니다. 여성신학사상집의 특징은 연구자 개개인의 학문적 독창성뿐 아니라 연구자들 간 서로에 대한 성찰과 피드백을 바탕으로 한 협업으로서의 연구를 실천하는 것입니다. 이러한 협업으로서의 공동집필을 위해 임원진은 여성신학회의 학술대회를 여성신학사상 필진을 중심으로 진행하였습니다.

필진의 발표는 2021년 3월 20일 신진학자 학술대회에서 김나경 박사의 "하나님 나라와 치유: 켈트 여성 영성을 중심으로"로 시작되었습니다. 이어서 2021년 5월 22일 정기학술대회에서 조지윤, 정혜진, 이주아 박사 등 세 필자가 발표하였습니다. 조지윤 박사: "예수는 어떤 병을 깨끗하게 하셨는가? - 신약성서의 '레프라' 번역 연구," 정혜진 박사: "몸의 정치학으로 본 마가복음의 정결 이데올로기 비판: 하혈하는 여인 치유 본문(5:25-34)을 중심으로," 이주아 박사: "섹스로봇이 우리에게 줄 상처 그리고 여성신학적 치유방안"을 통해 여성의 몸과 장애, 성성의 교차적 차별의 문제와 치유의 가능성을 토론하는 유익한 장이 되었습니다. 교차적 페미니즘의 연구는 2021년 10월 30일에 열린 한국기독교학회 학술대회의 발표를 맡아주신 유연희 박사님의 "다리가 저릴 때까지 그 자리에 서서 들을게: 미리암의 낙인과 트라우마의 치유를 향하여"(민 12장)로 이어졌습니다. 끝으로 2021년 송년 학술대회에서 강희수 박사께서 "비혼여성과 함께 하는 '교회-되기' 회복을 위하여"로 발표를 맡아 책이 출판되기 전 6명의 필진이 발표의 장을 통해 논의를 확장시킬 기회를 가질 수 있었습니다.

바쁜 일정 속에서도 회기 동안 학회 활동을 위해 헌신해주신 임원 교수님들과 참여해주신 회원들의 도움으로 여성신학사상 14집 출판이 가능했습니다. 다시 한번 감사드립니다. 앞으로도 한국여성신학회가 정의롭고 평등한 하나님 세상을 앞당기는 데 큰 디딤돌이 되기를 기도드립니다.

2022년 1월
수유리 임마누엘 동산에서
이영미 한국여성신학회 제28기 회장

기억하기와 돌보기

여성신학사상 14집 『치유와 여성신학』은 펜데믹의 고통이 끝나지 않은 가운데 쓰였다. 많은 생명이 쓰러져 갔고 지금도 신음하고 있다. 우리에게 일어나는 이 고통에 대한 질문에서 『치유와 여성신학』은 탄생했다. 수많은 질문은 평범한 일상에 균열을 내었고 고통 속에 던져진 인간은 아픔 속에 홀로 버려진 존재가 아닌, 주님의 기억하심 속에 있다는 근거를 성서와 신학 안에서 찾고 싶었다.

이영미의 "상처입은 치유자"는 창조주와 피조물의 경계를 이어주는 사잇존재로서 인간을 제안한다. 이는 땅을 정복하거나 신의 대리인으로 위임받는 청지기로서의 인간이 아니라 자연과 함께 신음하는 상처받은 치유자로서의 인간 존재이다. 사잇존재는 자연과 함께 탄식하며 연대하면서 구원을 앞당기는 존재다.

유연희의 "다리가 저릴 때까지 그 자리에 서서 들을게"는 미리암의 낙인과 트라우마에 대한 이야기이다. 이 글은 민수기 12장 미리암의 경험을 다각도로 분석하면서 미리암의 이야기를 질병과 젠더, 위계질서와 가부장제 그리고 교차성, 희생양 메커니즘, 낙인, 트라우마 이론이라는 다차원적 관점에서 미리암의 이야기를 해석했다. 여기서 중요한 점은 이질적인 것을 따라가는 독자의 공감적 불안정성(라카프라)를 인정하는 것이다. 타인의 고통에 공감한다는 것은 자기기만을 버리고 최대한 이질적인 것의 흔적을 따라가는 것이기 때문이다.

정희성의 "성폭력 피해여성의 재활과 생존을 위한 성서 읽기"는 성서에 나오는 다말과 밧세바 이야기를 여성의 관점에서 '한 여성-놀이로서의 읽기' 시도를 통해 이해한다. 이를 통해 성서에서는 끔찍한 경험을 하고 피해자로 명명된 다말을 생존자, 사업가, 지혜로운 노파 등으로 새롭게 살려낸다. 밧세바 역시 왕권의 피해자에 머물지 않고 왕의 아내, 어머니가 되어 예수의 족보에 오르는 영원한 영웅으로 묘사한다.

조지윤의 "예수는 어떤 병을 깨끗하게 하셨는가?"는 신약성서에 나오는 '레프라' 번역 연구이다. 성서에 나오는 '나병,' '문둥병자'로 통칭되는 그리스어 '레프라'와 '레프로스'가 각각 '나병'과 '나병환자'로 번역되면서 발생하는 다양한 차별과 혐오를 지적하고 '레프라'의 새로운 번역어를 '심한피부병,' '레프로스'를 '심한피부병을 앓는 사람'으로 번역할 것을 제안한다. 이는 언어의 재명명이 예수의 변혁적 치유 사역을 충분히 드러낼 수 있는 가능성이기 때문이다.

정혜진의 "몸의 정치학으로 본 마가복음의 정결 이데올로기 비판"은 마가복음 5장에 나오는 하혈하는 여인의 본문을 정결 규정과 연결시켜 해석하는 여성신학의 관점들 속에서 '정결'이라는 개념이 사회 구성원들을 통제하고 지배하고자 하는 원리였음을 밝히고 있다.

김나경의 "하나님 나라와 치유"는 켈트 여성의 영성에 대한 글이다. 켈트인들은 예수가 활동했던 갈릴리의 이방 거류민이었으며 원시-그리스도교의 핵심 구성원이다. 특히 켈트 여성들은 투쟁적, 진취적 자주적인 특성과 창조의 영성을 소유하고 있는 존재다. 글을 통해 김나경은 켈트 여성들이 가부장제에 의해 억압받고 종교적으로 마녀사냥의 대상이 되었지만 그들은 치유자요 자유인들이었음을 이야기한다.

조현숙의 "신들린 여성, 히스테리의 하늘을 향한 갈망"은 현대에 재현되고 있는 교회 안의 히스테리 증상의 여성들을 병리적 관점에서 바라보지 않고 몸을 통해 하나님께 드리는 사제들로 표현한다. 그리고 이 히스테리 사제들이야말로 가부장적인 하나님 표상에 도전하는 강력한 메타포임을 주장한다.

진미리의 "치유"는 대상화를 넘어 여성을 주체로 보는 시선을 회복하기 위한 연구이다. 여성 대상화에 대한 사상적이고 기독교 역사적인 흐름을 살펴보면서 원인을 진단하고, 이를 해결하기 위한 대안으로 상호주관적인 사회적 관계, 평등한 관점을 기반으로 하는 해석의 다양성 그리고 아래로부터의 유동적인 공동체성을 제시하고 있다.

이난희의 "한국교회 여교역자의 목회 경험 사례 연구와 치유를 위한 여성신학적 제언"은 교회 안의 여교역자들이 목사안수를 받고 지도력이 향상되고 있음에도 불구하고 성평등과 존엄이 충분히 실현되고 있지 못한 현실을 여교역자들의 심층면접을 통해 알아보았다.

강희수의 "비혼여성과 함께 하는 '교회-되기' 회복을 위하여"는 교회가 공공성의 공간으로 세워질 때 교회 내 소수자인 비혼여성이 교회 공동체의 일원으로 정체성을 가질 수 있다고 보고, 교회의 공공성이란 무엇인지, 또 교회가 공공성의 공간이 되어야 하는 이유와 방법에 대해 논의한다.

이주아의 "섹스로봇이 우리에게 줄 상처 그리고 여성신학적 치유 방안"은 섹스로봇을 중심으로 첨단 기술 산업사회가 여성의 성성(性性)을 유린하는 현실과 이의 문제점 등을 비판적으로 분석하고 여성주의 기독교교육의 대안을 몸의 경험을 풀어내고 재형성하기, 몸을 축하하기, 하나님의 몸으로서 지구를 생각하기의 세 단계로 교육적 방안을 제안한다.

열 한편의 글 속에 나타난 여성들과 이야기들은 저자들에 의해 새롭게 명명되었다. 그리고 이 글을 읽는 독자들에 의해 기억될 것이다. 이 책에 등장한 사잇존재들, 미리암과 다말, 밧세바, 심한피부병을 앓는 이들과 하혈하는 여성들, 히스테리 여성들과 켈트 여성들, 대상화되었던 여성들, 존엄이 묵살된 여교역자들과 비혼여성들 그리고 섹스로봇까지 이 책이 출간되는 순간 수많은 독자들에 의해 기억되고 돌보아지고 치유되는 시간 속에 있음을 상상해본다.

조현숙

한국여성신학회 편집위원장

차 례

이주아 | 섹스로봇이 우리에게 줄 상처 그리고 여성신학적 치유 방안

상처 입은 치유자
: 생명을 잇고 살리는 사잇존재로서의 인간이해와 연결행동 *

이영미**

I. 들어가는 말

세상이 빠르게 변하고 있다. 지금의 변화를 대변하는 단어로 4차 산업혁명, 코로나-19, 기후위기, 메타버스, 탈종교(기독교), 비대면 예배, 미투 등이 떠오른다. 이 중에 4차 산업혁명, 기후위기, 미투 등 세 가지 사건은 한국 여성운동에 큰 변화를 가져왔으며, 인간의 지위와 역할에 대한 근본적인 재성찰을 요구한다. 이 글은 전환의 시대를 맞이하는 여성운동의 변화와 그에 따른 여성신학적 인간이해를 모색하려는 목적을 가진다. 전환의 시대 페미니즘의 새로운 물결은 온라인 페미니즘으로 대표될 수 있으며, 이 운동의 주체화 방식은 온라인을

---

* 이 글은 2021년 11월 3일에 행한 한국교회여성연합회 제34회 실행위원 및 각부 위원 연수회 주제특강을 대폭 수정한 원고이다.
** 한국여성신학회장, 한신대학교 교수.

기반으로 하여 오프라인으로 확장하는 "연결행동"으로 설명된다. 개인들은 자유롭고 자발적으로 관계를 만들고 참여하고, 수평적 참여와 조직 구성이 그 특징임을 밝힐 것이다. 더 나아가 이 글은 인간중심적 세계관을 넘어선 생태여성신학적 인간이해를 구약성서를 기초로 제시하고자 한다. 즉 인간은 생태공동체의 일원으로 함께 고통당하며, 상처입은 치유자로서 창조 질서를 회복하고 생명을 살리는 일을 담당해야 할 존재로 바라볼 것을 구약성서를 기초로 제안한다. 또 이를 위한 연결행동의 실천을 촉구하고자 한다.

II. 전환의 시대를 여는 변화들

1. 4차 산업혁명과 온라인 페미니즘의 등장

4차 산업혁명은 비단 여성뿐 아니라 인류 전체의 일상과 삶의 패턴을 혁신적으로 바꿔놓았다. 인류는 4차례에 걸친 근본적인 변화를 겪어왔는데, 그 첫 번째가 증기기관과 기계화로 대표되는 1차 산업혁명(1784년)이다. 전기를 이용한 대량생산이 본격화된 2차 산업혁명은 1870년에 시작되었고, 인터넷이 이끈 컴퓨터 정보화 및 자동화 생산 시스템의 3차 산업혁명은 1969년에 시작되었다. 지금은 우리 곁에 로봇이나 인공지능(AI)을 통해 실제와 가상이 통합돼 사물을 자동적-지능적으로 제어할 수 있는 가상 물리 시스템의 구축이 기대되는 소위 4차 산업혁명 시대를 살고 있다.[1] 4차 산업혁명 시대에 인간의 자리는 이제 스스로 무엇인가를 만들어내는 노동의 중심에 있지 않고, 로봇이

나 AI, 빅데이터 등이 만든 (노동의) 결과물을 활용하고 누리면서 창의적 삶을 영위하는 전략의 중심으로 이동했다.

인터넷이 이끈 컴퓨터 정보화는 90년대 스티브 잡스의 휴대폰 발명과 출시로 1인 1컴퓨터의 온라인 시대로 이어지면서 우리를 인터넷이라는 넓은 정보의 바다로 인도하여, 흘러넘치는 정보를 접하도록 해 주었다. 예전에는 누군가에 의해 이미 선택되어 제공되는 정보를 수동적으로 수용하였다면, 이제는 다양한 정보 중에 어떤 정보를 나의 것으로 받아들일지를 능동적으로 선택하게 되었다. 예전에는 시공의 제한이 많았지만, 이제는 시공을 뛰어넘을 수 있게 되었다. 예전에는 하나의 가치가 정해지고 그 가치 아래 공감하는 사람들을 모으는 방식이었다면, 이제는 각자가 자신의 가치를 선택하고 공감하는 사람들이 있는 곳으로 찾아가는 방식으로 바뀌었다. 정보화 시대에는 개인의 선택과 창의적 전략, 지향점이 중요하다.

온라인 시대는 페미니즘에도 큰 변화를 가져왔는데, 이를 제4물결 페미니즘 혹은 온라인 페미니즘이라고 부른다.[2] 이 말은 2011년, 북미 주요 도시와 유럽, 오스트레일리아 등 세계 60개 도시에서 진행된 슬럿 워크(slut walk)로 시작된 온라인 페미니즘을 지칭하였다. 한국의 온라인 페미니즘은 2015년에 '#나는페미니스트입니다' 해시태그 운동과 함께 일어났고, 일 년 뒤, 2016년 강남역 살인 사건을 기점으로 '페미니즘 뉴웨이브,' '영영페미니스트의 출현'으로 본격화되었다.[3] 대

---

1 Krand, "4차 산업혁명이란? 뜻과 전망," https://krand.kr/84. 2021년 8월 11일 접속.
2 김은주 외, 『출렁이는 시간[들]: 제4물결 페미니즘과 한국의 동시대 페미니즘』 (성남: 에디투스, 2021), 23.
3 앞의 책, 24.

중 확산적인 페미니즘 운동을 가능하게 한 주요한 요인은 제4차 산업혁명으로 개인화된 매체인 소셜미디어가 사회적 연결망으로 작동하는 환경의 조성이었다. 소셜미디어를 통한 페미니즘 운동의 확산을 김은주는 다음과 같이 설명한다.

소셜 미디어는 페미니즘 운동의 의사소통 방식을 변화시키고, 온라인에서뿐 아니라 오프라인에 이르기까지 글로컬 운동으로 이끈다. 다중의 연결과 만남을 매개한다는 점에서, 소셜 미디어는 먼 거리를 가로질러 빠르게 대화를 이끌고, 지역적으로 활성화하는 동시에 세계 전역으로 확장하여 동시다발적 대중의 조직화를 가능하게 한다. 소셜 미디어가 페미니즘 운동의 주요한 플랫폼으로 작동하는 것이다.[4]

온라인 페미니즘은 모바일과 결합한 소셜 미디어 기술로 인해 기존과는 다른 방식으로 소통한다. 즉 온라인 페미니즘은 미시 정치의 영역이라 칭해지는 일상의 정치에 기반한다. 유명한 "개인적인 것이 정치적인 것"이라는 구호가 실제화되고 확장된 영향을 미치는 시대가 도래하였다. 주체로서 여성이 일상적 삶에서 경험하는 감정적 여행은 온라인 기술을 매개로 집합과의 관계를 형성하고 재활성화된다. 이러한 감정은 개인의 즉각적이고 일시적인 반응에 그치지 않고 사회적 감정들과 매개하면서 정치화의 과정을 겪는다. 온라인 페미니즘은 온라인 기술에 힘입어 한 주체에게 발생하는 순간의 활력이 다른 존재들과 마주침으로 일어나는 변화 혹은 활력적 능력을 의미하는 정동(affect)의

---

4 앞의 책, 25.

관계에 주목한다. 정동은 관계의 공간에서만 출현하는 사건이며, 사라 아메드(S. Ahmed)는 페미니즘을 "느낌과 정념 그리고 감정들로 가득 차 있는" 정치학으로 보고, 페미니즘 자체가 언제나 이미 젠더화, 섹슈얼적, 인종적, 계급적 권력과 정동 관계에 탐구하는 것으로 설명한다.5 크베트코비치(A. Cvetkovich)는 '정동을 동기 부여의 체계와 새로운 집단을 형성하기 위한 토대'이며 페미니즘의 정치는 정독적 삶 안에서 생성된다고 본다.6

전환의 시대 페미니즘의 새로운 물결은 온라인 페미니즘으로 대표될 수 있으며, 이 운동의 주체화 방식은 온라인을 기반으로 하여 오프라인으로 확장하는 "연결행동"으로 설명된다.7 개인들은 자유롭고 자발적으로 관계를 만들고 참여하고, 수평적 참여와 조직 구성이 그 특징이다. 과거와 달리 하나의 리더를 중심으로 하는 운동의 리더십 대신에 자발적으로 결정하고 시위를 주도하는 양식으로 변하였다.

5 S. Ahmed, *The Cultural Politics of Emotion* (New York: Routledge, 2004); 앞의 책, 34-35에서 재인용.

6 A. Cvetkovich, *An Archive of Feeling: Trauma, Sexuality, and Lesbian Public Cultures* (Durham and London: Duke University Press, 2003), 12; 앞의 책, 35에서 재인용.

7 연대행동에 대해서는 W. L. Bennett and A. Segerberg, *The Logic of Connective Action* (Cambridge: Cambridge University Press, 2013), 마누엘 카스텔, 『분노와 희망의 네트워크』, 김양욱 옮김 (파주: 한울아카데미, 2015) 등을 참조하라.

2. 기후위기와 사잇존재로서의 인간
: 지구가 아플 때, 인간도 아프다

미국장로교가 온라인으로 주최한 "2021년 지구돌봄을 위한 장로
인 대회"를 여는 강연에서 뉴욕 유니온 신학대학원 예배학 교수인 클
라우디오 카발해스(Cláudio Carvalhaes)는 "지구가 아플 때, 인간도 아
프다"(When the Earth is sick, we are sick)고 탄식하였다. 그는 계속해
서 "실제로 우리는 불타는 집 안에서 살고 있으며, 우리는 불타고 있다"
라고 말하면서 지구가 직면한 이상기후, 잦은 대형 산불, 홍수, 코로나
19 등 생태위기의 심각성을 강조하였다. 일찍이 2019년 11월, 전 세
계 153개국 1만 1258명의 과학자들은 "지구가 기후비상사태"라고 선
언한 바 있다. 이들은 29가지의 지표를 근거로 지난 40년 사이 10년마
다 전 세계 인구는 15.5% 증가한 반면, 산림 면적은 49.6%, 아마존
열대 우림은 24.3%씩 감소했고, 이산화탄소 배출량은 10년에 17.9%
꼴로 증가했고, 남극의 빙하면적은 1조 2,300억 톤씩 증가했다고 발
표하였다. 2020년 1월, 미국 핵과학자회도 "핵 위협과 기후변화 등으
로 인류가 최후를 맞게 될 시간(지구 종말 시계)이 자정 100초 전으로
다가왔다"라고 발표했다.8 지금의 기후위기는 마치 침몰하는 배가 복
원력을 상실해서 빠르게 침몰하기 직전과 같은 위급한 상태이다. 제러
미 리프킨은 "기후위기의 시대 – 생존 가능한 지구로 가는 길"이라는
제목으로 열린 2021 경향포럼에서, 단적으로 인류가 기후위기에 대응

---

8 김준우, 『"기후비상사태" 선포와 "기후비상내각" 설치를 위한 긴급보고서』 (고양: 한국기
  독교연구소, 2020), 1-2.

할 희망은 남아 있지만, "면도날만큼 얇은 시간만 남았다"라고 기후위기의 긴박성을 지적하기도 했다.[9]

그렇다면 인류는 정말로 자신들의 지구가 불타고 있으며, 그 안에 살고 있는 자신들이 불타고 있다는 위기의식을 자각하고 있는지 궁금하다. 2020년 여름, 코로나-19를 겪고 있는 상황 한가운데서 한국 개신교인을 대상으로 한 설문조사가 있었다.[10] 이 설문조사에서 97.0%의 개신교인들이 지구온난화가 심각하다고 답했다. 88.9%의 개신교인들은 경제 성장보다 지구온난화 방지가 더 우선되어야 한다고 답했다. 그중 63.7%에 달하는 사람들이 지구온난화를 막아야 지구와 인류의 파멸을 막을 수 있다고 답했다. 59.3%의 개신교인들은 지구온난화가 코로나19와 같은 전염병 증가에 영향을 끼친다고 생각하고 있다. 그렇지 않다고 대답한 26.7%보다 두 배 이상 높은 비율이다. 그러나 "지금 우리 사회를 위협하는 가장 큰 문제는 그렇다면 무엇인가?"라는 질문에는 개신교인의 절대다수는 코로나19 바이러스(78.9%)와 경기 침체(78.8%)를 꼽았고, 기후위기는 단 16.5%로 기타 의견을 제외하면 꼴찌의 응답률을 보였다. 기후위기가 근본적인 원인이라고 생각하더라도

---

9 김경학, "경향포럼: 제러미 리프킨 지구에겐 면도날만큼의 시간만 남았다,"「경향신문」2021년 6월 23일. https://www.khan.co.kr/environment/environment-general/article/202106232108005. 2021년 8월 11일 접속.

10 (사)한국기독교사회문제연구원이 ㈜지앤컴리서치에 의뢰해서 2020년 7월 21-29일 19세 이상 전국의 개신교인 1000명 대상으로 패널을 활용한 온라인 조사로 코로나 이후의 사회 현안에 대한 개신교인의 인식조사를 진행하였다. 표본 오차는 95% 신뢰수준에서 오차범위 3.1%임. 한국기독교사회문제연구원,「2020 주요 사회 현안에 대한 개신교인의 인식조사 통계분석 자료집」(서울: 한국기독교사회문제연구원, 2020). 자료집은 http://jpic.org/survey/?uid=1861&mod=document에서 pdf로 다운받을 수 있다.

그것이 급선무인 문제는 아니라고 생각하는 이 상황적 진실을 성공회 대학교 신익상 교수는 "거짓말 아닌 거짓말"이라고 표현한다.[11] 이제는 한국 사회와 교회가 거짓말을 멈추고, 기후위기 인식과 공감의 단계를 넘어 생태적 삶의 회복과 생명의 길로 앞장서 나가야 할 때이다.

3. 고통당하는 자의 눈으로: 미투 & 위드유

미투는 SNS에 '나도 피해자'(#MeToo)라며 자신이 겪은 성범죄를 폭로하고 그 심각성을 알리는 운동을 뜻하는 말이다. 미국 할리우드의 유명 영화제작자 와인스타인(Harvey Weinstein)이 30년간 성추행을 일삼았다는 사실이 파문을 일으키며 촉발되었다. 우리나라에서는 서지현 검사가 안태근 전 검사로부터 성추행을 당했고 이 문제를 제기했다가 조직에서 따돌림을 당했다는 사실을 2018년 1월 J 방송사 인터뷰에서 폭로하며 사회 각계로 미투 캠페인이 퍼졌다. 그러나 이보다 훨씬 앞서 1998년에 김학순 할머니의 첫 증언으로 시작된 2차 세계전쟁 때의 강제 위안부 사건의 폭로와 여성운동 단체들의 위드유가 한국 미투 운동의 시작이라고 봐야 할 것이다. 이후 한국에서의 미투 운동은 2016년에 발생했던 강남역의 묻지마 살인 사건과 문화—예술계 성폭력 고발 사건, 2018년에 서지현, 김지은 등의 성폭력 고발 사건 그리고 2020년에는 서울시장 성추행 사건으로 이어졌다. 대한민국 사회의 일련의 흐름 속에 등장한 미투 운동은 성폭력 문제에 대한 우리 사회의

---

11 신익상, "기후위기: 거짓말 아닌 거짓말," NCCK 신학위원회, 웹진 「사건과 신학」 (2021/3).

인식과 변화를 이끌고 있다.

안타깝게도 한국교회도 성폭력 문제에서 열외는 아니다. 한국기독교교회협의회(이하 NCCK) 여성위원회는 2002년에 "성폭력 극복과 예방을 위한 교회 선언"[12]을 발표하면서 성폭력을 방조해 온 한국교회의 현실을 아래와 같이 폭로하였다.

오늘날 세계 제일의 성장을 자랑하고 있는 한국교회는 물량적이고 영적 구원에만 관심한 나머지 여성에게 가해지는 심리적, 물리적, 성적 폭력에 침묵함으로 여성에 대한 폭력에 방조해왔다. 뿐만 아니라 이지러진 한국 사회를 올바로 인도해야 할 책임이 있는 한국교회 안에도 오히려 하나님의 이름을 빙자한 인권유린이 일어나고 있으며 이 속에서 성폭력으로 고통당하고 있는 교회 여성들을 도울 아무런 장치가 없는 것이 오늘 한국교회의 현실이다. 성폭력은 인간의 존엄성을 파괴하고, 생존을 위협하고, 온전한 삶의 실현을 방해한다.[13]

NCCK 여성위원회가 "성폭력 극복과 예방을 위한 교회 선언"을 발표한 지 20여 년이 흘렀지만, 한국 사회와 교회 내 성폭력의 현실은 크게 다르지 않다.

일반 사회에서의 성폭력과 달리 교회 내 성폭력이란 교회나 기독교

---

12 2002년 11월 18일 한국기독교교회협의회 제 51회 총회에서 채택된 선언문이다. 이 선언문은 1차로 NCCK 여성위원회가 주최한 "기독여성정책협의회"에서 발표되어 토론을 거쳐 수정된 후 NCCK 총회에 제출되었다. 여성신학자협의회 편집부, "성폭력 극복과 예방을 위한 교회 선언," 「한국여성신학」 51 (2002), 86-101에 전문과 해설이 실려 있다.

13 앞의 논문, 86.

기관, 선교단체 등 기독교 공동체의 구성원 사이에 발생하는 성폭력으로서, 교회의 목회자나 지도자가 종교적인 특수성이나 자신의 권위를 남용하여 성도나 고용된 목회자(목사, 전도사) 혹은 직원에게 성폭력 또는 그와 유사한 성적 행위를 행하는 것을 말한다. 특히 예배, 목회적 돌봄, 교회의 통제범위에 있는 기관의 프로그램 등에 등록된 구성원이 지위를 이용하거나 업무 등과 관련하여 성적 언동 또는 성적 요구 등으로 상대방에게 성적 굴욕감 및 혐오감을 느끼게 하는 행위, 성적 언동 및 요구에 대한 불응을 이유로 불이익을 주거나 그에 따르는 것을 조건으로 이익 공여의 의사표시를 하는 행위가 이에 포함된다.

교회 안에서 일어난 성폭력을 '은밀하고 은혜롭게 덮고' 넘어가려는 시도 하에, 여성 피해자의 고통을 외면하게 되는 근본적인 원인은 교회와 교단에서 여성 리더십이 구조적으로 배제되어 있기 때문이다. 여성 리더십의 부재로 교회 내 여성의 문제는 관심의 언저리로 밀려난다. 성폭력, 성희롱 사건을 판단하고 대처하는 양태는 도박, 폭력, 살인 등의 범죄와 달리 경계가 뚜렷하지 않다는 특징이 있다. 몸과 성이 가지는 주관적 체험과 관계의 성격도 사람 숫자만큼이나 주관적이고 다양하다. 그런데 성폭력 사건을 처리하는 주체가 남성 지도자인 경우가 대부분이다 보니 그 과정에서 피해자의 경험이 배제되고, 가해자의 인격과 능력, 사회적 공헌도가 부각되고, 공동체의 평화와 안정에 초점을 두게 된다. 유력무죄, 무력유죄로 힘 있는 가해자는 보호되고, 힘없는 피해자는 온갖 비난과 조롱, 수치에 시달린다. 심지어 피해자는 물타기를 하면서 상대를 가해하려는 꽃뱀이라고 질타당하며 가해자로 둔갑하기도 한다.14 이때 피해자에게는 안전한 공간이 필요하며, 교회가 그 장소가 되어주어야 할 것이다.

III. 전환의 시대에 요청되는 인간의 새로운 지위와 역할

1. 사잇존재로서의 인간

생태위기의 심각성과 촉박성에도 불구하고 교회가 위기를 극복할 수 있는 구체적 방법들에 관한 논의와 실천이 별로 없었다.[15] 교회가 생태위기에 대해 무관심한 이유를 김신영은 "우리가 그것에 대해 잘 모르기 때문이 아니라, 우리가 피조세계와 소통하고 공감할 수 있는 언어와 감수성을 결여하고 있다는 데에 있다"라고 설명한다.[16] 전현식은 기후위기에 응답하지 못하는 가장 근본적인 이유는 기후변화의 규모와 위급성을 비롯한 결과에 대한 무지(생태적 무지)를 지적한다. '생태적 무지'란 기후변화의 증상에 대해서는 어느 정도 알고 있지만, 그것에 대해 행동으로 실천할 만큼 충분히 알지 못하는 것을 의미한다.[17] 여성신학자 로즈마리 루터(Rosemary R. Ruether)는 보다 더 정확하게 생태계 위기는 신(남성)-여성-자연의 위계적 질서에 기초한 남성중심적 세계관에 기초하여 여성과 자연을 대상화함으로써 발생하고 있음을 지적한다.[18] 이러한 원인분석이 타당한 측면이 있지만, 교회가 생

---

14 이처럼 '성폭력 사건처리 및 회복의 전 과정에서 입는 정신적·신체적·경제적 피해'를 2차 피해라고 한다. 「여성폭력방지기본법」 제1장, 제3조 https://www.lawnb.com. 2021년 8월 11일 접속.

15 이도영, 『코로나19 이후 시대와 한국교회의 과제』 (서울: 새물결플러스, 2020).

16 김신영, "생태정의를 추구하는 신앙," 『지구정원사 가치 사전: 50명의 신학자가 전하는 아름다운 선물』, 정경호 외 (서울: 동연, 2021), 178-179.

17 전현식, "기후변화와 현대생태담론의 흐름," 「기독교사상」 616 (2010), 237.

18 로즈마리 루터, 『성차별과 신학』, 안상님 옮김 (서울: 대한기독교서회, 1985).

태위기에 적극적으로 대처하지 못하는 보다 근본적인 이유는 인간이 스스로를 생태계 안에서의 한 구성원이 아니라, 자연의 통치자 혹은 관리자(청지기)로 위임받았다는 잘못된 성서적 인간관 때문이다. 인간은 자신이 불타는 지구의 일부로서 그 안에서 함께 불타고 있는 스스로를 발견하기보다, 불타는 지구를 대상으로 객관화하고, 자신은 관리자로서 불타는 지구를 바라보면서 지구를 구원해야 할 존재로 인식하는 교만한 자세를 고수한다. 생태위기에 지혜롭게 대처하기 위해서는 보다 근본적인 단계에서 생태계 안에서의 인간의 정체성을 다시 정립할 필요가 있다.

린 화이트(Lynn White)는 미국의 권위 있는 과학잡지 사이언스에 투고한 논문[19]에서 "서구의 기독교는 가장 인간중심적이다. 고대의 이교주의나 아시아의 종교들과는 달리 기독교는 인간과 자연의 이원론을 지지할 뿐 아니라 인간이 자신의 목적을 위해 자연을 남용하는 것이 하나님의 뜻이라고 주장했다"라고 말하면서 현대과학이나 기술발전으로 인한 환경 파괴가 성경적인 세계관에 기원을 두고 있다고 보았다. 또한 "과학과 기술 문명은 서구에서 현격하게 발전해왔으며 인간을 다른 자연과 분리시키고 인간에게 그의 목적을 위해 자연을 착취할 수 있는 힘을 부여하는 창세기 1장, 2장이 일부 그 책임이 있다"라고 비판하였다. 그의 논문은 많은 사람들의 호응을 받아 이제는 생태계 문제를 다루는 사람들에게 그의 논문은 반드시 인용해야 하는 글이 되었다.

이에 베스터만은 서구의 산업발전과 환경 파괴가 성서의 창조관에

---

19 Lynn White, "The Historical Roots of Our Ecological Crisis," *Science* 155 (1967), 1203~1207.

근거를 두고 있다는 화이트 등의 비판을 창세기 1장 28절의 "다스리다 (라다, רדה)와 정복하다(카바쉬, כבשׁ)에 대한 새로운 언어해석을 통해 반박한다. 베스터만은 히브리어 '라다'는 본래 고대 이집트와 바빌론의 궁중 언어로서 '돌보다'라는 뜻을 가졌고, '카바쉬'는 파괴와 착취가 아니라 땅의 경작권과 식물을 음식물로 삼으라는 지시에 불과하다고 말한다. 이 두 명령에서 인간에게 부여받은 역할은 고대 세계에서 왕이 그 나라의 축복과 번영을 책임지는 보호자요 관리자였던 역할이었다고 설명한다.

반면 트리블(Phyllis Trible)은 과학자 화이트가 생태위기의 원인을 창세기 1장, 창조 이야기에서 찾는 것은 인간이 죄를 지은 후 그 탓을 아담은 이브에게, 이브는 뱀에게 돌린 것을 연상시킨다고 말한다. 이는 "네가 무엇을 하였느냐?"라는 물음에 과학은 "하나님이 인간을 만드시며 이 세상을 정복하라 하셨던 명령이 이 모든 생태위기를 가져왔다"라고 대답하는 격이란 말이다. 그러면서 트리블은 "과연 그런가? 다스리라는 하나님의 명령이 지금 지구상의 환경 파괴와 생태위기를 초래한 원인인가?"라고 되묻는다.[20] 오히려 과학과 기술 문명은 넘어서는 안될 선을, 즉 금지된 과일인 환경 파괴의 선을 넘었다. 지구상에 존재하는 공해의 문제로 과학에의 신뢰성에 도전을 받게 된 탓을 애꿎은 하나님에게 탓을 돌리는 것이다.

성서신학자들의 다양한 변론에도 불구하고 생태신학이 제시하는 세계관은 여전히 인간중심적 세계관을 벗어나지 못하고 있다. 김도훈

---

20 필리스 트리블, "Ecology and The Bible: The Dilemma of Dominion (성서와 생태 -"다스리라"는 축복에 대한 재해석)," 「캐논앤컬쳐」 12 (2012), 5-19.

은 1970년 이전 학자들이 성서에 인간중심적 생태 해석을 했고, 그 이후에 그런 경향을 극복했다고 여긴다고 평가한다.[21] 생태적 성서 연구를 오랫동안 진행해온『지구성서 시리즈』(The Earth Bible Series) 기획팀은 생태적 성서해석의 원칙을 제안했는데, 이는 폴 샌트마이어(H. Paul Santmire)와 진 맥카피(Gene McAfee)의 초기 연구를 전제로 한다.[22] 샌트마이어는 성서 해석이 생태 주제에 초점을 둘 필요성을 강조했다. 맥캐피는 본문에 반영된 성서 저자의 실제 물리적 환경과 이데올로기를 식별해야 하고, 창조가 단순히 인간사의 배경으로 간주되는 것을 넘어서야 하며, 근본적으로 인간중심적 성서에 기초한 신학을 의문시해야 한다고 보았다.[23] 지구성서팀이 제시한 원칙은 여섯 가지이다.[24]

① 고유한 가치의 원칙(The principle of intrinsic worth): 우주, 지구 그리고 그 안의 모든 구성원들은 자체의 고유한 가치를 지닌다.

② 상호연관성의 원칙(the principle of interconnectedness): 지구는 서로 연결된 생명체들의 공동체이며 모든 생명체들은 자신의 삶과 생존을 위해 다른 생명체들에 상호 의존하여 산다.

③ 함성의 원칙(the principle of voice): 지구는 정의를 축하하거나

---

21 김도훈, "생태학적 성서해석의 시도,"「장신논단」 19 (2003), 209-233.

22 H. Paul Santmire, *The Travail of Nature: The Ambiguous Ecological Promise of Christian Theology* (Philadelphia: Fortress Press, 1985); Gene McAfee, "Ecology and Biblical Studies," *Theology for Earth Community: A Field Guide*, ed. Dieter Hessel (Maryknoll, NY: Orbis Books, 1996), 31-44.

23 Norman Habel, "Introducing the Earth Bible," *Readings from the Perspective of Earth*, ed. Norman Habel (Sheffield: Sheffield Academic Press), 33-37에서 재인용.

24 Norman Habel, ed., *Readings from the Perspective of Earth*, 24; 데이빗 호렐,『성서와 환경』, 이영미 옮김 (오산: 한신대학교출판부, 2014), 34-35에서 재인용.

불의에 저항하는 목소리를 낼 수 있는 주체이다.

④ 목적의 원칙(the principle of purpose): 우주, 지구 그리고 그 나의 모든 구성원들은 우주 섭리의 최종적인 목적에 이르는 과정에서 역동적인 우주 섭리를 실현하는 한 부분이다.

⑤ 상호관리인 임무의 원칙(the principle of mutual custodian-ship): 지구는 조화롭고 다양한 공동체이다. 그곳에서 모든 구성원들은 조화롭고 다양한 지구 공동체를 유지하기 위해 지배자가 아닌 동반자로서의 책임 있는 관리인들의 역할을 담당한다.

⑥ 저항의 원칙(the principle of resistance): 지구와 그 구성원들은 인간에 의해 저질러진 불의 때문에 고통당하지만, 정의를 위한 싸움에 적극적으로 저항하기도 한다.

이상의 원칙은 생태계의 모든 구성원들의 상호성을 강조하면서도 여전히 인간을 "책임 있는 관리인"으로 인식하는 인간중심적 사고의 한계를 드러낸다.

지구성서팀의 생태 해석은 2000년대 초반에 미국성서학회(the Society of Biblical Literature)의 정규 분과로 되면서 세 가지 초점인 의심(suspicion), 동일시(identification), 회복(retrieval)의 해석학으로 재공식화 되었다.[25] 유연희는 하벨(N.C. Habel)의 견해에 따라 세 가지 초점을 다음과 같이 요약한다.[26] 첫 번째 초점은 의심이다. 의심

---

25 유연희, "그녀가 운다"-생태비평으로 읽는 예레미야 12장- 『성경원문연구』 제49호 (2021.10), 54.

26 N. C. Habel, "Ecological Criticism," S.L. McKenzie and J. Kaltner, eds. *New Meanings for Ancient Texts* (Louisville: Westminster John Knox Press, 2013), 39-58; 유연희, "앞의 논문" 54에서 재인용.

이란 성서 본문 자체가 지금까지 인간중심적(anthropocentric)으로 기록되었고, 인간중심적 관점에서 해석되어왔다는 해석학적 의심을 가지고 본문을 읽는 것이다. 두 번째 초점인 동일시란 지구를 경청하기 위해서 독자가 본문 속 지구 존재, 지구 등장인물, 지구 목소리와 동일시하는 것이다. 생태비평은 생태 주제를 다루는 것을 넘어서 인간이 다른 지구공동체 구성원들과 친족이라는 기존의 생태학적 사실을 인지하고 그들이 나오는 본문에 민감하게 반응하며, 지구와 연대하고 공감하며 읽는다. 세 번째 초점인 회복은 지구와 지구공동체 구성원들이 본문의 관점과 해석사의 관점으로부터 고통당하고 저항하고 또는 배제당한 곳을 식별하기 위해서 본문을 다시 읽는 것을 의미한다.

성서는 인간이 기록한 인간의 역사를 다룬 책이기 때문에 인간중심적 세계관이 전제되어 있음을 인정할 수밖에 없다. 그러나 성서의 인간관에는 인간이 다른 피조물들을 다스리는 소유자나, 신으로부터 자연을 지키도록 위임받은 청지기가 아니라 생태계 안의 구성원 중 하나로서 창조주와 피조세계를 연결하는 사이 존재로 묘사된 본문을 찾아볼 수 있다. 이러한 사잇존재로서의 인간이해는 땅이 인간에게 속한 것이 아니라 인간이 땅에 속한 것이며, 인간은 신의 대리자인 만물의 영장이 아니라, 창조 질서의 회복과 보존, 즉 생명 보존과 돌봄의 소명과 축복을 받은 존재임을 재확인시켜준다. 사잇존재로서 인간의 책임은 생명을 이어주고, 돌보며, 살리는 일이다.

신과 자연의 경계를 잇는 사잇존재로서의 인간의 정체성을 묘사하는 대표적인 본문으로 시 8편을 들 수 있다. 먼저 시 8편의 문학적 구조를 설명하면 아래와 같다.

찬양의 선포 (1a)　　　　　"마"(מה)

찬양의 동기- 구원자 하나님에 대한 감사 (1b-2)

찬양의 내용- 창조주 하나님 (3-8)

　　　a 하나님의 손가락으로 만든 피조세계에 대한 경외 (3)

　　　　b 피조세계 속 인간의 자리 (4-5)　　"마"(מה)

　　　a' 하나님의 손으로 만든 피조물과 인간의 관계 (6-8)

찬양의 재선포 (9)　　　　　"마"(מה)

　　시 8편의 구조는 구원과 창조의 하나님을 높이는 찬양시이지, 인간을 다른 피조물보다 뛰어나게 해준 것을 감사하는 감사시가 아니라는 사실을 보여준다. 좀 더 세밀하게 읽어보면, 창조 세계 속에서의 인간의 자리와 역할이 일반적으로 교회에서 설교 등을 통해 들어온 것과는 다름을 알 수 있다. 첫째로 인간은 하나님의 지으신 하늘의 광대함 앞에 서 있는 자신이 얼마나 보잘것없는 존재인지를 깊이 깨닫는다(3절). 둘째로, 히브리어 의문사 '마'의 쓰임이 창조에 대한 경외(1, 9절)와 인간의 왜소함(4절)을 대조적으로 잘 보여준다. 셋째, 4절에서 시인은 "사람(에노쉬, אנוש)이 무엇이관대(마) 주께서 저를 생각하시며, 인자(벤-아담, בן־אדם)가 무엇이관대(마) 주께서 저를 권고하시나이까"라고 읊조리는데, '사람'(에노쉬)은 구약성서에서 '사멸할 존재, 약하여 풀처럼 소멸되어 가는 존재'를 가리키는 말로 쓰인다. 또한 동의 평행구를 이루는 인간(벤-아담)은 히브리어 어원이 확실치는 않지만, 땅이나 흙이라는 뜻을 가진 유사한 발음 '아다마'(אדמה)와 관련이 있다(창 2:7). 즉 4절은 인간을 나약하고(에노쉬) 흙으로 빚어져 결국 흙으로 돌아가야 하는 덧없는(벤-아담) 존재로 설명한다.

7절에 '다스리다'에 해당하는 히브리어 '마샬'(משל)은 착취의 의미가 아니고 창조 질서의 보존 의미로 쓰인다. 창세기 1:16은 하나님께서 큰 광명을 보고 낮을 다스리게(마샬) 하시고 작은 광명으로 밤을 다스리게(마샬) 하신다고 적는다. 인간만이 마샬하는 존재가 아니라 자연세계의 구성원(큰 광명)도 마샬하는 존재이다. 하나님의 형상으로서 인간은 다른 자연물과 더불어 하나님의 창조와 구원 과정에 협력자로 초대받고, 생태파괴와 같은 피조세계의 무질서, 노동과 성, 인종 착취와 같은 무질서를 바로잡아 창조 질서의 자정능력에 따르도록 조정하는 사이 존재다.

신-인간-자연의 관계 속에서 양측의 경계 사이에 서 있는 인간의 자리를 보여주는 또 다른 본문으로는 창세기 1:26-28을 들 수 있다. 동의적 평행구의 특징을 살려 창세기 1:27을 직역하면 다음과 같다.

그리고-창조하셨다 하나님께서 아담을 그의-형상대로
하나님의-형상대로 그가-창조하셨다 그를/('아트나': 중간쉼표)
남녀(혹은 암수)로 그가-창조하셨다 그들을

여기서 절을 구분하는 악센트, 아트나는 첫 두 평행구의 '하나님의 형상'과 세 번째 평행구의 '남녀'(암수)를 분리시킨다. 전반절의 '하나님의 형상'은 26절에서 "우리가 우리의 형상대로" 인간을 창조하자는 창조주의 대화와 상응하고, 남녀(암수)로 창조된 하반절은 인간도 동물이 받았던 생육하고 번성하라는 축복을 동일하게 받는다. 즉 아트나를 기준으로 전반부는 26절과 더불어 인간이 하나님의 형상대로 창조되었음을 밝혀줌으로써 하나님과 인간의 특별한 관계를 설명해주고,

하반절은 28절과 더불어 생육과 번식의 축복을 받은 다른 동물들과의 유사성을 강조해 주는 효과를 나타낸다. 인간은 하나님과의 특별한 관계를 지니긴 하지만 동물과 마찬가지로 피조물에 속한다.

구약성서를 근거로 해서 전통적인 기독교 환경 담론이 주장해 온 소위 '청지기'로서의 인간이해는 재고해볼 필요가 있다. 청지기에 해당하는 그리스어 오이코노모스(oikonomos)는 '주인의 뜻에 따라 집안일을 돌보고 관리하는 사람'을 의미하는데,[27] 르우만(John Reumann)은 신약성서나 초대 교부들이 청지기 주제를 설명하는 데 사용한 용어 오이코노미아(oikonomia)의 구약성서적 기원을 찾을 수 없다고 지적한다.[28] 또한 인간을 뜻하는 영어, 휴먼(human)과 겸손을 뜻하는 영어, 휴밀리티(humility)는 라틴어 후무스(humus, 흙)에서 파생되었다. 인간이 흙으로 만들어진 존재라는 인간관은 고대 메소포타미아의 신화(에누마 엘리쉬)에서도 볼 수 있다. 인간은 흙에서 생명을 부여받은 존재로 땅의 운명에 종속되기도 하고, 땅의 운명에 영향을 끼치기도 한다. 인간에 해당하는 한자도 서로 의지하는(人), 사이(間)존재를 사용한다. 인간은 다른 생명과 더불어 살아야 하는 나약한 사잇존재로서 겸손의 덕을 잊어서는 안 된다.

생태위기의 시대에 성서를 근거한 인간관은 청지기가 아니라 창조주와 피조세계의 경계 사이에 존재하는 사잇존재이지만 존재론적으로 피조세계에 속하여 신음하는 피조세계와 함께 신음하는 상처받은 치유

---

27 고형상, "'청지기적' 환경론에서 '비움'의 생태학으로," 『지구정원사 가치 사전: 50명의 신학자가 전하는 아름다운 선물』, 정경호 외 (서울: 동연, 2021), 111.
28 John Reumann, *Stewardship and the Econom of God* (Grand Rapids, MI: Eerdmans, 1992), 16; 호렐, 『성서와 환경』, 59에서 재인용.

자이다. 고형상은 빌립보서 2장의 그리스도 찬가(Carmen Christi)에 나타난 그리스도의 '자기 비움'(kenosis)의 사건을 준거로 삼아 '비움'의 생태윤리를 주창한다. 그는 "비움의 윤리는 피라미드의 정점에 오르려는 욕망, 세계의 중심이 되려는 욕망을 비워, 낮은 자리, 가장자리에 있는 자들과 함께 머물고 연대하도록 한다. 이러한 점에서 그리스도가 십자가에서 보여준 '자기 비움'은 생태계 위기의 시대를 사는 그리스도인들에게 보다 적절한 생태학적 윤리가 되어야 한다"라고 말한다. 즉 그것은 다른 생명체를 인간에 종속된 존재가 아닌, 동등한 구성원으로 대할 것을 요구함으로써, 인간과 자연 세계의 관계를 급진적으로 변화시킨다."[29] 그는 이러한 비움의 생태 윤리가 모든 생명체에 확장되어 공생의 생태계를 이룬 예로 이사야 11:6-8을 소개하면서, "강자와 약자의 구분조차도 완전히 사라져 버리는 하나님 나라의 생태계에서는 서로를 위해 자신을 비우는 '베풂의 잔치'가 벌어진다"라고 말한다.[30]

사잇존재로서 인간에게는 생태와 문명의 사이를 잇고, 정의의 균형을 맞추는 임무가 주어졌다.[31] 최근 자연에 대한 인간의 영향을 최소화하고 자연과 더불어 살아가는 지속 가능한 미래 사회로 전환해가기 위한 생태 문명(ecological civilization)이 그 대안으로 제시되고 있다.[32] 생태 문명이 지향하는 가치는 ① 세계는 살아 있고, 인간은 이 유기체적 시스템(organic system)의 일부라는 상호의존성, ② 조화

---

29 고형상, "'청지기적' 환경론에서 '비움'의 생태학으로," 112-113.

30 앞의 논문, 113.

31 이영미, "생태와 문명의 조화를 통한 균형의 가치실현,"『지구정원사 가치 사전: 50명의 신학자가 전하는 아름다운 선물』, 정경호 외 (서울: 동연, 2021), 75-76.

32 존 B. 캅, "한국에서의 생태 문명,"『지구를 구하는 열가지 생각』, 한윤정 엮고 옮김 (서울: 로도스, 2018), 262-74.

(harmony), 즉 자연이 번영할 때 인간도 번영하는 조화, ③ 조직적 사고(systems thinking), 세계는 상호 연결된 관계의 망이며, 문제를 해결하기 위해서는 조직적 접근 필요, ④ 넓은 시야(foresight), ⑤ 주체적 지역공동체의 역할 등 다섯 가지다. 생태 문명의 삶의 실천 사례로는 탄소중립과 신재생에너지 확산에 주안점을 둔 그린 에너지, 풍력발전과 태양광, 전기차와 수소차 등이 있다. 그러나 생태 문명조차도 인간의 이로움을 위한 삶의 실천이 아니라 상처받은 자연과 인간의 치유와 회복의 노력임을 기억해야 한다.

2. 고난당하는 이와 함께하는 위로자

사잇존재로서의 인간은 고통당하는 자와 함께 울고 연대하는 연결 행동을 통해 창조 질서의 회복을 위한 구원 사역에 참여한다. 전통적인 구원자의 모형으로 왕적인 메시아가 강조되지만, 구약성서에는 사잇존재로서 하나님과 피조세계를 이어주는 고난받는 여종과 남종의 모습이 등장한다. 이 존재는 하나님과 백성 사이에서 고통당하는 이스라엘 백성의 생명을 회복하는 중재적 역할을 한다. 특별히 국가와 성전이 멸망하고 바벨론에 포로로 잡혀가는 초유의 재난 상황 속에서 백성을 위로하고 생명의 회복을 전하는 여성이 소개되는데, 그 인물이 바로 여성 시온이다.[33]

기독교 전통은 이사야의 고난의 종을 예수의 메시아 이해와 연결시

---

33 보다 자세한 논의는 이영미, "구약 예언서에 나타난 여성 시온을 통한 구원이미지 연구," 「구약논단」 13 (2002), 35-56; 이영미, "이사야에는 고난의 남종만 있는가?" 「헤르메네이아 투데이」 24 (2003), 17-26을 참조하라.

켜 강조하지만, 이 고난의 종과 병행되어 나오는 구약성서의 여성 시온에는 주목하지 않았다. 포로기 동안 예언한 이사야는 49-55장에서 고난의 남종과 여성 은유로서의 시온-예루살렘이 이스라엘 역사의 과거와 현재를 유추시키는 중요한 예언의 도구로 쓰고 있으며,34 예레미야 애가에도 이 두 인물이 병행해서 나온다.

먼저 이사야 49-55장에 교차되어 언급되는 야웨의 종과 시온의 본문을 열거하면 아래와 같다.

49:1-13   야웨의 종
49:14-50:3   시온
50:4-11   야웨의 종
          [51:1-8 남성복수 이인칭 "너희들"에 선포된 본문]
51:9-52:12   시온
52:13-53:12   야웨의 종
54:1-17   시온

존 서이어(John F. A. Sawyer)는 이러한 교차 배열은 여성 시온이 야웨의 [남]종의 여성적 대안 은유로 쓰였음을 보여준다고 설명한다.35

---

34 이사야 49-55장에 나오는 고난의 종과 시온의 교차구조는 Norman K. Gottwald, *The Hebrew Bible: A Socio-Literary Introduction* (Philadelphia: Fortress Press, 1985), 498과 Patricia Willey, *Remember the Former Things* (Atlanta: Scholars Press, 1997), 105을 보라. 이영미, 『이사야의 구원신학: 여성 시온 은유를 중심으로』 (서울: 맑은울림, 2004).

35 John F. A. Sawyer, "Daughter of Zion and Servant of the Lord in Isaiah: A Comparison," *Journal for the Studies of Old Testament* 44 (1989), 89-107.

포로지에서 이스라엘의 고난은 여성의 중요한 두 가지의 사회적 역할-아내와 어머니-을 통해 묘사된다. 이사야 49-55장의 첫 번째 시온 대목(사 49:14-50:3)이 시온이 자신을 버림받은 아내로 이해하고 하나님 앞에 외친 탄식이었다면, 마지막 시온 대목(사 54:4-7)은 버림받은 아내가 남편의 사랑을 되찾는 것으로 끝을 맺는다. 여성 시온은 계속해서 이스라엘의 회복을 묘사하는 이사야 62장에서 남편(하나님)의 사랑을 다시 회복하여 그의 기쁨이 되고(헵시바, חפצי־בה), 아이들(포로민들)과 하나님이 다시 만날 수 있도록 중재적 역할을 한다. 그리고 새 하늘, 새 땅의 새 창조는 여성 시온의 출산을 통해 표현된다(사 66장). 고난받는 여성의 구원 은유는 로마제국이 기독교를 국가의 종교로 공인한 이후 부각시켜 온 제왕적 존재로서의 메시아 이미지와 구별된다.

예레미야 애가에서도 고난의 종과 고난받는 여성 시온은 병렬되어 나타난다.36 1장은 폐허가 된 도시를 남편 잃은 여자(아말나, אלמנה), 여성 시온으로 묘사한다. 뒤따르는 구절에 도시의 고립된 상황은 다양한 표현과 반복을 통해 강조되고 있다. 도시의 고립된 상황은 2절의 "위로할 자가 없고, 친구도 다 배반하여 원수가 되었도다"라는 표현 속에 잘 나타난다. 위로할 자가 없다는 표현은 9, 17, 21절에 다시 나타난다. 비슷하게 "도울 자가 없다"라는 표현이 7절에, 나를 위로할 자가 멀리 떠났다는 표현이 16절에 나온다. 3-4절은 그 도시의 시민들은 사로잡혀 가고, 거리는 처량하여 절기에도 사람이 없음을 한탄한다. 1

---

36 이영미, 『하나님 앞에 솔직히, 민중과 함께: 애가에 대한 성서신학적, 민중신학적 해석』 (한국신학연구소, 2011).

장에서 화자로 등장한 여성 시온이 자신의 폐허된 상황을 부정하기보다는 이를 현실로 받아들이고 그 심판이 자신의 죄임을 인정한다고 할지라도, 지금의 심판을 자신만이 부당하게 받고 있음을 지적하면서 적들도 그들의 죄로 인해 심판 받고 같은 폐허의 경험을 할 것을 호소한다. 시온의 마음은 탄식이 많고 곤비하다(22).

예레미야 애가 3장에는 "나"로 지칭되는 고통당하는 1인칭 화자와 게벨(גבר)로 불리는 남성인 고난 대행자, "그"가 등장한다.37 헤터(Homer Heater)는 3장의 화자가 애가의 저자라고 본다. 이 시인은 백성과 함께 고통을 겪은 자이다. 그는 자신의 백성들의 조롱거리가 되었고(3:14), 백성들은 그를 웅덩이에 넣어 죽이려 하였다(3:53-57). 그가 하나님께 기도하여 하나님이 그를 구원하였다(3:61-62).38

문학적, 문법적 유비는 물론이고 애가와 이사야 본문에서 등장하는 의인화된 인물, 화자로 등장하는 시온 여성(1:12-22, 2:20-22)과 애가 3장의 게벨은 두 본문 간 친밀성을 극명하게 보여준다. 이사야에서 여성 시온은 직접화법으로 한 번 얘기하는데, 그 내용이 바로 애가의 마지막 구절과 동사를 공유하고 있다. 린다펠트(T. Lindafelt)는 이사야 40-55장은 애가의 한 어머니의 절규가 이사야에서 그녀 가족의 회복이 포로민의 구원의 메시지로 선포되는 것 속에 잔존하고 있다고 지적한다.39 오카나(K. O'Connor)는 애가의 여성 시온의 절규에 대해 침

---

37 H. T. 퀴스트,『예레미야, 예레미야 애가』, 박대선 옮김 (서울: 대한기독교서회, 1972), 225.
38 예레미야 애가 3장에 등장하는 목소리는 세 가지로 구분된다. 먼저 1-39절에서는 개인의 '나'가 '그이'에게 대해서 말하고 있다. 40-47절에서는 단수 '나'가 복수 '우리'로 변하고 있다. 48-66절에서는 다시 개인의 '나'가 야웨께 말하고 있다. Homer Heater Jr., "Structure and Meaning in Lamentations," *Bibliotheca Sacra* 149/595 (1992), 308.
39 T. Linafelt, *Surviving Lamentations: Catastrophe, Lament, and Protest in the*

묵하던 하나님이 제2이사야에서 대답하고 있다고 설명한다.[40]

남편 잃은 여자 혹은 어머니로서의 시온 은유는 이사야와 예레미야 애가 외에도 미가, 예레미야, 에스겔, 스가랴서 등의 다른 예언서에도 등장한다. 또한 구약성서의 범위를 넘어서 제4에스라와 갈라디아서 4:25의 하늘 어머니로서의 예루살렘 그리고 Titus 기념주화에 새겨진 황폐해진 여성으로서의 예루살렘, 'Judaea Capta' 등에도 등장한다.[41]

고통당하는 자와 함께하고 위로하는 자로서의 인간 역할을 제시하는 예레미야 애가는 모든 시대에 걸쳐 어떤 이유로든 극심한 고통을 겪은 이들이 자신의 고통을 호소할 수 있고, 고통당하는 사람들을 기억하고 애통해할 수 있는 성서적 공간을 제공한다. 창조주와 피조물 사이의 존재로서 두 영역을 이어주는 인간의 역할은 창조주의 대리자가 되어 피조물을 관리하는 것이 아니라, 피조물의 탄식에 동참하여 인간과 자연의 고통과 하나님의 응답 사이의 긴 공백을 깨트릴 울부짖음을 터트리는 것이다. 하나님에 대한 신뢰와 의지가 한계에 이르렀을 때, 인간은 하나님을 고소하기도 한다(시 22:3).[42] 모나 웨스트(Mona West)는 애가를 트라우마(trauma) 문학이라고 부르면서 보통 트라우마에서 회복되는 3단계와 연결한다. 이들 단계란 안전한 공간 구축(establishment), 기억과 애도, 일상생활과 재연결하기이다.[43] 사잇존

Afterlife of a Biblical Book (Chicago and London: University of Chicago Press, 2000), 62-79.

40 Kathleen O'Connor, "Speak Tenderly to Jerusalem: Second Isaiah's Reception and Use of Daughter Zion," *The Princeton Seminary Bulletin* 20 (1999/3), 287.

41 N. Gottwald, *Studies in Lamentations* (London: SCM Press, 1954), 112.

42 Anastasia B. Malle, "Singing a Foreign Song at Home: Analogy from Psalm 137," 「성경원문연구」 24 (2009), 283-311.

재로서 인간은 탄식을 통해 창조주와 피조물의 고통을 재연결한다. 이러한 성서적 성찰은 최근의 여성학자들이 제시하는 "연결행동" 혹은 "분노의 네트워크"와 상응한다.

3. 생명 살림을 위한 협업과 소통을 통한 "연결행동"

정보화된 21세기의 특징을 3F-여성성(feminity), 감성(feeling), 상상력(fiction)-로 표현하는데, 여성의 일상적 경험에서 섬세함과 유연함 그리고 창의력은 그 역할 수행에 있어서 중요한 가치로 강조되어 왔기 때문에 새로운 시대의 여성의 새로운 역할이 기대된다. 이에 따라 21세기의 여성과 관련된 중요한 사회적 관심사는 지금까지 주력해온 '남녀평등'이나 '여권신장'을 바탕으로 해온 여성운동의 새로운 방식이다. 지금까지 지도력은 가부장적 '보스' 중심의 목적 지향적 방식이었다면, 21세기 새롭게 세워질 여성적 지도력은 구성원 모두가 동등한 정치적 인격체로서 유기적인 관계를 통하여 목적을 성취해가는 협업방식을 지향한다. 다양성을 인정하면서 통일성을 지향하고, 궁극적인 목표는 생명을 살리는 일이다. 생명을 살린다는 것은 개인 인격의 중요성을 자각하면서 내면의 자아 인격과 자긍심을 발견하여 각자가 스스로의 삶의 지도자가 되도록 돕는 것이다. 21세기의 여성적 지도력은 개인에게 내재되어 있는 내부의 지도력에 불을 붙여주는 산파의 역

43 Mona West, "The Gift of Voice, the Gift of Tears: A Queer Reading of Lamentations in the Context of AIDS," *Queer Commentary and the Hebrew Bible*, ed. K. Stone (New York and London: Sheffield Academic Press, 2001), 140-151.

할을 담당하는 것이다. 이와 같은 산파적 역할을 담당하는 지도자의 모범은 여성의 삶 속에서 실현되는 지도력의 특성일 뿐만 아니라 성서가 보여준 여성적 지도자의 모습이기도 하다.

산파적 이음 역할을 하는 여성적 지도력을 보여준 대표적 사례는 출애굽의 여성들이다.[44] 성서의 대표적인 구원사건인 출애굽의 처음과 끝에는 여성들이 등장한다. 출애굽기 1:15-22과 2:1-10은 여성들이 무기를 통한 저항이 아니라 그들 일상 속의 생명 살림과 돌봄의 역할을 통해 구원 과정에 참여하여 출애굽 역사를 여는 초석을 마련하였음을 보여준다. 그들의 역할은 전쟁의 용사처럼 강력한 무기를 사용하지 못할지라도 각자의 상황에서 죽임(killing)에 거슬러 생명을 살리려는 노력을 다하였다. 바로의 칙령에 거슬러 남자아이들을 살려주고, 하나님의 지혜로 바로에 맞서는 산파들의 용기는 본문의 구조에서도 선명하게 드러난다.

A 서언: 산파를 향한 왕의 칙령 (15-16)
  B "하나님을 두려워함": 두 산파의 도전 (17)
    C 이집트 왕이 산파들에게 묻다 (18)
    C' C' 산파가 그에게 대답하다 (19)
  B' "하나님을 두려워함": 하나님이 두 산파의 집안을 흥왕하게 하심 (20-21)
A' 결어: 모든 백성을 향한 바로의 칙령 (22)

죽임의 위기(칙령)에서 "하나님을 두려워함"은 산파들이 남아를 살

---

44 출애굽기 1-2장에 대한 상세한 성서분석은 이영미, 『이사야의 구원신학』, 75-107을 참조하라.

려내 살림의 문화를 이루는 근거가 된다. 하나님을 두려워하는 경외는 이집트 왕과 산파의 대면 장면을 감싸고 있다. 출애굽기 1:15-22에서 히브리어, 얄라드(י ‎֝לֹד, 낳다)의 반복은 죽임과 살림의 대결이 생명의 승리로 이어질 것을 암시하는 문학적 의도가 깔려 있다. 출애굽기 1:15-22에서 얄라드는 두 번은 동사로(16, 22), 두 번은 명사로(17, 18), 일곱 번은 분사형 명사로(15, 17, 18, 19(2), 20, 21) 언급된다. 얄라드 동사의 반복과 함께 바로가 자신의 칙령을 시행할 대상을 생명 탄생을 돕는 산파로 정한 점도 이 중심주제를 부각하는 데 일조한다. 산파의 언급이 의도적이라는 사실은 산파를 대명사로 대치해도 무난한 경우에도,45 얄라드 어근의 효과를 나타내기 위해 산파란 용어를 그대로 쓰고 있는 점에서 잘 드러난다.

이어지는 출애굽기 2:1-10은 하나의 단편 극(劇)을 보는 듯하다. 여기에서도 죽임을 둘러싼 여성들의 생명 살림의 협업이 두드러지게 나타난다. 어머니는 죽임의 위기에 처한 아들을 상자에 넣어 새 생명의 길을 찾아주려 노력하며, 누이는 죽음의 위험 상황에 놓여 있는 아이의 안전과 미래를 위해 동분서주하며, 바로의 딸은 물에 빠져 죽을 위기에 처한 히브리 아이를 물에서 건져낸다. 이들의 역할이 모두 생명을 살리고 돌보는 일과 연관되는 것은 우연이 아니다. 생명을 살리고 돌보는 작은 일들이 때로는 소모적이고 뚜렷한 변화를 보지 못해 지치게 만들 때도 많다. 생명 돌봄의 구원 행동이 전쟁 용사의 승리와 같은 구원 이미지처럼 진취적이고 강하고 분출되는 힘의 효과를 가져

---

45 가령 18절의 경우 "이집트 왕이 산파를 불러 그들에게 이르되"라고 기록되어 있는데 이는 산파들이 바로 위 절에서 언급되고 있는 상황에서 "이집트 왕이 그들을 불러 이르되"라고 말해도 무리가 없음에도 "산파를 불러 그들에게"라고 적고 있다.

다주지 못한다. 그러나 실제로 삶의 현장에서 온갖 죽임의 상황에 항거하는 작은 노력들이 끝내는 구원을 가능하게 한 서막을 출애굽 여성들이 장식한다. 출애굽의 여성들은 생명 살림과 돌봄을 중심으로 한 협업의 지도력을 통해 구원을 가능하게 하였다.

IV. 맺음말

지금까지 전환의 시대에 인간은 창조주와 피조물의 경계를 이어주는 사잇존재로서 생명 돌봄과 살림을 위한 중재자의 역할을 담당하는 존재로서 자신의 정체성을 재정립할 것을 제안하였다. 다소 표현은 다르지만, 창조주와 피조세계의 중재자로서의 인간 역할은 이안 브래들리(Ian Bradley)나 아더 피콕(Arthur Peacocke)도 제안하였다. 브래들리는 '하나님은 녹색이다'(God is Green)이라고 선포하면서, "창조 세계에서 자연이 창조주 하나님께 표현하고자 하나 말을 할 수 없어 고통 속에서 신음하고 있으므로, 인간은 여타 다른 피조물을 하나님께로 고양시키는 중재자의 역할을 해야 한다"라고 주장한다.[46] 피콕도 "인간의 역할은 창조에 있어서 제사장의 역할로 생각할 수 있다. 제사장은 홀로 신과 자연 그리고 자신을 인식할 수 있으며, 생명 없는 자연과 신 사이를 중재할 수 있다. 제사장이란 기본적으로 다른 사람을 대신하여 신에게로 향하는 행동을 맡아서 하는 일이 특징이기 때문이다"고 말한다.[47]

---

46 그는 이를 인간은 '세계의 제사장'이라는 엄숙한 책임을 맡고 있다고 말한다. 이안 브래들리, 『녹색의 신』, 이상훈, 배규식 옮김 (서울: 따님, 1996), 163.

47 A. R. Peacocke, *Creation and the World of Science*, 296; 앞의 책, 165에서 재인용.

글을 맺으면서 사잇존재로서 인간이 창조주와 피조물의 경계를 이어가는 방식은 만물의 영장으로서 땅을 정복하거나, 신의 대리인으로서 사명을 위임받은 청지기로서가 아니라 자연과 함께 신음하는 상처받은 치유자로서 탄식과 연대를 통한 연결행동임을 강조하고 싶다. 사잇존재로서 인간은 다른 피조물과 마찬가지로 상처받은 자로 고통당하며, 자연과 함께 탄식한다. 탄식은 고통의 언어이다. 탄식은 고통을 완화시키고, 상처를 치유하고, 눈물을 마르도록 해줄 자 앞에 한 사람의 내적 고통을 드러내 보여준다. 그러나 무엇보다도 탄식은 하나님의 구원 행동을 촉발시키는 힘을 가진다. 사잇존재로서 인간이 하나님 앞에서 피조물과 함께 탄식하며 연대할 때, 하나님의 구원을 앞당길 수 있으리라.

참고문헌

고형상. "'청지기적' 환경론에서 '비움'의 생태학으로."『지구정원사 가치 사전: 50명의 신학자가 전하는 아름다운 선물』. 정경호 외. 서울: 동연, 2021.

김도훈. "생태학적 성서해석의 시도."「장신논단」19 (2003), 209-233.

김신영. "생태정의를 추구하는 신앙."『지구정원사 가치 사전: 50명의 신학자가 전하는 아름다운 선물』. 정경호 외. 서울: 동연, 2021.

김은주, 이소윤, 김상애, 김미현, 김보영, 허주영, 강은교.『출렁이는 시간[들]: 제4물결 페미니즘과 한국의 동시대 페미니즘』. 성남: 에디투스, 2021.

김준우.『"기후비상사태" 선포와 "기후비상내각" 설치를 위한 긴급보고서』. 고양: 한국기독교연구소, 2020.

류터, 로즈마리.『성차별과 신학』. 안상님 옮김. 서울: 대한기독교서회, 1985.

브래들리, 이안.『녹색의 신』. 이상훈, 배규식 옮김. 서울: 따님, 1996.

신익상. "기후위기: 거짓말 아닌 거짓말." NCCK 신학위원회. 웹진「사건과 신학」2021/3.

여성신학자협의회 편집부. "성폭력 극복과 예방을 위한 교회선언."「한국여성신학」51 (2002), 86-101.

유연희. "그녀가 운다"-생태비평으로 읽는 예레미야 12장-『성경원문연구』제49호 (2021.10), 50-74.

이도영.『코로나19 이후 시대와 한국교회의 과제』. 서울: 새물결플러스, 2020.

이영미. "생태와 문명의 조화를 통한 균형의 가치실현."『지구정원사 가치 사전: 50명의 신학자가 전하는 아름다운 선물』. 정경호 외. 서울: 동연, 2021.

_____.『이사야의 구원신학: 여성 시온 은유를 중심으로』. 서울: 맑은울림, 2004.

_____. "이사야에는 고난의 남종만 있는가?"「헤르메네이아 투데이」24 (2003), 17-26.

_____. "구약 예언서에 나타난 여성 시온을 통한 구원 이미지 연구."「구약논단」13 (2002), 35-56.

_____.『하나님 앞에 솔직히, 민중과 함께: 애가에 대한 성서신학적, 민중신학적 해석』한국신학연구소, 2011.

전현식. "기후변화와 현대생태담론의 흐름."「기독교사상」616 (2010), 236-255.

카스텔, 마누엘.『분노와 희망의 네트워크』. 김양욱 옮김. 파주: 한울아카데미, 2015.

캅, 존 B. "한국에서의 생태 문명." 한윤정 엮고 옮김.『지구를 구하는 열 가지 생각』. 서울: 로도스, 2018.

퀴스트, H. T. 『예레미야, 예레미야 애가』. 박대선 옮김. 서울: 대한기독교서회, 1972.

트리블, 필리스. "Ecology and The Bible: The Dilemma of Dominion (성서와 생태 - "다스리라"는 축복에 대한 재해석)." 「캐논앤컬쳐」 12 (2012), 5-19.

한국기독교사회문제연구원. 「2020 주요 사회 현안에 대한 개신교인의 인식조사 통계분석 자료집」. 서울: 한국기독교사회문제연구원, 2020. (http://jpic.org/survey)

호렐, D. 『성서와 환경』. 이영미 옮김. 오산: 한신대학교 출판부, 2014.

Gottwald, Norman K. *The Hebrew Bible: A Socio-Literary Introduction*. Philadelphia: Fortress Press, 1985.

_____. *Studies in Lamentations*. London: SCM Press, 1954.

Heater, Homer. Jr. "Structure and Meaning in Lamentations." *Bibliotheca Sacra* 149/595 (1992), 304-315.

Linafelt, T. *Surviving Lamentations: Catastrophe, Lament, and Protest in the Afterlife of a Biblical Book*. Chicago and London: University of Chicago Press, 2000.

Malle, Anastasia B. "Singing a Foreign Song at Home: Analogy from Psalm 137." 「성경원문연구」 24 (2009), 283-311.

McAfee, Gene. "Ecology and Biblical Studies." *Theology for Earth Community: A Field Guide*. Ed. Dieter Hessel. Maryknoll, NY: Orbis Books, 1996.

O'Connor, Kathleen. "Speak Tenderly to Jerusalem: Second Isaiah's Reception and Use of Daughter Zion." *The Princeton Seminary Bulletin* 20 (1999/3), 281-294.

Santmire, H. Paul. *The Travail of Nature: The Ambiguous Ecological Promise of Christian Theology*. Philadelphia: Fortress Press, 1985.

Sawyer, John F. A. "Daughter of Zion and Servant of the Lord in Isaiah: A Comparison." *Journal for the Studies of Old Testament* 44 (1989), 89-107.

West, Mona. "The Gift of Voice, the Gift of Tears: A Queer Reading of Lamentations in the Context of AIDS." *Queer Commentary and the Hebrew Bible*. Ed. K. Stone. New York and London: Sheffield Academic Press, 2001, 140-151.

White, Lynn. "The Historical Roots of Our Ecological Crisis." Science 155 (1967), 1203~1207.

Willey, Patricia. *Remember the Former Things*. Atlanta: Scholars Press, 1997.

참고 웹사이트

김경학. "경향포럼: 제러미 리프킨 지구에겐 면도날만큼의 시간만 남았다." 「경향신문」 2021년 6월 23일. https://www.khan.co.kr/environment/environment-general/article/202106232108005. 2021년 8월 11일 접속.

Krand. "4차 산업혁명이란? 뜻과 전망." 「75,644 읽음」, 2020년 6월 29일.
　　https://krand.kr/84?category=871504. 2021년 8월 11일 접속.

다리가 저릴 때까지 그 자리에 서서 들을게

: 미리암의 낙인과 트라우마의 치유를 향하여(민 12장) *

유연희**

I. 들어가는 말

2020년 초부터 세계적으로 퍼진 코로나19는 여전히 우리 주변을 맴돌며 영향을 미친다. 그간 코로나19는 경제, 생명, 정신건강 등 많은 면에서 세계 곳곳에 큰 상흔을 남겼다. 포스트 코로나 시대에는 회복과 새 창조를 위한 각 방면의 노력이 절실할 것이다. 이 글은 한 코로나 확진자의 말을 전해준 아래 기사를 읽는 데서 비롯되었다.

J 씨는 2020년 여름에 코로나19 확진 판정을 받았다. J 씨는 유방암 생존자로서 암을 진단받았을 때는 담담하게 받아들였었다. 그러나 코로나19

---

* 이 글은 "낙인과 트라우마의 치유에 참여하는 공동체: 미리암에게 귀 기울이기(민 12장)"의 제목으로 「구약논단」 82 (2021), 150-188에 실렸다.
** 비블로스성경인문학연구소 연구원.

확진 판정을 받은 순간에 억장이 무너졌다. 암은 나 혼자 걸리면 되는 거였지만 코로나19로 다른 사람들에게 피해를 줄 수 있다는 사실에 울음이 복받쳐 올라왔다. 결국 남편도 양성 판정을 받았다. 다니던 교회에서 20여 명이 확진 판정을 받았다. 왜 조심하지 않아서 걸렸느냐는 말, 부주의했다는 말이 그녀에게 오래도록 깊은 상처를 남겼다.[1]

이 기사를 읽으며 J 씨의 여성으로서의 경험이 가슴 아팠고, 우리가 인간 공동체로서 트라우마를 겪는 주변 사람들에게 어떻게 귀를 기울이고 그들의 치유에 참여할 수 있을지 묻게 되었다. 그래서 포스트 코로나 시대의 회복은 경제 정상화나 백신 및 치료제만이 아니라 낙인과 트라우마의 치유까지 포함되어야 진정 회복으로 갈 수 있다고 생각하게 되었다.

코로나19 확진자의 낙인과 트라우마에 대해 들으며 포스트 코로나 시대의 전망 속에서 성서 속 미리암 이야기(민 12장)를 새롭게 조명할 필요를 느꼈다. 민수기 12장 2절에서 미리암과 아론은 "주님께서 모세와만 말씀하셨느냐? 우리와도 말씀하시지 않았느냐?"고 모세의 독점적 지도력에 도전했다. 야웨는 나서서 모세의 절대적인 지도력을 인정하고, 미리암에게 벌을 내린다. 미리암은 '심한피부병'(짜라앗)의 '확진'으로 진 밖에서 일주일간의 '격리'된 후 돌아온다(민 12:10-16).[2] 이후

1 이정희, "코로나19 확진자들이 감염 사실보다 두려워한 것," 「오마이스타」, 2021년 1월 27일, http://star.ohmynews.com/NWS_Web/OhmyStar/at_pg.aspx?CNTN_CD =A0002714798&CMPT_CD=P0001&utm_campaign=daum_news&utm_source =daum&utm_medium=daumnews. 2021년 8월 1일 접속.
2 짜라앗을 '심한피부병'으로 번역할 것을 제안한 글, 조지윤, "λέπρα의 우리말 번역에 대한 제언—'예수께서 λέπροσ를 깨끗하게 하시다'(막 1:40-44; 마 8:1-4; 눅 5:12-14)를

미리암에 대한 언급이 전혀 없다가 20장 1절에서 그의 죽음이 보도된다. 성서에서 지도자의 위치에 있으면서 긍정적으로 조명되는 여성들은 소수이지만, 여성 독자들은 이들에게서 힘을 얻는다. 미리암은 그런 등장인물 중 하나로서 지혜와 용기로 모세를 살려냈고(출 2장), 홍해를 건넌 후 '모든' 여성들을 이끌고 주님을 찬양한 인물로 나온다(출 15:20-21). 그런 미리암이 민수기 12장에서 비참한 일을 겪고 몇 장 후에 죽음 보고(민 20:1)가 나오는 것은 인물 묘사에 문학적 일관성이 없을뿐더러, 독자들, 특히 여성 독자들에게 미완결 및 불편한 경험을 남긴다.

이 글에서 우리는 미리암이 감염병 낙인과 트라우마를 비롯해 다중의 고통을 경험했을 거라고 볼 것이다. 그리고 미리암에게 충분히 귀를 기울이는 것, 미리암 입장에서 본문을 해석하는 것은 독자가 성서의 구성(plot)과 의미를 완결하는 일이자, 독자들 및 트라우마를 겪는 모든 이들을 위로하고 치유에 참여하는 길이 되리라고 본다. 그래서 이 글의 목적은 미리암 사건을 질병 낙인과 젠더, 연령에 의한 위계질서와 가부장제 문화 그리고 명예-수치 문화 등이 어떻게 교차하는지를 살피는 교차성(intersectionality)의 관점에서 읽는 것이다. 또한 희생양 메커니즘, 공동체로부터의 낙인, 트라우마라는 관점에서도 해석하는 것이다. 또한 본 글은 미리암의 유산을 긍정적으로 이어가며 미리암의 치유에 참여하는 유대 전통과 관습을 소개하고, 오늘날 우리가 이웃의 치유에 어떻게 참여할 수 있을지 성찰하고자 한다. 이들 각 관점은 방대한 담론을 가지고 있고, 하나만 본문에 적용해도 글이 충분

중심으로," 「성경원문연구」 49 (2021.10), 94-121 참조.

히 길어질 주제이다. 그런 면에서 여러 관점을 한 성서 본문에 적용하는 것은 깊이와 분량에서 충분히 다루지 못할 위험이 있다. 그럼에도 민수기 12장 속 미리암의 경험을 이처럼 여러 각도에서 보는 것은 한 인물과 사건을 한 각도에서 볼 때보다 그 의미를 더 잘 밝혀주는 효과가 있기 때문이다. 또한 이런 접근은 독자가 미리암의 경험에 좀 더 충분히 귀 기울이고 다른 사람들의 상처를 깊이 경청하려는 태도를 상징하기도 한다.

II. 여러 담론을 통해 미리암을 경청하기

1. 질병과 젠더, 가부장제 및 명예-수치 문화의 교차성

민수기 12장에서 작용하는 여러 역학은 단순한 해석을 경계한다.[3] 본문에는 질병과 젠더, 가부장제 배경의 연령과 젠더, 명예-수치 문화가 다층적으로 작용하므로 이 교차성(intersectionality)을 다룰 필요가 있다. 교차성 이론은 페미니즘의 주류였던 백인 서구 여성이 모든 여성의 경험을 대표할 수 없다고 비판하고, 인종, 계급, 식민지 경험 등 다양한 배경을 가진 여성들의 차이를 강조하면서 나왔다. 교차성 논의는 흑인 페미니스트인 크랜쇼(Kimberle Crenshaw)가 인종과 젠더의 중층적 관계를 기술하면서 시작되었다.[4] 법학자인 크랜쇼는 판

---

3 교차성을 반영하여 성서의 전쟁 내러티브를 읽은 예로는 이은애, "전쟁에 대한 저항 폭력: 젠더 관점에서 본 전쟁 내러티브," 「구약논단」 27 (2021/3), 248-275를 보라.

4 Kimberle Crenshaw, "Demarginalizing the Intersection of Race and Sex: A Black

결에서 교차성을 고려하지 않은 여러 예를 비판했다.[5]

여성들은 이미 1970년대 여성운동 제2의 물결 당시에도 계급, 인종, 섹슈얼리티에 따른 차이를 인지하고 있었지만 흑인 페미니즘, 제3세계 페미니즘, 포스트콜로니얼 페미니즘, 포스트모던 페미니즘 등의 발전과 더불어 교차성 논의가 본격화되었다.[6] 이들은 젠더 불평등뿐만 아니라 여성들 간의 차이를 구성하는 나이, 인종, 종족, 국가, 계급, 성적 지향성, 종교, 장애 여부 등의 사회적 범주들이 어떻게 여성들의 현실을 다르게 만들어내는지에 관심을 가지기 시작했다. 교차성은 또한 질병, 학력, 출신 지역, 거주 지역 등도 다른 구조적 차별들과 연합하여 작용한다.

미리암의 질병과 젠더의 교차성을 이해하기 위해 여성 한센인이 남성 한센인에 비해 질병 낙인으로 사회적 차별과 가족 내 차별을 어떻게 다르게 경험했는지 살펴본 연구가 도움이 될 것이다. 주윤정과 양종민의 연구에 의하면, 한센인들은 다양한 차별과 폭력을 경험하는데, 거주지 차별, 가족으로부터의 배제, 부부 내에서의 단종 경험에서 남녀 차가 별로 없었다.[7] 남성은 여성보다 사회생활을 더 수행하기 때문에

Feminist Critique of Antidiscrimination Doctrine, Feminist Theory and Antiracist Politics," *University of Chicago Legal Forum* (1989), 139-167. 일례로, 크랜쇼는 다섯 명의 흑인 여성들이 제너럴모터스를 상대로 낸 성차별 소송을 든다(DeGraffenreid vs. General Motors). 법정은 회사가 1964년의 민권법 이전에도 여성을 고용했고, 흑인여성을 흑인남성과 다른 범주로 볼 수 없다고 하여 회사의 손을 들어주었다. 법정은 회사가 1964년 이전에는 백인 여성만 고용한 사실을 무시한 것이다. 크랜쇼는 인종차별과 성차별이 맞물려 작용하는 것을 고려해야 했다고 지적했다.

5 *Ibid*, 141-143.

6 이나영, "한국 사회의 중층적 젠더 불평등: '평등 신화'와 불/변하는 여성들의 위치성," 「한국여성학」 30 (2014/4), 36-37.

육체적 폭력, 승차 거부, 식당 이용 거부, 언어폭력 등 사회적 차별을 더 겪었고, 반면 여성은 남성에 비해 육체적 폭력 경험이 적었다.[8] 그러나 여성은 가족 내에서 차별을 받는 경우가 더 많았다. 이혼 및 양육권 박탈과 같은 가족과의 강제적 분리도 폭력적인 경험이었지만 단종시키기 위해 여성에게 가한 신체적 폭력의 정도가 남성보다 훨씬 강했다.[9] 즉 질병 낙인과 차별은 일정한 경향성을 보여주는 반면, 젠더의 사회적 지위와 맥락에 따라 다르게 나타나므로 교차성이 유의미하게 작동한다.

민수기 12장에는 미리암을 교차적으로 억압하는 방식이 다채로운 문학 표현 속에 배어 있다. 첫째, 화자가 미리암의 변한 외모를 자세히 묘사한 것은 젠더와 연관된 억압이라고 볼 수 있다. 화자는 미리암의 상태를 '심한피부병에 걸려서, 눈처럼 하얗게… 심한피부병'(10절)으로 묘사하고, 아론은 미리암을 "모태에서 나올 때에 살이 반이나 썩은 채 죽어 나온"(12절) 처참한 사산아에 비유한다. 미리암의 얼굴이나 손만 이렇게 된 것인지, 몸의 상당 부분이 이렇게 된 것인지 본문은 명시하지 않지만, 이 자세한 묘사는 미리암에게 우호적이지 않다. 이 외모 묘사는 마치 인터넷 '찌라시'처럼 자극적 기사로 세인들의 호기심과 경계하는 시선을 부르고, 일종의 시선 강간이 벌어지게 한다.[10] 그녀

---

7 주윤정 외, "질병 낙인과 젠더의 교차성: 한센인들의 사회적 차별과 가족 내 차별 경험,"「가족과 문화」32 (2020/1), 193-222.

8 앞의 논문, 206.

9 앞의 논문, 212-214.

10 미리암의 외모 변화가 성적 암시가 분명하지 않은데 필자가 '시선 강간'이라 한 것은, 수혜자의 인격, 인권, 입장을 무시하는 일방적인 원조의 부작용을 경계하기 위해 '빈곤 포르노'라 부르는 것과 비슷한 맥락이다.

의 몸은 진영 밖에 격리되어 있어서 회중과 독자의 눈에 보이지 않으면서도 상세한 묘사를 통해 잘 보이게 된다. 이 묘사는 여성 환자에게 질병 낙인과 젠더가 교차하는 것을 드러낸다.

둘째, 문화도 본문 속 교차의 한 요소이다. 성서학자들은 고대 이스라엘의 문화를 대체로 명예-수치 모델 아래서 이해한다.[11] 이 문화는 긍지와 명예 개념에 기초해 있고 남에게 보이는 것(appearances)이 중요하고, 구성원은 서로의 눈에 비추어 자신의 행동을 항상 평가하므로 칭찬과 비난의 말이 도덕적 행동에 대한 사회적 재가 역할을 한다.[12] 명예는 사회에서 근본 가치를 갖고, 수치는 비-순응자를 제재하는 핵심 장치이다. 명예는 땅, 가축, 정치적 영향력, 여성의 섹슈얼리티처럼 제한된 덕목이고, 다른 사람의 명예에 도전하는 것은 매우 심각하고 죽음과 삶의 문제일 수 있다.[13]

민수기 12장에서 미리암에게 벌어진 일은 정확히 그녀에게 명예 상실, 수치, 배척 효과를 낸다. 맨 앞에서 형제자매가 대화한 일, 곧 사적으로 해결될 수도 있는 일이 공동체 전체의 일로 바뀐다. 심한피부병은 성서에서 야웨의 벌로는 드물게 나오는데 미리암이 이 병을 겪는

---

11 인류학자들은 죄책감, 수치, 두려움과 같은 모델을 한 문화에 단순히 적용해서는 안된다고 본다. 한 문화 속 이질성, 추구하는 가치와 실천이 다른 경우 등 복잡하게 고려할 것이 많기 때문이다. 그럼에도 성서 분야에서는 고대 지중해 문화에서 명예-수치가 핵심 가치라고 본다. John K. Chance, "The Anthropology of Honor and Shame: Culture, Values, and Practice," Semeia 68 (1994), 139-151; John J. Pilch, Introducing the Cultural Context of the Old Testament. Hear the Word 1 (New York: Paulist Press, 1991), 49-70.

12 John J. Pilch, The Cultural Life Setting of the Proverbs (Minneapolis: Fortress Press, 2016), 190.

13 앞의 책, 192.

다. 민수기의 아람어역인 타르굼 옹켈로스는 10절의 짜라앗을 스기라로 번역한다.[14] 동사 사가르는 '잠그다, 닫다, 빗장을 지르다'를 의미한다.[15] 짜라앗, 즉 스기라는 빗장을 질러 가두어 격리되고 배제된 미리암을 나타낸다. 미리암의 도전과 실패, 야훼의 분노와 벌, 심한피부병의 확진, 처참하게 변한 미리암의 외모에 관한 소문, 이 집단 문화에서 미리암이 혼자 한 주간 동안 진 밖에 격리된 것, 그로써 광야 여정이 지체된 것…. 이 모든 것이 미리암의 명예에 치명적이다. 그래서 미리암이 진영에 돌아올 때까지 백성이 행진하지 않았다는 말(15절)은 대부분의 페미니스트 해석과 달리 미리암에 대한 지지가 아니라 그 반대로도 해석될 수 있다.[16] 미리암 때문에 전체 공동체 일정에 지장이 생기고 미리암을 원망하게 하고 미리암이 더욱 체면을 잃었다는 말일 수 있다. 미리암은 잘 보이기, 즉 명예를 상실한다. 명예 상실은 명예-수치 문화에서 모든 것을 잃는 것이고, 아론이 '사산아'로 표현한 것은 짜라앗과 명예 상실과 사회적 죽음의 연관성을 암시한다. 이렇게 갇히고

---

14 Alexander Sperber, ed., *The Bible in Aramaic Based on Old Manuscripts and Printed Texts* (Leiden: Brill, 2004).

15 Marcus Jastrow, *Dictionary of the Targumim, Talmud Bavli, Talmud Yerushalmi and Midrashic Literature* (First published in 1903; New York: Judaica Press, 1992), 955, 956 참조.

16 페미니스트 학자들은 백성이 미리암을 기다렸고 지지했다고 공통으로 해석한다. Phyllis Trible, "Bringing Miriam out of Shadow," Bible Review 5 (1989), 20-25; 이경숙, "출애굽의 여성 지도자 미리암," 「기독교사상」 37 (1993/4), 179-186; 이영미, "추락하는 것에도 날개는 있다," 「신학연구」 56 (2010), 43-69; 김민정, "광야의 미리암(민 12:1-15) 재해석 - '권력 강화'에 의한 '해방 전승'의 쇠퇴에 관한 논의," 「구약논단」 25 (2019/3), 182-216. 유대 전설에 의하면, 백성은 출발하려는 참이었지만 구름 기둥이 미리암이 나올 때까지 기다리게 했고, 이는 미리암이 어린 모세를 구한 것에 대한 보상이었다고 한다. Louis Ginzberg, *The Legends of the Jews*, Vol. III, tr. by Paul Radin (Philadelphia: Jewish Publication Society, 1968), 261.

체면을 잃고 수치를 겪은 미리암이 전처럼 공적 업무에 복귀할 수 있었을지 의심스럽다.

셋째, 본문에는 연령에 의한 차별(ageism)도 의미심장하게 들어 있다. 주님의 대사(12:14) 속 부녀관계는 가부장제 문화 속 연령과 젠더 차별, 가정폭력을 반영한다. 야웨는 스스로를 '미리암의 얼굴에 침을 뱉는(야로크 야라크) 아버지'로 비유한다.[17] 아니, 화자가 등장인물 야웨를 서슴없이 그렇게 묘사한다. 여기에는 폭력 및 정결의 문제도 더해진다. 어떤 아버지가 딸의 얼굴에 침을 뱉을까? 딸을 학대하는 아버지이다. 이 묘사는 단순한 비유일 수 있지만 다른 한편으로 그런 학대가 실제로 존재하는 현실을 반영한다고 볼 수 있다. 침 뱉음을 겪은 딸이 '소녀' 나이쯤이라면 '살이 반이나 썩어 나온 아이'(12절)는 존재를 시작도 못 하는 어린 나이에 연약함, 무력함을 강조한다. 가부장제에서 나이, 남성이란 힘의 척도이기도 하다. 신생 여아는 가부장제의 대표 상징인 남성 아버지와 대척점에 있는 존재이다. 이렇게 출애굽의 영웅인 미리암이 가장 어린 신생아, 그것도 사산아와 등치된다. 또한 독자가 간과하지 말아야 할 것은 이 비유 속에서 살이 반쯤 썩어 나온 사산아를 낳은 산모의 부재하는 존재감이다. 이와 같이 미리암의 사건에는 질병, 젠더, 연령, 가부장제 및 명예-수치 문화가 서로 교차한다. 한 겹 한 겹 억압이 교차할 때마다 미리암의 몸은 녹아내리고, 명예는 짓밟히고, 존재감이 사라진다. 우리가 죽음 보고(20:1) 말고는 미리암의 여생에 대해 더 듣지 못하는 것이 조금도 이상하지 않다.

---

17 성서에서 상대의 얼굴에 침을 뱉는 것은 경멸과 수치를 주려는 행동이다(신 25:9; 욥 17:6; 30:10; 사 50:6; 막 10:34; 14:65; 15:19).

2. 미리암과 희생양 메커니즘

미리암 이야기는 공동체의 위기와 갈등을 희생양(scapegoat) 메커니즘으로 해결하는 예라고 볼 수 있다. 희생양 메커니즘이란 르네 지라르(René Girard)의 연구에서 나온 개념으로 위기와 불안정에 처한 공동체가 평화와 안정을 얻기 위해 꾀하는 방식을 가리킨다.[18] 지라르에 의하면, 위기와 갈등 속 공동체는 만장일치로 무고한 희생물을 죽이기로 결정하고, 구성원들은 거기서 카타르시스를 느끼고 공동체는 갈등을 해소하고 평화를 되찾는다. 그런데 희생양에 대한 이러한 폭력은 비도덕적이기도 했고 욕망 경쟁에서 생기는 원초적인 폭력과 구분되어야 했기에 이를 '이로운 폭력, 성스러운 폭력'으로 여겼다는 것이다.

그러나 이 희생양 메커니즘은 위기 상황에 대한 본질적인 해결책이 될 수 없으므로 반복될 수밖에 없다. 특히 지라르가 위기와 폭력의 원인으로 드는 모방 욕망이 인간에게 운명적, 초석적이기 때문이다.[19] 지라르는 욕망이 타인(짝패, double)이 욕망하는 것을 욕망하는 데서 나온다고 지적한다. 그래서 모든 욕망은 모방 욕망이고 자발적, 주체적, 내재적인 욕망이 아니라 타인에 의한 비자발적 욕망이다. 사람들은 이런 욕망으로 타인을 질시하고 짝패와의 경쟁에서 우위를 점하려고 폭력을 행사한다.

---

18 르네 지라르,『폭력과 성스러움』, 김진식 옮김 (민음사, 1997); 동저역자,『희생양』(서울: 민음사, 1999); 동저역자,『나는 사탄이 번개처럼 떨어지는 것을 본다』(서울: 문학과 지성사, 2004); 동저역자,『문화의 기원』(서울: 기파랑, 2006), 특히 2장.

19 지라르는 세르반테스의『동키호테』를 비롯한 여러 소설을 분석한 첫 저서에서 욕망이란 중개자를 통해 생기는 모방 욕망, 삼각형의 욕망이라고 분석했다. 르네 지라르,『낭만적 거짓과 소설적 진실』, 김치수, 송의경 옮김 (서울: 한길사, 2001).

미리암 이야기에서 작용하는 공동체의 위기, 모방 욕망과 경쟁, 희생양 메커니즘은 다음과 같이 생각할 수 있다. 민수기에서 광야의 출애굽 공동체는 많은 위기를 겪는 것으로 나온다. 학자들은 민수기의 정확한 연대에 대해 이견이 있지만 대체로 포로기 및 포로기 이후로 본다.[20] 민수기 속 출애굽 공동체의 위기란 이 시기에 이방 제국 치하의 유대 공동체 내부에 있던 많은 갈등을 암시한다. 12장은 포로기 이후 유대 공동체에서 모세로 대표되는 지도층이 미리암으로 대표되는 경쟁 세력을 제거하고 공동체의 결집을 꾀하려는 이야기로 볼 수 있다.[21] 모세는 짝패로서 경쟁 세력의 권력 욕망을 일으키는 중개자, 경쟁자, 방해자이고, 이 때문에 갈등이 생겨난다. 미리암은 여성 전체의 지도력을 대표할 수도 있지만, 화자가 반대 세력을 여성화(거세)하여 경멸과 조롱을 더 했다고도 볼 수 있다.

민수기 12장은 역시 지도력의 문제가 부각된 바로 앞의 11장과 긴밀한 연관이 있다.[22] 공동체가 겪는 위기는 11장과 함께 볼 때 백성의 생존, 통혼, 지도력(예언자와 제사장)의 문제가 뒤섞여 있다. '모세'로 대표되는 지도자들은 기본적인 생존 조건(만나와 메추라기, 물, 평화['칼'];

---

20 우택주는 포로기 및 포로기 이후(제2성전기)로 보고, 최종원은 보다 구체적으로 4세기 초엽과 중반으로 본다. 우택주, "민수기의 군주시대 전승과 그 제사장적 편집 작업에 나타난 수사적 의도," 「구약논단」 20 (2014/4), 164-194; 최종원, "소위 불평 이야기의 문맥 안에 있는 예언자적 현상에 관한 연구," 「구약논단」 22 (2016/3), 105-136. 참조.

21 우택주, "민수기의 구주 시대 전승과 그 제사장적 편집 작업에 나타난 수사적 의도."

22 알베르츠는 민수기 11장에서 장로협의회는 물론 엘닷과 메닷의 영감까지 확증함으로써, 제사장 집단과 더불어 오경을 편집한 두 집단 중 하나인 평신도 신학자들의 입장이 피력되었다고 본다. 라이너 알베르츠, 『이스라엘 종교사 II』, 강성열 옮김 (서울: 크리스찬 다이제스트, 2004), 218-219.

11장, 14장 참조)을 안정감 있게 해결해주지 못한다. 통혼 문제도 공동체의 생존과 연관이 있다. 태마라 에스케나지(Tamara Eskenazi)는 통혼 문제가 정체성과 순혈 유지에 관한 것이라기보다는 공동체의 재산보전과 더 연관이 있다고 보았다.[23] 에스케나지는 엘레판틴 문서들이 보여주는 여성 상속권에 기초하여, 에스라 9-10장이 혼합결혼으로 인해 공동체가 자산을 잃을 수 있다는 두려움을 반영한다고 본다. 이방인, 특히 이방 여성과의 결혼과 이혼으로 공동체의 재산이 줄어들까 봐 에스라기, 느헤미야기에서 보는 것처럼 제재를 가하고자 했다는 것이다. 아론과 미리암은 모세의 통혼과 지도력에 대해 이의를 제기한다. 생존에 관한 불평, 통혼이 가져오는 경제력 축소의 두려움, 지도자의 무능에 대한 질타, 지도층의 권력 투쟁 등이 야기하는 공동체의 위기를 해결하기 위해 누가 희생양이 될 것인가?

지라르는 희생양의 공통 조건을 이렇게 관찰한다.[24] 동물일 경우, 인간과 아주 흡사하거나 밀접한 관계에 있으며, 인간 희생자의 경우, 보복의 위험이 없는 자이거나 장애인, 소외자, 약자, 외국인 등이다. 희생양은 아주 좋거나 나쁘다는 극단적 특성을 갖기에 왕, 아버지 등도 가능하다. 또한 두려움을 주면서 동시에 가장 순수하고 성스럽다는 특성을 갖는다. 민수기 11장 공동체의 위기에서는 외국인을 희생양으로 삼고 싶은 의도가 엿보인다. '그들 중에 섞여 사는 다른 인종들이 탐욕을 품어서' 이스라엘 자손도 고기 타령을 다시 시작한다고 나오기

---

23 Tamara Cohn Eskenazi, "Out from the Shadows: Biblical Women in the in the Postexilic Era," *A Feminist Companion to Samuel and Kings,* ed. Athalya Brenner (Sheffield: Sheffield Academic Press, 1994), 262-264.
24 지라르, 『희생양』, 2장, '박해의 전형.'

때문이다(11:4). 타자를 탓하는 모습, 타자의 욕망을 모방하는 공동체의 모습이 드러난다. 그런데 '다른 인종들'을 희생양으로 삼기엔 그들의 세력이 만만치 않았던 듯하다. 아론은 제사장 집단의 지지를 받으므로 희생양으로 삼기 어렵다. 지라르의 희생제물의 '자격'을 제대로 갖춘 희생제물이 필요하다.

미리암은 지라르의 희생양 조건에 어울린다. 미리암은 극단적 특성을 갖는다. 출애굽의 영웅 중 하나인데 여성이라서 특출하면서도 비혼이라 사회적으로 비정상이다. 이제 공동체에 무질서를 가져오므로 문젯거리다. 그녀는 가족, 즉 모세와 아론의 보복은 아예 기대할 수 없고, 젠더 면에서 약자이고, 복수해줄 남편이나 자녀가 없고 남자 형제들에게는 도움을 기대하지 못한다. 그녀는 공동체에 속해 있지만, 완전히 속해 있지 않은 존재라서 희생양에 적격이다. 지라르는 희생양 메커니즘에서 폭력이 축소되어 있고 진짜 갈등과 폭력을 속인다고 지적한다. 본문에서 미리암을 희생양으로 삼은 일은 등장인물 야웨를 내세워 신성모독 차원으로 만들고, 폭력이 아닌 것 같은 폭력, '좋은 폭력'으로 만들어진다. 지라르는 신이 항상 희생과 연관되어 있는데, 희생양이 신성한 존재라고 설득하는 폭력은 같기 때문이라고 한다.[25]

지라르는 준비된 폭도인 대중의 지지로 희생양 메커니즘이 작동한다고 보았는데, 민수기 본문 속 백성은 어떠한가? 백성은 지도자에게 종종 불평을 잘하는 이들이지만 미리암이 겪은 불의에 대해서 불평했다는 묘사가 없다. 그래서 백성이 미리암이 올 때까지 행진하지 않았다는 말은 미리암에 대한 지지라기보다는 미리암의 벌에 대한 백성의

---

25 지라르, 『나는 사탄이 번개처럼 떨어지는 것을 본다』, 105.

암묵적 동의, 여정을 지체하게 한 미리암에 대한 불만, 공동체의 갈등
이 해결되어 카타르시스를 느끼고 다시 여정을 떠나는 것이라는 뜻일
수 있다.

이렇게 미리암은 오롯이 혼자 희생양이 되었다. 그러나 희생양 메
커니즘은 공동체의 위기와 갈등에 대한 불합리하고 불의한 미봉책이
라서 되풀이될 수밖에 없다. 민수기 16장에서 고라, 다단, 아비람처럼
공동체의 영향력 있는 지도자들이 정확히 아론과 미리암의 견해를 상
기시키는 내용으로 모세와 아론에게 대항할 때(16:3), 현대에도 비슷
한 일이 벌어질 때 독자는 미리암을 기억한다.

3. 미리암과 낙인

미리암의 상처는 사회학자들이 20세기 초반 이래 연구하여 다양한
분야에 적용되어 온 '낙인'(stigma) 개념으로 잘 조명될 수 있다.[26] 낙인
은 주류 및 다수와 다르다고 생각되는 개인에 대해 부정적인 인식과 행
위, 또는 바람직하지 않은 속성을 덧붙여 그 개인의 사회적 정체성을
손상시키고 개인의 자기 수용과 사회적 수용으로부터 소외시킨다.[27]

이인옥과 이은옥은 다음과 같이 낙인을 정의하며, 낙인의 직접적,
간접적 선행요인과 낙인의 속성과 결과를 포괄한다.

---

26 예를 들면, 어빙 고프만, 『스티그마: 장애의 세계와 사회적응』, 윤선길, 정기현 옮김 (오
  산: 한신대학교 출판부, 2009), 30.
27 이인옥 외, "낙인(stigma) 개념분석," 「근관절건강학회지」 13 (2006/1), 54. 이들 저
  자는 스티그마가 낙인, 오명, 치욕감, 편견 등 여러 용어로 쓰이는데 낙인이 스티그마의
  원뜻에 가장 가깝다고 보았다.

낙인은 사회적 정체성과 일치하지 않는 특성(종족적 정체성, 개인 특성의 오점, 신체적 결함)으로 인해 발생하며, 이러한 낙인 근원 특성의 숨김 가능성, 통제 가능성, 위험성에 의해 저평가, 부정적인 고정관념, 꼬리표, 차별의 속성을 지니며, 그 결과로 사회적 거부, 사회적 고립, 사회적 지지 결핍, 낮은 지위를 초래하는 사회적 구조이다.[28]

우리는 미리암이 민수기 12장의 사건 후 낙인이 붙었고 이전에 비해 사회적 차별과 불이익을 겪었다고 생각할 수 있다. 본문에는 미리암의 생각과 여생, 사람들의 반응이 묘사되어 있지 않으므로 독자가 행간을 읽는 독서 작업이 중요하다. 실상 미리암의 낙인 흔적은 이미 신명기 24장 9절에 박혀 있다. "당신들이 이집트에서 나오던 길에 주 당신들의 하나님이 미리암에게 하신 일을 기억하십시오." 여기서 명령형, '기억하라'가 일반적인 제코르가 아니라 강조형인 자코르를 써서 낙인이 강조되어 있다.[29] 바로 앞 절에서 심한피부병을 언급하므로 미리암에 대한 기억은 더욱 부정적인 범례가 된다. 필리스 트리블(Phyllis Trible)의 표현대로, 미리암은 '오고 오는 세대를 위한 경고요, 찍힌 여자'가 되었고 너무 중요한 여자 지도자라서 비방자들이 미리암을 '불명예 속에 영원히 묻어버리고 싶어' 하였다.[30]

미리암에게 붙은 낙인은 한 가지 이상이었다고 볼 수 있다. 먼저 명예를 더 얻으려고 공동체의 최고지도자에게 도전했다가 명예를 잃은 여자 그리고 공동체의 질서를 위태롭게 한 여자라는 낙인이 있었을

---

28 앞의 논문, 62.

29 A. E. Cowley, *Gesenius - Kautzsch Hebrew Grammar*, 346, §113bb.

30 Phyllis Trible, "Bringing Miriam out of the Shadows," *Bible Review* 5 (1989), 23.

것이다. 다음으로는 신의 저주를 받은 여자, 외모가 변하고 전염성이 있는 질병(짜라앗)을 가진 위험한 여자, 감염병 보유자라는 낙인이 있었을 것이다. 본문에는 미리암이 진에 돌아왔다(히필형, '더하게 하다')는 말은 있지만, 실제로 미리암이 완쾌되었다거나 아론 또는 다른 사제로부터 정결 선언을 들었다는 말은 없다(레 13장 참조). 또 다른 낙인으로 올케의 이방 출신 배경을 문제 삼아 집안과 공동체에 분란을 일으킨 여자라는 것도 가능하다. 그렇게 나대다가 꼴좋게 수치를 겪은 여자, 그러다가 사라진 여자라는 낙인이다.

낙인의 역설은 '낙인 효과'에 있다. 이 말은 다른 이들에게 지속적으로 무시당한 경우에, 즉 낙인이 찍힌 경우에 당사자가 낙인을 내재화하고 부정적으로 변해가는 현상을 가리킨다. 미리암에게는 어떤 낙인 효과가 있었을까? 민수기 12장부터 20장 1절까지 미리암 개인과 공동체의 삶이 이어지는 동안 미리암은 자신이 겪은 엄청난 사건과 주위의 낙인을 내재화해서 자신을 부정적으로 수용했을까? 본문의 실마리를 통해 살펴보건대, 미리암의 낙인 효과는 미미했다고 생각할 수 있다. 미리암은 아론과 달리, 자신이 '어리석었다'거나 '죄를 지었다'고 시인하지 않았다(참조, 12:11-13). 자신의 행동에 대해 변명하거나 피부병을 낫게 해달라고 애원하지도 않았다. 그래서 미리암의 침묵은 긍지, 항변, 위엄을 웅변적으로 말한다고 볼 수 있다.[31] 8세기 미가서의 전승이 증언하듯이(6:4) 미리암을 여전히 지지한 이들이 있었다. 그래서 주변에 수용하고 지지하는 사람들과 더불어 그녀의 유산이 살아남았다.[32]

---

31 유연희, 『이브에서 에스더까지』 (삼인, 2013), 95.

32 고프만이 관찰하듯이, 가시적인 낙인이 있는 사람은 낙인 관리 영역이 주로 대중생활이지, 반대편 극단에는 친밀한 관계가 있다. 고프만, 『스티그마』, 85.

4. 미리암과 트라우마

미리암 사건의 경우, 성서 속 많은 파국적인 사건과 마찬가지로 본문에 트라우마라는 말도 없고, 미리암이 자신의 이야기를 아프게 진술한 적도 없다. 그럼에도 우리는 민수기 12장에서 일어난 다중의 폭력과 모욕은 미리암을 충분히 트라우마 경험자로 볼 수 있게 한다고 판단한다. 미리암의 트라우마 경험은, 질병, 젠더, 연령, 명예-수치 문화, 가부장제 문화의 교차성, 희생양 메커니즘, 낙인이 복합적으로 작용하여 더욱 강력했을 것이라고 생각할 수 있다. 그리고 필자처럼 성서의 독자가 자신이 당시 미리암이라면 어땠을지 상상하며 트라우마라고 여길 때 그 일은 트라우마적 사건이 된다고 말할 수 있겠다.

미리암의 트라우마 경험을 이해하려고 노력하기 위해서, 먼저 현대 트라우마 이론 및 문학과 문화이론가들이 트라우마에 관심을 갖는 현상에 대해 약술하고자 한다. '트라우마'는 그리스어로 몸의 '상처'를 뜻하는데 프로이트 이래 정신의 상처를 가리키게 되었다. 현재 트라우마적 사건(traumatic stressor)에 대한 정의는 엄청난 사건만이 아니라 두려움, 위협, 웰빙에 대한 위험에 대한 개인의 주관적인 인식도 포함한다.[33] 예를 들어, 로라 브라운(Laura S. Brown)은 마리아 루트(Maria

---

33 19세기와 20세기에는 탄환 충격(shell shock), 전쟁 신경증(combat neurosis) 또는 외상 신경증(traumatic neurosis) 등으로 다양하게 불렸다. 미국정신의학협회(American Psychiatric Association)는 1980년 개정된 『정신질환 진단 및 통계 편람 III』(*Diagnostic and Statistical Manuals of Mental Disorders III*, DSM-3)에 처음으로 '외상 후 스트레스 장애'(Post-traumatic Stress Disorder, PTSD)를 포함하였다. DSM-3의 트라우마 진단 기준은 DSM05(2013)까지 과학적 발견과 임상 경험을 반영하여 계속 개정되었다. 이진숙, "트라우마에 대한 소고", 「여성연구논집」 24 (2013), 181.

Root)의 잠행성 트라우마(insidious trauma) 개념을 여성, 유색인, 성소수자, 장애인, 가난한 사람들 등 비-지배적 그룹에 속한 이들에게도 적용한다.[34] 이들은 언제 폭력, 갑질, 무시, 차별을 겪을지 모른다는 일상의 반복적 두려움 속에서 잠행성 트라우마(insidious trauma)를 갖고 있기 때문이다.[35]

사람에 따라 파국적 사건 후에도 별문제를 겪지 않기도 하고(resistance), 몇 주간 PTSD와 비슷한 증상을 겪다가 증상이 사라지기도 하고(resilience), PTSD로 고착되기도 한다.[36] 강간, 종족 말살, 전쟁 상황 등은 거의 모든 사람에게 트라우마적 사건으로 경험된다. PTSD의 증상은 네 개의 증상군집으로 나눌 수 있고, 침습(악몽, 플래시백과 같은 생생한 재연), 회피(트라우마를 유발할 수 있는 생각 혹은 상황 회피), (자신과 타인 그리고 세계에 대한) 부정적 정서와 인지, 과다 각성과 자기 파괴적 행동이 있다.[37] 미리암이 이러한 반응과 증상군집 중 어떤

34 Maria Root, "A model for Understanding Variations in the Experience of Traumata and Their Sequelae," paper prepared for the Eighth Advanced Feminist Therapy Institute, Banff. (1989). Laura. S. Brown, "Not Outside the Range," *Trauma: Explorations in Memory,* ed. Cathy Caruth (Baltimore: Johns Hopkins University Press, 1995), 107에서 인용.

35 대한신경정신의학회의 설명도 이러한 이해를 반영하는데, 누구나 일생 동안 크고 작은 트라우마를 겪는다고 하고, 트라우마를 큰 트라우마, 작은 트라우마, 단일 트라우마, 복합성 트라우마로 분류한다. "정신이 건강해야 삶이 행복합니다. 트라우마가 뭐길래," 「네이버 건강백과」, https://terms.naver.com/entry.nhn?docId=2109866&cid= 51011&categoryId=51011. 2021년 8월 1일 접속.

36 이는 성인이 트라우마 사건 후에 흔히 보이는 세 가지 반응이다. The International Society for Trauma Stress Studies, "Trauma during Adulthood," https://istss. org/public-resources/trauma-basics/trauma-during-adulthood. 2021년 8월 1일 접속.

37 이진숙, "트라우마에 대한 소고," 182; 베셀 반 데어 콜크(Bessel Van der Kolk)는

식으로 반응했는지에 대해서 본문은 말해주지 않는다. 독자가 자신의 삶의 경험을 가지고 미리암과 동일시할 수 있는 만큼만, 경청하며 해석하는 만큼만 미리암의 반응을 상상할 수 있을 것이다.

대표적인 트라우마 이론가인 캐시 캐루스(Cathy Caruth)는 트라우마의 개념을 더욱 정교하게 표현한다. 캐루스에 의하면, 트라우마가 있는 사람은 자기 안에 "불가능한 역사를 갖고 있거나 온전히 소유할 수 없는 역사의 증상이 된다."[38] 그 사건을 자신의 것으로 의식하지 못하는 경험, 즉 '소유되지 않은 경험'(unclaimed experience)을 갖는다.[39] 또한 트라우마적 사건의 재경험은 처음 트라우마를 만든 것을 아는 것이 불가능함(impossibility of knowing)을 수반한다. 경청하는 이들은 이 새로운 종류의 듣기, 즉 불가능성을 목격해야 하는데 이는 위험한 일이다. 트라우마는 '전염'(contagion)되어 청자가 트라우마화되기 때문이다.[40] 그럼에도 트라우마의 역사는 다른 사람의 듣기를 통해서만 생겨날 수 있다. 그런데 콜린 데이비스(Colin Davis)는 경청이 다른 사람의 트라우마에 참여하거나 소유하는 것은 아니므로 다른 사람의 고통에 공감적 이해를 한다는 자기기만에 빠지지 않도록 주의해

트라우마에 대한 뇌의 반응 연구에서, 편도체(화재경보기)와 내측 전전두엽 피질(감시탑)의 균형이 깨지고 감정과 충동조절이 어려워 이성을 발휘하기보다는 감정적으로 된다고 관찰했다. 베셀 반 데어 콜크, 『몸은 기억한다: 트라우마가 남긴 흔적들』, 제효영 옮김 (서울: 을유문화사, 2016), 3-5장 참조.

38 Cathy Caruth, ed., *Trauma*, Introduction, 특히 4, 10-11 참조.

39 Cathy Caruth, *Unclaimed Experience: Trauma, Narrative and History* (Baltimore: Johns Hopkins University Press, 1996).

40 Lenore Terr, "Remembered Images and Trauma: A Psychology of the Supernatunal," *The Psychoanalytic Study of the Child* (New Haven: Yale Univ. Press, 1988). Caruth, ed. *Trauma*, 10에서 인용.

야 하고, 이질적인 것의 흔적을 최대한 존중하며 따라가야 한다고 지적한다.[41] 이는 역사가 도미닉 라카프라(Dominick LaCapra)가 공감의 한계를 지적하며 청자의 윤리로서 제시한 공감적 불안정성(emphatic unsettlement) 개념과 맥을 같이 한다.[42]

문학과 문화이론가들이 1990년대 이래 트라우마에 대해 관심을 갖는 이유는 트라우마가 인간의 심리에 미치는 외상적 사건에 대한 해석틀을 제공하기 때문이다.[43] 트라우마 비평은 문학에서 특히 외상적 사건의 여파 그리고 그 외상적 사건이 기억되는 재현방식에 주목한다. 예를 들면, 트라우마 문학 자체(즉, 얀 마텔의 『파이 이야기』)나 트라우마가 배어 있는 문학(일례로, J. M. 데 바스콘셀로스의 『나의 라임오렌지 나무』)은 트라우마 비평의 빛에서 새롭게 해석된다.[44]

구약성서도 트라우마 문학의 일종이라고 볼 수 있다. 유다의 멸망으로 정체성의 위기와 집단 트라우마를 경험한 종교 엘리트들이 종교, 문화, 민족 정체성을 보존하려는 문헌 작업에서 비롯되었기 때문이다. 또한 성서에는 수많은 전쟁, 전염병, 가뭄처럼 집단에 영향을 미치는

---

41 Colin Davis, "Trauma and Ethics: Telling the Other's Story," *Other People's Pain: Narratives of Trauma and the Questions of Ethics,* eds. Martin Moldinger and Philipp Sonnag (Oxford: Peter Lang, 2011), chapter 1.; 조성란, "'그의 마음은 여전히 리처드 파커에게 붙들려 있다': 트라우마와 치유로서의 증언 – 얀 마텔의 『파이 이야기』 연구," 「영미연구」 49 (2020), 73-74에서 재인용.

42 Dominick LaCapra, *Writing History, Writing Trauma* (Baltimore: Johns Hopkins Univ. Press, 2001).

43 이진숙, "트라우마에 대한 소고," 183.

44 조성란, "'그의 마음은 여전히 리처드 파커에게 붙들려 있다,'" 55-82; 왕은철은 18편의 문학작품 속 트라우마에 귀를 기울인다. 『트라우마와 문학, 그 침묵의 소리들』(서울: 현대문학, 2017).

재난을 비롯해 살인, 배신, 상실과 같은 개인 차원의 트라우마 사건이 많이 나오기 때문이다. 트라우마 비평으로 성서를 해석하는 작업은 새롭게 성서를 볼 수 있는 또 다른 기회를 제공할 것이다.

성서의 미리암은 살아 있지만 죽은 상태, 트라우마 속에서 캐루스가 말한 '불가능한 역사'와 '소유되지 않은 경험'을 가지고 광야에 서 있다. 미리암이 진으로 돌아올 때까지 기다렸다가 함께 광야 여정을 다시 떠난 백성 중 어떤 사람들이 어떻게 그녀를 경청했을까? 그들은 '불가능성을 목격'해야 하는 위험한 일을 '공감적 불안정성'을 가지고 경청했을까? 현대의 독자는 미리암에게 청자의 윤리를 잘 수행하고 있을까?

III. 치유하는 해석공동체
(Interpretive Healing Communities)

우리는 미리암이 겪은 일을 트라우마 사건이라고 보는데, 모든 트라우마가 PTSD로 발전되는 것도 아니고, 모든 트라우마가 치유 가능한 것도 아니다. 이것이 남의 상처, 남의 트라우마 앞에서 우리가 한없이 겸손해야 하는 이유이다. 그러나 트라우마 사건을 겪어도 PTSD로 발전되지 않도록 돕는 요소들이 있다. 트라우마 경험자를 지지해주는 사회 연결망, 상담과 약물 치료 같은 즉각적인 정신건강의 개입, 실제적인 지원과 감정적인 지원 등 여러 대응 전략들을 사용하는 것이다.[45]

---

45 The International Society for Trauma Stress Studies, "Trauma during

결국 주변 사람들과 공동체의 관심, 도움, 경청, 지지가 중요하다. 민수기 12장에서 미리암에 대한 부정적 묘사에도 불구하고 성서 속에서 전반적으로 그녀의 강한 존재감은 성서를 넘어 모든 시대의 해석공동체들에게 치유의 몸짓을 하게 했다.

해석공동체란 독자 반응 비평에서 나온 용어로서 본문의 해석, 사용, 소통의 전략을 공유하는 사람들의 집합체를 가리킨다.[46] 이 말의 의미를 확대하자면 성서의 해석자들은 크게는 한 공동체에 속하지만 작게는 보수, 중도, 또는 진보적 해석공동체에 속해 그 공동체의 선호 해석과 내러티브를 공유하고 이를 실행하며 현실을 구성한다.[47] 민수기 12장에서 미리암 사건을 읽은 모든 시대의 독자는 자신의 해석공동체에 속해 반응해왔다. 그중에서도 미리암에 대한 긍정적, 옹호적인 해석과 그녀를 기억하는 예전은 일종의 치유 과정, 미리암의 치유와 해석자들 및 해석공동체들의 치유를 꾀하는 작업이라고 볼 수 있다.

이 치유 작업은 일찍이 시작되었다. 먼저, 미드라쉬는 민수기 12장 본문의 침묵, 공백, 모순 등에서 생겨나는 질문에 답하고자 했다. 데보라 스타인메츠(Devora Steinmetz)는 여러 미드라쉬 속에 나타난 미리암의

Adulthood"; Center for Posttraumatic Mental Health, "Helping a friend or family member after a traumatic event," https://www.phoenixaustralia.org/wp-content/uploads/2015/03/Phoenix-Helping- Friend-or-Family-Member. pdf. 2021년 8월 1일 접속.

46 스탠리 피시(Stanley Fish)에 의하면, 우리는 한 해석공동체의 일원으로서 특정 방식으로 본문을 해석하고, 우리의 해석공동체를 벗어날 수 없다. *Is There A Text in This Class?* (Cambridge, Mass.: Harvard Univ. Press, 1980), 147-174.

47 해석공동체 개념이 언론과 뉴스에 적용된 예시에 대해서는 김경모, 정은령, "내러티브 프레임과 해석공동체: '전작권 환수 논란'의 프레임 경쟁과 해석 집단의 저널리즘 담론," 「한국언론정보학보」 57 (2012), 109-136을 보라.

묘사를 찾아보며, 공통적으로 미리암이 가족의 존속에 깊은 관심을 갖는 것으로 묘사한다고 관찰했다.[48] 그래서 모세에게 구스 아내를 언급하며 도전한 것(민 12:1)은 비방이 아니다. 이 미드라쉬는 모세가 예언을 위해 구스 여자, 즉 십보라와 관계를 삼갔고 그로써 자손이 없게 된 것을 꾸짖었다고 해석하여(Sifre Zuta 12:1) 미리암에게 옹호적이다.[49]

미드라쉬가 미리암을 '결혼시켜서' 남편과 자녀가 있는 것으로 해석한 것도 옹호적이라고 볼 수 있다. 결혼과 자손의 중요성을 강조하는 랍비 해석에서 비혼으로 죽고 자손을 남기지 못한 미리암이란 받아들일 수 없다. 그래서 미리암의 남편은 갈렙이고 그들의 자손은 다윗 왕가의 조상이 되었다(Sotah 11b-12a).[50] 미리암의 아들 훌은 아말렉과의 전투에서 모세의 팔을 붙들어주었고(출 17:10), 그의 아들(또는 손자)은 광야 장막을 장식한 브살렐이다.

또한 미드라쉬 전통에 의하면, 미리암은 바위 우물과 연관이 있다.[51] 광야에서 물을 저장한 거대한 바위가 굴러가며 백성을 따라다녔

---

48 Devora Steinmetz, "A Portrait of Miriam in Rabbinic Midrash," *Prooftexts* 8 (1988/1), 35-65. 바빌로니아 탈무드(Bavli)에 의하면, 70명의 장로들이 촛불을 켜고 즐거워할 때 미리암은 "이 사람들과 그들의 아내들에게 복이 있다!"고 했다. 십보라는, "'아내들에게 복이 있다'고 하지 말고 '아내들에게 저주가 있다'고 하세요. 하나님이 당신 동생 모세에게 말씀하신 날부터 그는 저와 관계를 하지 않았어요"라고 했다. 미리암은 즉각 아론에게 가서 이 문제를 상의했다. 그래서 "미리암과 아론이 그 여자에 대한 일로 모세에게 말했다"(Sifre Zuta 12:1). 48, 주 32.

49 Moshe Reiss, "Miriam Rediscovered," *Jewish Bible Quarterly* 38 (2010/3), 189에서 인용.

50 역대지상 2:18에 갈렙의 아내로 나오는 아수바와 여리옷이 나오는데 탈무드(Sotah 1lb)는 둘 중 하나가 미리암의 가명이라고 설명한다. Reiss, "Miriam Rediscovered," 190, 주 13.

51 제임스 L. 쿠겔, 『구약성경개론』 김구원, 강신일 옮김 (서울: CLC, 2011), 372-373; BT Ta'anit 9a; Mekhilta De-Rabbi Yishmael, Be-shallah, 7; Mekhilta De-Rabbi

다. 이 바위 우물은 사람들과 가축을 위해 광야에서 신선한 물을 제공했고, 푸른 풀밭을 이루고 향기로운 꽃들을 피우게 했다. 이것이 '미리암의 우물'(Miriam's Well)이었고, 그녀가 죽자 그 바위 우물이 말랐다. 랍비들은 이렇게 민수기 20장에 나오는 미리암의 부재(death)와 므리바에서의 물의 부재(death)를 즉각 연결했다. 미리암의 죽음 보고(민 20:1)를 압도하는 생명력 넘치는 해석이 아닐 수 없다.

현대 유대교의 예전 속에서 미리암을 기억하는 요소 또한 치유에 참여하는 방식이다. 야엘 레빈(Yael Levine)과 에다(Edah, 현대적인 정통유대교 운동)에 의하면 유월절(Seder) 식탁에 여성 요소를 더한 것은 최근 유대 페미니스트들이 처음 시작한 것이 아니고, 중세에도 있었다.[52] 10세기 바빌론의 랍비 가온(Sherira Gaon)은 유월절 접시에 두는 생선, 달걀, 고기를 언급한다. 이 세 가지 익힌 음식은 각각 리워야단 및 미리암, 지즈(Ziz, 신화적인 큰 새), 야생 황소를 상징한다. 유대 페미니스트들은 1980년대 말 이래 유월절 식탁(Seder)을 보다 포괄적으로 만들기 위해 엘리야를 위한 포도주잔 외에도 미리암과 출애굽 여성들을 기념하여 물을 담은 '미리암의 잔'(Miriam's Cup)을 둔다.[53] 이는 "그 세대 여성들의 의로움이 아니었다면 우리는 이집트에서 구원되지 못했을 것이다"라는 바빌로니아 탈무드(Sotah 9b)를 따르는 것

Shimon bar Yohai, !5:35 and Midrash Tanhuma, 2 Va-yedabber. Reiss, "Miriam Rediscovered," 187-188에서 인용.

52 Yael Levine, Edah, "Where is Miriam on the Seder Plate?" *ynetnews-Jewish Scene*, 4 November 2006, https://www.ynetnews.com/articles/0,7340,L-3238942,00.html. 2021년 8월 1일 접속.

53 Annette M. Boeckler, "Miriam's Cup: The Story of a New Ritual," *European Judaism* 45 (2012/2), 147.

이기도 하다.[54] 이러한 제의는 미리암을 기억하고 그녀의 치유, 독자 자신의 치유에 참여하는 방식이 될 수 있다.

트리블은 미리암을 치유 사역이라는 관점에서 성찰하며 미리암이 신약성서에서 위상 면에서 예수의 어머니 마리아(미리암에 해당하는 그리스어) 및 많은 마리아 속에서 다시 나타난다고 본다.[55] 이들 본문은 동생 모세를 구하고 고통받던 출애굽 공동체를 이끌고 권위 제한을 요청한 예언자로서 치유 사역을 했던 미리암을 '치유한다'.

현대의 독자들이 미리암에 대한 시, 노래, 미드라쉬를 쓰는 것도 미리암을 민수기 12장 속에 박제하지 않고 그 상처를 위로하고 치유하는 데 참여하는 방식이다.[56] 필자의 이런 졸시라도 미리암과 트라우마 경험자들을 경청하는 몸짓이기를 바란다.

친구에게 - 미리암을 노래함

겁났다지
동생이 담긴 바구니가
강물에 떠내려가는 걸
보는 거

---

54 앞의 논문, 147.
55 Phyllis Trible, "The Healing Ministry of Miriam," *Living Pulpit* 6 (1997/2), 1.
56 예를 들면, 'Miriam's Moon,' 'Miriam's Cup,' 'Of Miriam and Amram' 등 많은 시가 있다. https://ritualwell.org/categories/544. 2021년 8월 1일 접속; 한국여신학자 협의회 성서언어 연구반의 시, "해방의 길로 부르시는 하나님"에 미리암이 룻, 다말, 마리아, 논개, 김마리아, 유관순, 김경숙 등과 함께 등장한다.『한반도에서 다시 살아나는 여성 시편』, 개정증보판 (서울: 여성신학사, 2005), 46-48.

몰래 따라가는 거

가슴이 콩닥콩닥했다지
공주가 바구니 속 아기를 볼 때
망설이다 나서서
유모를 데려오겠다고 말할 때

수줍었다지
모든 여자들을 이끌고
춤추고 노래하며
홍해를 건너게 하신
주님을 찬양할 때

두려웠다지
그저 가나안으로 가는 것이
출애굽의 완성이 아니라고,
물이 광야 구석구석 적셔
향기로운 꽃밭을 만들듯이
누구나 평등 평화 행복을 누려야
약속의 땅이 되는 거라고
크게 말하는 거
친구야
두렵지만 행동한 네 용기
피하고 싶었지만 그 자리에 있던 네 힘

너를 넘어 세상까지 품은 네 사랑

고마워
그 용기, 힘, 사랑을 보며
우리도 따라갈 수 있지
오래오래 널 기억하며
광야에 물 대고 꽃밭 만들 사람들
아마 많을 거야.

IV. 나가는 말

트라우마 사건 이후에 당사자들의 상처에 소금을 뿌리는 이들이 있
다. 이 글 맨 앞에서 인용된 기사처럼 어떤 사람들은 확진자에게 "왜
조심하지 않아서 걸렸느냐", "부주의했다"라고 말하며 희생자를 탓했
다. '세월호 참사'(2014년 4월 16일)에 대해서도 침묵을 강요하는 사람
들이 있었다. 그런가 하면 세월호 유가족을 위해 어떤 식으로든 힘을
보태려고 먼 길을 마다치 않고 찾아가는 이들도 있었다. 정혜신은 안
산의 치유공간 '이웃'(2014~2021년 운영)에 한의사, 작가, 상담가, 종
교인, 마사지사, 동네 사람, 전국 각지에서 오는 자원봉사자 등 수많은
사람들을 '이웃 치유자'라고 부른다.[57] 그녀는 분석하기를, "유가족들

---

57 정혜신 외,『천사들은 우리 옆집에 산다: 사회적 트라우마의 치유를 위하여』(파주: 창
   비, 2015).

은 자기 세상이 모두 깨어졌고 이 세상에서는 살 수 없는데, 이웃 치유자들을 접하고… 이 세계를 지탱할 수 있는 또 다른 세계가 생기기 때문에 계속 살아갈 수 있다"라고 한다.[58]

성서학자들, 독자들은 치유하는 해석공동체이다. 이 글에서 민수기 12장 속 미리암의 경험을 다각도에서 경청하고자 한 것 또한 미리암, 여러 종류의 트라우마 당사자들, 필자를 비롯한 독자들의 치유에 참여하는 시도였다. 우리는 미리암 이야기를 질병과 젠더, 위계질서와 가부장제에 의한 연령과 젠더의 교차 그리고 명예-수치 문화 등의 교차성(intersectionality), 희생양 메커니즘, 낙인, 트라우마 이론 그리고 치유하는 해석공동체라는 관점에서 다차원적으로 읽었다. 이렇게 동시에 여러 관점에서 성서 내러티브를 읽는 작업에는 보다 깊이 다루지 못하는 한계가 있다. 그러면서도 한두 가지 관점에서 읽을 때와 달리 본문과 인물을 더 풍성하게 해석하게 한다. 그렇다면 한 성서 본문에 동시에 여러 담론을 사용해 해석하는 방식은 더 많이 시도될 필요가 있을 것이다.

이 글이 독자들로 하여금 성서 인물과 주변 사람들에 대해 보다 깊이 생각하고 귀 기울여서 사회적 치유에 참여하도록 도울 수 있으면 기쁠 것이다. 같은 사건을 겪더라도 모두가 같은 트라우마를 겪는 것이 아니고, 남에게 귀를 기울이는 것에는 영원한 거리가 있기에 분명 우리의 몸짓은 분명 서툴 수밖에 없다. 이는 불가능성을 목격해야 하는 새롭고 위험한 종류의 듣기(캐루스)와 공감적 불안정성(라카프라)을 인정하고, 타인의 고통에 공감한다는 자기기만을 버리고 최대한 이

---

58 앞의 책, 191.

질적인 것의 흔적을 존중하며 따라가는(데이비스) 일이기 때문이다. 타인은 미리암처럼 트라우마를 겪은 사람의 이야기를 절대 마무리하지 못한다. 그저 '이야기를 들은 그 자리에, 다리가 저릴 때까지 서서… 계속 어버버하며' 있을 수밖에 없다.[59]

---

59 황수현, "캐시 캐루스 '트라우마에 대한 탐구 – 증언의 불가능성과 가능성'," 「한국일보」, 2014년 11월 14일, https://www.hankookilbo.com/News/Read/201411141693118259. 2021년 8월 1일 접속.

참고문헌

『성경전서 새번역』. 대한성서공회, 2001.

『성경전서 개역개정』. 대한성서공회, 1998.

고프만, 어빙.『스티그마: 장애의 세계와 사회 적응』. 윤선길-정기현 옮김. 오산: 한신대학교출판부, 2009.

김경모, 정은령. "내러티브 프레임과 해석 공동체: '전작권 환수 논란'의 프레임 경쟁과 해석 집단의 저널리즘 담론."「한국언론정보학보」57 (2012), 109-136.

김민정. "광야의 미리암(민 12:1-15) 재해석 - '권력 강화'에 의한 '해방 전승'의 쇠퇴에 관한 논의."「구약논단」25 (2019/3), 182-216.

반 데어 콜크, 베셀.『몸은 기억한다: 트라우마가 남긴 흔적들』. 제효영 옮김. 서울: 을유문화사, 2016.

알베르츠, 라이너.『이스라엘 종교사 II』. 강성열 옮김. 서울: 크리스찬 다이제스트, 2004.

왕은철.『트라우마와 문학, 그 침묵의 소리들』. 서울: 현대문학, 2017.

우택주. "민수기의 군주시대 전승과 그 제사장적 편집 작업에 나타난 수사적 의도."「구약논단」20 (2014/4), 164-194.

유연희.『이브에서 에스더까지』. 서울: 삼인, 2013.

이경숙. "출애굽의 여성 지도자 미리암."「기독교사상」37 (1993/4), 179-186.

이나영. "한국 사회의 중층적 젠더 불평등: '평등 신화'와 불/변하는 여성들의 위치성."「한국여성학」30 (2014/4), 1-45.

이영미. "추락하는 것에도 날개는 있다."「신학연구」56 (2010), 43-69.

이은애. "전쟁에 대한 저항 폭력: 젠더 관점에서 본 전쟁 내러티브."「구약논단」27 (2021/3), 248-275.

이인옥, 이은옥. "낙인(stigma) 개념분석."「근관절건강학회지」13 (2006/1), 53-66.

이진숙. "트라우마에 대한 소고."「여성연구논집」24 (2013), 175-190.

정혜신, 진은영.『천사들은 우리 옆집에 산다: 사회적 트라우마의 치유를 위하여』. 파주: 창비, 2015.

조성란. "'그의 마음은 여전히 리처드 파커에게 붙들려 있다': 트라우마와 치유로서의 증언 - 얀 마텔의『파이 이야기』연구."「영미연구」49 (2020), 55-82.

조지윤. "λέπρα의 우리말 번역에 대한 제언—'예수께서 λέπροσ를 깨끗하게 하시다'(막 1:40-44; 마 8:1-4; 눅 5:12-14)를 중심으로."「성경원문연구」49 (2021.10),

94-121.

주윤정, 양종민. "질병 낙인과 젠더의 교차성: 한센인들의 사회적 차별과 가족내 차별 경험." 「가족과 문화」 32 (2020/1), 193-222.

지라르, 르네. 『낭만적 거짓과 소설적 진실』. 김치수, 송의경 옮김. 서울: 한길사, 2011.

_____. 『문화의 기원』. 김진식 옮김. 서울: 기파랑, 2006.

_____. 『나는 사탄이 번개처럼 떨어지는 것을 본다』. 김진식 옮김. 서울: 문학과 지성사, 2004.

_____. 『희생양』. 김진식 옮김. 서울: 민음사, 1999.

_____. 『폭력과 성스러움』. 김진식 옮김. 서울: 민음사, 1997.

최종원. "소위 불평 이야기의 문맥 안에 있는 예언자적 현상에 관한 연구." 「구약논단」 22 (2016/3), 105-136.

쿠걸, 제임스 L. 『구약성경개론』. 김구원, 강신일 옮김. 서울: CLC, 2011.

한국여신학자협의회 성서언어연구반 엮음. 『한반도에서 다시 살아나는 여성 시편』. 개정 증보판. 서울: 여성신학사, 2005.

Boeckler, Annette M. "Miriam's Cup: The Story of a New Ritual." *European Judaism* 45 (2012/2), 147-163.

Brown, Laura. S. "Not Outside the Range." *Trauma: Explorations in Memory*. Ed. Cathy Caruth. Baltimore: Johns Hopkins University Press, 1995.

Caruth, Cathy. *Unclaimed Experience: Trauma, Narrative and History*. Baltimore: Johns Hopkins University Press, 1996.

_____. ed. *Trauma: Explorations in Memory*. Baltimore: Johns Hopkins University Press, 1995.

Chance, John K. "The Anthropology of Honor and Shame: Culture, Values, and Practice." *Semeia* 68 (1994), 139-151.

Cowley, A. E. *Gesenius - Kautzsch Hebrew Grammar*. Oxford: Clarendon, 1980.

Crenshaw, Kimberle. "Demarginalizing the Intersection of Race and Sex: A Black Feminist Critique of Antidiscrimination Doctrine, Feminist Theory and Antiracist Politics," *University of Chicago Legal Forum* (1989), 139-167.

Eskenazi, Tamara C. "Out from the Shadows: Biblical Women in the Postexilic Era." *A Feminist Companion to Samuel and Kings*. Ed. Athalya Brenner. Sheffield: Sheffield Academic Press, 1994, 252-271. = *Journal for the Study of the Old Testament* 54 (1992), 25-43.

Fish, Stanley. *Is There A Text in This Class?* Cambridge, Mass.: Harvard Univ. Press, 1980.

Ginzberg, Louis. *The Legends of the Jews*, Vol. III. Tr. by Paul Radin. Philadelphia: Jewish Publication Society, 1968.

Graetz, Naomi. "Did Miriam Talk Too Much?" *A Feminist Companion to Exodus to Deuteronomy*. Ed. Athalya Brenner. Sheffield: Sheffield Academic Press, 1994, 231-242.

Jastrow, Marcus. *Dictionary of the Targumim, Talmud Bavli, Talmud Yerushalmi and Midrashic Literature*. First published in 1903; New York: Judaica Press, 1992.

LaCapra, Dominick. *Writing History, Writing Trauma*. Baltimore: Johns Hopkins Univ. Press, 2001.

Pilch, John J. *The Cultural Life Setting of the Proverbs*. Minneapolis: Fortress Press, 2016.

_____. *Introducing the Cultural Context of the Old Testament*. Hear the Word 1. New York: Paulist Press, 1991.

Reiss, Moshe. "Miriam Rediscovered." *Jewish Bible Quarterly* 38 (2010/3), 183-190.

Sperber, Alexander. ed. *The Bible in Aramaic Based on Old Manuscripts and Printed Texts*. Leiden: Brill, 2004.

Steinmetz, Devora. "A Portrait of Miriam in Rabbinic Midrash." *Prooftexts* 8 (1988/1), 35-65.

Trible, Phyllis. "The Healing Ministry of Miriam," *Living Pulpit* 6 (1997/2), 1.

_____. "Bringing Miriam out of the Shadows." *Bible Review* 5 (1989), 14-25, 34.

참고 웹사이트

대한신경정신의학회. "정신이 건강해야 삶이 행복합니다. 트라우마가 뭐길래."「네이버 건강백과」. https://terms.naver.com/entry. 2021년 8월 1일 접속.

이정희. "코로나19 확진자들이 감염 사실보다 두려워한 것."「오마이스타」. 2021년 1월 27일. http://star.ohmynews.com/NWS_Web/OhmyStar/at_pg.aspx?CNTN_CD=A0002714798&CMPT_CD=P0001&utm_campaign=daum_news&utm_source=daum&utm_medium=daumnews. 2021년 8월 1일 접속.

황수현. "캐시 캐루스 '트라우마에 대한 탐구-증언의 불가능성과 가능성.'"「한국일보」. 2014년 11월 14일. https://www.hankookilbo.com/News/Read/201411141693118259. 2021년 8월 1일 접속. Center for Posttraumatic Mental

Health. "Helping a friend or family member after a traumatic event."
https://www.phoenixaustralia.org/wp-content/uploads/2015/03/
Phoenix-Helping-Friend-or-Family-Member.pdf. 2021년 8월 1일 접속.

The International Society for Trauma Stress Studies. "Trauma during Adulthood."
https://istss.org/public-resources/trauma-basics/trauma-during-adulth
ood. 2021년 8월 1일 접속.

Levine, Yael and Edah. "Where is Miriam on the Seder Plate?" ynetnews-Jewish
Scene. 4 November 2006.
https://www.ynetnews.com/articles/0,7340,L-
3238942,00.html. 2021년 8월 1일 접속.

Miriam's Cup. http://www.miriamscup.com/RitualFirst.htm. 2021년 8월 1일 접속.

Ritualwell. https://ritualwell.org/categories/544. 2021년 8월 1일 접속.

성폭력 피해여성의 재활과 생존을 위한 성서 읽기
: 다말과 밧세바 이야기 *

정희성**

I. 들어가는 말

현대의 여성신학자들은 성서 속 여성에 대한 새로운 이야기 발굴에 적극 노력해왔다. 성서에 나오는 여성들의 이야기는 신실하게 신앙하고자 하는 현대의 교회 여성들에게도 많은 영향을 미친다. 하나님 신앙 안에서 살아가고자 하는 현대 교회 여성들에게 성서의 여성들은 삶의 모범이자 전형으로 여겨지기 때문이다. 그런데, 기독교 역사 속에서 성서 속 여성의 경험들은 남성의 관점과 경험으로 해석되어왔다. 따라서 현대 여성신학자들은 여성의 관점에서 성서 속 여성 이야기의 발굴을 시도하고자 하는 것이다. 여성의 관점에서 성서 속 여성 이야기를 다시 씀으로써 기존 남성중심적 해석에 균열을 내고 여성의 해방

---

* 이 글은 "성폭력 피해자의 생존과 재활을 위한 성서 읽기: 여성주의 목회신학적 연구,"
「한국기독교신학논총」 55 (2008), 203-228에 기초한다. 편집진의 요청에 의해 제목 수정 후 다시 게재한다.
** 이화여자대학교 교수.

과 치유를 위한 한 자원으로 적극 활용하고자 하는 것이다. 조금 생소하고 조야해 보이는 아래의 이야기 역시 바로 그와 같은 맥락에서 다시 쓰여진 창조 시기의 남녀이야기의 요약이다.

아담의 첫 번째 부인은 릴리스였다. 하나님은 아담을 만들자마자 곧 릴리스를 만들어 아담의 동반자가 되게 하셨던 것이다. 그런데 어느 날 릴리스는 아담과 크게 싸웠다. 더 이상 아담과의 잠자리 관계에서 아래에 위치하지 않겠다고 선언한 때문이다. 하나님이 아담뿐 아니라 릴리스도 똑같이 흙으로 만드셨으므로 자신은 아담과 동등하다고 릴리스는 주장했다. 아담은 이에 동의하지 않았고, 화가 난 릴리스는 동산에서 나와 버렸다.

하나님은 아담을 잠에 빠지게 하신 후, 다시 여성을 만드셨다. 이브였다. 아담의 갈비뼈에서 만드신 것이다. 이브는 무언가 좀 덜 발달된 것 같아 보이기도 했으나 아담의 시중을 잘 드는 여자였다. 가끔씩 이브는 동산 밖에서 누군가 동산에 돌을 던지거나 동산에 들어오려고 담에 구멍을 뚫은 흔적을 보았다. 아담은 동산 밖에 릴리스라는 아주 나쁜 여자가 있으니 상종도 말라고 하였다. 여성이란 본 자신 외에는 본 적이 없었기 때문에 이브는 가끔씩 그 여자가 궁금해지기도 하였다.

어느 날 이브는 우연히 릴리스를 만나게 되었다. 정원 밖으로 뻗어 있는 사과나무 열매를 따려다 나무에서 떨어져, 이브는 정원 밖으로 나가게 되었다. 그곳에서 이브는 릴리스를 발견하게 되고, 둘은 함께 앉아 시간 가는 줄 모르고 이야기하였다. 함께 웃고 함께 웃으며, 밤이 새고 날이 지나도 자매애로 가득 차 이야기하고 또 이야기하였다.[1]

---

1 다음을 참고하라. N. Goldenberg, *Changing the gods* (Boston: Beacon Press,

유대-기독교 전통에서 남녀 관계는 창세기의 아담과 이브 이야기를 바탕으로 남성은 우월한 존재이며, 여성은 남성을 타락시킨 존재, 열등한 존재라고 강조해왔다.[2] 그래서 위와 같이 남성과 동시에 창조된 여성, 잠자리를 거부하는 여성, 남성을 사이에 두었지만 시기보다 연대하는 여성들의 모습이 매우 생소하다. 그렇지만 위의 이야기는 남녀의 위계질서에 관한 전통적 이해에 균열을 내고, 새로운 남녀 관계, 여성 관계를 상상하게 하는 주요한 자원이 되기도 한다.

비슷한 노력이 교회 여성 성폭력 상담의 영역에서도 절실하게 필요하다. 성서는 성폭력을 경험한 여성뿐 아니라 모든 인류를 향한 하나님의 공의와 사랑을 내포하고 있다. 그러나 오랜 기독교 역사 속에서 성서는 피해자 여성들이 자신에 대한 폭력적 경험을 바르게 해석하고 판단할 수 있는 기능을 마비시키는 강력한 기제로 작용하기도 해왔다. 그래서 성폭력 피해여성들은 성서를 읽으며 새로운 삶을 모색하기보다 더욱 좌절하거나 우울해하며 삶을 포기하기도 한다.[3] 이런 상황에서 성서 속 성폭력 이야기를 새로운 방식으로 읽고, 성폭력 여성의 재활과 생존을 모색할 수 있는 다양한 상상력과 기발한 발상이 절실히 필요한 것이다.

1979), 72-73; J. Plaskow, "Epilogue: the Coming of Lilith," *Religion and Sexism*, ed. R. Ruether (N.Y.: Simon and Schuster, 1974), 341-344.

2 다음을 참고하라. R. Ruether, *Sexism and God-Talk: Toward a Feminist Theology* (Boston: Beacon Press, 1983), 76.

3 한 기독교 신자는 성서의 롯의 딸들에 대한 이야기를 빌어 자기 딸에서 성행위를 강요했다. 이런 상황에서 딸들의 성서 읽기는 아버지의 폭악성을 경험하는 것과 유사하다고 주장한다. 다음을 참고하라. 울리케 아이힐러 외, 『깨어진 침묵: 성폭력에 대한 여성신학적 응답』, 김상임 옮김 (서울: 여성신학사, 2001), 43.

이 논문은 바로 위의 문제에 관심하며 성서에서 성폭력을 경험한 여성의 삶에 대한 새로운 해석을 실험적으로 시도하고자 한다. 특별히 한국이란 상황에서 기독 여성의 성폭력의 문제에 관심하며 접근하고자 한다. 이를 위해 먼저 목회신학에서 성서 사용의 문제와 관련하여 '한 여성-놀이'로서의 성서 읽기에 대해 간략히 논할 것이다. 다음으로 성서 속 성폭력과 관련된 다말과 밧세바의 이야기를 '한 여성-놀이'의 읽기로 다시 읽으며 성폭력 여성 생존자의 이야기로 구성해보고자 한다. 논문에 전개에 앞서 성서 속 여성의 이야기를 재건하는 입장을 먼저 밝혀둔다. 성서 속 여성 이야기의 발굴은 성서 연구 전문가만의 영역이라 생각할 수 있다. 그러나 성서 이야기는 항상 읽는 과정에서 새롭게 이해된다.[4] 성서학자뿐 아니라 누구라도, 자신의 상황에서 다양한 읽기와 의미 창출에 참여할 수 있는 것이다. 이와 같은 관점에서 성서 속 성폭력 피해여성의 이야기를 새롭게 써보고자 한다.[5]

II. 성폭력 피해여성의 재활과 생존을 위한 성서 사용의 방법론적 검토

성폭력을 경험한 교회 여성의 생존과 재활을 위한 자원으로 성서를

---

4 *Ibid,* 46. 다음을 또한 참고하라. S. Dunlap, "Discourse Theory and Pastoral Theology," *Feminist and Womanist Pastoral Theology,* eds. B. Miller-McLemore and B. Gill-Austern (Nashville: Abingdon Press, 1999), 146.

5 이 논문은 졸고 이후 지속적으로 생각해오던 것을 발전시킨 것임을 밝힌다. 졸고, "An Exploration of a Feminist Pastoral Method From the Perspective of a Korean Woman," *The Journal of Pastoral Theology* 14 (2004 Spring), 46-58.

활용하기 위해서는 기존 목회신학의 성서 활용을 넘어서는 다양하고 실험적인 시도가 필요하다. 목회신학이 다른 신학 학문 영역에 비해 성서를 포함한 기독교적 자원 활용에 있어 융통성이 있으나 성폭력 피해여성의 생존을 적극 지원하기 위한 자원으로 활용되기 위해서는 다양한 각도에서의 실험정신이 시도되어야 한다. '한 여성-놀이'로서의 성서 읽기는 그와 같은 시도의 한 예라고 할 수 있다.

성서에 대한 목회신학의 전통적 입장은 성폭력 피해자 생존을 위한 성서 읽기의 한 출발점을 제공하기도 한다. 중도교파 이상에 속하는 목회신학자들은 목회상담에서 성서가 매우 주요한 자원임을 인정하지만, 성서가 모든 인간 문제 해결에 우선적 권위를 갖는다는 견해에 부정적이다. 따라서 권위주의적인(authoritarian) 성서의 사용과 권위적인(authoritative) 성서의 사용을 구분하거나, 성서를 영적 진단의 한 수단을 사용하거나 혹은 개별적 성서 이야기에 관심하기보다 성서를 총체적으로 접근하여 인간발달과 영적 성숙과의 관련성을 실험적으로 모색해보는 등 다양한 방법을 시도하고 있다.6 이와 같은 접근은 성폭력 피해자와 상담할 때 다양한 방식으로 응용될 수 있는데, 예를 들면, 성폭력 피해자들이 피해 경험 후 스스로의 경험과 동일시되는 성서 이야기가 있는지 혹은 성서와 관련된 이미지가 있는지 등을 질문하고 탐구함으로써 피해자 여성들을 진단하고 정서적 발달 상황에 대한 정보를 얻을 수 있다.

여성주의 목회신학들의 접근은 성폭력 피해여성의 성서 읽기에 보

---

6 다음을 참고하라. 에드워드 윔벌리,『목회상담과 성경의 사용』, 김진영 옮김 (한국장로교출판사, 2005), 17.; D. Capps, *Deadly Sins and Saving Virtues* (Eugene, Or.: Wipf & Stock, 2000).

다 적극적인 자원을 제공한다. 여성주의 목회신학자들은 목회신학의 주요한 두 자원인 신학과 심리학이 모두 가부장적 전제 위에서 형성되었다는 것을 신랄히 비판한다. 즉 그간 신학적 혹은 성서적 인간 이해라고 주장해왔던 논의나 심리학적 인간 이해라고 주장해왔던 논의나 모두 한 가지 인식에 바탕 하는데 그것은 바로 남성의 경험과 관점을 인간의 경험으로 동일시한 것이었다. 이와 같은 학문적 바탕에서 성서를 이해할 경우, 여성의 경험은 철저히 배제되거나 억압될 수밖에 없다. 그래서 성서 이야기 해석에 있어 여성 경험의 우선성을 강조하며, 성서 읽기 역시 여성을 위한 자원이 되어야 함을 강조하는 것이다.

그래서 이들은 성폭력의 문제에 있어 성서의 양면성을 노출시킨다.[7] 즉 성폭력 피해여성의 위기나 상담의 상황에 직면하여 여성 치유에 부정적인 성서적 자원을 철저하게 노출시키는 한편, 성서 속에서 여성의 치유와 해방에 도움이 되는 긍정적 자원의 발굴 또한 적극 모색한다. 여성주의 목회신학자들은 성서의 예언자적 이미지, 주변화된 사람들과 함께하시는 하나님 등의 메시지를 통해 성폭력 피해자를 위한 긍정적 자원임을 인정한다. 그러나 성서 속 많은 이야기와 구절들이 성폭력 피해를 당연시하고, 피해자를 침묵케 하는 데 공헌해 왔음을 적극 지적한다. 가령, 목회자에 의한 교회 내 성폭력의 경우, 성서 구절이나 성서 이야기의 왜곡을 통해 목회자 자신의 폭력을 합리화하려는 것이 가장 강력히 드러난다. "내게 가장 중요한 것을 바쳐라", "첫 것을 바쳐라" 혹은 성서 속 야곱이 여러 부인을 취하고 그중 첫 부인보다 라헬을

---

7 다음을 참고하라. C. Neuger, *Counseling Women: a Narrative, Pastoral Approach* (Minneapolis: Fortress Press, 2001), 97-104.

더 사랑했던 것 등의 이야기를 통해 목회자 자신의 교회 내 성관계를 합리화시키거나, "용서", "사랑"의 메시지들을 통해 피해자보다 가해자를 용서할 것을 강조한다. 성서의 에덴동산 이야기, 육과 영의 분리에 관한 것들을 통해 피해자의 경험을 마비시켜왔다는 것을 지적한다.[8]

그러나 이와 같은 노력에도 불구하고, 성폭력 피해여성의 치유의 자원으로서 성서를 활용하는 방안은 여전히 많은 한계를 가지고 있다. 물론 인간 경험이 성서 못지않게 하나님 경험을 할 수 있는 주요한 자원이라는 것, 인류를 향한 구원과 사랑, 공의로운 하나님의 메시지가 성폭력 여성의 치유와 해방의 부분적 자원을 제공할 수는 있다. 그러나 성서의 이야기를 여성이라는 구체적인 성과 연관하여 읽어나갈 때는 여성을 위한 치유와 위로의 메시지는 매우 희소하다.[9] 또 남성 인물들과 비교해볼 때도 자신의 삶을 주도적으로 살아간 여성의 자원은 양적인 면에서 내용적인 면에서 매우 빈약하다고 할 수 있다. 특별히 성폭력과 관련한 성서의 이야기 속에 여성은 대부분 희생자로 끔찍하게 인생을 마감한 것으로 이해되어 성폭력 피해여성의 생존과 재활의 자원으로 활용하기에 많은 제한점이 있다.

한편 성서나 신학의 기독교적 자원을 해석학적 원리에 의해 탐구할 때 여성주의 목회상담의 풍부한 자원으로 활용할 수 있다고도 한다.[10] 성서를 포함한 그 기독교적 자원이 내담자의 경험에 유익한 것인지에

---

8 박성자, "교회내 성폭력 현황과 대책,"「목회와 상담」2 (2002), 162.

9 한 예로 용서와 같은 전통신학의 강조점은 성폭력 여성의 경험에서 볼 때 매우 불합리한 측면이 많다. 이에 대해 다음의 논의를 참고하라. 울리케 아이힐러 외,『깨어진 침묵』, 102.

10 크리스티 누가,『목회의 새로운 패러다임』, 정석환 옮김 (서울: 한들출판사, 2002), 278-281.

초점을 두고 이의 평가를 위한 네 가지 해석학적 지표로 자유, 의심, 변형, 파트너십을 제시한다. 보편적 지표로서 자유는 개인적이면서도 구조적인 차원을 포함한다. 또한 자료나 해석대상의 이론과 실천을 평가하는 안내지도 역할을 한다. 의심은 가부장적이며 억압적 내용을 해체하는 것을 말하지만 파괴보다 건설에 그 강조점이 있다. 변형은 변형과 함께 생존, 투쟁, 저항을 내포한다. 파트너십 혹은 협력관계는 다양한 관점과 양식이 진정한 협력관계 속에서 공동의 목표를 향해 상호 지지하고 협력하는 것이다. 성폭력 피해자 상담을 위한 성서 읽기에도 이와 같은 해석학적 지표를 사용하여 피해여성의 재활과 복지를 위한 방안이 모색될 수 있을 것이다.

그렇지만 해석학적 접근 외에도 성폭력 피해여성을 위한 성서 읽기에 있어 보다 다양하고 창의적인 접근에의 모색이 지속되어야 한다. 특별히 한국이라는 구체적인 컨텍스트에 성폭력의 문제로 고민하고 이의 치유를 모색하는 경우, 정형화된 기존의 방법을 벗어나 한국 여성의 기발한 생존과 갈망, 또 재활의 경험을 반영할 수 있는 전복의 성서 읽기가 시도되어야 한다. 위에서 간략히 논의한 성서 활용의 방안은 그 진지함, 같은 기독교를 신앙하는 관점에서의 여성주의적 논의임에도 불구하고, 서구 혹은 제1세계에 살고 있는 여성들의 구체적 경험에 바탕하고 있다. 따라서 제3세계 여성 혹은 기독교가 가장 영향력 있는 종교가 아닌 다원화된 종교적 배경의 기독교 여성들의 구체적 경험과 삶의 상황을 반영하는 데 제한적이다. 여전히 위의 논의는 기독교가 주류를 이루고 있는 배경 속에서 자유와 반란, 또 상상의 기회들을 제한받고 있기 때문이다. 따라서 보다 정형화된 틀을 탈피하고, 새로운 삶으로 가지 위해선 보다 다변화된 다양한 개념과 접근이 필요하다.

'한 여성-놀이'로서의 성서 읽기는 바로 이를 위해 실험적으로 제안하는 하나의 방법이다. 먼저 '한 여성'의 성서 읽기의 측면을 살펴보자. 성폭력 피해여성의 재활을 위한 성서 읽기에서 포기할 수 없는 부분은 바로 이 성서 읽기는 여성의 주체적이고 주도적인 경험에 바탕해야 한다는 것이다. 그래서 '한 여성'의 성서 읽기는 이전 여성신학에서 이전부터 논의되었던 여성중심적, 여성주도적 경험에서의 성서 읽기와 유사하다고 할 수 있다. 즉 '한 여성' 성서 읽기는 여성이 자기 주도적 시각으로 자신의 모든 경험과 관점을 존중하는 성서 읽기를 말한다. 근대적 여성주의 초기 의심의 해석학, 피억압자의 시각이란 마르크스주의의 관점을 차용하면서도 의식과 무의식, 이성과 감성을 넘어서 한 여성으로서의 존재에 대한 자기 긍정적 출발을 의미하는 것이라 할 수 있다.

그렇지만 '한 여성'의 성서 읽기는 단순히 여성 경험과 관점을 강조했던 이전의 관점과 몇 가지 점에서 다르다. 첫째는 이 읽기는 한, 하나의(a, one) 개별 여성의 읽기를 강조한다. 이전의 여성 중심적 관점이 여성이란 성을 보편화하고 남성과 대비되는 보편적 경험으로서 여성을 이야기하였다면, 한 여성의 읽기는 여성으로서 보편적인 경험을 공유하면서도 동시에 개인으로서 구체적이고 독특한 경험 사이의 긴장을 유지하는 읽기를 말한다.

둘째, '한 여성'의 성서 읽기는 다중의 정체성을 성서 읽기를 말한다. 순수한 한글로 '한'이란 또한 '크다', '많다'(多)의 뜻을 가지고 있다.11 이에 기초할 때 한 여성의 성서 읽기는 여성의 다중적이고 복잡

---

11 「네이버 국어사전」 https://ko.dict.naver.com/#/search?query=%ED%95%9C& range=entry. 2021년 10월 23일 접속. 예를 들면 '한평생 남을 위해 사셨다'에서 한은 '전체,' '많은,' '오랜' '큰' 등을 의미한다. '한동안 뜸하다'에서는 꽤 많은 기간 동안의 뜻을 내포한다.

한 정체성의 현존에 기초한 읽기를 말한다. 성적 취향, 인종, 연령 뿐 아니라 수많은 방식으로 정체성이 부여되는 여성의 읽기로 끊임없이 움직이는 자기 정체성의 변화를 용인하고 변화의 와중에 있는 주체로서의 읽기를 의미한다. 그렇기 때문에 타인들의 다양함과 복잡함에도 똑같이 개방되어 있다.

마지막으로 '한 여성'의 성서 읽기는 또한 한(韓) 여성의 성서 읽기, 즉 한국 여성의 성서 읽기를 말한다. 한국 사람들은 단군 이래 자신들이 한민족으로 불리는 것을 즐거워했고 나라 이름을 '한'(韓)으로 지음으로써 자신의 민족적 정체성에 대한 자부심을 가져왔다.[12] 한 여성의 성서 읽기는 바로 이 한국 여성으로서의 경험과 관점을 보유하는 성서 읽기이다. 그렇지만, 이는 배타적 의미로 불변하는 민족주의를 고수하려는 입장이 아니다. 또한 에드워드 사이드가 오리엔탈리즘에서 지적하듯 서구의 관점에서 타자로서 존재하는 한국/아시아성에 대한 인정이 아니다.[13] 그럼에도 불구하고 한국이라는 역사적 컨텍스트에서 살아가는 존재로서의 자각을 말한다.[14] 따라서 원시적이고 자연성의 귀화가 아닌 현재 한민족이라는 정체성을 가지는 개별 인간이 경험하는 다양한 자원에 대한 자유로운 활용과 전복의 자유를 의미한다. 때문에 현대 한국에서의 삶이 그렇듯이 더 서구적이고 개인적일 수 있다.

그럼 '놀이'로서의 성서 읽기란 무엇인가? 놀이란 정신분석학자 위

---

12 앞의 글.

13 다음을 참고하라. 에드워드 사이드, 『오리엔탈리즘』, 박홍규 옮김 (서울: 교보문고, 1991).

14 탈민족주의의 흐름 속에서도 민족문제의 중요성을 강조하는 논의는 다음의 글을 참고하라. 정현백, 『민족과 페미니즘』 (서울: 당대, 2003).

니캇(Donald Winnicott)이 제안한 주요한 심리학적 개념이다. 그는 놀이를 통해 거짓자아가 참자아로 변화할 수 있으며, 놀이야말로 인격이 통합되고, 자유와 창조적인 삶을 유지시키는 자원이라고 하였다.15 한스 게오르규 가다머(Hans-Georg Gadamer)도 놀이를 통해 진정한 만남이 이루어질 때 모든 참여자들의 진정한 변화가 이루어지며, 놀이야말로 자아와 자아, 자아와 세계를 연결하고 치유하는 자원이라고 보았다.16 조직신학자 리타 브락(Rita Brock)은 왜곡된 관계 속의 인간이 하나님의 성육과 은총 그리고 무한한 사랑을 경험할 수 있는 것은 마음(heart)의 회복을 통해서라고 하였다. 그런데 바로 놀이를 통해 이 상호성과 진정한 관계를 가능하게 하는 에로스적 힘이 작동하며, 상처난 마음의 치유가 일어난다고 하였다.17

놀이로서의 성서 읽기는 비위계적이고, 상호적인 관계 속에서 일어난다. 놀이 안에서 메시아도 없고, 예언자도 없으며, 영웅적이고, 유일회적 신적 존재는 부인된다. 놀이 안에서는 어떤 과거의 세력도, 교회의 권위도, 또 이성의 우월성도 존재하지 않는다. 모든 자원은 어떤 남근적 우위성을 가지지 않으며 자유롭고 발랄하게 경쟁하고 타협하며 상호적이다. 이는 성서 읽기에도 적용된다. 그래서 성서 또한 놀이의 한 자원이며, 다른 자원에 의해 밀려날 수도 있고 경쟁대상이 되기

---

15 도널드 위니캇,『놀이와 현실』, 이재훈 옮김 (서울: 한국심리치료연구소, 1997), 107.

16 H. Gadamer, *Philosophical Hermeneutics*, tr. and ed. D. Linge (Berkeley: University of California Press, 1976), 56-57. 또한 다음을 참고하라. C. Gerkin, *The Living Human Document: Re-Visioning Pastoral Counseling in a Hermeneutical Mode* (Nshville: Abingdon Press, 1984), 47.

17 R. Brock, *Journeys by Heart: a Christology of Erotic Power* (New York: Crossroad, 1988), 16-17.

도 한다. 놀이 속에서 기독교의 모든 자원은 마치 조각 이불을 만들 때와 같이 오려지고, 잘라내어지며, 붙여지고, 웃어버려지고, 덧대어 붙여지게 된다. 놀이로서의 성서 읽기는 여성도 가장 우월적인 가치일 수 없다. 여성도 다양한 정체성에 의해 도전받고 경쟁해야 하는 것이다. 고정적이고 경직된 틀을 부수고 넘나들며 새롭게 읽기를 시도하는 것이 바로 놀이로서의 성서이다.

그렇지만 놀이로서의 성서 읽기가 허구의 창조는 아니다. 위니캇은 놀이란 내적 실재와 외적 실제의 연속성 상에 있고, 주관과 객관으로 지각되는 것 사이의 접경 위에 있다고 한다.[18] 놀이로서의 성서 읽기 역시 위니캇의 이해와 마찬가지로 객관적으로 지각된 실재와 주관적 지각된 실재를 연결하며 인간의 창조성, 예술성, 치유가 이끌어지는 공간이며, 신적 존재와 의사소통을 돕고, 하나님과의 통합과 자유로운 인격이 발생하는 곳이라고 할 수 있다. 골든버그(Naomi Goldengerg)는 여성의 자기 초월의 한 자원으로 환상을 강조한다. 환상을 통한 내적 경험은 모든 사고의 근원이며, 청사진과 같다. 환상은 여성들이 자신의 의식의 한계를 넘어서서, 자신의 보다 깊은 차원의 소원, 무의식에 대한 통찰을 얻을 수 있게 한다고 한다.[19] 놀이를 통해 창조된 성서 이야기의 환상이 단지 성폭력 피해여성들에게 현실의 고통을 망각하고 억압하는 수단이 된다면 문제가 된다. 그러나 놀이를 통해 창조된 성서 이야기가 성폭력 여성들의 목소리를 찾아주고, 미래의 다양한 가능성을 희망하며 현실을 살아갈 수 있게 한다면, 이와 같은 읽기는 종말론적 미래를

---

18 도널드 위니캇, 『놀이와 현실』, 87.
19 N. Goldenberg, *Resurrecting the Body: Feminism, Religion, and Psychoanalysis* (New York: Crossroad, 1993), 203.

현실에 초청하는 작업이라 할 수 있다.[20]

놀이로서 성서 읽기는 구체적으로 다양한 방식의 실험적 시도라고 할 수 있다. 무궁무진한 상상력이 다채롭고 무질서하게 연출되는 읽기이며, 마음속 깊은 감정이나 욕망을 표출하는 읽기이다. 여성적 글쓰기가 그 한 예일 수 있으며, 과거 역사적 자료, 그림, 음악, 성서 등 다양한 자원을 활용할 수 있다. 이들과 놀이하며, '행간과 행간 사이'의 읽기, '간격과 간격'의 메시지를 읽어내는 주변부의 반란이며, 유희이며, 질문의 한마당이다. 특정한 남근적 목표를 가진 읽기가 아니며, 아무런 목표가 없어도 좋으며 아무런 의미가 찾아지지 않아도 되는 즐거움과 유희와 전복의 읽기이다. 틈새와 균열에서 새로운 가능성을 찾아내며 한바탕 춤추고 돌아오는 성폭력 여성 경험 긍정의 읽기이다.

III. 다말 다시 읽기

성서에 나오는 가장 끔찍한 이야기 중 하나는 바로 다말의 이야기이다. 다윗의 딸이었던 다말이 경험한 근친 강간의 이야기는 성서 전체를 걸쳐 가장 비극적이고 가슴 아픈 이야기이다. 성폭력 피해여성들에게 이 이야기는 어떤 의미로 다가갈까? 이들에게 다말의 이야기는 생존과 치유의 가능성을 제시하는가? 아니면 암울함과 혼돈 속에서 인생에의 비극적 종말을 미리 예견케 하는 이야기로 읽히는가? '한 여

---

20 신학적 인간학과 심리학적 인간학에 관한 논의는 다음을 참고하라. W. Pannenberg, *Anthropology in Theological Perspective*, tr. by M. O'Connell (Philadelphia: The Westminster Press, 1985), 491.

성-놀이'로서 다시 읽으며 근친 강간의 완전한 피해자 다말에서 생존자 다말의 이야기로 읽어보자.

구약의 사무엘하 13장은 다말의 끔찍한 경험에 대해 비교적 생생하게 묘사하고 있다. 다말은 다윗왕의 딸로 압살롬의 누이였다. 그런데 다말의 이복형제였던 암논이 아름다운 다말을 사모했다. 어느 날 암논은 간교하게 병을 위장하여 다말을 자기 방에 불러내었다. 다윗왕의 명령을 따라 음식을 준비하여 암논의 방에 들어간 다말은 갑작스럽게 변한 암논에 의해 위협을 당하였다. 다말은 침착하게 대응하며 합리적으로 자신과 관계할 수 있는 구체적 대안을 내놓으며 설득했다. 그러나 암논은 힘으로 다말을 강제적으로 유린했다. 아무 소용도 없이 결국 힘이 센 암논에게 유린당했던 것이다. 그런데 다말을 유린한 직후 암논은 갑자기 마음이 변해 다말을 심하게 욕하고 문밖으로 쫓아내었다. 다말은 크게 울며 집에 돌아왔고 오빠였던 압살롬과 이에 대해 이야기했다. 이후 다말은 압살롬의 집에 거하게 되었고, 그로부터 이 년 후 암논은 압살롬에 의해 살해되었다.

위에 간략히 요약한 다말 이야기는 전통적으로 남성 사이의 이야기로 해석되어왔다. 한 예로 앤더슨(A. Anderson)은 다말 이야기는 "구약에서 가장 천박한 이야기 중의 하나"라고[21] 하면서도 이 이야기가 왜 천박한 이야기이고, 이 이야기 속에서 어떤 일이 일어났는지에 대한 구체적 논의는 회피하고 있다. 또 당대의 배경에서 이 이야기는 근친 강간이 아니었을 수 있었음을 강력히 옹호함으로써 다말 이야기에 내포된 성학대나 폭력에 대한 은폐를 시도한다. 대신 이 이야기는 왜

---

21 A. 앤더슨, 『사무엘하』, WBC 성경주석, 권대영 옮김 (서울: 솔로몬사, 2001), 304.

다윗의 아들들이 왕 될 자격이 없었는가를 설명하고자 하는 것으로 해석한다. 암논의 경우 이붓 동생에게 폭력을 가하는 아들이었으며, 압살롬 또 그 형제에게 살인으로 보복을 가하는 것으로 본다. 또 다말에 대한 암논의 폭력은 경쟁 대상이었던 압살롬과 그의 가족을 모욕하는 것으로 본다. 그럼으로써 이 이야기는 철저히 다윗왕위 계승과 관련된 남성의 이야기로 이해되어 성폭력으로 괴로움을 당하는 다말의 역할이나 고통은 전혀 아무 의미를 가지지 않는 것으로 해석한다.[22]

이와 달리 현대 여성신학자들은 여성의 관점에서 피해자로서 다말의 경험에 관심한다. 이들은 해방신학적 관점에 기초하며 가부장제하에서 남성 가해자로 인한 여성 피해자가 얼마나 처절하게 고생했는가를 지적한다. 그래서 다말이 몹쓸 근친 강간의 피해자이며 이로 인해 극심한 고통을 겪었다는 것을 강조한다. 라페이(Alice Laffey)는 역사비평이나 문학비평에서의 접근과 달리 다말 이야기에 대한 여성신학자들의 접근은 다말이 가부장제하에서 철저히 파괴된 완전한 피해자임을 보여준다고 하였다.[23] 쿠퍼-와이트(Pamela Cooper-White)도 이와 같은 관점에서 다말의 이야기를 현대적으로 재구성하였다. 이를 통해 와이트는 성폭력의 경험 후 공주 다말은 철저히 파괴되었고, 우울과 실의 속에서 압살롬의 집에서 비극적으로 짧은 인생을 마친 것으로 묘사하였다.[24] 이들과 달리 트리블(Phyllis Trieble)은 다말이 성폭력의 위기 상황에서도 조목조목 지혜롭게 암논에게 대항했음을 지적

---

22 앞의 책.

23 A. Laffey, *An Introduction to the Old Testament* (Philadelphia: Fortress Press, 1988), 123-124.

24 P. Cooper-White, *The Cry of Tamar* (Minneapolis: Fortress Press, 1995), 1-5.

하였다. 그러나 트리블 역시 다말이 근친 강간의 피해자로 불행하게 인생을 마칠 수밖에 없었을 것으로 추정하며 여성신학자들 대부분과 비슷한 견해를 보인다.[25]

한국 여성신학자들은 서구 여성들보다 여성의 다층적 고난에 더 많은 관심을 기울여왔지만, 다말에 대한 이해에 있어 서구 여성들의 입장과 크게 다르지 않다. 한 한국 여성신학자이며 여성운동가는 근친 강간과 관련하여 한때 한국 사회를 떠들썩하게 했던 한국 여성 김보은의 경험에 깊은 아픔을 나누며 다말의 이야기와 연관 짓는다.[26] 김보은은 12살 때부터 의붓아버지에게 성폭행당해왔다. 대학진학 후 김보은은 남자친구에게 자신의 고통을 이야기하게 되었고, 놀란 남자친구는 여러 번에 걸쳐 의붓아버지를 만나 변화를 호소했다. 그러나 법조계에서 종사하며 막강한 힘을 발휘할 수 있었던 의붓아버지는 오히려 협박으로 일관하였기에 결국 김보은과 남자친구는 마지막 수단으로 공모하여 의붓아버지를 살해했다. 한국 여성신학자는 바로 이 이야기를 다말 이야기와 연관시켜 김보은과 다말 경험의 유사성을 지적한다. 즉 다말과 김보은은 근친 강간 피해자였으며, 이 일은 자신의 성욕을 채우기에만 급급한 남성에 의해 저질러진 범죄이며, 가부장제 사회에서 여성이 피해자일 수밖에 없다고 지적하였다. 위의 이해 역시 서구 여성들의 이해와 마찬가지로 다말 이야기가 가부장제하에서 남성에 의

---

25 필리스 트리블, 『성서에 나타난 여성의 희생』, 최만자 옮김 (서울: 전망사, 1989), 53.
26 한국염, "김보은 사건과 다말이야기," 『성폭력과 기독교』, 한국여신학자협의회 엮음 (서울: 여성신학사, 1995), 131, 143. 다말에 관한 또 목회상담학적 접근은 다음의 글을 참고하라. 손운산, "다말이야기에 대한 목회상담적 고찰," 「한국기독교신학논총」 31 (2004), 643-670.

한 여성의 고통스런 경험을 드러내는 것으로 해석했던 것이다.

그러나 이와 같은 다말에 대한 읽기는 다말의 독특하고 구체적인 차이에 관심하지 않음으로써 성폭력의 경험 속에서도 생존을 시도하는 다말의 모습을 생생하게 부각시키지 못하였다. 여성신학적 관점에서 다말의 문제를 이해했던 대부분의 접근은 해방신학적 관점에서 가부장제하에서 남성은 억압자였고 여성은 피해자였다는 도식을 따른다. 그래서 위의 다말 이해에서와같이 다말과 관계된 모든 남자, 즉 암논, 압살롬, 다윗왕은 동일하게 모두 다말의 고통을 무시한 억압자 역할을 했다고 해석한다. 또한 여성 다말은 전적 피해자로 성폭력의 경험에 압도되어 평생 피해자의 정체성으로 살다 인생을 마감했을 것이라고 본다. 이 같은 이해는 가부장제에서 철저히 간과되어온 남성의 가해성과 여성의 고난을 부각시키는 데 긍정적인 역할을 할 수 있다. 그러나 다말을 오로지 하나, 즉 피해자의 정체성으로만 국한시킴으로써 실제 근친 강간을 당한 여성의 삶의 여러 가능성을 한 가지 방식으로만 제한한다.[27] 즉, 성폭력 피해자 여성의 삶은 비극적인 삶 외의 어떤 가능성도 없는 것으로 간주함으로써 가부장제 남성들의 각본과 별다른 차이 없이 현실적으로 여성의 삶을 제한한다는 것이다.

'한 여성-놀이'로서의 다말의 이야기를 읽는다면 어떨까? 먼저, 한 여성-놀이'로서의 다말 읽기는 성폭력을 경험한 여성 경험에서 읽기이다. 그 같은 관점에서 다말 이야기에 가장 먼저 활용할 수 있는 자원은 성폭력 혹은 근친상간을 경험하는 여성들의 환상과 소원의 놀이이

---

27 다음을 참고하라. 조주현, 『여성 정체성의 정치학: 성, 지식, 권력망 읽기에서 새 여성의 모색으로』 (서울: 또 하나의 문화, 2000), 265.

다. 가부장제하에서 근친상간이나 성폭행을 경험한 여성들은 평생 실제 우울, 좌절, 자살, 의기소침 속에서 피해자로서 인생을 마감하기도 한다.[28] 그러나 이는 새롭고 다른 삶을 살 가능성이 파괴되었기 때문이므로 피해여성의 근본적인 소원은 성폭력 이전의 자유로운 자기주도적 삶의 회복이다. 이와 같은 소원을 다말 이야기에 초대함으로써 완전한 피해자로 살다가 다말 해석에 균열을 모색할 수 있다.

'한(a) 여성-놀이'로서의 성서 읽기는 또한 여성의 개별적 경험에 관심하는 놀이로서의 읽기이다. 성폭력 피해여성이라는 보편적 경험과 다말이라는 구체적 개별적 인간 경험 사이에서 아슬아슬한 균형을 이루며 틈을 발견하는 발랄하고 자유로운 반란의 읽기이다. 이를 통해 다말이 일반적으로 이해하는 성폭력 피해여성들과 다른 경험을 가졌을 가능성을 모색해본다. 성폭력 치유에는 가족의 정서적 지지, 피해 기간, 개인의 나이 등에 따라 개인차가 있다고 하였다.[29] 다말은 그술 출신 아람 사람의 왕비의 몸에서 태어났고, 성폭력의 위협에서도 당당하고 침착하게 암논을 설득하고 합리적 대안을 모색했던 것으로 보다 성숙하고 자존감 높은 여성으로 추정된다.[30] 또 자신의 은밀하고 사적인 불행을 조용히 은폐하지 않고 크게 곡하고, 그 이야기가 공공연히 알려져 압살롬의 귀에 들어갈 정도의 여성이었다. 그렇다면 다말이 성폭력 경험으로 매우 좌절하고 의기소침했겠지만, 의연하게 이를 극복하고 새로운 삶을 모색할 수도 있지 않았을까? '한 여성-놀이'로서의

---

28 성폭력 피해여성들의 다양한 심리적 경험에 대해서는 다음을 참고하라. 채규만,『성피해 심리치료』(서울: 학지사: 2000), 23-46.

29 다음을 참고하라. C. Neuger, *Counseling Women*, 105.

30 핏츠 스톨츠,『사무엘상 하』, 박명옥 옮김 (서울: 한국신학연구소, 1981), 412.

성서 읽기는 이와 같은 질문을 던질 수 있다.

'한 여성-놀이'로서의 성서 읽기는 또한 다중적 정체성에 관심하는 놀이로서의 읽기이다. 남성중심적 이해에서 다말은 아무런 정체성도 갖지 못한 존재였고, 여성주의자들은 오직 피해자로서 다말의 정체성만을 강조했다. 그러나 자세히 들여다보면 다말은 다양한 정체성을 가지고 있다. 즉, 다말은 다윗 왕실의 공주였으며 압살롬의 누이였다. 더욱 중요한 것은 다말이라는 자신만의 이름을 가지고 있었다. 또 멀리로는 유다의 며느리이자 예수 족보에 기록된 다말과 똑같은 이름을 가졌다. 유대-기독교 전승에서 여성에게 누구누구의 딸, 누구누구의 부인이 아니고 자신만의 고유한 이름으로 기록된 경우, 대체로 그 존재가 매우 중요한 경우였다. 그렇다면 다말은 유다 며느리 다말과 같이 당시 뼈아픈 고통을 잘 극복하고 자기 주도적 삶을 회복한 여성으로서 유대 사회에서 회자된 여성 영웅의 전형 아닐까? 다말이 단순히 성폭력 피해자였다면 그녀의 이름과 그녀가 암논에게 저항하고 대항한 사실이 어떻게 그렇게 상세하고 구체적으로 기록되었을 수 있었을까?

한(韓) 여성-놀이'로서의 성서 읽기는 또한 한국 여성의 경험과 경쟁하며 다말이야기를 읽는 것이다. 기존의 해석에서는 다말이 조용히 인생을 마치었고, 압살롬은 남성으로서 암논-다윗왕과 같이 다말에 대립적이었던 것으로 본다. 그러나 한국 여성 김보은의 사례는 이와 같은 다말 이야기를 다시 볼 수 있게 하는 틈을 제공한다. 김보은의 경우, 김보은과 같은 입장에서 함께 싸우고 저항했던 사람은 바로 김보은의 남자친구였다. 김보은의 경험에서와같이 다말에게 있어 압살롬은 자신의 경험을 공감하고 도와준 협력자가 아니었을까? 김보은은 또한 반성하지 않고 더욱 악독해가는 의붓아빠의 살해에 남자친구와 공모하였다. 다말 역시 압살롬의 암논 살해에 관여하지 않았을까? 다중적 억압 속에서 가장 끔찍한 성폭력을 겹겹이 경험한 대표적인 한국 여성 집단이 바로 군위안부들이다. 이들의 경험 속에서도 역시 많은 남성이 이들을 못살게 굴고 학대하는 가해자였지만, 예외적으로 군위안부 여성에게 치유와 평안을 제공하는 남성들도 있다. 또 많은 군위안부 여성들이 오랜 세월이 지난 후에도 여전히 인생의 바닥에서 희생자로서 고생하고 있지만, 나름대로 새로운 방식으로 자기 치유와 자기 초월의 삶을 모색하기도 하였다.[31] 이런 관점에서 볼 때 다말이 끔찍한 삶의 경험에도 불구하고 다른 방식의 삶을 살았을 가능성은 없었을까?

이와 같은 '한 여성-놀이'를 바탕으로 구성해 낸 이야기의 한 예가 바로 '하늘나라에서 보낸 다말의 편지'이다. 이 글은 하늘나라에 살고 있는 노파 다말이 세상의 여성들에게 보낸 편지 형식으로 구성된 자서전적 이야기이다.[32] 이야기의 첫 부분은 성폭행 전후 다말의 경험에 관한 이야기이다. 다말은 성폭행의 경험 후의 실의와 좌절 그리고 우울로 압도된 삶을 살았다. 자살 충동도 끊임없이 느꼈다. 어느 날 힘을 내어 도움을 받고자 왕실의 남성 목회자를 찾아갔다. 그러나 그는 다말이 먼저 유혹한 것이 아니었냐고 질문을 하기도 하고, 무조건 용서하라고 권하였다. 다말은 이를 거부하고, 종교에 대해 깊은 실망을 느낀다. 그러나 우연히 제도권에 속하지 않는 여성 목회자를 우연히 만

---

31 다음을 참고하라. 정신대연구회,『중국으로 끌려간 조선인 군위안부들: 50년 후의 증언』(서울: 한울, 1995); 이토 다카시,『흰 옷고름 입에 물고: 남북 종군위안부 15인의 한맺힌 증언』, 장창종 옮김 (서울: 눈빛, 1994); 한국교회여성연합회,『종군위안부 발자취를 따라서』(서울: 한국교회여성연합회, 1992).

32 여성적 글쓰기에서 착안해 고안한 이 글은 필자의 다음 책 부록에 전체 글이 실려 있다. 정희성,『여성과 목회상담』(서울: 이대출판부, 2011), 245-253.

나게 되었다. 그녀는 그 일의 책임이 철저히 암논에게 있으며, 다말의 분노와 부정적 감정까지 표현하도록 돕는다. 다말은 조금이나마 삶을 버텨갈 힘을 얻게 되었다.

두 번째 이야기는 암논 살해에 공모한 다말의 이야기다.[33] 암논 살해에 철저히 배제되었던 기존의 이야기와 달리 다말이 새롭게 자기 문제를 극복해나가고자 하는 모습이 부각된다. 다말은 분노를 내면화함으로써 발생하는 자기 살해의 욕구에서 벗어나고자 결국 압살롬과의 공조를 통해 전쟁터에서 목숨을 걸고 싸워 이긴다. 김보은의 경우에서와같이 압살롬은 남자였지만 다말의 아픔을 함께 나누었고, 때문에 적당한 때 구체적인 방법으로 암논을 응징할 방법을 모색했던 것이다. 순종적이고 착한 아버지의 딸 역할에서 자기 문제는 자기가 스스로 해결하겠다고 다말이 결정하게 된 계기는 두 가지였다. 하나는 다말이 아버지의 명령에 따라 암논을 시중하였음에도 불구하고, 이로 인한 다말의 불행에 전혀 개입지 않은 아버지에 대해 다말은 심한 환멸을 느꼈다. 그래서 더 이상 아버지의 착한 딸로 살지 않을 것을 다짐하며 자기가 자기 인생을 책임질 것을 다짐하였다. 다말은 또한 유다 며느리 다말과의 연대를 통해 정신적 힘을 얻었다. 이전에 다말은 유다 며느리 다말이 정숙하지 못하고 이상한 여성이라고 생각했었다. 그러나 다말은 자신의 성폭력 경험을 통해 유다 며느리 다말이야말로 여성으로서 자신의 운명에 맞서 싸운 여성이었음을 깨닫게 되었다. 결국 다말은 유다 며느리 다말과의 정신적 연대 속에서 또 압살롬과의 공조 속에서 암논을 살해하고 자기 인생 개척의 첫 출발을 하게 되었다.

---

33 앞의 책, 248-50.

마지막 부분은 다말이 이후 자신의 운명을 개척하며 흥미진진하게 살다 영웅이 되는 이야기이다.[34] 기존의 이해는 대체적으로 다말이 비극적으로 짧은 인생을 마감했을 것이라고 생각했다. 그러나 여기서 다말은 죽지 않고 끝까지 살아남는다. 암논 살해 후 다말은 궁전 생활에 점점 싫증이 났다. 궁중의 허위적인 삶의 태도가 역겨워졌고, 여전히 백마 탄 왕자를 기대하는 다른 공주들과의 만남이 더 이상 즐겁지 않았다. 그래서 몰래 궁전을 빠져나와 평민들의 거리로 나왔다. 오갈 데 없는 다말은 그곳에서 시장 상인들의 도움으로 거처를 얻고, 위도 없고 아래도 없는 사람들과 부딪히고 어울리며 내면적으로 강해졌다. 또 궁전에서 배운 지식을 활용하여 컨설던트로 활약하게 된다. 다양한 사람들과 다양한 방식의 인간관계를 맺으며 자신을 돌보고 타인을 돌볼 줄 아는 평민 출신 파트너를 만나 결혼했다. 자식도 줄줄이 낳고 길거리 아이들도 데려다 키우며 살았다. 오랜 세월 후 다윗은 성공한 사업가이자 자선사업가가 된 다말을 불러 '왕권쟁탈에만 여념 없는 열 아들보다 나은 딸'이라 칭찬하며 다말의 이야기를 경전에 남겨 후대에 널리 알릴 것을 지시하였다. 다말도 이에 동의했고, 특히 젊은 시절 암논과의 경험을 상세히 기록해줄 것을 요청했다. 자신과 비슷한 경험을 한 여성에게 희망이 되고 싶었기 때문이다. 사람들 사이에서 다말은 오랫동안 칭송되고 여성 영웅으로 이해되었다. 경전이 최종 편집되는 과정에서 다말의 전체 이야기는 빠지고 성폭력과 관계된 이야기만 기록되었다는 내용이다.

---

34 앞의 책, 250-253.

IV. 밧세바 다시 읽기

'한 여성-놀이'로서 다말 읽기를 통해 근친 강간의 피해자였던 다말은 피해자가 아닌 생존자로 재현되며 성폭력 피해여성의 생존과 재활을 위한 한 모델이 된다. 밧세바 역시 '한 여성-놀이'로서의 읽기를 통해 성폭력 피해자로 분명히 규정되는 동시에 성폭력을 극복한 또 하나의 모델로서 읽혀질 수 있다.

일반적으로 알려진 밧세바의 이야기는 다음과 같다.[35] 밧세바는 아름다운 여인으로 군인 우리아의 아내였다. 어느 날 저녁 우리아는 자기 집에서 목욕했다. 그런데 전쟁에 가지 않고 예루살렘에 남아 있던 다윗왕이 이 모습을 보게 되었다. 다윗왕은 밧세바가 우리아의 아내인 것을 알았으나 사령을 보내 밧세바와 정을 통하였다. 밧세바는 임신하게 되었고, 이를 은폐하고자 다윗은 계략을 세웠다. 우리야를 전쟁터에서 불러 밧세바와 함께 자도록 했으나 그가 거부하자 우리야를 전쟁 최전방에 고의로 내보내 죽게 했다. 밧세바는 남편의 죽음에 슬피 울었고 얼마 후 다윗은 밧세바를 불러 아내로 삼았다. 한편 하나님은 예언자 나단을 불러 다윗왕을 책망했고, 그 죄로 밧세바의 아기는 태어난 지 칠일 만에 죽어버렸다. 밧세바는 나중에 아들을 다시 얻었는데, 그 아들이 바로 다윗의 왕위를 이은 솔로몬이었다. 그리고 이상하게도 밧세바는 나중에 예수 족보에 오르는 여성 중 한 명이 된다.

전통적인 이해에서 위의 이야기는 철저히 밧세바의 경험을 배제한 채 이해되어왔다. 한 예로 스톨즈(Fritz Stolz)는 이 이야기를 다윗 왕

---

35 사무엘하 11장에서 12장의 내용을 기초로 한다.

조와 관련하여 해석한다. 그에 의하면 이 이야기의 배후에는 두 가지 강조점이 있다고 한다. 즉 다윗왕에 대한 하나님의 관심과 하나님에 대한 다윗왕의 관심이다. 그런데 이 이야기는 그 주제와 조금 떨어져 있는 이야기로 다윗 왕조의 혁명성을 드러낸다고 한다. 즉 다윗왕은 아기의 죽음 후에 애도를 멈추면서 관습은 죽기 전에 필요하지 죽은 후에 필요한 것이 아니다라고 하였다. 그런데 이것이 바로 당대 전통적 관습에 대한 합리적인 비판으로서 다윗 왕조의 혁명성을 이야기하는 것이라고 한다.36 앤더슨의 경우, 한 걸음 더 나아가 포로기공동체와 연관하여 해석한다. 다윗이 범죄했음에도 불구하고 하나님이 용서해주시고 솔로몬을 주신 사건은 포로기 이스라엘 백성들에게 희망의 메시지라는 것이다. 즉 죄를 지었으나 회개하면 다시 새로운 왕국을 세워주실 것이란 희망을 갖게 하는 것이라는 것이다.37 이들은 이 이야기에 관여된 밧세바에 대한 관심은 전혀 없이 피상적이고 외부적인 사건을 중심으로 이 이야기를 해석하는 것이다. 밧세바를 관련시킨 경우, 밧세바가 다윗왕 유혹을 목적으로 목욕을 한 것이 아닐까 의심함으로써 이 비극적 사건의 책임을 밧세바에게 지우고자 한다.38

그런데 "밧세바는 전통적인 신학과 여성신학이 거리를 두는 여성이다."39에서 보듯, 여성신학도 밧세바의 입장에서 이 이야기를 해석하지 않는 경향이 있다. 밧세바는 현대의 이해에서 볼 때 성폭력을 당한 여성임이 분명하다. 강제적인 왕권의 행사로 자신의 성을 유린당한 것이다.

---

36 핏츠 스톨츠,『사무엘상하』, 401-403.
37 앤더슨,『사무엘하』, 272-273.
38 핏츠 스톨츠,『사무엘상하』, 397-399.
39 울리케 아이힐러 외,『깨어진 침묵』, 135.

그러나 여성신학이 해방의 관점에서 전제하고 있는 가부장제 하의 전형적 도식은 남성은 극악무도한 가해자, 여성은 순진무구한 피해자이다. 그런데 밧세바는 이와 같은 여성신학의 전형적 도식에 어울리는 '착한 여성'이나 '착한 희생자'로 살지 않은 것으로 보인다. 밧세바는 왕의 아내가 되었고 왕이 어머니가 되어 나름의 상황에서 권력과 이익을 얻어냈기 때문이다. 따라서 여성은 가부장제의 죄 없고 흠 없는 피해자라는 여성신학적 틀에 들어맞지 않기 때문에 여성신학적 연구에서 밧세바가 성폭력의 피해자였음을 부각시키지 못해 온 것이다.[40]

'한 여성-놀이'로서 밧세바를 다시 읽어보면 어떠한가? 먼저 '한 여성-놀이'로서 밧세바 다시 읽기는 밧세바가 가부장제 아래서 경험하는 여성이라는 점을 강조한다. 전통적인 도식은 가부장제의 피해자이며 동시에 가부장제에서 권력을 잡은 밧세바의 모습을 허용하지 않았다. 그렇지만, '한 여성-놀이'로서의 읽기는 가부장제하에서 권력을 잡았다는 것이 가부장제의 피해자로서 밧세바의 경험을 압도하지 않는다고 본다. 따라서 밧세바의 성폭력 피해자로서 밧세바의 다양한 아픔과 경험에 집중할 수 있게 한다. 이의 관점에서 볼 때 밧세바가 목욕하던 중 나쁜 마음을 품은 사람은 다윗왕이었다는 점, 밧세바가 남편이 있음을 알고도 왕권을 이용하여 강제적으로 밧세바를 궁으로 불러낸 것도 또한 다윗왕이었다는 점, 부당한 폭력에 의한 임신을 은폐하고자 왕권을 동원하여 남편까지 살해한 사람도 역시 다윗왕이었다는 점을 강조함으로써 피해자로서 밧세바의 경험을 부각시킬 수 있다.

또한 '한(多) 여성-놀이'로서의 읽기는 다중적 정체성에 관심하는

---

40 앞의 책, 138.

읽기로 기존의 이해에서 구성해내지 못한 밧세바의 다양한 면모에 동등한 관심을 갖게 한다. 밧세바에 대한 전통적 이해는 최고의 다윗왕을 벗은 몸으로 유혹한 나쁜 여자로서의 정체성이었다. 혹은 앞에서와 같이 왕권에 의해 자신의 성을 유린당한 피해자로서 정체성이었다. 권력을 소유한 왕의 부인, 왕의 어머니로서 밧세바의 정체성 역시 큰 의미를 가지고 부각되지 못하였다. 더욱이 이상한 것은 밧세바가 기독교 최고의 영웅 예수 그리스도의 족보에 오른 여성이란 정체성은 철저히 은폐되고 침묵되어 왔다.[41] 그러나 한 여성-놀이로서의 읽기는 밧세바의 다양한 정체성이 동일한 가치와 의미를 가지고 기존의 이해에 도전하고 틈을 내는 놀이와 상상의 가능성을 열어놓기도 한다. 그리하여 밧세바가 예수의 족보에 오른 여성이라는 정체성에 깊은 관심을 표하며 "밧세바가 혹시 당대에는 여성 영웅으로 추앙받지는 않았을까?"라는 질문을 하게 하거나, 하나님께서 예언자를 다윗에게 보내셨다는 것으로 보아 밧세바는 자신의 피해를 널리 알리고 결국 하나님을 움직이시게 한 적극적인 여인이 아니었을까?"와 같은 질문 또한 하게 한다. 어찌하였던 밧세바가 어려운 상황에 압도되지 않고 하나님의 개입을 호소하고, 새로운 변화로 자신을 개방하는 존재로서의 가능성을 갖게 되는 것이다.

한편, '한(韓) 여성-놀이'로서의 읽기는 밧세바의 영웅적 가능성을 보다 구체적으로 상상케 하는 자원을 제공한다. 한(韓) 여성-놀이는 성서의 이야기가 그 어떤 자원보다 우위에 놓인 것이 아니라 한국 여성으로서 경험하는 다양한 자원과 교차되고, 얽혀지며, 또 경쟁하여 성

---

41 다음을 참고하라. 박경미 외, 『새 하늘 새 땅 새 여성』(서울: 생활성서사, 1993), 128-129.

서에 대한 새로운 차원의 이야기를 가능하게 하는 것이다. 밧세바 이야기를 한(韓) 여성-놀이로서 읽을 때 유용한 자원은 바로 한국 역사 속의 미실에 관한 이야기이다. 미실은 6세기 신라 시대 후반 신라 왕권을 장악하면서도 훌륭한 화랑들의 사랑과 존경 속에 인생을 마친 여성이었다.[42] 원래 미실은 대원신통이라는 계급에 속해 있었다. 당시 신라 시대에는 대원신통이라는 매우 독특한 계급이 있었는데 이들은 왕에게 색공을 바치는 것을 목적으로 하였다. 미실은 아름다운 여성으로 당시 최고 권력가인 지소태후의 아들 세종의 부인이 되었었다. 그러나 곧 지소태후의 미움을 사 왕실에서 쫓겨나게 되었다.

미실은 사다함의 억울한 죽음을 경험한 후 자신의 운명에 대한 새로운 다짐을 한다.[43] 궁에서 나온 미실은 화랑 사다함을 만나 순수한 사랑을 나누었고 그와 부부가 되기로 했다. 그러나 세종이 미실을 그리워하여 상사병에 걸리자 지소태후는 미실을 다시 궁으로 불러들였다. 가야와 전쟁을 마치고 돌아와 이를 알게 된 화랑 사다함은 미실이 세종에게 간 것을 알고 상사병으로 죽고 말았다. 미실은 절에서 사다함의 명복을 빌면서 자신의 운명이 남에 의해 흔들리지 않으려면 권력을 잡아야 한다고 느꼈다. 그래서 자신의 숙모이자 당대 또 한 명의 권력자인 사도왕후와 삼생(三生 · 전생 · 현생 · 후생) 일체의 약속을 맺고 권력 장악에 나설 것을 다짐했다.

결국 미실은 신라의 다양한 왕들을 섭렵하며 마침내 신라 최고의 권력자로 살게 되었다.[44] 미실은 신라 진흥왕의 극진한 사랑을 받았고,

---

42 "국왕도 마음대로 갈아치운 미실," 다시 읽는 여인열전, 「조선일보」 2002년 4월 30일자.
43 앞의 글.
44 앞의 글.

진흥왕은 미실에게 전주라는 지위를 내려 미실이 왕 곁에서 직접 정사에 참여할 수 있게 했다. 미실은 폐지되었던 원화 제도를 부활시켜 자기가 원화가 되기도 했다. 진흥왕이 풍질에 걸리게 되면서 미실은 사실상 권력을 장악했다. 그래서 진흥왕 사후 사도 왕후, 세종, 동생 미생과 함께 진지왕을 세웠다. 그러나 진지왕이 즉위한 후 미실을 멀리하자 미실은 다시 그를 폐위시키고 진평왕을 세웠다. 진흥, 진지, 진평 세 왕의 배후에서 신라 시대 가장 현실적 힘을 가진 여성이 되었던 것이다. 마침내 미실이 나이가 들어 병에 걸렸다. 그러자 설원랑이 미실 대신 자신이 병을 앓게 해달라고 하늘에 간절히 빌었고 결국 설원랑이 먼저 죽었다. 미실은 설원랑의 죽음을 장사지내고 슬퍼하다 58세 결국 세상을 떠났다.

"한(韓) 여성-놀이'로서 미실과 밧세바의 이야기를 경쟁하며 읽을 때 미실의 이야기는 밧세바 이야기와 다음의 도표와 같이 몇 가지 유사점을 가짐을 발견할 수 있다.

미실	밧세바
아름다운 여성	아름다운 여성
왕권에 의한 성 경험	왕권에 의한 성 경험
억울한 남편의 죽음	억울한 남편의 죽음/ 아기의 억울한 죽음
남편 죽음 앞에서의 울음	남편 죽음 앞에서의 울음
새로운 다짐	
네트워킹	네트워킹
왕권 장악	왕권 장악 → 왕의 어머니 됨
화랑들의 존경과 사랑	메시아 예수의 족보에 오름

미실은 용모가 아름답고 육체 또한 풍만했을 뿐 아니라 성격도 명랑하여 세 가지 아름다움을 갖춘 여성이었다. 밧세바 역시 아름다운

모습에 다윗왕을 한눈에 빠지게 한 성적 매력이 가득한 여성이었다. 그러나 이들 미실과 밧세바는 바로 그 이유 때문에 왕권에 휘둘리고 결국 남편의 억울한 죽음을 맛보아야 했다. 밧세바는 이에 더해 갓 태어난 어린아이조차 칠일 만에 죽게 되는 아픔을 경험했던 것이다. 결국 미실은 또 다른 권력자인 사도왕후 및 그 외의 인물들과 연대하며 왕권 장악을 시도하고, 밧세바 역시 나단이라는 예언자를 중심으로 연대하며 왕권 장악에 성공한다. 결국 미실과 밧세바는 모두 성공하여 왕의 배후 권력자가 되거나 왕의 어머니가 되었고 뿐만 아니라 화랑들의 존경과 사랑, 또 메시아 어머니의 반열에 오르게 된다.

한편 '한(韓) 여성-놀이'로서 미실의 이야기는 밧세바 이야기에서 누락된 이야기에 대한 새로운 상상의 나래를 펼 수 있게 한다. 인생에 대한 미실의 태도가 결정적으로 바뀐 계기는 남편의 죽음이었다.[45] 미실은 대원신통으로서 처음에는 주어진 상황대로 살았었다. 그러나 남편의 억울한 죽음을 목도하며 더 이상 권력에 의해 자신의 운명이 휘둘려서는 안 된다고 생각하였다. 결국, 주변 사람들과 연대하며 죽을 때까지 막강한 권력을 행사했던 것이다. 밧세바의 경우, 남편의 억울한 죽음과 잇따른 아이의 죽음을 슬퍼하며 무엇을 생각했는지 알 수 없다. 그러나 미실의 이야기를 병행하여 읽을 때 밧세바가 미실처럼 왕권에 휘둘리지 않고 살아갈 수 있는 길에 대해 한 번쯤 생각해보지 않았을까 생각이 든다. 또 솔로몬이 왕이 된 것도 결국 한번 부당한 권력으로 어린 아들을 잃은 어머니가 다시는 같은 이유로 아들의 생명을 잃게 하지

---

45 앞의 글. 이에 대한 다양한 자료가 존재하지만, 위의 해석에 기초하여 논의를 전개한다. 미실에 관한 자료는 다음을 참고하라. 김별아, 『미실』(서울: 문이당, 2005); 이종욱, 『미실』(서울: 푸른역사, 2005).

않겠다는 강한 결의와 소원의 결과가 아닐까 하는 생각도 하게 한다. 그래서 미실이 사다함 사후 권력의 다양한 인물과 관계하며 왕권을 장악하듯, 밧세바 역시 나단이라는 인물과 지속적으로 연대하며 왕위 계승에 의도적으로 개입한 것이 아닌가 추정하게 한다. 또 미실이 죽기까지 주위로부터 존중받았듯이 밧세바 역시 이로 인해 당대 사람들로부터 신앙의 여인, 지혜의 여인, 선한 리더십의 소유자로 추앙받지는 않았을까 상상해본다. 만약 이 상상이 현실이라면, 밧세바는 오랜 고통과 인고의 세월을 이겨내고 자기를 치유하고 아들의 생명을 구하고, 또 왜곡된 왕권을 바로 세운 당대의 여성 영웅일 수 있는 것이다. 바로 그런 이유 때문에 예수 족보에 이름이 오른 것이 아닐까?

이와 같은 '한(韓) 여성-놀이'로서의 성서 읽기는 결국 새로운 시각으로 밧세바에 관한 누락된 많은 이야기들을 찾게 한다. 사무엘하 11장 12장에서 밧세바는 부당한 행위에 적극적으로 저항하는 여성의 모습을 드러낸다. 강력한 왕의 요구에 무력하였지만, 부당한 임신의 결과를 혼자 감내하지 않고 왕에게 알린다. 다윗왕은 결국 자신의 행동 결과에 대해 고민하며 이에 대한 대책을 모색하지 않을 수 없었다.[46] 밧세바는 또한 예언자 나단을 통해 드러나듯 다윗의 행동에 대한 하나님의 심판까지 이끌어내고 있다. 적어도 밧세바는 자신의 부당한 경험에 침묵하지 않은 것으로 보인다. 한편, 이와 같은 틈새의 관찰은 열왕기상 1장에서 2장의 기록을 통해 밧세바의 새로운 면모에 접하게 한다.[47] 여기서 밧세바는 억울한 가족사의 경험에도 비극적으로 인생을

---

46 울리케 아이힐러 외, 『깨어진 침묵』, 136.
47 앞의 책.

마감하지 않고 끝까지 살아남아 자신과 아들의 생명을 구하는 일에 적극 개입하는 모습을 보여준다. 밧세바는 나단 예언자와의 연계 속에서 아도니야의 왕 옹립에 대한 정보를 미리 알아채고, 다윗왕에게 솔로몬 왕 계승에 대한 이전의 약속을 회상시킨다. 나단 예언자가 다시 이의 계획에 가담하고 사제와 동료의 협조 속에 솔로몬 왕의 계승을 즉각 이루고 전 국민의 환호와 기쁨을 자아내게 한다. 오랜 인고의 세월 끝에 통해 밧세바는 결국 승리자가 된다. 자기 아들의 생명뿐 아니라 자신의 영향력 또한 유지하며 전쟁이 아닌 대화와 설득을 통한 평화로운 왕위 계승의 주역이 되는 것이다. 이 때문에 예수의 족보에 오르기에 부족함 없는 여인이 된 것이 아닐까?

V. 나가는 말

이상에서 여성주의 목회상담의 관점에서 성폭력 피해여성의 생존과 자활을 위한 성서에 대한 새로운 읽기를 제안하였다. 성폭력 피해여성을 위해 활용할 수 있는 성서 자원의 한계 속에서 성서에 대한 다양한 실험적 접근의 하나로 '한 여성―놀이로서의 읽기'를 시도했고, 이에 기초해서 성서에서 성폭력을 경험한 여성이었던 다말과 밧세바의 이야기에 대한 다시 읽기를 시도했다. 다말을 끔찍한 근친 강간의 피해자였지만, 생존자가 되고, 성공한 사업가가 되고, 지혜로운 노파도 되며 시대의 여성 영웅으로 등극하였다. 밧세바 역시 왕권에 의해 자신뿐 아니라 남편과 어린아이 모두 파괴되었지만, 피해자로 머물지 않고 끝까지 살아 버티며 왕의 아내, 왕의 어머니가 되어 자신뿐 아니라 아들의 생명도 구하였고, 마침내 예수 족보에 기록되어 영원한 영웅으로 남아 있게 되었다.

'한 여성-놀이로서의 성서 읽기'는 성서를 희화화하거나 성서 해석의 전문성을 약화시키기 위한 것은 아니다. 그보다 성폭력과 같은 끔찍한 경험 속에서도 좌절하지 않고 삶을 헤쳐나가게 하기 위한 다양한 자원의 모색을 위해 시도된 것이다. 다말과 밧세바는 여성으로서 한 인간으로서 감당하기 힘든 경험을 일찍이 경험하였다. 그러나 한 여성-놀이로서 이들을 다시 읽었을 때 이들은 자신의 삶을 포기하지 않았고, 자기 앞에 놓인 삶의 경험에 매 순간 자신을 개방했을 때 공포스럽고 끔찍했던 젊은 날의 '하나의 경험'이 축소됨을 경험했다. 또 의미 있는 좋은 경험들의 축적 속에 이들은 새롭고 주체적인 존재가 되어갔다. 아무도 다말과 밧세바가 실제 어떻게 살았는지 확인할 수 없다. 그러나 '한 여성-놀이'를 통해 다말과 밧세바를 읽으며 성폭력 피해여성이 희미한 가능성이라도 붙잡고 오늘 하루를 한 걸음이나마 내디딜 수 있게 된다면 그것이 바로 성서에 기록된 하나님의 인간을 향한 핵심 메시지 아니었을까 한다.

참고문헌

김별아.『미실』. 서울: 문이당, 2005.

김상임.『깨어진 침묵: 성폭력에 대한 여성신학적 응답』. 서울: 여성신학사, 2001.

누가, 크리스티.『목회의 새로운 패러다임』. 정석환 옮김. 서울: 한들출판사, 2002.

박경미, 최만자.『새 하늘 새 땅 새 여성』. 서울: 생활성서사, 1993.

박성자. "교회내 성폭력 현황과 대책."「목회와 상담」2 (2002), 157-175.

사이드, 에드워드.『오리엔탈리즘』. 박홍규 옮김. 서울: 교보문고, 1991.

손운산. "다말이야기에 대한 목회상담적 고찰."「한국기독교신학논총」31 (2004),
643-670.

스톨츠, 핏츠.『사무엘상하』. 박명옥 옮김. 서울: 한국신학연구소, 1981.

아이힐러, 울리케, 일제 뮐너, 울리케 바일, 안드레아 아이크마이어, 아스트리트 한나펠,
안니 임벤스 프란젠, 리자 융, 엘케 자이퍼트.『깨어진 침묵: 성폭력에 대한 여성신
학적 응답』. 김상임 옮김. 서울: 여성신학사, 2001.

앤더슨, A.『사무엘하』. WBC 성경주석. 권대영 옮김. 서울: 솔로몬사, 2001.

위니캇, 도널드.『놀이와 현실』. 이재훈 옮김. 서울: 한국심리치료연구소, 1997.

윔벌리, 에드워드.『목회상담과 성경의 사용』. 김진영 옮김. 서울: 한국장로교출판사,
2005.

이종욱.『미실』. 서울: 푸른역사, 2005.

이토, 다카시.『흰 옷고름 입에 물고 : 남북 종군위안부 15인의 한 맺힌 증언』. 장창종 옮김.
서울: 눈빛, 1994.

정신대연구회.『중국으로 끌려간 조선인 군위안부들: 50년 후의 증언』. 서울: 한울, 1995.

정현백.『민족과 페미니즘』. 서울: 당대, 2003.

정희성.『여성과 목회상담』. 서울: 이대출판부, 2011.

조주현.『여성 정체성의 정치학: 성, 지식, 권력망 읽기에서 새 여성의 모색으로』. 서울: 또
하나의 문화, 2000.

채규만.『성피해 심리치료』. 서울: 학지사, 2000.

트리블, 필리스.『성서에 나타난 여성의 희생』. 최만자 옮김. 서울: 전망사, 1989.

한국교회여성연합회.『종군위안부 발자취를 따라서』. 서울: 한국교회여성연합회, 1992.

한국염. "김보은 사건과 다말이야기."『성폭력과 기독교』. 한국여신학자협의회 엮음. 서울:
여성신학사, 1995.

"국왕도 마음대로 갈아치운 미실." 다시 읽는 여인열전. 「조선일보」. 2002년 4월 30일.

Brock, R. *Journeys by Heart: a Christology of Erotic Power.* New York: Crossroad, 1988.

Capps, D. *Deadly Sins and Saving Virtues.* Eugene, Or.: Wipf & Stock, 2000.

Chung, Heesung. "An Exploration of a Feminist Pastoral Method From the Perspective of a Korean Woman." *The Journal of Pastoral Theology* 14 (2004 Spring), 46-58.

Cooper-White, P. T*he Cry of Tamar.* Minneapolis: Fortress Press, 1995.

Dunlap, S. "Discourse Theory and Pastoral Theology." *Feminist and Womanist Pastoral Theology.* Eds. B. Miller-McLemore and B. Gill-Austern. Nashville: Abingdon Press, 1999.

Gadamer, H. *Philosophical Hermeneutics.* Tr. and Ed. D. Linge. Berkeley: University of California Press, 1976.

Gerkin, C. *The Living Human Document: Re-Visioning Pastoral Counseling in a Hermeneutical Mode.* Nashville: Abingdon Press, 1984.

Goldenberg, N. *Resurrecting the Body: Feminism, Religion, and Psychoanalysis.* New York: Crossroad, 1993.

_____. *Changing the gods.* Boston: Beacon Press, 1979.

Laffey, A. *An Introduction to the Old Testament.* Philadelphia: Fortress Press, 1988.

Miller-McLemore, B. and Gill-Austern, B. Eds. *Feminist and Womanist Pastoral Theology.* Nashville: Abingdon Press, 1999.

Neuger, C. *Counseling Women: a Narrative, Pastoral Approach.* Minneapolis: Fortress Press, 2001.

Pannenberg, W. *Anthropology in Theological Perspective,* Tr. by M. O'Connell. Philadelphia: The Westminster Press, 1985.

Plaskow, J. "Epilogue: the Coming of Lilith." *Religion and Sexism,* Ed. R. Ruether. N.Y.: Simon & Schuster, 1974.

Ruether, R. *Sexism and God-Talk: Toward a Feminist Theology.* Boston: Beacon Press, 1983.

참고 웹사이트
「네이버 국어사전」
　　　　https://ko.dict.naver.com/#/search?query=%ED%95%9C&range=entry. 2021년 10월 23일 접속.

예수는 어떤 병을 깨끗하게 하셨는가?
: 신약성서 '레프라' 번역 연구 *

조지윤**

I. 들어가는 말

2019년 12월 이후 전 세계로 확산된 코로나19로 인해 이전에는 경험해 보지 못한 전염병 시대에 살고 있다. 자가 격리, 사회적 거리두기 등이 이제는 일상어가 되었고, 어떠한 경로를 통해서건 코로나에 걸린 환자들은 코로나 재발에 대한 공포와 함께, 자신뿐 아니라 가족들과 친지들까지도 기피 대상으로 낙인찍히지 않을까 하는 두려움에 사로잡힌다.

성경에도 비슷한 성격의 질병이 나온다. 『성경전서 개역개정판』 (1998년) 전체에서 64회 언급되는 '나병'과 그 질병에 걸린 '나병환자'

---

* 이 글은 2021년 5월 22일에 개최된 한국여성신학회 2021년 5월 정기학술제 "치유와 여성신학"에서 발표된 논문이다. "λέπρα의 우리말 번역에 대한 제언―'예수께서 λεπρός를 깨끗하게 하시다'(막 1:40-44; 마 8:1-4; 눅 5:12-14)를 중심으로―"라는 제목으로 「성경원문연구」 49 (2021), 94-121에 출판된 글에서 대부분 발췌된 것으로, 대한성서공회 성경원문연구소에 사용 허락을 받아 재출판한다.
** 대한성서공회 번역실/ 성경원문연구소 국장.

라는 번역어이다. 신약성서에서는 특히 예수의 기적적인 치유 사역과 관련하여 13회가 나온다. 이 어휘는 『성경전서 개역한글판』(1961년)의 대표적인 차별어[1]인 '문둥병'과 '문둥이', '문둥병자'에서 개정되었다. 이에 상응하는 그리스어가 '레프라'(λέπρα)와 '레프로스'(λεπρός)이다. 문화 인류학적으로 보았을 때, 당시에 '문둥병'은 그리스어 '레프라'에서, '문둥이', '문둥병자'는 '레프로스'에서 옮길 수 있는 가능한 번역이었으나, 지금은 한센인들에게 말할 수 없는 모욕감을 주는 차별어이다.

이에 본 연구는 '레프라'의 정체를 규명하여 현시대에 가장 적합한 번역어를 찾을 것이다. ① 먼저는 '레프라'의 우리말 성경 번역 역사를 살펴보면서 각 번역어의 국어적 사회적 의미를 고찰해 보고, ② '레프라'의 상응어인 구약성서의 '차라앗'과 한센병과의 관계, ③ 또 '레프라'가 영어 'leprosy'(나병)가 된 역사를 살펴본 후에 ④ '레프라'가 나오는 신약성서 본문 중 공관복음 모두에 나오는 '예수께서 레프로스를 깨끗하게 하시다'(막 1:40-44; 마 8:1-4; 5:12-14)를 중심으로 ⑤ '레프라'의 새로운 번역어를 제안할 것이다.

---

1 『개역개정』에서는 1961년 『개역한글』의 차별 언어와 기피 용어를 다음과 같이 개정한 바가 있다. "'문둥병'은 '나병'으로, '소경'은 '맹인'으로, '곱사등이'는 '등 굽은 자'로, '난쟁이'는 '키 못 자란 사람'으로, '절뚝발이'는 '다리 저는 자'로, '벙어리'는 '말 못하는 사람'으로, '귀머거리'는 '못 듣는 사람'으로, '앉은뱅이'는 '못 걷는 사람'으로, '불구자'는 '장애인'으로, '병신'은 '몸 불편한 사람'" 등으로 표현을 바꾸었다(민영진, 『개역개정판, 이렇게 달라졌다』 [서울: 대한성서공회, 2000], 57). 이 외에 우리말 성서 번역에 있어서 성차별에 관해 다룬 논문은, 민영진, "우리말 성서 번역에 있어서 성차별 표현의 처리 -『성경전서 표준새번역』을 중심으로-," 「성경원문연구」 15 (2004), 283-329; 이영미, "한글 성서 번역의 양성평등적 언어 활용에 관한 연구,"「성경원문연구」 19 (2006), 47-68; 유연희, "시편을 보랏빛 렌즈로 읽기,"「성경원문연구」 25 (2009), 30-52; 조지윤, "양성평등적 번역 선교: 예수와 사마리아 여인 대화(요 4:7~26)의 존대법 번역,"『선교와 여성신학』, 여성신학사상 제8집, 한국여성신학회 엮음 (서울: 프리칭아카데미, 2010) 등이 있다.

II. '레프라'의 우리말 성경 번역

'레프라'의 우리말 성경 번역 역사를 보면, 첫 번역에서 나타났던 어휘가 사라지고 또 다른 어휘가 사용되어 오랫동안 영향을 준 것을 알 수 있다. 최초의 우리말 번역 낱권 성서인 『예수성교누가복음젼셔』(1882년)에서는 '레프라'가 '빅납풍'(눅 5:13)으로, '레프로스'('레프라'에 걸린 사람)는 '빅납풍ᄒ년쟈'(눅 4:27; 5:12; 7:22; 17:12)로 번역되었다. '빅납풍'은 "'보통 백반'을 한방에서 이르는 말"로, '백반'(白斑)은 "[의학] 피부의 한 부분에 멜라닌 색소가 없어져 흰색 반점이 생기는 병"이다(표준국어대사전). 이러한 번역은 최초의 우리말 신약성서인 1887년의 『예수성교젼셔』에서도 유지된다. '빅납풍'이 사람의 피부색에 변화를 일으키는 병이기 때문에 '레프라'라는 원어의 한 측면을 담고 있기는 하였으나,[2] 이 번역어는 이후의 역본들에서는 사라진다.

거의 같은 시기인 1885년에 이수정이 일본에서 번역한 『신약마가젼복음셔언ᄒᆡ』에서는 '레프라'가 '문둥병'(막 1:42)과 '라병'(막 14:3)으로 번역되었다. 그리고 '레프로스'는 마가복음 1:40에서는 '문둥病人'으로 번역되었다. 이것은 조선 시대에 '한센병'이 존재했다는 것을 반증하며 이 어휘를 조선 사람들이 인지하고 있었다는 것을 보여준다.[3] 이수정의 『신약마가젼복음셔언ᄒᆡ』는 1885년에 미국인 선교사 언더우

---

2 그리스어 '레프라'에 상응하는 히브리어 '차라앗'을 두고 모세(출 4:6), 미리암(민 12:10), 게하시(왕하 5:27)의 경우에는 "눈과 같다"라는 표현이 나온다.

3 『보건복지부 국립소록도병원』의 "문헌 속의 한센병" 소개에 의하면 적어도 1453년 조선 세종 때부터 한센병이 존재한 것으로 소개되어 있다(『세종실록』 참고). http://www.sorokdo.go.kr/sorokdo/html/content.do?depth=hs&menu_cd=01_01_03_03.

드(H. G. Underwood)와 아펜젤러(H. G. Appenzeller)가 조선으로 입국할 때 가져온 것으로 알려져 있고, 이후 국내에서 성서번역자회를 조직하면서 새로운 번역을 추진할 때 영향을 미친 단편이다.

그러므로 1911년 최초의 우리말 완역 성경인『성경전셔』가 완성될 때, 이 성경에서 '레프라'는 '문동병'(마 8:3; 막 1:42; 눅 5:12, 13)으로, '레프로스'는 '문동이'(마 8:2; 10:8; 11:5; 26:6; 막 14:3; 눅 4:27; 7:22)와 '문동병 든쟈'(막 1:40; 눅 17:12)로 번역되었다. 이 성경은 1938년『성경 개역』으로 개정되면서 우리말 성경은 한말과 일제 강점기에 한국어를 지키는 보루였다. 그러나 '레프라'와 '레프로스'에 해당하는 번역어는 개정되지 않았고, 1961년『성경전서 개역한글판』에서 '레프라'는 '문둥병'으로, '레프로스'는 '문둥이'와 '문둥병자'로 자리를 잡게 된다. 1911년의『셩경전셔』부터 1938년의『성경 개역』과 1961년의『개역한글』까지 이 어휘가 유지된 것을 보면, 그 역사는 1998년에『개역개정』이 발간될 때까지 90여 년을 이어왔다고 볼 수 있다.

『개역한글』의 '문둥병'과 '문둥이', '문둥병자'는 1998년『개역개정』에서는 '나병'과 '나병환자'로 개정되었다.『개역개정』의 번역을 준비할 당시에 이미 '문둥병'과 '문둥이'는 우리 사회에서 비하어로 규정되었고, '나병'이 새로운 용어로 사회적으로 통용되고 있었기 때문이다.『표준국어대사전』에 나오는 '나병'(癩病)에 관한 설명을 보면, "(의학) 나병균(癩病菌)에 의하여 감염되는 만성 전염병. 피부에 살점이 불거져 나오거나 반점 같은 것이 생기고 그 부분의 지각(知覺)이 마비되며 눈썹이 빠지고 손발이나 얼굴이 변형되며 눈이 잘 보이지 않게 된다"라고 되어 있다. 실제로 '나병'과 '나병환자'라는 번역어는 1967년『신약전서 새번역』에서 처음 등장한다. 이 성경부터 '레프라'가 '나병'(2회),

'레프로스'가 '나병환자'(9회)로 번역되었다.

그러나 1998년에 『개역개정』이 나오자마자 '나병' 대신에 '한센병'으로 번역해 달라는 유관기관의 요청이 있었다. 사회학적 의미로 '한센병'은 의료기술의 발달과 경제적 힘의 강화로 치료될 수 있을 뿐만 아니라 다른 질병과 마찬가지로 사회적 차별이나 부정적인 편견 없이 원래의 사회로 돌아갈 수 있을 때 사용되기 때문이다.4

이 요청은 성경 번역에 반영될 수 없었는데, 이미 『성경전서 표준새번역』(1993년)이 번역될 당시에 논의가 되었다. '한센'이란 19세기 의사의 이름을 따라 만든 질병의 이름을 기원전 후에 걸쳐 기록된 고대 문헌에 사용하는 것이 적합하지 않고, 현대 의학이 규명한 '한센병'과 구약의 히브리어 '차라앗'과 신약의 그리스어 '레프라'가 현재의 '한센병'과 같은 질병이 아닐 수도 있다는 논란이 있어서였다.

이 어휘는 1993년에 발간된 『표준새번역』 구약 본문에서 '악성 피부병'으로 번역되면서 새로운 전환점을 맞이한다. 『표준새번역』의 구체적인 문맥에 맞추어 레위기 13-14장의 본문에서는 '악성 피부병' 혹은 '악성 곰팡이'로 번역하면서 새로운 번역의 가능성을 열었다. 그 밖의 구약 본문에서는 '나병'으로 번역하면서(15회) 각주에 "히브리어 '차라앗'이나 '메초라'는 각종 악성 피부 질환을 가리키는 말로서, 반드시 '나병'만을 뜻하는 말은 아님"이라고 표기하였다(10회, 왕하 5:1, 3, 6, 7, 11, 27; 7:3, 8; 15:5; 대하 26:19). 『표준새번역』 신약에서도 '나병'

---

4 또한 '한센병'은 "현재는 전 세계적으로 24개국을 제외한 나머지 지역에서 연간 1만 명당 1건 미만으로 발생하는 드문 질환"이다. 특히 WHO센총연합회에 의하면 국내 한센인은 2019년 현재, 총 9,288명 정도라고 한다. WHO의 "Leprosy"에 관한 "Brief history of the disease and treatment"(2019년 9월 10일자 보고).

으로 번역하면서 각주에 "나병을 포함한 여러 가지 악성 피부병을 말함"이라고 하였다. 이 번역은『표준새번역』의 개정판인『성경전서 새번역』(2001년)에서도 계속 유지된다.

III. 구약성서 '차라앗'과 한센병과의 관계

신약성서의 '레프라'(λέπρα)는 히브리어 구약성서 '차라앗'(צרעת)의 칠십인역 상응어인 '레프라'(λέπρα)에서 온 것이다. '차라앗'을 다루는 데 있어서 중요한 본문이 레위기 13-14장이다. 레위기가 쓰여졌을 당시에 한센병이 존재했는지에 관해서는 성서고고학이 도움을 준다.

한센병은 기원전 600년경 인도와 중국에 있었던 것으로 알려져 있는데, 팔레스타인에는 아마도 기원전 326년에 알렉산더 대왕과 함께 아시아를 정복한 군인들에 의해 퍼졌으며, 팔레스타인뿐 아니라 유럽 전역의 군사, 종교 및 상업 경로를 따라 퍼졌을 것이라는 견해가 지배적이다.[5] 따라서 시기적으로 보았을 때 레위기 13-14장의 '차라앗'은 한센병일 가능성이 거의 없다.

또한 한센병이 뼈에 끼치는 영향에 대한 학문적 지식이 점차 늘어나면서, 덴마크 고고학자인 크리스텐센(Möller-Christensen)이 이집트에서 기원전 6000년~기원후 600년에 걸쳐 나온 1,844개의 유골을 검사했는데 단 2개에만 한센병이 있었다고 하는 연구 결과를 내놓았

---

5 존 하틀리,『레위기』, WBC 성경주석, 김경열 옮김 (서울: 솔로몬, 2005), 425; A. E. Paton, "An Examination of the Evidence for the Existence of Leprosy and Hansen's Disease in Medieval Ireland," (Ph.D. diss., University of Glasgow, 2014), 45.

다. 그리고 남부 팔레스타인에 있는 라기스(기원전 760~600년)에서 695개의 유골을 조사했는데 그중에서는 한센병으로 뼈가 변화된 흔적을 조금도 찾지 못했다고 한다.[6] 이렇게 볼 때 성서 시대의 팔레스타인에는 한센병이 존재했다고 볼 수 없을 것이다.

그리고 구약성서의 '차라앗' 또한 '한센병'과는 달리 매우 광범위한 증상을 나타내는 것으로 알려져 있다. 미쉬나는 '차라앗'의 증상을 서로 다른 랍비들이 16가지, 36가지 혹은 72가지로 확인했다고 언급한다(*m. Neg.* 1.4).[7] '차라앗'은 역겹고 불결한 피부병으로, "여드름, 물집, 부스럼, 종기, 딱지, 비듬, 피부염과 같은 피부에 발생하는 수많은 번식 증상을 포괄한다."[8] 이러한 피부병은 피부염들로 인해 고름이 나오고, 피가 나고, 악취가 나기 때문에 사람을 부정하게 만든다.[9]

특히 레위기 13-14장을 두고 성서 주석가들은 '차라앗'이 지금의 한센병보다는 훨씬 광범위한 피부병이라는 데 동의한다.[10] ① '한센병'은 레위기 13-14장에 나오는 것처럼 의복이나 가죽, 집 등에는 생길

---

6 V. Möller-Christensen, *The History of Syphilis and Leprosy: An Osteo-archaeological Approach*, Abbotemp 1 (1969), M. L. Davies, "Levitical Leprosy," 137; S. G. Brown, "Leprosy in the Bible," *Medicine and the Bible*, ed. Bernard Palmer (Carlisle: Paternoster Press, 1986), 112 재인용.

7 하틀리, 『레위기』, 428.

8 *Ibid*.

9 *Ibid*.

10 레위기 13-14장에 나오는 '차라앗'에 관한 국내 연구로는 정중호, 『레위기 만남과 나눔의 장』(서울: 한들출판사, 1999); 왕대일, "구원과 치유-성서적, 신학적 이해 부정함에서 거룩함까지, 레위기 13~14장의 경우," 「신학과 세계」 54 (2005), 90-111; 홍성혁, "구약성서의 질병이해: 질병의 원인," 「구약논단」 20 (2006), 124-146; 유윤종, "צָרַעַת, λέπρα, λεπρός의 올바른 이해와 번역," 「성경원문연구」 36 (2015), 206-230 등이 있다.

수 없기 때문이다. ② 또 레위기에 기술된 질병은 갑자기 생겨나는 질병으로 때때로 자연적으로 낫기도 하는데, 한센병은 현대의 투약 요법 없이는 치료하기 어려운 병이다.[11] ③ 한센병은 수년에 걸쳐 진전되는 병으로, 제사장이 7일 안에 외모의 변화를 알아채기에는 너무 짧다.[12] ④ 그 증상에 있어서 한센병은 일반 사람들이 봐도 알 수 있는 "눈썹이 빠지고 손발이나 얼굴이 변형되며 눈이 잘 보이지 않게 되는" 등의 증상이 있는데 레위기의 묘사는 그렇지 않다.

그러므로 1960년대 이전에 이미 수년간 많은 의료 전문가들은 '차라앗'과 '레프라'를 '나병'이나 그에 상응하는 어휘로 번역하는 데 문제를 삼아왔다. 세계성서공회연합회(United Bible Societies)가 발간하고 있는 성서 번역학 학술지인 *The Bible Translator*[13]에서는 1960년부터 본격적으로 이 문제를 다루었다.[14] 특히 20년 넘게 한센인들을 치

---

11 조엘 마커스, 『마가복음 I』, 앵커바이블, 류호영, 장성민 옮김 (서울: 기독교문서선교회, 2016), 326.

12 Brown, "Leprosy in the Bible," 107. 「한국한센복지협회」의 설명에 의하면, "나균의 증식 속도가 매우 느려서 병의 잠복기가 매우 길다고(5년~20년) 알려져 있고 나균의 감염력은 매우 낮다고 알려져 있다"고 한다.
   http://www.khwa.or.kr/sub.asp?maincode=484&sub_sequence=533&sub_sub_sequence=. 2021년 4월 15일 접속.

13 세계성서공회연합회(United Bible Societies)는 1946년에 창설된 이래 지금까지 150여 국의 150여 개 성서공회들이 연합하여 성경의 번역과 출판과 보급을 서로 협력하여 하고 있는 기구이다. 1950년부터 *The Bible Translator*를 발간해서 전 세계 언어의 성서 실제와 이론에 관한 논문들을 실어 왔다.

14 K. P. C. A. Gramberg, "'Leprosy' and the Bible," The Bible Translator 11 (1960), 10-23; J. L. Swellengrebel, "'Leprosy' and the Bible: The Translation of 'Tsara'ath and Lepra'," *The Bible Translator* 11 (1960), 69-79; D. H. Wallington, "'Leprosy' and the Bible," *The Bible Translator* 12 (1961), 75-79; R. G. Cochrane, "Biblical Leprosy," *The Bible Translator* 12 (1961), 202-203; S. G. Browne, "'Leprosy' in the New English Bible," The Bible Translator 22 (1971),

료해 온 네덜란드 의료 선교사 그램버그(K. P. C. A. Gramberg)는 레위기 13:1-44의 '차라앗' 증상이 오늘날의 한센병과 전혀 다르다는 점을 병리학적으로 세밀하게 논하였다.[15] 또 당시에 한센병 분야에서 가장 저명한 의료 전문가인 코크런(Cochrane)도 "성경에서 'leprosy'(나병)으로 묘사된 상태가 한센병의 초기 병변이나 증상과 관련이 있다는 증거가 전혀 없다"고 확신하였다.[16] 언어학자인 스블랑그레벨(J. L. Swellengrebel)도 성서적 증거를 검토한 결과 이 용어가 오늘날의 한센병이라기보다는, 심각한 성격을 띠고 제의적 부정(uncleanness)을 수반하는 어떤 종류의 질병을 나타내고 있다는 중요한 관점을 정리하였다.[17]

그럼에도 불구하고 대부분의 서구의 전통적인 성경 번역들이 '차라앗'을 '나병'(leprosy)으로 번역하는 이유는 무엇일까? 구약성서에서 하나님이 크게 분노하셨을 때 '차라앗'으로 사람을 치시는 경우가 있는데 (민 12:1-15; 삼하 3:28-29; 왕하 5:26-27; 대하 26:16-23; 왕하 15:1-5), 이 때문에 '차라앗'은 하나님의 저주 내지는 형벌이라는 강한 인식이 생기게 되었고, 그 질병에 걸린 사람들에 대한 편견이 생기게 되었다.[18] 그와 함께 인류 역사상 피부에 일어나는 질병 중 가장 치명률이 높고 전염성이 있다고 여겨지는 나병에 대한 두려움이 함께 맞물리면서 성

45-46; J. G. Andersen, "Leprosy in Translations of the Bible," *The Bible Translator* 31 (1980/2), 207-212.

15 Gramberg, "'Leprosy' and the Bible," 10-23.

16 Cochrane, "Biblical Leprosy," 202-203.

17 Swellengrebel, "'Leprosy' and the Bible: the Translation of 'Tsara'ath' and Lepra'," 74.

18 하틀리, 『레위기』, 443.

경의 번역어로 계속 유지되었고, 나병에 대한 편견과 차별은 더욱더 강화되었다.

IV. 그리스어 '레프라'가 영어 'leprosy'가 된 역사

그리스어 칠십인역의 '레프라'(λέπρα)는 히브리어 구약성서의 '차라 앗'(צרעת)과 마찬가지로, 그리스어에서 다양한 종류의 피부의 상태를 가리키는 총칭적인 개념을 가지고 있었고, 지금의 한센병을 가리키는 것은 아니었다.[19] 기원전 후에 그리스 저자들인 아우렐리우스 코넬리우스 켈수스(Aulus Cornelius Celsus)와 플리니우스(Gaius Plinius Secundus)는 지금의 '한센병'을 가리켜 '엘레판티아시스'(ἐλεφαντίασις, 소위 "상피병")라고 하였다.[20] 이 병은 환자의 피부가 깊은 곳에까지 거칠어져 코끼리 피부처럼 되기 때문에 붙여진 이름이다.[21] 알렉산드리아의 비잔틴 의사인 오리바시우스(Oribasius, 기원후 326~403년)는 '엘레판티아시스'를 오늘날의 '한센병' 증상과 동일하게 설명하였다.[22] 그는 에베소의 루푸스(Rufus of Ephesus, 기원후 98~117년)의 글을 인용하는데, 루푸스는 거의 알려지지 않은 알렉산드리아의 다른 의사인 스트라톤(Straton)의 글을 인용하였다.[23] 스트라톤은 알렉산드리아의 의사였던 에라시스

---

19 J. Milgrom, *Leviticus,* Anchor Bible 3 (New York: Doubleday, 1991), 816.
20 하틀리, 『레위기』, 423-424.
21 J. Wilkinson, "Leprosy and Leviticus: A Problem of Semantics and Translations," 159; 유윤종, "צָרַעַת, λέπρά λεπρός의 올바른 이해와 번역," 217-218 재인용.
22 Andersen, "Leprosy in Translations of the Bible," 207.
23 Michael Walters Dols, "Leprosy in Medieval Arabic Medicine," *Journal of History*

트라투스(Erasistratus, 기원전 300~250년경)의 제자로, 오늘날의 '저-저항성 나병'(low-resistant leprosy) 증상을 명확하게 묘사하면서 '새로운 질병'으로 소개하였다.[24] 이렇게 볼 때 헬레니즘 시대와 고대 로마 시대의 의사들은 지금의 한센병에 해당하는 '엘레판티아시스'를 정확하게 알고 있었고, '레프라'와는 혼동하지 않았던 것으로 보인다.

그렇다면 왜 그리스어 '레프라'가 지금의 영어 '레프로시'(leprosy, 나병)로 번역된 것일까? 한센병 의료 전문가인 조스 안데르센(Johs G. Andersen)은 9세기 아랍어 번역 때문일 것으로 본다.[25] 비잔틴 제국 붕괴 후 아랍 의사 요하니스 크리소르하스(Yohannis Crysorrhas, 기원후 777~857년)는 그리스어 '엘레판티아시스'를 아랍어 '주잠'(juzam)으로 번역하였다.[26] '주잠'은 코란에 나오는 용어로 히브리어 '차라앗'(צרעת)과 유사한 개념이다. 그런데 크리소르하스는 이 '주잠'을 '엘레판티아시스'와 연결시킨 것이다.[27] 르네상스 시대에는 아랍어 번역에서 재발견된 그리스어와 라틴어 텍스트를 다시 라틴어로 역번역하는 작업이 이루어졌는데, 이때부터 용어의 혼란이 시작되었다.[28] 오늘날의 한센병을 가리켜 어떤 사람들은 라틴어 'lepra'라고 했고, 또 어떤 사람들은 라틴어 'ĕlĕphantíãsis'라고 했다.[29] 헐스(Hulse)도 중세 시대에 일부

---

of Medicine, 34 (1979/3), 314-333, 330; Paton, An Examination of the Evidence for the Existence of Leprosy and Hansen's Disease in Medieval Ireland, 45 재인용.

24 Brown, "Leprosy in the Bible, 112.

25 Andersen, "Leprosy in Translations of the Bible," 208. 이러한 주장은 많은 구약성서 주석가들과 한센병 연구자들이 동의하는 것 같다.

26 Andersen, "Leprosy in Translations of the Bible," 208.

27 Ibid.

28 Ibid.

29 Ibid.

아랍어 저자들이 라틴어 'lepra'라는 용어를 한센병에 사용하기 시작했으며, 불행히도 그 뒤에 유럽 저술가들이 그들을 뒤따랐다고 본다.[30]

성경 번역의 경우에는 대부분의 라틴어 성경 번역자들과 기원후 5세기의 제롬(342-420년)이 칠십인역 구약성서와 그리스어 신약성서의 '레프라'를 따라 라틴어 'lepra'로 번역을 하였다. 그리고 영어 번역자들도 동일한 관행을 따라 그것을 'leprosy'로 번역하였고, 전통적인 영어 역본인 KJV(1611년)와 RSV(1952년), 그 개정판인 NRSV(1989년), 최근의 ESV(2001년)까지도 '레프라'를 'leprosy'로 번역하였다.

그런데 19세기에 이르러 오히려 라틴어 'lepra'에서 온 영어 'leprosy'가 나병에 국한되어 사용되었고, '엘레판티아시스'를 '나병'을 가리키는 용어로 사용하지 않게 되었다.[31] 그러나 이미 히브리어 '차라앗'(צרעת)과 그리스어 '레프라'(λέπρα)를 영어 'leprosy'로 번역하는 것이 관행이 되어 있었다.

V. '예수께서 레프로스를 깨끗하게 하시다'
(막 1:40-44; 마 8:1-4; 눅 5:12-14)를 중심으로

그리스어 신약성서에서는 '레프라'(λέπρα)와 '레프로스'(λεπρός)가 13회 나온다(마 10:8; 마 11:5; 눅 7:22; 막 1:40-44; 마 8:1-4; 눅 5:12-14;

---

30 E. V. Hulse, "The Nature of Biblical 'Leprosy' and the Use of Alternative Medical Terms in Modern Translations," *PEQ* 107 (1975), 87-105.

31 1905년 베를린에서 열린 국제 나병 회의(International Leprosy Congress)에서 선언을 하였다. Andersen, "Leprosy in Translations of the Bible," 208.

막 14:3; 마 26:6; 눅 4:23-24, 27; 눅 17:12-19). 이 본문들을 해석하는
신약성서 학자들 중에는 '레프라'를 '나병'으로 보는 경우도 있으나, 최
근의 연구 결과들은 다른 의견을 제시한다.

1. 신약성서 '레프라'의 사전적 의미

전통적으로 많이 사용되었던 그리스어 사전인 바우어(Walter
Bauer)의 『신약성서와 초기 기독교 문헌들의 그리스어-독일어 사전』
(*Griechisch-deutsches Wörterbuch zu den Schriften des Neuen Testaments und der früh-
christlichen Literatur*)[32]은 '레프라'(λέπρα)에 관해 다음과 같이 설명한다.

λέπρα, ας, ἡ
나병. 피부와 내부 기관에 결절과 혹 모양을 형성하는 결절성 나병과 지
체를 썩어 떨어지게 하는 신경성 나병으로 구별된다. 마 8:3; 막 1:42;
눅 5:12 등.

이러한 전통적인 정의가, 이 사전을 2000년에 프레드릭 윌리엄 당커
(Frederick William Danker)가 수정 보완하고 영어로 번역하면서 아
래와 같이 바뀐다.[33]

---

32 W. 바우어, 『바우어 헬라어 사전: 신약성경과 초기 기독교 문헌의 헬라어-한국어 사
전』, 이정의 옮김 (서울: 생명의말씀사, 2017), 898 참조; Walter Bauer, *Griechisch-
deutsches Wörterbuch zu den Schriften des Neuen Testaments und der
frühchristlichen Literatur,* eds. Kurt Aland and Barbara Aland (Berlin; New
York: de Gruyter, 1988).

33 W. Bauer, *A Greek-English Lexicon of the New Testament and Other Early Christian
Literature,* Frederick William Danker, rev. and 3d ed. (Chicago; London:
University of Chicago Press, 2000), 592.

λέπρα, ας, ἡ

심각한 피부병(serious skin disease), 나병 포함. 그리스어. 의료 전문
가들은 λέπρα라는 용어가 다양한 피부질환을 포함한다고 본다. 성경의
צָרַעַת(참조, 레 13장)와 λέπρα가 현대에 '한센균'으로 알려져 있는 '나병'
이 아니라는 많은 증거가 있다. 실제로 한센병이 성서시대에 알려지지 않
았거나, 나병과 다른 이름으로 알려졌다고 주장하는 많은 사람들(참조,
Gramberg와 Cochrane)이 있다. 칠십인역과 신약성서의 λέπρα는 나병
이라고 부르는 것을 지칭할 때도 있지만, 건선(psoriasis), 루푸스
(lupus), 백선(ringworm) 및 황선(favus)과 같은 피부 질환으로 확장
되어 사용되었을 가능성이 높다. 그러므로 명확한 자료가 없기 때문에 보
다 일반적인 용어인 심각한 피부병(serious skin disease, 마 8:3; 막
1:42; 눅 5:12 이하)을 사용하는 것이 가장 좋다.

이같이 그 사전적 의미 규정이, '레프라'에 대한 최신 학문 연구 결
과로 인해 변화된 것을 알 수 있다. 특히 '레프라'의 의미는 '나병'에서
'심각한 피부병'이라는 광범위한 의미로 확대되었다. 이러한 영어 바우
어 사전의 설명과 유사하지만, '레프라'의 다른 측면을 소개하고 있는
로우와 나이다(J. P. Louw and E. A. Nida) 사전도 있다.[34] 이 사전에서
는 '레프라'의 '전염성'에 초점을 맞추며 '제의적 부정'(uncleanness)을
강조한다.

---

34 J. P. Louw et al, eds., *Greek-English Lexicon of the New Testament Based on
Semantic Domains* (New York: United Bible Societies, 1988).

λέπρά, ας f

현재 나병(leprosy)으로 간주되는 것을 포함하는, 두려운(dreaded) 피부 상태일 뿐 아니라 전염성 피부 질환의 특정 유형으로, 그 결과 어떤 사람이 제의적으로 부정(不淨)한 것으로 간주되어 다른 사람들과의 정상적인 관계에서 배제된다. ⋯ 어떤 권위 있는 학자들은 이러한 유형의 질병이 소위 한센병과 관련이 없다고 주장하는 반면에 다른 학자들은 한센병뿐만 아니라 건선(psoriasis), 지루(seborrhea), 핀토(pinto)(흰색, 피부의 얼룩진 변색) 다른 여러 피부 질환을 포함하고 있다고 본다. 성서 본문의 관점에서 볼 때, 제의적 부정(uncleanness)이나 불결(impurity)이 육체적 질병보다 중요했다.[35]

이런 대표적인 그리스어 사전들의 설명으로 미루어 볼 때, 신약성서의 '레프라'는 '나병'보다 폭넓은 의미로 사용된 것을 알 수 있다.

최근의 신약성서 학자들 중에도 '레프라'를 '한센병'을 포함한 다양한 피부병으로 보기도 하고,[36] '차라앗'(צרעת)을 연구했던 한센병 전문가들의 의견을 받아들여 '한센병'과 무관한 여러 피부병의 총칭어로 보기도 한다.[37] 실제로 공관복음 해당 본문에는 '레프라'에 관한 구체적

---

35 로우와 나이다가 편집한 사전에서는 λεπρός에 대해 다음과 같이 설명한다: "λεπρός, ου(λέπρα '두려운 피부병[dread skin disease]'의 파생어, 23.161) 두려운 피부병을 앓고 있는 사람 – '두려운 피부병을 앓고 있는 나병환자.' '병을 고치십시오⋯ 두려운 피부병을 가진 사람들을 치료하십시오.'(마 10.8)."

36 굴리히(R. A. Guelich)는 신약성서에서 '레프라'라고 부르는 질병은 "나병과 함께 다양한 다른 피부 질환을 포함했을 가능성이 높다"고 본다(R. A. Guelich, *Mark 1-8:26*, WBC, Vol. 34A [Dallas: Word Books, Publisher, 1989], 73).

37 레인(W. L. Lane)은 레위기 13-14장의 성서적 자료를 조사한 한센병 전문가들을 언급하면서, '레프라'는 '광범위하게 다양한 만성 피부병(a wide variety of chronic skin

인 증상이 언급되어 있지 않다. 그러므로 어떤 질병인지 확실히 알 수 없기 때문에 그 어휘가 사용된 사회적 문화적 맥락을 살피는 것이 중요하다.

2. '예수께서 레프로스를 깨끗하게 하시다'(막 1:40-44; 마 8:1-4; 눅 5:12-14)의 중심 메시지

이 본문에 대한 대부분의 주석들은 '레프라'에 걸린 사람의 고통을 사회적 문화적으로 설명하고 이를 예수께서 기적적으로 치유하셨다는 데 그 초점을 맞춘다. 특히 예수의 다른 치유 사역에서 나오는 동사들과는 달리 '깨끗하게 하다'(카타리조[καθαρίζω])가 반복된다는 점에 주목한다. '레프라'와 호응되는 동사인 '카타리조'는 '레프라'가 나오는 본문들에서 10회 나온다(마 8:2, 3; 10:8; 11:5; 막 1:40, 42; 눅 4:27; 5:12, 5:13; 7:22).

위의 본문들 중 공관복음에 모두 나오는 '예수께서 레프로스를 깨끗하게 하시다'(막 1:40-44; 마 8:1-4; 눅 5:12-14)를 보면 그 구성과 표

---

disease)'을 지칭하는 집합 명사라고 확신한다(W. L. Lane, *The Gospel according to Mark* [Grand Rapids: William B. Eerdmans Publishing Co., 1974], 85). 만(C. S. Mann)도 '레프라'는 "많은 피부 질환(건선, 백반증, 상피병)을 포함하며 한센병이 여기에서 의도된 것이라고 결론내릴 수 없다"고 주장한다(C. S. Mann, *Mark: A New Translation with Introduction and Commentary*, Anchor Bible [New York; London; Toronto; Sydney: Doubleday, 1986], 219). 위더링턴 3세(B. Witherington III)는 '레프로스'를 '두려운 피부병을 앓고 있는 사람'(a man with a dreaded skin disease)이라고 묘사하며, '나병'은 예수 시대와 지역에 존재하지 않았다고 한다(B. Witherington III, *The Gospel of Mark* [Grand Rapids: William B. Eerdmans Publishing Company, 2001], 102).

현이 아래와 같다.38

1) 깨끗하게 해달라는 '레프로스'의 요청(막 1:40; 마 8:1; 눅 5:12)
2) '레프로스'가 깨끗함을 받게 하는 예수의 동작과 말(막 1:41; 마 8:3상; 눅 5:13상)
3) '레프로스'가 깨끗해짐(막 1:42; 마 8:3하; 눅 5:13하)
4) 예수께서 '레프로스'에게 제사장에게 몸을 보이고 깨끗하게 됨을 입증하라고 하심(막 1:43-45; 마 8:4; 눅 5:14-16)

위의 본문에서 '카타리조'는 '레프로스'의 요청인 "저를 깨끗하게 하실 수 있나이다"(막 1:40; 마 8:2; 눅 5:12), 예수의 말씀인 "깨끗함을 받으라"(막 1:41; 마 8:3, 눅 5:13), 그 말씀의 결과로 "깨끗하여진지라"(막 1:42; 마 8:3하; 참고, 눅 5:13하 "떠나니라"), 또다시 예수의 명령 중 "네가 깨끗하게 되었으니"(막 1:44; 눅 5:14)에서 나온다.

본문에서 '깨끗하게 하다'가 이토록 강조된 것은 '레프로스'가 예수를 만나기 전에는 '깨끗하지 않았다'는 것을 전제로 한다. 구약시대에 '레프라'에 걸렸다고 판명된 자는 다른 사람들과의 일상적인 접촉으로부터 격리되어 종종 진영 바깥에서 살아야 했다(레 10:4-5; 민 5:2-3; 12:10-12; 신 24:8; 왕하 5:27; 7:3-9).39 가족과 공동체로부터 축출되어 그 사람이 옷을 찢고 머리를 풀며 윗입술을 가린 채 "부정하다 부정

---

38 대부분의 신약학자들은 이 예수의 치유 사역이 나오는 마태복음 8:1-4과 누가복음 5:12-16이 마가복음 1:40-45에서 전수된 것으로 본다. 본 논문에서 번역 본문은 가능한 한 『성경전서 개역개정판』(1998년)을 사용할 것이다.
39 조셉 A. 피츠마이어, 『누가복음 I』, 앵커바이블, 이두희, 황의무 옮김 (서울: 기독교문서선교회, 2015), 908.

하다"라고 소리치고 있는 모습은 다른 사람들이 그에게로 접근하는 것을 막으려는 외침이고, 더 나아가서는 죽은 자를 애도하는 몸짓이었다(비교, 창 37:34; 삼하 1:11).[40] 신약시대에도 역시 '레프라'에 걸린 사람은 제의적으로 부정하다고 여겨졌고(참조, 레 13-14장), 일상생활에서 사회적으로 배척당하였다(참조, *m. Negacim*).[41]

신약시대의 유대교 사회는 정결 체계 하에 있었고, 정결과 부정, 깨끗함과 더러움을 구별하는 정결법이 사회 체계의 근간을 이루었다.[42] 그러므로 '레프라'에 걸린 사람의 요청은 이미 그 기본 체계를 흔드는 것이었다. 예수께 자신이 가지고 있는 제의적 오염(contamination), 즉 부정적 금기(negative taboo)를 제거해 달라고 요청하는 것이다.[43]

그('레프로스' 막 1:40; 마 8:1; '온몸에 '레프라'에 들린 사람' 눅 5:12)의 절박함이 본문 첫 절에서 반복적인 표현을 통해 강조된다. 예수께 "와서 꿇어 엎드려 간구하여"(막 1:40), "나아와 절하며 이르되"(마 8:2), "보고 엎드려 구하여"(눅 5:12) "저를 깨끗하게 하실 수 있나이다"(막 1:40; 마 8:2; 눅 5:12)라고 간청한다. 그가 "저를 낫게 하실 수 있나이다"가 아니라 "깨끗하게 하실 수 있나이다"라고 한 것은, 질병 자체의 치유보다는 그가 처한 사회적 죽음에서 벗어날 수 있게 해달라는 요청이다. 이때 인간의 힘으로는 불가능한 일을 하실 수 있는 예수의 능력을 나타내는 동사, "~하실 수 있나이다"(뒤나사이)가 사용된다(막

---

40 R. Meyer, "Cultic Uncleanness," *TWNT* III (Eng. Tr. 1965), 418-421; Lane, *The Gospel according to Mark*, 85 note 144 재인용.

41 Guelich, *Mark 1-8:26*, 73.

42 M. J. Borg, *Meeting Jesus Again for the First Time* (New York: HarperSan Francisco, 1994), 46-48.

43 καθαρίζω의 b purify 53.28에 대한 로우와 나이다 사전 설명을 참고.

3:27; 5:3; 8:4, 22-23, 28-29).[44] 이것은 예수의 능력이 하나님의 능력에서 파생된다는 것을 드러낸다(막 9:3과 10:26).[45] 실제로 구약성서에서 '차라앗'의 치료는 하나님 현존의 표시로 간주되었다(출 4:1-7; 민 12:10-15; 왕하 5:8, 15).

예수께서는 한마디 말씀으로 '레프로스'를 낫게 하실 수 있음에도 불구하고, 불쌍히 여기사 손을 내밀어 "그에게 대시며"(막 1:41; 마 8:3; 눅 2:13) 말씀하신다. 1세기 유대교 사회에서 이 병에 걸린 사람들은 사실상 시체같이 여겨졌다. 이들과의 신체적 접촉은 사체를 만진 것과 같은 동일한 유형의 오염을 불러일으키는 것으로 보았다(민 12:12; 욥 18:13; 11QTemple 45:17-18; *b. Nid.* 64b).[46] 그러나 예수는 정결과 부정, 깨끗함과 더러움을 구별하는 그 경계 자체를 무너뜨리시고 '레프로스'의 부정한 상태를 압도하신다.

"내가 원하노니 깨끗함을 받으라"(막 1:42; 마 8:3; 눅 5:13). 이 말씀으로 예수의 '거룩함'(막 1:24의 "하나님의 거룩한 자" 참조)이 '레프로스'가 옮겨가서 치유된다.[47] 레위기의 규례들은 '레프로스'를 부정하다고 진단하고 가족과 공동체로부터 분리시켜 신체적 죽음보다 못한 사회적 죽음을 가져왔으나, 예수는 그의 부정함을 정결함으로 바꾸시고 그를 사회적 죽음으로부터 부활시키신다.

"곧 '레프라'가 그 사람에게서 떠나가고 깨끗하여진지라"(막 1:42).

---

44 마커스, 『마가복음 I』, 333.

45 Robert H. Gundry, *Mark; A Commentary on His Apology for the Cross* (Grand Rapids: William B. Eerdmans Publishing Co., 1993), 95; 마커스, 『마가복음 I』, 333.

46 Milgrom, *Leviticus, 818; Guelich, Mark* 1-8:26, 73; Witherington III, *The Gospel of Mark*, 103; 마커스, 『마가복음 I』, 222.

47 마커스, 『마가복음 I』, 334.

그가 깨끗해지는 현상은 모든 사람들이 보고 알 만큼 즉각적이고 급격한 변화로 일어났다.[48] 이것은 자연적인 것이 아니라 기적적인 것이다.

예수께서 그에게 말씀하신다. "네 몸을 제사장에게 보이고 네가 깨끗하게 되었으니 모세가 명한 것을 드려 그들에게 입증하라"(막 1:44). 이제 '레프로스'는 더 이상 제사장의 '진찰'(레 13:3)을 필요로 하지 않고, "예물을 드려"(레 13:4) 병이 나았다는 것을 "입증"(4절)하는 것만이 필요하다. 옛 이스라엘의 제사장은 '레프라', 즉 구약성서의 '차라앗'에서 나은 사람을 진 안으로 복귀시키는 정결의식을 거행하는 일만 하면 되는 것이다(비교, 왕하 5:1-14; 민 12:13-15).[49]

"그 사람이 나가서 이 일을 많이 전파하여 널리 퍼지게 하니 … 사방에서 사람들이 그에게로 나아오더라"(막 1:45). '레프로스'는 이제 선교사의 전형처럼 자신이 깨끗하게 된 일을 많이 전파하여 널리 퍼지게 한다.[50] 그의 병은 이제 그가 완전히 깨끗한 점을 가시적으로 증명하는 역할을 할 뿐 그에게 어떤 역할도 하지 않는 것이다.

그러므로 본문에서 중요한 것은 '레프라'가 어떤 종류의 질병이었느냐 보다는 성서 시대 사람들이 그 질병을 어떻게 여겼고, 그에 대해 사회적 종교적 문화적으로 어떻게 반응했느냐이다. 그러한 상황에서

---

48 Lane, *The Gospel according to Mark*, 85. 마가복음 1:42의 병행본문인 마태복음 8:3 하반절에서는 "즉시 그의 '레프라'가 깨끗하여진지라"로, 누가복음 5:13하반절에서는 "'레프라'가 곧 떠나니라"로 묘사된다.

49 또 제사장 역할은 부정한 사람이 성소 구역 안으로 들어오는 것을 막음으로써 오염이 발생하지 않도록 하기 위한, 성소를 보호하는 데 있다. 이렇게 '차라앗'을 가진 사람을 격리하는 이러한 관행은 공동체의 건강에 기여했다. 그러나 이러한 유익은 제의적 정결 규정들의 우선적인 취지가 아닌 부산물이었다(하틀리, 『레위기』, 429).

50 마커스, 『마가복음 I』, 335-336.

'레프로스'가 예수께 했던 간절한 요청과 몸짓, 또 이를 받아들이셨던 예수의 변혁적 몸짓과 말씀이 중요하다.

VI. '레프라'의 새로운 번역어 제안

앞에서 살펴본 대로 성서고고학, 주석학, 병리학, 언어학, 해석학 등 최근 학문 결과들을 고려해 보면 성서 시대의 '차라앗'과 '레프라'가 지금의 '한센병'이었을 가능성은 거의 없다. 그러므로 앞으로의 번역이나 개정에서는 오늘날의 한센병이나 이를 떠올리는 용어를 채택하는 것을 피해야 할 것이다.

현대 영어역본들에서는 '차라앗'을 다양하게 번역하는 시도를 한다. 1970년에 출간된 NEB는 본문의 맥락에 따라 다양한 번역을 하였다. 레위기 13-14장에 나오는 '차라앗'의 번역으로 'a malignant skin-disease'(악성 피부병, 레 13:2, 3, 8 등 14회), "chronic skin-disease"(만성 피부병, 레 13:11, 1회), 'skin-disease'(피부병, 3회), 중립적으로 'the condition'(상태, 2회), 'his disease'(그의 질병, 1회)로 번역한다. 사람의 피부, 짠 옷감, 가죽 제품 및 집 벽의 오염 상태를 표현할 수 있는 하나의 용어를 찾을 수 없어서였다. NEB가 'malignant skin-disease'(악성 피부병, 레 13:2, 3, 8 등 14회)로 번역한 것은 이 병의 치명성을 드러내는 데 효과적인 것 같다. 그러나 이 번역어에 대해 한센병 의료 전문가인 브라운(S. G. Browne)은 결국 사망에 이르게 하는 질환인 "피부암"을 의미할 수 있기 때문에 의학적으로 이의가 있다고 하였다.[51] 헐스 (Hulse) 또한 "악성"이라는 표현은 그것이 암을 의미하기 때문에 동의

할 수 없다고 하였다.[52] '악성 피부병'은 분명 '차라앗'의 치명성과 그 병이 죽음에 가깝다는 구약성서의 다른 본문으로 미루어 볼 때 원어의 한 측면을 잘 드러낸 번역어인 것이 분명하다. 그러나 그 번역어를 선택하는 순간 '차라앗'에 전염성이 있을 수 있다는 것, 또 자연 치유가 가능할 수 있었다는 등의 다른 해석의 가능성이 줄어들게 될 수 있는 것이다.

반면에 '차라앗'의 특징을 '전염성'에 초점을 맞추어 번역한 역본들도 있다. 1973년에 번역된 NIV는 레위기 13-14장의 '차라앗'을 "infectious skin disease"(전염되기 쉬운 피부병, 레 13:2, 3, 9 등)으로 번역하였다. 그리고 각주에 "전통적으로 나병; 히브리어 단어는 피부에 영향을 미치는 다양한 질병에 사용되었다"라고 명시하였다. NET(2004년) 또한 이와 유사하게 레위기에서는 "a diseased infection"(질병 감염, 레 13:2)으로 번역하였다.

레위기 13-14장의 '차라앗'은 분명 '전염성' 성격을 드러내기도 한다. 그러나 우리말에서 "전염 피부병"은 "[의학] 세균, 바이러스, 진균 따위의 감염으로 생기는 피부병. 주로 접촉으로 감염되며 무좀, 백선(白癬), 무사마귀, 고름 딱지증, 성병 따위가 있다"는 의미이다(표준국어대사전). 성서 시대 당시에 세균이나 바이러스를 진단할 수 있는 병리학적 지식이 없었으며, 그 진단을 의사가 아닌 제사장이 한 것을 감안하면 이 또한 원어의 한 측면만을 드러내는 번역으로 보인다. 또 신약성서를 번역할 때 NIV는 "A man with leprosy"(나병에 걸린 사람,

---

51 Browne, "'Leprosy' in the New English Bible," 45-46.
52 Hulse, "The Nature of Biblical 'Leprosy' and the Use of Alternative Medical Terms in Modern Translations," 101; 하틀리, 『레위기』, 426 재인용.

막 1:40)으로, NET는 "a leper"(나병 환자, 막 1:40)로 번역하였다. 만약 NIV와 NET의 레위기 '차라앗'의 번역을 참고하여 신약성서 본문에서도 '레프라'를 "전염되기 쉬운 피부병"이라고 번역하면, 원문에서 드러내고 했던 정결 체계에서의 '부정' 개념이 사라지고 다만 '피부병의 전염성'만 남게 될 가능성도 있을 것이다.

이렇게 '차라앗'과 '레프라'가 정체를 명확히 알 수는 없지만, 사람들의 두려움을 유발시키기 때문에 GNT(1976년)에서는 구약성서의 '차라앗'과 신약성서의 '레프라'를 모두 일관되게 'dreaded skin disease'(두려운 피부병)으로 번역하였다. 이러한 번역은 로우와 나이다 사전에서 '레프라'를 "두려운 피부 상태"라고 설명한 것과 맥을 같이 한다. 그러나 "두렵다"는 것은 "「1」 어떤 대상을 무서워하여 마음이 불안하다.「2」(-기가)(-ㄹ까) 마음에 꺼리거나 염려스럽다"(표준국어대사전)라는 의미로 이 질병을 바라보는 사람들의 개인적 감정을 드러내는 표현이다. 그 표현이 개인적 감정에 치우치다 보면 이 질병에 대한 사회적 종교적 문화적 측면이 약화될 가능성이 있다.

그래서 단순히 원어의 어원적 측면을 살려서 번역하는 역본들도 있다. TNK(1985년)에서는 "a scaly affection on the skin"(살갗에 비늘 같은 작용, 레 13:2)으로 번역하기도 하였고, 헐스(Hulse)도 '차라앗'을 "역겨운 비늘이 낀 피부병"(repulsive scale disease), "거부감을 주는 분상(粉狀) 상태" 그리고 "거부감을 주는 비늘이 일어나는 상태"를 제안한 바 있고,[53] 밀그롬(J. Milgrom)도 "비늘 같은 것이 덮이는 병"(scale disease)으로 제안한 바 있다.[54] 그것은 '차라앗'의 어근인 '비늘이 생기

---

53 하틀리, 『레위기』, 426에서 재인용.

다'와 관련이 있는데 우리말 초기 역본들인 '백반증'으로 번역한 것처럼 이 또한 '차라앗'의 표면적인 증상 중 하나만을 드러내는 번역인 것이다.

그런 의미에서 영어 바우어 사전이 일반적인 용어인 "심각한 피부병"(serious skin disease)으로 번역할 것을 제안한 것은, 한 가지 가능한 번역이 될 수 있다. 우리말로 '심각한 피부병'이라는 표현은 '중증 피부병', 즉 '위중한 피부병'으로 읽힐 가능성이 있다. "심각하다"(深刻하다)는 "상태나 정도가 매우 깊고 중대하다. 또는 절박함이 있다"(표준국어대사전)라는 의미로, "환자의 건강이 심각한 상태에 있다"라는 용례 등에서 사용된다. 또 '심근성피부질환'(深根性皮膚疾患)이나 '난치피부질환'(難治皮膚疾患), '만성피부질환'(慢性皮膚疾患) 등도 생각해 볼 수 있으나, '차라앗'과 '레프라'가 다양한 피부병을 포괄했다는 점과 의사가 아닌 "제사장이 그 피부의 병을 진찰"했다는(레 13:3) 점을 감안해 보면, 피부병의 특정한 성격이나 종류를 드러내는 번역어는 적절해 보이지 않는다. 오히려 그 병의 깊이보다는 범위, 즉 살갗에 피부병이 광범위하게 퍼져 있는 현상을 보여주는 번역어가 더 적절할 것으로 보인다.

그러므로 그 병이 가시적으로 심하게 보였다는 데 초점을 맞추어 '심한피부병'을 번역어로 제안할 수 있을 것이다.[55] '차라앗'과 '레프라'

---

54 Milgrom, *Leviticus*, 777-776.

55 이 표현은 2019년 6월 27일에 대한성서공회 성경번역자문인 박동현과 대한성서공회 번역 담당 부총무인 이두희와의 대화 중에 얻은 아이디어임을 밝힌다. 이후 2019년 8월 30일, 번역 관련 대화에서 박동현은, 레위기 13-14장의 '네가 차라앗'이 사람 몸에서 질병을 일으키는 것이 확실하다고 판단될 때는 '심한피부병'으로, 그 외에는 '두드러진 자국'으로 번역할 수 있다고 주장하였다. 필자는 2012년부터 한국한센총연합회와 수차례 소통한 바 있는데, 그 연합회에서도 성경을 앞으로 개정하거나 새롭게 번역할

가 성서시대 당시에 다양한 피부병을 지칭하는 총칭어로 사용되었다는 것을 고려하여, 광범위한 의미를 담고 있는 '피부병'에 "그 정도가 지나치다"를 뜻하는 '심하다'의 관형사형인 '심한'과 조어(造語)하여 '심한피부병'이라는 새로운 하나의 복합어로 번역할 수 있을 것이다. 이러한 복합어는 관형사형과 명사와의 합성으로,[56] 충분히 가능한 번역이다. 이렇게 번역할 경우에 원어가 1개의 어휘로 되어 있다는 것을 짐작할 수 있고, 또 명확한 병명이나 질병의 성격은 알 수 없으나 가시적으로 그 병증의 정도가 심하다는 것을 알 수 있는 특수용어가 될 수 있을 것이다.

이 '심한피부병'으로 고통받는 사람인 '레프로스'는 '심한피부병을 앓는 사람'이라고 번역할 수 있다. "앓다"는 「1」병에 걸려 고통을 겪다.「2」마음에 근심이 있어 괴로움을 느끼다"(표준국어대사전)의 의미이다. 그 병에 걸린 사람은 단순히 '심한피부병'에 걸린 것이 아니라, 사회적 종교적 문화적으로 고통을 겪고 괴로움을 느꼈다는 것을 '앓다'로 표현하는 것이다.

이처럼 '레프라'와 '차라앗'의 번역어로 일반적인 용어이자 설명적인 문구인 '심한피부병'을 채택하는 것이 성서시대의 1차 독자들과 같은 효과로 본문의 메시지를 이해하는 데 도움을 줄 수 있다. 이때 '심한

때는 '심한피부병'으로 해 줄 것을 요청하였다(한국한센총연합회의 2020년 9월 11일자 "성경 내 '한센병' 용어 변경 요청"건 참고).

56 국어에서 관형사형 어미 가운데 단어 형성에 참여하는 것은 주로 '-(으)ㄴ, -(으)ㄹ'으로, '어린이… 큰아버지'는 '-(으)ㄴ' 관형사형 어미에 의한 합성법이고 '날짐승, 열쇠'는 '-(으)ㄹ' 관형사형 어미에 의한 합성법이다. '-는' 관형사형도 '가는귀, 맺는말, 먹는장사, 세는나이, 우는소리'에서 보는 바와 같이 합성법에 참여한다(남기심 외,『표준국어 문법론』[서울: 한국문화사, 2019], 255-257).

피부병'과 '심한피부병을 앓는 사람'에 각주나 용어해설을 붙여서 그 종교적 의미와 그에 따른 제의적 부정(uncleanness)에 대해 설명을 할 필요가 있을 것이다.

VII. 나가는 말

번역은 항상 본질적으로 선택(selectivity)과 잠정 결정(underdeter- mination)의 문제를 포괄하고 있다.[57] 번역자가 성서 시대의 1차 독자들의 정황을 고려하여 주석적, 해석학적, 인지적 함의들을 최대한 이해하려고 해도 그 정보가 명확하지 않고 원어와 대상어 사이의 언어적 사회적 종교적 차이 때문에 원천 본문의 모든 측면을 다 보여줄 수 없다.[58] 번역자가 하나의 번역어를 선택하는 순간 어쩔 수 없이 원천 본문의 몇 가지 측면은 잃게 되는 것이다. 이때 문제는 번역자가 하나의 어휘를 선택할 때 원천 본문의 어떤 측면을 유지할지를 어떻게 결정하느냐에 달려 있다.[59]

'레프라'를 '심한피부병'으로 그리고 '레프로스'를 '심한피부병을 앓는 사람'으로 번역하는 것은 오랫동안 성서 번역자들과 주석가들이 고

---

57 L. de Vries, "Paratext and Skopos of Bible Translation," *Paratext and Metatext as Channels of Jewish and Christian Traditions,* eds. W. Smelik, A. den Hollander and U. Schmidt (Leiden: Brill Publishers, 2003), 17-35.

58 J. Y. Cho, *Politeness and Addressee Honorifics in Bible Translation* (Reading: United Bible Societies, 2009), 83.

59 C. Nord, *Translating as a Purposeful Activity* (Manchester: St. Jerome Publishing, 1997), 30.

144 치유와 여성신학

심하며 제안했던 다양한 피부병을 포함하는 포괄적인 총칭어를 선택하는 것이 될 것이다. 그리고 그 병세의 가시성으로 제의적 정결 문제에 있어서 제사장의 진찰을 요했던 것, 변혁적 몸짓과 말씀으로 당시 사회를 억누르고 있던 정결 체계를 무너뜨리신 예수의 사역을 고려할 때 본문 이해에 도움을 줄 수 있을 것이다.

이로 인해 성서 시대에 존재하지 않았던 질병인, 차별과 편견으로 얼룩져 있는 '나병'이라는 용어로 번역하지 않아도, 예수께서 행하셨던 변혁적 치유 사역을 충분히 드러낼 수 있는 가능한 번역이 될 수 있을 것이라고 기대해 본다.

참고문헌

게제니우스, 빌헬름.『구약성서 히브리어, 아람어 사전』. 이정의 옮김. 서울: 생명의말씀사, 2007.

남기심, 고영근, 유현경, 최형용.『표준국어문법론』. 서울: 한국문화사, 2019.

마커스, 조엘.『마가복음 I』. 앵커바이블. 류호영, 장성민 옮김. 서울: 기독교문서선교회, 2016.

민영진. "우리말 성서 번역에 있어서 성차별 표현의 처리-「성경전서 표준새번역」을 중심으로-."「성경원문연구」15 (2004), 283-329.

_____.『개역개정판, 이렇게 달라졌다』. 서울: 대한성서공회, 2000.

바우어, W.『바우어 헬라어 사전: 신약성경과 초기 기독교 문헌의 헬라어-한국어 사전』. 이정의 옮김. 서울: 생명의말씀사, 2017.

왕대일. "구원과 치유-성서적, 신학적 이해 부정함에서 거룩함까지, 레위기 13-14장의 경우."「신학과 세계」54 (2005), 90-111.

유연희. "시편을 보랏빛 렌즈로 읽기."「성경원문연구」25 (2009), 30-52.

유윤종. "צָרַעַת, λέπρα, λεπρός의 올바른 이해와 번역."「성경원문연구」36 (2015), 206-230.

이영미. "한글 성서 번역의 양성평등적 언어 활용에 관한 연구."「성경원문연구」19 (2006), 47-68.

정중호.『레위기 만남과 나눔의 장』. 서울: 한들출판사, 1999.

조지윤. "양성평등적 번역 선교: 예수와 사마리아 여인 대화(요 4:7-26)의 존대법 번역."『선교와 여성신학』. 여성신학사상 제8집. 한국여성신학회 엮음. 서울: 프리칭아카데미, 2010, 232-261.

피츠마이어, 조셉 A.『누가복음 I』. 앵커바이블. 이두희, 황의무 옮김. 서울: 기독교문서선교회, 2015.

하틀리, 존.『레위기』. WBC 성경주석. 김경열 옮김. 서울: 솔로몬, 2005.

홍성혁. "구약성서의 질병이해: 질병의 원인."「구약논단」20 (2006), 124-146.

Andersen, J. G. "Leprosy in Translations of the Bible." *The Bible Translator* 31 (1980/2), 207-212.

Bauer, W. *A Greek-English Lexicon of the New Testament and Other Early Christian Literature*, Frederick William Danker, rev. and 3d ed. Chicago and London: University of Chicago Press, 2000.

_____. _Griechisch- deutsches Worterbuch zu den Schriften des Neuen Testaments und der fruhchristlichen Literatur_. Eds. Kurt Aland and Barbara Aland. Berlin; New York: de Gruyter, 1988.

Borg, M. J. _Meeting Jesus Again for the First Time_. New York: Harperson Francisco, 1994.

Brown, S. G. "Leprosy in the Bible." _Medicine and the Bible_. Ed. Bernard Palmer. Carlisle: Paternoster Press, 1986.

Browne, S. G. "'Leprosy' in the New English Bible." _The Bible Translator_ 22 (1971), 45-46.

Cho, J. Y. _Politeness and Addressee Honorifics in Bible Translation_. Reading: United Bible Societies, 2009.

Cochrane, R. G. "Biblical Leprosy." _The Bible Translator_ 12 (1961), 202-203.

de Vries, L. "Paratext and Skopos of Bible Translation." _Paratext and Metatext as Channels of Jewish and Christian Traditions_. Eds. W. Smelik, A. den Hollander and U. Schmidt. Leiden: Brill Publishers, 2003.

Gramberg, K. P. C. A. "'Leprosy' and the Bible." _The Bible Translator_ 11 (1960), 10-23.

Guelich, R. A. _Mark 1-8:26_. WBC, Vol. 34A. Dallas: Word Books Publisher, 1989.

Gundry, R. H. _Mark: A commentary on His Apology for the Cross_. Grand Rapids: William B. Erdmans Publishing Co., 1993.

Hulse, E. V. "The Nature of Biblical 'Leprosy' and the Use of Alternative Medical Terms in Modern Translations." _PEQ_ 107 (1975), 87-105.

Lane, W. L. _The Gospel according to Mark_. Grand Rapids: William B. Eerdmans Publishing Co., 1974.

Louw, J. P. and E. A. Nida, eds. _Greek-English Lexicon of the New Testament Based on Semantic Domains_. New York: United Bible Societies, 1988.

Mann, C. S. _Mark: A New Translation with Introduction and Commentary_. Anchor Bible. New York; London; Toronto; Sydney: Doubleday, 1986.

Milgrom, J. _Leviticus_. Anchor Bible 3. New York: Doubleday, 1991.

Nord, C. _Translating as a Purposeful Activity_. Manchester: St. Jerome Publishing, 1997.

Paton, A. E. "An Examination of the Evidence for the Existence of Leprosy and Hansen's Disease in Medieval Ireland." Ph.D. Diss. University of Glasgow, 2014.

Stanely, G. B. "Leprosy in the Bible." Bernard Palmer. ed., _Medicine and the Bible_. Carlisle: Paternoster Press, 1986.

Swellengrebel, J. L. "'Leprosy' and the Bible: The Translation of 'Tsara'ath and Lepra'." *The Bible Translator* 11 (1960), 69-79.

Wallington, D. H. "'Leprosy' and the Bible." *The Bible Translator* 12 (1961), 75-79.

Witherington, B. III. *The Gospel of Mark*. Grand Rapids: William B. Eerdmans Publishing Company, 2001.

참고 웹사이트

「한국한센복지협회」.

http://www.khwa.or.kr/sub.asp?maincode=484&sub_sequence=533&sub_sub_sequence=. 2021년 4월 15일 접속.

몸의 정치학으로 본 마가복음의 정결 이데올로기 비판

: 하혈하는 여인 치유 본문(5:25-34)을 중심으로 *

정혜진**

I. 들어가는 말

본 연구는 마가복음의 하혈하는 여인 치유 장면(막 5:25-34)을 중심으로 내레이터 마가의 정결 이데올로기 비판을 추적하고자 하는 시도이다. 하혈하는 여인의 치유는 여러 가지 점에서 독특하다. 먼저 예수가 행한 다른 치유에서처럼 질병으로 고통받는 당사자나 가족의 요구로 치유가 시작되지 않고, 여인의 주도적이지만 은밀한 행동(손을 대어 만짐)에 의해 치유가 촉발된다는 점이다. 또한 여인의 행동에서 예수가 '믿음'을 발견하고 칭찬하며, 그녀의 '구원'을 확증한다는 점도 눈에 띈다. 이런 특징으로 인해 이 본문은 특히 여성신학자들의 관심을 많이 받아 왔다.

한편 여성신학자들의 입장은 이 본문을 정결 규정과 연결시켜 해석

* 「신약논단」 28권, 3호(2021년 가을)에 게재된 것을 재수록합니다.
** 이화여자대학교 강사.

하느냐를 둘러싸고 크게 나뉘어 왔다. 여성신학자들을 포함하여 대부분의 마가복음 연구자들은 월경 및 부정기 출혈에 대한 레위기의 정결 규정(레 15:19-30)이 하혈하는 여인이 겪고 있는 신체적, 사회적, 경제적 곤궁과 관련이 있다고 본 데 반해서, 최근 일부 여성신학자들은 이 본문에 명시적으로 정결에 대한 언급이 없다는 사실에 주목하여 이 본문을 정결이 아니라 오직 질병의 치유와 관련지어서 해석해야 한다고 주장한다.

본 연구는 이러한 반론들이 협소하게 해당 본문에만 초점을 둠으로써 마가복음의 플롯이 유대 성전 중심의 지배 이데올로기에 맞서는 하나님 나라 운동의 사회적 논리를 제시하고 있으며, 하혈하는 여인의 치유 장면이 그 플롯의 한 국면임을 제대로 인식하지 못했다고 평가한다. 이 본문은 마가의 예수가 당시 정결 관념에 의해 주변화된 존재들(예: 악성피부병 환자, 세리와 죄인, 여성들, 이방인 등)을 하나님 나라 운동의 온전한 구성원으로 받아들여 성전 중심의 현실 지배체제와는 차별화되는 사회로서 하나님 나라 운동을 해나가는 마가의 플롯 안에 놓이기 때문이다.

이런 맥락에서 '정결'을 배제한 것은 한계가 있더라도, 여성신학자들이 페미니스트 성서해석의 맥락에서 질병과 관련하여 여성의 '몸'에 주목한 것은 여전히 유의미하다. 사실 페미니즘적 비평은 사회관계, 정치, 문화가 각인되는 장(場)으로서 여성의 몸에 주목하여 '몸의 정치학'을 관찰해 왔다.[1] 본 논문에서는 '정결'에 대한 인류학적 관찰에 국

---

1 '몸의 정치학'을 개관하기 위해서는, Diana Coole, "Body and Politics," *The Oxford Handbook of Gender and Politics*, eds. G. Waylen et al. (Oxford: Oxford University Press, 2013), 161-75 참조. 임신, 출산, 질병, 건강관리 등 한국 여성들의

한하여 본문에 나타난 몸의 정치학을 살펴볼 것이다. 그러나 정결 체계의 억압적 성격을 본문에 주입함으로써 본문의 의미를 끌어내기보다는, 여인의 치유 장면이 그려내는 예수와 여인의 몸의 이미지를 분석하여 그것이 정결 체계의 몸의 정치학과 얼마나 다른지를 대조할 것이다. 이를 통해 5:25-34에 묘사되는 예수와 여인의 '몸' 이해가 정결/부정 체계를 기반으로 헤게모니를 유지하는 성전 권력에 맞서서 마가복음이 제시하는 '하나님 나라' 공동체의 단면을 보여준다는 점을 드러낼 것이다.

II. 정결 이데올로기의 사회적 논리와 마가복음 5:25-34

'정결'은 '죄'(sin)과 함께 복음서와 그 본문이 기억/재현하는 인물 예수를 탄생시킨 사회-문화적 모체로서 유대교의 상징적 질서였다.[2] 또한 제2 성전이라는 유대인들의 통치체제와의 관계에서 '정결'은 성전과 사제들의 권력을 정당화하고 지지하는 핵심 이데올로기였다는 점에서 1세기의 정치-경제와 불가분의 관계이다.[3] 이처럼 성서 연구자들이 '정결'의 정치적 차원을 이해하게 된 데는 다양한 사회과학적 방법론을 활용한 교차 연구의 기여가 컸는데, 그중에서 인류학자 메리

다양한 몸 경험을 중심으로 '몸의 정치학'적 분석을 행한, 김은실, 『여성의 몸, 몸의 문화 정치학』(서울: 또하나의문화, 2001)도 참조.

2 '죄'와 '정결'을 구분하는 논의에 대해서는 J. Klawans, *Impurity and Sin in Ancient Judaism* (New York: Oxford University Press, 2000) 참조.

3 F. Belo, *A Materialist Reading of the Gospel of Mark*, tr. Matthew J. O'Connell (Maryknoll, New York: Orbis Books, 1981), 37-59.

더글러스(M. Douglas, 1921~2007)의 『순수와 위험』(*Purity and Danger*) 이 지대한 영향을 주었다고 할 수 있다.[4] 그녀는 고대 사회의 다양한 정결/부정 체계를 관찰하여 그것이 가진 사회-정치적 함의를 이해할 수 있는 기초를 놓았다.

더글러스의 관찰에 따르면, 인간의 먹거리가 될 수 있는 동물들을 부정한 것과 정결한 것으로 나누고, 자연스러운 신체 현상인 사정이나 월경 같은 배설과 유출도 '부정하다'라고 간주하는 레위기의 규정들은 다르게 해석될 수 있다. '정결'과 '부정'의 구분은 그저 인류의 문명 발전 단계 가운데 합리적 이성이 발달하기 전 '원시적인 단계'의 산물로 치부될 수 없다. 물론 인간 신체에서 일어나는 자연스러운 작용까지도 '부정하다'라고 보고 그 부정을 벗어나기 위한 제의 과정을 제시하는 고대의 규정들이 현대인들에게 비슷한 구속력을 가질 수는 없을 것이다. 그러나 비교인류학적 관찰은 당시 사회의 모습 또는 지향을 이해하는 자원으로서 유의미하기 때문이다. 일례로 '피부 질환'이나 '유출'(discharge) 같은 현상들에 대한 레위기의 여러 규정은 인간의 몸을 사회의 소우주(microcosm)로 보는 유비를 통해 당시 공동체의 경계를 정비하고 사회를 통제하는 메커니즘으로 작동했다.

그중에서도 다양한 정결/오염 체계에서 신체와 외부를 경계 짓는 구멍들과 피부에 일어나는 현상이 중요한 관심사였다는 것은 피부 질환과 신체 배설/유출에 관한 레위기 율법을 해석하는 데 획기적인 변화를 가져왔다.

---

4 M. Douglas, 『순수와 위험: 오염과 금기 개념의 분석』, 유제분, 이훈상 옮김 (서울: 현대미학사, 1997).

… 모든 주변부는 위험을 감추고 있다.… 모든 관념 구조에 있어서도 침해받기 쉬운 것은 주변부이다. 따라서 육체의 구멍은 특히 손상받기 쉬운 부분을 상징하는 것으로 예상해야 한다. 구멍에서 나오는 물질은, 분명히 주변부의 특징을 갖고 있다. 타액, 피, 젖, 소변, 대변, 또는 눈물은 흘러나옴으로써 육체의 한계를 가로지른다. 신체에서 나오는 깎은 부스러기, 피부 껍질, 손톱, 머리카락, 땀도 마찬가지다.5

이와 유사하게 레위기 율법 역시 사정, 월경(출혈), 피부 질환을 '부정'으로 규정하고, 그것을 해소하는 제의를 명령한다(12-15장). 더글러스에 따르면, 제의는 "사회관계의 형식을 제정하고 사회관계에 가시적 표현을 부여함으로써 사람들로 하여금 그들 자신의 사회를 숙지하게, 다시 말해서 육체로 표명되는 상징적 매체를 통하여 정치적 공동체에 작용"한다고 할 수 있다.6

이러한 더글러스의 관찰을 받아들여 제롬 네이리(J. Neyrey)는 정결/부정 체계에 근거해서 예수 시대 사람들의 사회적 서열을 제시하는데, 그것은 다음과 같다.

① 대제사장들 (요 18:28; 히 7:18-28)
② 서기관과 제사장들 (눅 10:31-32)
③ 바리새인들 (막 7:3-5; 눅 18:11-12)

---

5 Douglas, 『순수와 위험』, 193.
6 Douglas, 『순수와 위험』, 204. 레위기 12-15장에 대한 더글러스의 이해를 보기 위해서는, M. Douglas, *Leviticus as Literature* (Oxford: Oxford University Press, 1999), 176-94 참조.

④ 율법을 준수하는 이스라엘 사람들: 부자 청년, 아리마대 요셉

⑤ 율법을 준수하지 않는 이스라엘 사람들: 예수(요 7:15, 49)

⑥ 신체적으로 부정한 이스라엘 사람들: 악성피부병 환자, 월경/하혈하는 여자

⑦ 도덕적으로 불결한 이스라엘 사람들: 세리와 죄인

⑧ 죽은 이스라엘 사람들: 야이로의 딸(?)

⑨ 이방인들7

네이리에 따르면 경계 안에 머물러 있어야 할 물질들이 경계를 넘어 특정 몸의 한계를 벗어나면 '오염'을 초래하듯, 사람과 사람 사이의 경계 역시 지켜져야 한다. 각자는 자신이 있어야 할 경계 내의 자리를 지켜야 하며, 거기서 경계를 넘어 들어오는 오염에 방어해야 한다. "오염된 누군가는 그들 자신이 다른 사람을 오염시키는 오염원이 되기 때문이다."8

이처럼 정결의 서열화는 사회적 경계 설정의 근거가 되는 동시에, 권력을 뒷받침하는 이데올로기로서 서열의 상위에 속한 이들의 특권을 정당화하는 논리가 되기도 한다. 또한 이것이 적용되는 구체적인 장 속에서 약자들의 사회적 차별과 배제의 근거로 작동되기도 한다. 부정하다고 여겨지는 사람이나 계층, 집단은 사회의 외부자로 여겨져

---

7 J. H. Neyrey, "The Idea of Purity in Mark's Gospel," *Semeia* 35 (1986), 101. 네이리의 관찰에 의존하되, 필자가 7번에 '야이로의 딸'(5:21-24, 35-43)을, 이 목록의 최하위에 '이방인들'을 추가하였다.

8 Neyrey, "The Idea of Purity in Mark's Gospel," 104-105. 네이리에 따르면, 예를 들어 손과 손에 닿는 것들을 씻고, 세리와 죄인과 어울리지 않으려는 바리새파의 경향은 이러한 경계를 넘는 오염에 대한 방어로 이해될 수 있다(막 2:13-17; 7:1-4 참조).

공동체에서 배제되기도 하고, 위계 서열의 하위에 있는 이들은 보다 우위에 있는 이들에 의해 차별적인 대우를 당할 수도 있었다.

　대부분의 해석가들은 이상에서 살펴본 바 레위기 율법이 말하는 '부정'의 개념과 사회적 배제의 논리를 전제하고 마가복음 5:25-34의 혈루증 여인 치유 본문을 해석해 왔다. 일례로 귤리히(R. Geulich)는 "비록 구체적으로 설명되지는 않지만, 그녀의 문제가 제의적으로 불결한 피흘림과 관련이 있음을 알 수 있다. … 이 여인은 부정할 뿐 아니라 그녀가 만지는 사람이나 물건까지 부정하게 된다. 그 질병은 그녀를 개인적, 사회적, 영적으로 버림받게 했다"고 말한다.9 라마 윌리엄슨 (L. Williamson Jr.) 역시 별다른 배경설명 없이 혈루증 여인을 "제의적으로 깨끗지 못한 여인"이나 "부정하다고 추방된 여인"으로 언급한다.10 이들은 정기적인 월경이나(레 15:19-24), 흔히 '하혈'로 언급되는 부정기 출혈에 대해서(레 15:25-30) 언급하는 레위기 율법의 규정이 1세기 당시에도 영향력을 가지고 있었으리라 전제한다. 여성신학자들도 대부분 이와 유사한 입장에서 본문을 해석한다. 예를 들어, 엘리자베스 쉬슬러 피오렌자(E. S. Fiorenza)는 *In memory of Her*에서 "포용적인 온전함의 실천으로서 예수의 하나님 나라 비전"을 말하면서 이 에피소드를 언급한다.

　"열두 해 동안 하혈했던" 여인의 이야기는(막 5:25-34) 이것을 극적으로 보여준다. 그녀는 "여러 의사들을 만나느라" "가진 것을 탕진했으나," "나아

---

9 R. Geulich, 『마가복음(상)』, WBC 성경주석, 김철 옮김 (서울: 솔로몬, 2001), 482.
10 L. Williamson Jr., 『마가복음』, 현대성서주석, 소기천 옮김 (서울: 한국장로교출판사, 2001), 178.

지기는커녕 더 나빠지기만 했다." 이 간결한 구절들은 불치의 병자가 겪는 경제적 빈곤을 강력하게 서술한다. 그러나 이 여인의 곤경은 불치의 질병만이 아니라 영구적인 불결함에 있었다. 그녀는 자신이 불결할 뿐 아니라 그녀가 접촉하는 모든 사람, 모든 물건들을 오염시켰다(레 15:19-31). 열두 해나 이 여인은 "오염된" 채로 "거룩한 백성"의 회중에 속하지 못했다. 그녀가 재정적 파탄과 경제적 빈곤을 무릅쓰고라도 건강해져서, 다시 제의적으로 정결해지려 한 것은 너무도 당연하다. 예수는 그녀를 이스라엘의 "딸"이라 부르며 선언한다. "평안히 가라", 다시 말해 "행복하고 온전하여라(shalom), 너는 치유 받았다."[11]

정결 체계를 전제하고 해석했을 때, 예수는 접촉으로 인해 부정해질 수도 있는 상황을 개의치 않았거나 나아가 도전한 것으로 해석된다. 이와 유사한 흐름에서 하혈하는 여인의 치유를 해석하는 대표적인 여성신학자는 말라 셀비지(M. J. Selvidge)인데, 그녀는 유대 정결 체계와의 대결의 맥락에서 이 장면이 "히브리 제의 안에 있는 제의적 차별의 정수"를 도전하고 있다고 높이 평가한다.[12]

그러나 최근 여성신학자들 가운데 이런 해석에 의문을 제기하는 학자들이 나타나고 있다. 이들은 앞서 귤리히와 같은 학자들이 인정은 하지만 슬쩍 넘어가는 바로 그 점, 곧 본문에 정결/부정이 명시적으로

---

11 E. S. Fiorenza, *In Memory of Her: A Feminist Theological Reconstruction of Christian Origins*, Tenth Anniversary Edition (New York: The Crossroad Publishing Company, 1994), 124.

12 M. J. Selvidge, *Woman, Cult, and Miracle Recital: A Redactional Critical Investigation on Mark 5:25-34* (Lewisburg: Bucknell University Press, 1990), 83.

언급되고 있지 않다는 사실에서 출발한다. 그리고 기존의 해석에서 당연히 전제되는 것처럼 과연 1세기 유대인 사회에서 월경이나 하혈하는 여성이 종교적으로 부정하다고 여겨졌는지, 나아가 이들이 공동체에서 배제되거나 고립되는 결과로 이어졌겠는지를 다시 검토할 필요가 있다고 말한다. 이런 학자들로는 매리 로즈 단젤로(M. R. D'Angelo)와 에이미-질 리바인(A. Levine) 등이 있다.[13]

예를 들어, 단젤로가 하는 비판의 심층에는 '반유대주의적 경향'에 대한 반성이 있다. 가령 셀비지와 같은 학자들이 이 본문에서 여성 억압적인 유대교에 맞서는 초기 그리스도교의 해방을 강조할 때[14] 이것이 단젤로가 지적하는 것처럼 '부정한' 이들까지 포용하는 예수와 이들을 차별하는 유대교를 단순비교하는 것이 되기 쉽고 이런 경향은 지양되는 것이 옳다.[15] 그러나 다른 한편으로, 마가의 예수를 유대교의 한 측면과 대조한다고 해서 이를 모두 '반유대주의'로 보아야 하는지는 의

---

13 M. R. D'Angelo, "Gender and Power in the Gospel of Mark: The Daughter of Jairus and the Woman with the Flow of Blood," *Miracles in Jewish and Christian Antiquity: Imagining Truth*, ed. John C. Cavadini (Notre Dame, IN: University of Notre Dame Press, 1999), 83-109; A. Levine, "Discharging Responsibility: Matthean Jesus, Biblical Law, and Hemorrhaging Woman," *Treasures New and Old: Recent Contributions to Matthean Studies*, eds. David R. Bauer and Mark Allan Powell (Atlanta, Georgia: Scholars Press, 1996), 379-97.

14 예를 들어, Selvidge, *Woman, Cult, and Miracle Recital*, 30.

15 한편 샬롯 폰로버트는 1세기 유대교에 대한 편견을 넘어 이런 해석이 지금까지 월경 중 분리 전통을 따르는 현대의 유대인 여성들에 대한 왜곡이 될 수 있음도 지적한다. Charlotte Fonrobert, "The Woman with a Blood-Flow(Mark 5.24-34) Revisited: Menstrual Laws and Jewish Culture in Christian Feminist Hermeneutics," *Early Christian Interpretation of the Scriptures of Israel: Investigations and Proposals*, eds. Craig Evans and Jack Sanders (Sheffield: Sheffield Academic, 1997), 124-5.

문이 든다. 앞서 인용한 쉬슬러 피오렌자의 경우 복음서가 그리는 예수의 하나님 나라 운동을 유대교에 대립되는 별개의 전통, 가령 '형성 중인 기독교'로 보는 것이 아니라, 같은 '유대교' 내에서 성전 중심의 지배적 에토스와 하나의 대안적인 갱신운동으로서 예수운동이 대결하는 것으로 서술하고 있고,[16] 이 구분은 여전히 유효하기 때문이다.

또한 단젤로는 1세기에 월경 및 하혈하는 여성과 접촉하는 것이 오염으로 간주되었을 것이라는 근거가 충분하지 않다고 보고, 정결이라는 개념을 전제하지 않고 본문이 말하고 있는 질병으로서의 하혈만을 의식하면서 해석해야 한다고 제안한다.[17] 더 나아가 하혈하는 여성과 접촉하는 것이 오염으로 간주되지 않았다고 결론 내리는 리바인 같은 학자도 있는데, 그녀는 유대교 학자인 샤이 코헨(S. J. D. Cohen)의 연구에 크게 의존하고 있다.[18] 그러나 정결 규정을 잇는 랍비들의 미쉬나 전통이나, 초기 그리스도교 공동체들이 해당 본문을 유대교 정결 담론과 연결해 해석한 여러 전통을 참조할 때 이런 결론은 많은 지지를 얻고 있지 않다.

그러나 일부 여성신학자들의 의문에서 제의적 정결과 관련해서 1세기 유대인 여성들의 형편을 획일적으로 과장할 수 있는 위험을 인식하자는 문제 제기를 받아들일 필요는 있다. 사실 성전 제의를 중심으로 하는 제의적 정결이 1세기 팔레스타인 전역에 동일한 정도로 영향

---

16 Fiorenza, *In Memory of Her*, 4장 참조.

17 D'Angelo, "Gender and Power in the Gospel of Mark," 87.

18 S. J. D. Cohen, "Menstruants and the Sacred in Judaism and Christianity," *Women's History and Ancient History*, ed. S. Pomeroy (Chapel Hill: University of North Carolina Press, 1991), 273-299 참조.

을 미쳤으리라 가정할 필요는 없다. 이런 점에서 마가복음 1:40-44와 5:25-34에서 예수와 여인이 정결 규정을 의식하지 않고 과감하게 손을 대어 '접촉'하는지를 설명하기 위해 갈릴리나 예루살렘의 상황을 대조하는 것은 의미가 있을 수 있다. 이와 관련해서 마가복음의 사회학적 비평을 하는 리처드 호슬리(R. A. Horsley)에 따르면, 갈릴리는 (예루살렘을 비롯한) 유대 지역과 달리 오랜 세기 동안 별도의 행정 구역으로 독립된 역사를 가졌기에 유대 성전을 중심으로 편성된 정결의 이데올로기에 크게 영향을 안 받았을 것으로 추정하기도 한다.19 이런 의견을 감안한다면 정결 이데올로기가 영향을 미치는 정도나 범위에 있어서 지역차나 개인차가 있을 수 있다는 여지를 의식하는 것은 중요하다.

그러나 이런 관찰을 확장해서 좁게는 5:25-34 본문을, 넓게는 이 치유사건이 놓인 마가 서사 전체를 정결 이데올로기와 관련 없이 오직 '질병의 치유'로만 해석할 수 있다고 생각하는 것은 설득력이 없다. '질병'이냐, '부정'이냐는 양립 불가능한 배타적인 개념이 아니다. 1세기 팔레스타인에서 하혈하는 여인은 병에 걸린 '환자'이자, '부정한' 자로서 오늘날 같으면 일종의 '복합' 차별의 희생자였기 때문이다.

무엇보다 마가복음 서사의 플롯이 대제사장을 위시한 최고위 성전 권력과 대결하다 죽음에 이른 예언자 예수를 재현하고 있다는 점을 인식할 필요가 있다. 예수는 갈릴리에서 하나님 나라 운동을 시작하는 초반부터 성전과 사제 권력 중심의 제의 전통에 의존하지 않은 채 죄를 용서하고(2:1-12), 정결 이데올로기에 의해 주변화된 존재들과 어울

---

19 R. A. Horsley, *Hearing the Whole Story: The Politics of Plot in Mark's Gospel* (Louisville, Kentucky: Westminster John Knox Press, 2001), 7장 참조.

렸고("세리와 죄인", 2:13-17), 그럴 때마다 성전을 대변하는 서기관이나 바리새파에 의해 어김없이 질문을 받는다. 이처럼 예수의 하나님 나라 운동에서는 당시 현실의 성전 국가 및 그것을 지탱하는 경계 짓기 이데올로기에서 배제되거나 주변으로 내몰린 이들을 치유하고 회복하는 일들이 주요했다. 이것은 마가 서사 전체를 정결 체계와의 관계에서 검토해야 한다는 것을 의미한다.[20]

마가 서사의 플롯 안에서 마가복음 5:25-34 역시 갈릴리 호수를 중심으로 유대인 지역과 이방 지역을 오가며 예수가 정결 체계에 관심 바깥에 놓인 이들을 회복시키는 일을 계속해 가는 과정에 속한다.[21] 이런 맥락에서 본 연구는 해당 본문에 제한해서 정결 개념의 부적절성을 주장했던 학자들의 해석에 한계가 있다고 본다. 그래서 본 연구는 가장 좁게는 5:25-34가 포함된 틀이야기로서 5:21-43의 야이로의 딸 치유 본문이나 정결 주제를 명시적으로 언급하는 악성피부병 환자의 치유 본문(1:40-45)도 필요한 경우 참조하면서, 전반적으로 마가복음의 반-성전 플롯과의 연관을 의식하는 서사비평적 주석을 할 것이다.[22] 그래야 마가의 예수가 정결에 관심을 두지 않고 여인의 질병을

---

20 마가복음이 유대 사회의 정결 체계가 가진 한계를 비판하고 극복하려 한다는 사실을 시간과 공간 그리고 접촉의 차원에서 분석한 연구로는, 박노식, "마가복음의 정결법 이슈—시간·공간·접촉,"「신약논단」 25 (2018/3), 581-613 참조.

21 베르너 켈버가 간결하게 제시한 바 있듯이 4:35-8:22 단락에서 예수는 갈릴리 호수를 오가면서 1:14-4:34에서 갈릴리를 중심으로 행했던 하나님 나라 운동의 지리적, 민족적, 성적 경계를 확장한다. 하혈하는 여인의 치유는 남성 위주의 가부장적 유대 사회 속에서 약자였던 여성들에게로 그 운동이 확장되는 중요한 분기점으로 해석될 수 있다. W. Kelber,『마가가 전하는 예수 이야기』, 김태훈 옮김 (서울: 감은사, 2019), 2장 참조.

22 마가복음 서사의 핵심 플롯으로서 성전 세력과의 갈등을 보기 위해서는, Horsley, *Hearing the Whole Story*, 5장 참조.

치유하고 그녀의 믿음을 칭찬한 것이 유대 사회 주류의 경향에 배치되거나, 나아가 도전하는 것인지를 살펴볼 수 있을 것이다.

III. 하혈하는 여인 치유 이야기(막 5:25-34)의 본문 주석

갈릴리 호숫가에서 비유 가르침을 마친(4:1-34) 예수는 갈릴리 호수를 건너 이방인의 지역으로 가서 광인을 치유한다(4:35-41; 5:1-20). 예수가 다시 바다를 건너 유대인 지역으로 돌아오자(5:21) 회당장인 야이로가 딸을 고쳐주시길 간청하는데(5:22-23) 그의 집으로 가는 길에 한 여인으로 인해 발길이 중단된다(5:24).

1. 1막: 하혈하는 여인, 예수를 만져 치유되다(25-29절)

25절에서 새로운 인물, 즉 한 여인이 등장한다. 그녀는 이름도 없이 오직 그녀가 지닌 질병으로 소개된다. 그녀는 '열두 해 동안 하혈 중인' [οὖσα ἐν ῥύσει αἵματος] 여인이다. 여인의 질병을 묘사하기 위해 사용된 그리스어 구절 '피의 흘림'(ῥύσει αἵματος)은 70인역 레위기 15:19, 25에 언급된 바 있다. 19절에서 여성의 정기적 월경(niddah)을, 25절에서는 월경 기간이 넘어서까지 일어나는 질출혈(zabah)을 가리킨 것을 참조하면, 이 여인은 후자에 가까운 의미에서 '하혈 중인' 것으로 이해될 수 있다.[23] 앞서 언급한 대로 일부 여성신학자들이 비판한 것처럼

---

23 T. Kazen, *Jesus and Purity Halakhah?: Was Jesus Indifferent to Impurity?* Coniectanea

레위기의 '정결'을 당연하게 주입해서 본문을 해석해야 하는 것은 아니지만, 레위기 15장의 규정에 언급된 표현이 사용된 것은 전승의 어느 단계에서든 레위기의 정결 규정이 의식되었음을 보여줄 수 있다.[24] 그렇다면 여러 학자들이 지적하는 대로 이 본문에서 정결은 명시적이지는 않더라도 분명 '암시되고' 있다고 할 수 있다.[25]

첫 번째 분사절에 나오는 부사구 '열두 해 동안'으로 청중들은 여인의 고충을 짐작할 수 있지만 내레이터는 네 개의 분사를 더 활용하여 그녀의 비참한 상황을 상세히 묘사한다. "많은 의사들에게 많이 고통받았고[παθοῦσα], 그녀의 모든 재산을 탕진했으나[δαπανήσασα], 나아지기는커녕[μηδὲν ὠφεληθεῖσα], 오히려 더 악화되기만 하였는데[εἰς τὸ χεῖρον ἐλθοῦσα]"(26절). 내레이터는 질병이라는 단 하나의 원인으로 여인의 고통을 묘사하기보다 이것이 삶의 전 차원에 미친 영향을 청중들에게 보여주고자 한다. 여인은 하혈이라는 질병으로 인해서 신체적 고통을 겪고 있을 뿐 아니라, 치료를 위해 전 재산을 들여 의지했던 '의료인'들에게 어떤 효과도 보지 못한 채, 사회경제적으로도 더할 수 없는 약자가 되었다.

27절에 이어지는 세 동사들(분사 2개와 주동사)은 이처럼 절박한 상황을 반전시키기 위해 그녀가 한 행동을 서술한다. 그녀는 많은 병자들을 치유한다는 "예수에 대해 듣고서[ἀκούσασα] 무리 속에서 다가가[ἐλθοῦσα]" "뒤에서 그의 옷을 만졌다[ἥψατο]"(27절). 여인은 예수와

Biblica New Testament Series 38, Rev. ed. (Winona Lake, Indiana: Eisenbrauns, 2010), 128-29 참조.

24 Kazen, *Jesus and Purity Halakhah*, 134.

25 Kazen, *Jesus and Purity Halakhah*, 136.

주변에 있는 무리가 모르도록 시선을 피해 '뒤에서' 은밀하게 행동했다. 이 치유 장면을 둘러싼 이야기의 아이로니(5:23), 이전의 악성피부병 환자처럼(1:40), 그녀는 예수의 눈앞에서 공개적으로 요청할 수 없었다. 이 여인이 의식한 것은 유대 정결법이 아니라 고대 가부장제 사회의 남성과 여성에게 각기 다르게 적용되는 명예와 수치 문화였을 수 있다. 악성피부병 환자가 '부정'한 상태임에도 남자로서 동료 남성인 예수에게 다가가 간청할 수 있었던 것과 달리, 여인은 보호자도 없는 홀몸으로 공개적인 장소에 나와 외간 남자에게 독자적인 행동을 할 수 없었다. 만일 그랬다면 '부끄러움'을 모른다는 비난을 받았을 것이다.26

은밀했다고 하나, 외간 남성에게 몰래 손을 댄 행위가 떳떳한 행위는 아니었을 것이다. 그녀의 행동은 치료를 위한 대안이 더 이상 남지 않은 상황에서 사회적으로 용인되는 행동을 넘어서 자기의 이익을 모색하기 위한 자구책이라는 의미에서 '약자들의 무기'였다고 할 수 있다.27 아무도 모르게 결행해서 병자를 치유하는 예수의 능력으로 치유를 받을 수 있다면 여인은 비난받지 않고 소기의 목적을 달성할 수 있을 것이다! 물론 치유되지 않을 수도 있지만, 그렇다 해도 들키지만 않는다면 주변의 비난을 피할 수 있기에 아쉽기는 해도 손해 볼 것은 없다.

28절에서 내레이터는 이렇게 여인이 행동한 이유를 부연하면서 한 번 더 여인이 행한 결정적인 행동('만지다')을 부각한다. "왜냐하면 그

---

26 B. J. Malina, 『신약의 세계: 문화인류학적 통찰』, 심상법 옮김 (서울: 솔로몬, 2000), 61-108 참조.

27 "약자들의 무기"라는 개념은 정치학자 제임스 스콧의 통찰에서 빌려온 것이다. J. C. Scott, *Weapons of the Weak: Everyday Forms of Peasant Resistance* (New Haven and London: Yale Univ. Press, 1985) 참조.

녀는 '그의 옷을 만지면, 구원을 얻을 것이다'라고 생각했던 것이다."
'구원을 얻을 것이다'[σωθήσομαι]라는 구절에서 여인이 이후 예수를
통해 "신체적 치유만이 아니라 사회적, 종교적 온전성의 회복"을 얻게
될 것임이 드러난다.[28] 여인에게 질환의 치유는 전인적인 삶의 온전성
을 회복하는 출발점이었다. 1:40-45에서 '악성피부병' 환자가 "깨끗
하게 해 달라"고 요청했을 때 자신의 질환을 당시 유대인 사회의 정결
체계의 용어를 가지고 표현한 것과 달리, 이 여인이 정결 체계의 낙인
을 받아들이는 언어를 쓰고 있지 않은 것이 눈에 띈다.

29a절은 그녀의 은밀한 접촉이 만들어 낸 즉각적인 결과를 간결하
게 묘사한다. "그러자 곧 그녀의 피의 근원이 말랐다." 흥미로운 점은
(예수가 나중에 일어난 일을 인식하긴 하지만) 예수의 인식이나 동의 여부
와 상관없이 치유가 일어난다는 점이다. 마가복음과 달리, 마태복음의
병행 본문은 예수가 "딸아, 네 믿음이 너를 구원하였다"[θύγατερ· ἡ πίσ-
τις σου σέσωκέν σε]라고 인정의 말을 하고 나서 바로 '그 때로부터'[ἀπὸ
τῆς ὥρας ἐκείνης] 치유가 일어났다고 사건의 순서를 변경한다(9:22).
마태가 전승 자체를 축소하는 데서 나아가,[29] 이처럼 사건의 전개 과정
까지 수정한 것은 예수의 동의 없이 치유를 이루어낸 여인의 주도성과
이에 대비되는 예수의 수동성이 불편했기 때문으로 볼 수 있다.

그렇다면, 마태의 경향이 역으로 마가의 강조점을 두드러지게 한
다고도 할 수 있다. 마가 서사의 '하혈하는' 여인은 아무것도 모르고 있
는 예수에게서 능력을 끌어감으로써 자신의 치유를 주도했다. 이 행동

---

28 H. Kinukawa, *Women and Jesus in Mark* (Maryknoll: Orbis, 1994), 41.
29 10절에 걸쳐서 묘사된 마가의 전승을 마태는 단 3줄로 줄였다.

의 은밀성까지 고려한다면 그녀는 예수에게서 치유를 '도둑질했다'(stolen)고 해도 지나치지 않다.[30] 이제 그녀는 치유의 결과를 직접 느낄 수 있다. "그녀는 그 고통," 곧 하혈이라는 질병으로부터 "치유되었음을 몸으로 안다"[ἔγνω τῷ σώματι ὅτι ἴαται ἀπὸ τῆς μάστιγος] (29b절).

2. 2막: 예수, 그녀의 '믿음'과 구원을 확증하다(30-34절)

이제 내레이터는 서술의 초점을 여인에게서 예수에게로 옮겨놓는다. 피흘림이 그쳤다는 것을 여인이 '몸으로' 느껴서 '알았다면'[ἔγνω], 예수는 (누군지는 모르지만) 누군가에게 이미 일어난 일로 인해 자신에게서 능력이 나갔음을 자기 안에서 '인지한다'[ἐπιγνοὺς](30a절). '자기 안에서'[ἐν ἑαυτῷ]는 우리말 새번역본이 제안한 것처럼 '몸으로' 이해되어도 무방할 것이다. 그러나 만일 여인의 '몸'을 정확히 언급한 29절과[τῷ σώματι] 이 표현을 구분해야 한다면, 거룩한 영의 사람인 예수가 자신에게서 성령의 능력[τὴν δύναμιν]이 흘러나가는 것을 '자신의 존재 안에서' 감지했다고 볼 수도 있다. 물론 예수의 존재 안에서 '몸'과 성령이 거하고 활동하는 자리는 둘이 아니기에, 이는 몸을 온전히 포괄하는 전인적 의미일 것이다. 그렇다면 여인과 예수가 공통적으로 '몸'을 통해서 오고 가는 능력의 흐름을 몸으로 받아들이고, 느끼며, 인지한다는 것이 흥미롭다. 여인은 예수 안에 있는 성령의 능력이 나온 것을

---

30 C. E. Powell, "The 'Passivity' of Jesus in Mark 5:25-34," *Bibliotheca Sacra* 162 (2005), 73.

받아들여 즉각 몸이 치유된 것을 '알고', 예수 역시 자신과 닿은 여인에게서 일어난 변화를 감지하고 자신에게서 그 능력이 나갔음을 '안다.'

그리고 예수는 무리 속에서 돌아보며 묻는다. "누가 나의 옷을 만졌는가?"(30b절) 31절에서 그의 제자들은 이렇게 답변한다[καὶ ἔλεγον αὐτῷ οἱ μαθηταὶ αὐτοῦ]. "당신은 무리가 에워싸 미는 것을 보시면서도[βλέπεις] '누가 나를 만졌는가'라고 물으십니까?" 상황적으로 볼 때, 이 답변은 예수가 질문한 내용에 대한 온당한 반응일지 모르지만, 사실 여인과 예수 사이의 상호작용에 대한 몰이해를 보여준다. 제자들은 오직 눈에 보이는 것만을 보고, 눈에 보이지 않지만, 성령의 능력이 오고 가는 것은 전혀 모르고 있기 때문이다.

마가복음 서사의 전반적 흐름을 고려할 때, 제자들의 말은 그들의 '무지'라는 모티프를 발전시키는 기능도 있지만,[31] 여인의 만짐에는 뭔가 다른 특별한 것이 있었음을 강조해 주기도 한다. 군중들 속에서 예수에게 닿은 사람은 많았고, 그렇기에 여인의 치유에는 "단순한 신체 접촉 이상의 행동이 관련되었다"[32]는 것을 청중들에게 알려주는 것이 예수와 제자들의 대화의 서사적 기능이다. 34절에서 예수는 접촉 이상의 그 무엇이 다름 아닌 '믿음'이라고 확인해 줄 것이다.

제자들의 답변으로 자신의 질문('누가')을 해결 못 한 예수는 이제 아무 말도 없이 주위를 둘러본다[καὶ περιεβλέπετο]. 예수는 '이 일을 행한 (여)자'를 보기를 원한다[ἰδεῖν τὴν τοῦτο ποιήσασαν](32절). 33절에서 비로소 여인은 자신을 드러내라는 예수의 말 없는 요구에 응답

---

31 마가복음 4:11-12을 참조할 때, 내부인이었던 제자들이 "보아도 보지 못함"으로써 점차 외부인이 되어가는 모습이 여기서 확인된다고 할 수 있다.
32 Geulich, 『마가복음(상)』, 485.

하여 자신을 드러낸다. "두렵고 떨리지만"[φοβηθεῖσα καὶ τρέμουσα] "자신에게 일어난 일을 알고 있기에"[εἰδυῖα ὃ γέγονεν αὐτῇ] "그녀는 나아가 그에게 엎드렸고, 그[예수]에게 모든 사실을 고한다"[ἦλθεν καὶ προσέπεσεν αὐτῷ καὶ εἶπεν αὐτῷ πᾶσαν τὴν ἀλήθειαν].

이 고백의 과정에서 여인과 예수, 이 둘만 느끼고 감지한 일을 현장에 함께 있던 모든 이들이 알게 된다. 허락도 없이 은밀히 예수의 몸에 손을 댄 여인이 고침을 받았다! 이 사건은 한 여인의 인생을 넘어 예수의 하나님 나라 운동을 이야기하는 이들 모두가 기억하게 될 것이다.[33]

예수의 마지막 말은 진술("딸아 네 믿음이 너를 구원하였다"[θυγάτηρ ἡ πίστις σου σέσωκέν σε])과 명령("평안히 가라 그리고 너의 질병으로부터 [벗어나] 온전해져라"[ὕπαγε εἰς εἰρήνην καὶ ἴσθι ὑγιὴς ἀπὸ τῆς μάστιγός σου]"), 두 부분으로 이루어진다. 예수가 여인을 '딸'로 부르는 것은 이 장면을 둘러싼 틀 이야기와 연관시킬 수 있다. 야이로의 '딸'은 가족 제도 안에서 남성 가장의 보호 아래 놓인 존재였지만, 이 여인은 어떤 보호자도 없는 이었다. 그러나 이제 그녀는 '딸'로 호명되며, 혈연으로 얽힌 가족 너머 예수가 만들어가는 하나님 나라 가족의 일원이 된다.

여기서 믿음을 인정받은 여인은 딸의 죽음을 알리는 소식 앞에서 "두려워 말고 믿기만 하라"고 권면을 듣는 야이로와도(5:36), 풍랑 속에서 두려워하고 믿지 않던 열두 제자들과도(4:40) 대비된다. 무엇보다 마가 서사의 맥락에서 여인은 예수가 가르치는 '믿음'의 실질적인

---

33 마태는 (이 장면을 본 증인들이 있었기에 전승이 남았고 자신이 다시 서술할 수 있음에도 불구하고) 마가 전승에 나타난 사건의 공적 성격을 무시하고 예수와 여인 사이에서만 일어난 일로 축소시켰다. 반면, 누가는 "그녀가 손을 댄 이유와 곧 낫게 된 것을 모든 백성 앞에 선포했다"[ἀπήγγειλεν ἐνώπιον παντὸς τοῦ λαοῦ]고 공적 성격을 강조한다(8:47).

모범이 된다. 여인이 의사들에게 경제적 자원을 다 소진한 후 절박한 상황에서 무상의 치유를 행하는 예수와 과감하게 접촉함으로써 하나님의 능력을 직접 끌어다 누렸다. 이 점에서 그녀의 자발성은 '믿음'이라 평가될 만하다.

또한 1:40-45에서 악성피부병 환자에게 한 것과 같이 예수가 제사장에게 가서 율법이 명하는 것을 행하라는 당부를 이 여인에게 하지 않은 점에 주목할 필요가 있다. 그녀의 '믿음'은 성전과 사제들이 주도하는 제의적 삶의 방식에 의존하지 않고 살아갈 수 있는 충분조건이다. 이후 11장에서 예수는 성전체제를 향하여 사회적 약자들을 포용하는 "만민이 기도하는 집"이 되기는커녕 가뜩이나 궁핍하게 살아가는 백성들에게 여러 가지 명목으로 자원을 요구하는 "강도들의 소굴"이 되어버렸다고 비판하고, 그다음 날 제자들에게 '믿음'과 '기도', '용서'를 가르친다. 이 가르침은 마가에 의해 성전 제의나 사제들의 중개 없이 하나님의 자녀로 살아갈 수 있는 삶의 방식으로 제시된 것이기 때문이다. '믿음'의 이 여인은 더 이상의 의무를 행할 필요 없이 평안한 삶으로 회복된다.

IV. 마가복음 5장 25-34절에 나타난 하나님 나라의 '몸' 정치학

이상에서 살펴본 혈루증 여인의 치유 이야기를 성전 중심의 정결 이데올로기에 비추어 다시 살펴보고자 한다. 그러나 일부 여성신학자들이 비판했던 방식처럼 정결 이데올로기를 이 본문에 주입해서 여인의 고통이나 배제를 강조하는 방식이 아니라 이 본문이 만들어 내는 '몸'의 이미지가 어떻게 정결/부정 체계가 그려내는 몸 이미지를 역전시키는지에 주목하고자 한다.

먼저 정결 담론은 '정결한' 몸과 '부정한' 몸을 나누는 데서 그치는 것이 아니라 '정결한' 몸들로부터 '부정한' 몸들을 분리하여 전자의 안전을 후자로부터 방어하는 데 일차적 목적을 두는 체계이다. 사실 아직 오염되지 않은 몸이 부정한 몸과의 접촉을 경계할 때 오염되지 않은 몸 역시 부정해질 수 있는 가능성에 노출되는 것은 당연하다. 이 점에서 경계의 논리 안에는 부정하든, 부정하지 않든 모든 몸들의 공통된 취약성을 인지할 가능성이 있다. 그러나 정결 담론은 그것이 구체적으로 적용될 때 몸들을 서열화하여 부정한 몸들을 주변에 두거나 배제함으로써 사회 구성원 간의 불평등을 당연시하는 쪽으로 나아간다.

그러나 마가복음 5:25-34의 치유 장면은 정결/부정 체계가 제시하는 이런 서열화된 몸의 이미지를 완전히 뒤집는다. 정결/오염의 체계가 일방향이라면 5:25-34에서 예수와 여인은 서로의 몸을 감지하는 쌍방성을 보여준다. 캔디다 모스(C. Moss)는 이 치유 장면이 제시하는 몸의 이미지 가운데 '다공성'에 주목한 바 있다.[34] 그녀에 따르면, 예수와 여인의 몸이 공통적으로 다공성(pososity)을 띠고 있다는 점에서, 예수와 여인의 몸은 우열이 없이 평등하다. 예수나 여인은 둘 다 "구멍나고 새는 피조물들"(porous, leaky creatures)로서 어떤 차이도 없다.[35] 바라지 않는데도 여인이 피를 흘리듯, 예수 역시 자신 안에 있

---

34 C. R. Moss, "The Man with the Flow of Power: Porous Bodies in Mark 5:25-34," *Journal of Biblical Literature* 129 (2010/3), 515.
35 Moss, "The Man with the Flow of Power," 516.

는 것을 (그것이 피가 아니라 '하나님의 능력'이라 해도) 통제하지 못하고 흘리고 있다.

이 통제 못함의 공통된 이미지는 원하지 않는 데도 피부라는 경계를 넘어 부스럼을 흘리는 악성피부병 환자나 일정 기간이 지나서도 피를 흘리는 하혈하는 여인의 몸을, 능력이 흐르는 예수의 몸과 같은 선상에 놓는다. 이렇게 구멍 나고 새는 몸은 모든 인간의 보편적 취약성의 한 측면을 드러낸다. 물론 예수의 몸은 하나님께로부터 온 치유의 능력을 새어나가게 하는 통로였기에 다르다고 주장할 수도 있다. 그러나 마가의 서사는 여인과 다른 예수의 특별한 몸을 강조하기보다는 '구멍 나서 새는' 몸이라는 공통된 이미지에 호소한다.

더 중요한 것은 통제할 수 없는 몸의 취약성이 하나님의 능력을 서로 공유하는 연대의 출발점이 된다는 점이다. 하나님의 능력은 "적절한 경계를 넘어 부자연스럽게 내용물을 세상으로 새어나가게 하는" 여인의 몸을 차별하지 않는다. 이 본문은 취약한 존재의 그 몸이 다름 아닌 능력의 통로가 되는 현실의 역전을 보여준다. 하혈하는 여인의 숭숭 뚫려서 새는 몸이 부정을 옮길 수 있다면, 동일한 경로로 예수에게서 새어 나오는 능력도 옮겨 받을 수 있다. 결국 보편적이고 평등한 취약성은 구원의 가능성으로 연결된다.

또한 이 치유 장면에는 성전과 사제 중심의 정결 이데올로기에 대한 비판이 담겨 있다. 정결 이데올로기가 지탱하는 성전 체제는 사실 '죄'와 연결되든 '부정'과 연결되든, 질병으로 가뜩이나 고생하는 몸을 치유할 능력이 없다. 2:1-12의 '중풍병자' 치유 논쟁에서 보듯이 성전 체제는 죄의 결과로 여겨지는 질병이나 장애에 대해서는 무능하고 (그렇기에) 무관심하지만, '죄를 사한다'고 하는 제의를 명분으로 자원도 가져가고, 사제들은 죄 사유를 독점하는 특권(의식)도 누린다.[36] '부정'의 경우도 마찬가지다. '부정'이 구체적인 한 인간의 신체적, 사회적, 경제적 고통의 근원일 때 그 고통에는 관심 없고 부정을 해소한다는 명목의 제의를 담당하면서 5:26의 '의사들'처럼 재원만을 소진시킨다. 의사들처럼, 성전과 제의도 이 여인에게 구원을 제공할 수 없었고, 예수의 능력은 제의 바깥에서 그녀를 온전하게 만든다.

마가는 5:25-34의 치유 장면을 통해 성전을 중심으로 구성되는 정결 이데올로기가 담지하는 '몸의 정치학'을 밑으로부터 역전시키면서 대안이 되는 하나님 나라의 '몸 정치학'을 제시한다. 정결 이데올로기가 성전의 거룩함이 침해되지 않도록 외부로부터 오염을 경계하는 데서 출발한다면, 예수의 치유가 보여주는 하나님 나라의 비전은 바로 그 정결 담론에 의해 배제된 몸의 간절한 필요에 응답하는 데서 출발한다. 피 흘리며 배제된 몸은 중심이 대변하는 안전과 방어의 논리가 자신들을 차별하고 배제하는 논리임을 존재 자체로 항변하면서 그 지배의 논리에 맞서는 대항 사회 안으로 포용된다.

V. 나가는 말

본 연구는 몸의 정치학(Body Politics) 차원에서 혈루증 여인 치유 본문(5:25-34)을 중심으로 마가복음에 나타난 정결 이데올로기 비판

---

36 정혜진, "마가복음 서사담론의 성전-이데올로기 비판: 죄사함 논쟁대화(막 2:1-12)의 문학사회학적 연구,"「신약논단」 23 (2016/4), 969-1007 참조.

을 탐색하였다. 먼저, 고대 유대 사회의 정결 체계가 가지는 사회적(공동체적), 정치적 함의를 살펴보았다. 여기서 '정결'은 사회의 구성원들을 제의적 경계에 따라 배치함으로써 자기 자리를 벗어나지 않도록 통제하는 기능을 가짐을 알 수 있었다. 이때 '부정'의 기피나 격리는 '정결'한 측의 오염을 방어하는 데 일차적 목적이 있기 때문에 필연적으로 '부정한' 자들의 통제, 나아가 소외와 배제를 초래한다. 이러한 정결/부정의 체계는 성전을 중심으로 통치 구조가 사회를 그들 입장에서 안전하게 운영하는 지배의 원리였다.

또한 본 연구는 마가복음의 혈루증 여인 치유 본문이 정결이라는 주제를 드러내놓고 제기하지 않음에도 정결/부정의 체계에 비추어 읽어야 하는 이유를 검토하였다. 마가복음 서사 내적 차원에서 혈루증 여인 치유 본문은 앞서 나온 악성피부병 환자 치유(1:40-45)에서 제기되기 시작한 이스라엘의 정결법에 대한 문제 제기를 확장하고 있다. 나아가 이 두 치유 사건은 예수가 성전 세력들에 맞서서 이스라엘의 민중들 속에서 벌이는 하나님 나라 운동의 맥락 안에 놓인다. 정결 체계가 1세기 팔레스타인의 지배문화적 에토스로서 마가의 예수가 논쟁하고 있는 바리새파와 서기관들은 물론, 이들이 대변하는 성전 세력의 이데올로기적 기반이라면, 마가의 예수는 오로지 이러한 정결 체계에 의해서 주변으로 밀려나는 이들의 요구와 필요에 관심하며, 그것을 가장 잘 드러내는 사건이 혈루증 여인의 치유이다.

마가복음에서 예수는 혈루증 여인과 같이 정결 체계가 도무지 관심을 두지 않는 소외자들을 치유하여 이스라엘의 '딸'로 명명함으로써, 이러한 소외자들에 호응하면서 이들을 온전히 포용하는 하나님 나라를 생생하게 현시할 수 있었다. 마가의 예수는 당시 선택과 안전, 구별에 기반한 지배체제에 저항해서, 소외자, 외부인들이 포함되는 '급진적 포용'의 정치학을 펼쳤고, 이것은 그 자체로 현실의 성전 국가 및 그 배후의 로마제국을 밑바닥 민중의 삶에서부터 역전시키는 비전이었다.

참고문헌

귤리히, 로버트.『마가복음(상)』. WBC 성경주석. 김철 옮김. 서울: 솔로몬, 2001.

김은실.『여성의 몸, 몸의 문화정치학』. 서울: 또하나의문화, 2001.

더글라스, 메리.『순수와 위험: 오염과 금기 개념의 분석』. 유제분, 이훈상 옮김. 서울: 현대
　　미학사, 1997.

말라나, 브루스.『신약의 세계: 문화인류학적 통찰』. 심상법 옮김. 서울: 솔로몬, 2000.

박노식. "마가복음의 정결법 이슈―시간공간접촉."「신약논단」 25 (2018/3), 581-613

윌리암슨, 라마.『마가복음』. 현대성서주석. 소기천 옮김. 서울: 한국장로교출판사, 2001.

정혜진. "마가복음 서사담론의 성전-이데올로기 비판: 죄사함 논쟁대화(막 2:1-12)의 문
　　학사회학적 연구."「신약논단」 23 (2016/4), 969-1007.

켈버, 베르너.『마가가 전하는 예수 이야기』. 김태훈 옮김. 서울: 감은사, 2019.

Belo, F. *A Materialist Reading of the Gospel of Mark.* Tr. Matthew J. O'Connell. Maryknoll,
　　New York: Orbis Books, 1981.

Cohen, Shaye J. D. "Menstruants and the Sacred in Judaism and Christianity."
　　Women's History and Ancient History. Ed. S. Pomeroy. Chapel Hill: University of
　　North Carolina Press, 1991, 273-299.

Coole, Diana. "Body and Politics." *The Oxford Handbook of Gender and Politics.*
　　Eds. G. Waylen, K. Celis, J. Kantola, and S. L. Weldon. Oxford: Oxford
　　University Press, 2013, 161-175.

D'Angelo, Mary Rose. "Gender and Power in the Gospel of Mark: The Daughter of
　　Jairus and the Woman with the Flow of Blood." *Miracles in Jewish and Christian
　　Antiquity: Imagining Truth.* Ed. John C. Cavadini. Notre Dame, IN: University
　　of Notre Dame Press, 1999, 83-109.

Douglas, Mary. *Leviticus as Literature.* Oxford: Oxford University Press, 1999.

Fonrobert, Charlotte. "The Woman with a Blood-Flow(Mark 5.24-34) Revisited:
　　Menstrual Laws and Jewish Culture in Christian Feminist Hermeneutics."
　　Early Christian Interpretation of the Scriptures of Israel: Investigations and Proposals.
　　Eds. Craig Evans and Jack Sanders. Sheffield: Sheffield Academic, 1997.

Horsley, Richard A. *Hearing the Whole Story: The Politics of Plot in Mark's Gospel.*
　　Louisville, Kentucky: Westminster John Knox Press, 2001.

Kazen, Thomas. *Jesus and Purity Halakhah?: Was Jesus Indifferent to Impurity?* Coniectanea Biblica New Testament Series 38. Rev. ed. Winona Lake, Indiana: Eisenbrauns, 2010.

Kinukawa, Hisako. *Women and Jesus in Mark.* Maryknoll: Orbis, 1994.

Klawans, Jonathan. *Impurity and Sin in Ancient Judaism.* New York: Oxford University Press, 2000.

Levine, Amy-Jill. "Discharging Responsibility: Matthean Jesus, Biblical Law, and Hemorrhaging Woman." *Treasures New and Old: Recent Contributions to Matthean Studies.* Eds. David R. Bauer and Mark Allan Powell. Atlanta, Georgia: Scholars Press, 1996, 379-397.

Moss, Candida R. "The Man with the Flow of Power: Porous Bodies in Mark 5:25–34." *Journal of Biblical Literature* 129 (2010/3), 507-519.

Neyrey, Jerome H. "The Idea of Purity in Mark's Gospel." *Semeia* 35 (1986), 91-128.

Powell, Charles E. "The 'Passivity' of Jesus in Mark 5:25-34." *Bibliotheca Sacra* 162 (2005), 66-75.

Scott, James C. *Weapons of the Weak: Everyday Forms of Peasant Resistance.* New Haven and London: Yale Univ. Press, 1985.

Selvidge Marla. *Woman, Cult, and Miracle Recital: A Redactional Critical Investigation on Mark 5:25-34.* Lewisburg: Bucknell University Press, 1990.

_____. "Mark 5:25-34 and Leviticus 15:19-20: A Reaction to Restrictive Purity Regulations." *Journal of Biblical Literature,* 103.4 (1984), 619-623.

Schüssler Fiorenza, Elisabeth. *In Memory of Her: A Feminist Theological Reconstruction of Christian Origins.* Tenth Anniversary Edition. New York: The Crossroad Publishing Company, 1994.

하나님 나라와 치유
: 켈트 여성 영성을 중심으로

김나경*

I. 들어가는 말

윌리암스(Rowan Williams)는 역사를 신학적으로 신중하게 읽는 법을 제시한 『과거의 의미』에서 초대교회 정체성을 '거류 외국인'으로 규정하며 "과거의 낯선 측면을 드러냄으로써, 우리가 누구인지에 대한 감각을 새롭게 하는 것이 좋은 역사 서술이라 생각한다"라고 말한다.[1] 이러한 역사의식은 원시-그리스도교의 정체성에 대해 숙고하게 한다.[2] 그것은 예수가 선포한 하나님 나라는 '이방인의 갈릴리'[3] 여성들

---

* 한신대 겸임교수로 활동하였으며 현재 연구, 저술 활동 중.

1 로완 윌리암스, 『과거의 의미』, 양세규 옮김 (서울: 비아, 2019), 56-57, 78-88.

2 십자가 사건 이전에 이방인의 갈릴리에 예수를 중심으로 모인 무리를 원시-그리스도교로 칭한다.

3 슈미트(J.Schmid)는 '갈릴레아'라는 지명은 이사야 8:23(70인역)의 '이방인의 갈릴레아'에 나타났으며, 이는 히브리어 갈릴("갈릴" 구역, 영역)의 헬라어 번역이라 추정한다. J. Schmidt, *Das Evangeium nach Mrkus* (Regensburg: Pustet, 1963), 84. '갈릴레아'에 대한 최초의 언급은 BC 15세기경 이집트 파라오 투트모스 Ⅲ세가 빼앗은 23개의 가나안 성읍들의 명단에 k-r-r로 나타난다. 황성규, "예수운동의 장으로서 갈릴리 연구" (한신대학교 박사학위논문, 1991), 81.

에게 무엇이었을까? 라는 질문과 직접적으로 연결된다. 그들은 바울을 통해서 하나님 나라의 선포, 곧 '차별없음-평등선언'(갈3:28)을 들었던 켈트인이었다. 또한 그들은 예수의 주 활동무대인 이방인의 갈릴리의 거류민이었으며 원시-그리스도교의 핵심 구성원이었다. 하지만 이 갈릴리 켈트 여성에 대한 연구는 한국 신학계에는 전무한 상태이다. 따라서 이 논문은 역사언어학, 성서고고학과 아날학파(École des Annales)의 역사 연구 방법을 통해서[4] 베일에 감추어진, 아니 누군가에 의해 왜곡되고 잊혀진 원시-그리스도교의 낯선 삶, 곧 켈트 여성의 삶이 드러나길 희망한다. 특히 본 연구는 '이방인'에게도 요청된 안식일 계명의 의의와 여성 치료자들의 삶을 중심으로 그들에게 선포된 예수의 하나님 나라의 치유의 의미를 탐구하는 데 목적이 있다.

II. 하나님 나라: 땅에 이룩된 야훼의 나라

1. 하나님 나라의 주체세력: 게르-켈트

픽슬레이(Georg Pixley)는 "예수가 설교한 하나님의 나라가 오늘 가난한 자, 나그네와 여성, 억압받는 모든 생명에게 복된 소식이 될 수 있는가?"라고 묻는다.[5] 그것은 하나님 나라("야훼의 나라")를 정의하는

---

4 이들은 20세기 프랑스 사학자들에 의해 형성된 학파로 역사 운동을 세계사 전체의 역사, 곧 인간의 역사를 촉진하는 것으로 이해했으며 자유로운 역사 인식의 새로운 가능성을 열었다.
5 조지 픽슬레이,『하나님 나라』, 정호진 옮김 (서울: 한국신학연구소, 1986), 13-15. 픽슬레이에게 하나님 나라에 대한 탐구는 민중들에 의해 절박하게 제기된 실제적 물음에 대한 대답이다.

가장 근원적인 질문이다. '야훼의 나라'는 히브리 성서 초기 개념으로써 하나님의 정의와 관련되며, 정치적으로 모든 인간적 지배를 거부하는 '야훼의 왕권'을 의미한다.6 그것은 계급 없는 사회를 지향한다. 따라서 야훼의 나라는 가난한 자와 학대당하는 자들에게 특별한 주의를 기울이도록 요청한다. 즉 '야훼의 나라'는 하이라키 구조 권력이 아닌, 수평적 관계를 지향하는 백성들의 삶의 자리, 곧 땅을 의미한다.7

예수의 하나님 나라 선포와 치유의 의미는 이 땅에 이룩된 야훼의 나라를 먼저 이해되는 것이 전제조건이다. 예수는 새로운 것이 아니라 바로 예언자들을 통해서 전승되어 온 이 "야훼의 나라"를 선포하였기 때문이다. 그것은 원시-그리스도교 시대에 정의와 생존을 위해 투쟁하는 갈릴리 농민들에게 새로운 희망이었다. 그것은 땅 없는 이방인을 통해 이룩되는 이 땅의 하나님 나라를 의미한다.8 이와 관련해서 우리는 먼저 '땅 없는 이방인'에 대한 역사적 이해가 필요하다. 그것은 아피루(히브리인)와 게르(גר)와 켈트(Celt/Kelt/Gaul)의 연관성을 찾는 일이며, 또한 예수의 주 활동 지역이었던 갈릴리 이방인의 정체성을 밝히는 일이다. 그들은 예수의 갈릴리 선교의 주 대상이며, 원시-그리스도교의 핵심 구성원으로서 하나님 나라의 주체들로서 중요한 의미를 가지고 있다.

---

6 조지 픽슬레이, 『하느님 나라』, 36-37. 왕권에 대한 이스라엘 사람들의 고전적 관심을 보게 된다. "왕을 세우는 것은 노예가 되는 것을 의미한다. 자유 이스라엘의 관점에서 본다면 왕정이란 전혀 불필요한 것이며 노예제도를 뜻할 뿐이었다. 이러한 본문들로부터 우리는 초기 이스라엘은 의도적으로 국가 체제를 거부했다는 확실한 사실을 발견하게 된다"(같은 책, 41-42).
7 구스따보 구띠에레스, 『생명이신 하느님』, 황종렬 옮김 (왜관: 분도출판사, 1994), 245.
8 조지 픽슬레이, 『하느님 나라』, 35. 16.

1) 게르와 켈트의 어원: 아피루

이방인의 어원적 근원은 아피루와 밀접하게 연결되어 있다. BC 14세기 팔레스타인의 상황은 '이집트 텔 엘 아마르나'(Tell el Amarna) 서판에 기록된 서한을 통해 알려졌다. 이집트 왕실과 가나안 도시 국가들 사이에 주고받은 공식 서한에는 가나안 도시국가들의 안전을 위협하던 군사화된 아피루('Apiru)를 언급한다. 그것은 이스라엘의 기원과 관련해서 매우 중요하다.9 '아피루'는 '하비루'(Habiru, 이브리, 'ibri)와 유사하게 무리를 칭하는 사회학적 용어다. 그들은 넓은 지역에서 발견되며, 뛰어난 금속세공 기술로 무장한 용병(傭兵) 출신들로 제도화된 권력이 용인하지 않는 방법으로 권리를 찾으려고 노력했던 무리들을 지칭한다.10 하비루는 다(多)민족들, 즉 유목민인 샤수, 슈투와 성서에 기록된 미디안인, 케니테스(Kenites, 켄 사람), 아말렉인 그리고 '아피루'로 구성되었다.11 출애굽 사건에 동행한 무리들 중에서 특별히 후대에 그리스와 로마인들에 의해 켈트인으로 불리는 이들의 특징이 '아피루'와 '케니테스'(Kenites, 켄족, ken)무리에서 발견된다.

---

9 조지 픽슬레이,『하느님 나라』, 49. BC 14세기 가나안에 대해서 우리가 얻을 수 있는 것은, 이브리(하비루)를 해방시키신 야훼의 깃발 아래서 이루어졌던 계급투쟁 사건이다.
10 조지 픽슬레이,『하느님 나라』, 49. '아피루'는 BC 1500~1200 이후 발견되지 않는다. 출애굽 이후 이스라엘의 역사를 통해 '아피루'로 불린 무리는 없었다. 학자들의 논의와 통계자료에 관한 개괄은 M.C. Astour, "Habiru", in *IDBSup* (Nashville: Abingdon Press, 1976), 382-385를 보라. 크리스티아나 반 하우튼,『너희도 이방인이었으니』, 이영미 옮김 (경기: 한신대학교 출판부, 2008), 47-48.
11 Megan B. Moore et al., *Biblical History and Israel's Past: The Changing Study of the Bible and History* (Michigan Cambridge: Grand Rapids: 2011), 125.

2) 출애굽 사건의 게르

사라가 가나안 땅, 헤브론 기럇 아르바(Kiriath-arba)에서 죽자 아브라함은 자신의 정체성을 소개하는 표현으로 '몸을 붙여 사는 나그네'라 말한다(창 23:4). 이는 아브라함과 사라가 '게르'로 살았음을 알려준다.[12] 고대 지중해 지역은 강대국들 간의 빈번한 전쟁과 사람들의 이주로 활발한 교류가 이어졌다. 아브라함, 이삭과 야곱 12지파는 물론 모세는 미디안에 몸 붙여 산 기간부터 이집트에서 탈출하기 전까지 '게르'로 살았다. 스피나(F.A. Spina)는 이 명칭이 경멸의 의미를 지녔고 내부인들이 외부인들에게 적용했다고 말한다. 그는 원이스라엘을 하비루(히브리인들)로 이해하며 이방인과 사회적으로 동일한 소외된 개인과 집단으로써 이방인이었다고 주장한다. 또한 그는 이스라엘 백성들이 출애굽 사건, 즉 가나안 땅에 이주하기 이전에 이집트에서 이방인으로 묘사되었고, 바벨론에 머무르는 이스라엘 사람들을 묘사할 때 '가르'(gar-רג)가 사용된 것을 근거로 게르를 '이민자'(immigrant)로 해석한다.[13] 크리스티아나 반 하우튼(Christiana van Houten)은 정착여부 가능성을 열어놓는 번역으로 게르를 '이방인'(alien)으로 번역한다. 이민자란 다른 곳에서 와서 정착한 사람들인 반면, 이방인이란 정

---

12 "나는 당신들 중에 나그네요… " 헤브론 사람들이 아브라함을 "야훼의 방백"으로 높여 부르고 있다. 하지만 아브라함은 자신을 '나그네'로 소개하고 있다. G. von Rad, 『창세기』, 국제성서주석, 번역실 옮김 (서울: 한국신학연구소, 1983) 273. 성서의 '나그네', '이방인'과 관련된 용어는 게르, 토샤브, 벤 네카르, 노크리, 짜르가 있다. 김해성, "구약 성서의 '외국인 이주자' 개념과 한국 '이주자 선교'에 관한 연구" (한신대학교 신학전문대학원 박사학위논문, 2006)을 참고하라.

13 크리스티아나 반 하우튼, 『너희도 이방인이었으니』, 48에서 재인용.

착했을 수도 있고, 아직 이동 중일 수도 있다.[14] 따라서 출애굽 사건 때에 게르는 이민자와 이방인의 양의적 의미를 가지고 있다. 그들은 자신의 몸을 맡기고 거주하는 이스라엘의 안식일, 곧 십계명의 제4계명을 지켜야 했다.[15]

3) 신구약 중간시기의 게르

이 시기에 게르의 의미를 정확히 이해하기 위해서는 먼저 당시의 갈릴리의 정치적 역사적 상황을 이해할 필요가 있다. 이 갈릴리 지역은 다윗 왕 시기에는 '게슈르'(Geshur)라 불린 사람들이 긴네렛(갈릴리) 호수 북동쪽 해안선의 한 부분을 차지하고 있었다. 그리고 왕국 분열 후 이스라엘 왕들은 이 지역을 두고 아람과 전쟁을 하였다.[16] 앗시리아(Assyria)는 BC 722년 갈릴리를 정복하고 이방인들을 강제로 유입시켜 갈릴리 주민은 주로 이방 사람들로 구성되었다. 유대 영토가 아니기 때문에 유대-종교인은 거의 없고, 이방인들은 율법과 상관없는 삶을 살았다.[17] 갈릴리 지역은 육상과 해상교통이 발달한 지역으로서 이후 헬라-하스몬 왕조와 로마가 순차적으로 장악했다. 특히 BC

---

14 크리스티나 반 하우튼, 『너희도 이방인이었으니』, 21.

15 야훼는 제 7일에 안식하시고 이스라엘 백성들에게도 "안식일을 기억하여 거룩히 지키라"고 명령한다(출20:8-11). 안식일을 "기억하라"는 말은 안식일을 무심코 지나쳐 버리거나 등한히 내버려두지 말라는 의미이다. 곧 안식일은 '야훼의 안식일'이므로 7일 중에 특별히 봉헌된 날이었다. 그러므로 "모든 사람들"은 안식해야 할 의무가 있었다. Martin North, 『출애굽기』, 국제성서주석, 편집실 옮김 (서울: 한국신학연구소, 1985), 196.

16 허성균, "구약 시대의 갈릴리," 『이방인의 갈릴리』, 이승호 엮음 (서울: 크리스천헤럴드, 2007), 18.

17 오현택, "중간 시대의 갈릴리," 『이방인의 갈릴리』, 이승호 엮음, 41.

104년 하스몬 왕조의 아리스토블루스는 갈릴리로 알려진 호수 서쪽과 갈릴리 호수 북쪽을 점령했고, 페니키아 서쪽 레바논 지역과 다마스커스 남쪽(갈릴리 호수 동쪽)의 '이투라이아'(Iturae)를 정벌했다. 그는 이방인들이 이투라이아인에게 머무르고 싶다면 할례를 받고 유대의 율법대로 살 것을 강요하였다. 그리고 갈릴리 지역으로 바리새파 사람들을 이주시키고, 거주 이방인들을 강제 개종시켰다. 이로 인해 갈릴리 호수 주변에는 유대인들이 증가했고 율법을 지키는 이방인들이 공존하게 되었다.[18] 주후 1세기까지 약 200년 동안 갈릴리 지역에는 유대 회당이 확대되었고 야훼 신앙으로 재유대화 되었다.[19] 이것이 '게르' 의미가 변화된 세계사적 상황이다.

베버(M. Weber)와 미크(T. J. Meek)는 부족사회에서 사사시대와 왕정을 거쳐 신앙고백 공동체로 이스라엘이 변화한 것처럼 '이방인'의 정체성도 변화했다고 주장한다.[20] 히브리 성서 시대의 게르를 '이방인'으로 정의한 하우튼은 지위(地位)에 초점을 둔 연구에서, 바벨론 포로 후기에 게르가 사회적 개념에서 제의적 개념으로 전환되었음을 밝혔다.[21] 이러한 게르의 의미 변화는 번역 과정에서 확인되며, 그 결과물

---

18 갈릴리 역사에서 중요한 인물인 아리스토블루스는 하스몬 왕조 최초로 '왕' 칭호를 받았다. 요세푸스는 아리스토블루스가 갈릴리 북부 지역까지 정복했다고 기록한다. F. Josephus, 『요세푸스 5: 유대 고대사』, 264. 오현택, "중간 시대의 갈릴리," 『이방인의 갈릴리』, 42, 48에서 재인용.

19 I. Bo Reicke, 『신약성서시대사』, 번역실 옮김 (서울: 한국신학연구소, 1997), 82. 아리스토블루스의 아버지 히르카누스 1세의 유대화 정책으로 율법을 알고 있는 이두매인들이 나오게 되었는데 그 중 한 사람이 예수 탄생 당시 왕이었던 헤롯이다. 오현택, "중간 시대의 갈릴리," 『이방인의 갈릴리』, 47-48.

20 M. Weber, *Ancient Judaism* (1921), 28-32. 크리스티나 반 하우튼, 『너희도 이방인이었으니』, 15-16에서 재인용.

들은 BC 2~3세기 알렉산드리아의 유대 공동체가 인식하는 게르의 사회적, 법적 지위를 보여준다. 칠십인역의 헬라어 번역가들은 신조어 프로셀루토스(προσήλυτος, 개종인)를 선호했다. 번역과정을 조사한 알렌(W. C. Allen)은 이 신조어가 파로이코스(πάροικος, 이방인)와 의미상 동의어라는 기존의 견해를 반박했다.[22] 헬라어로 게르를 번역할 때 프로셀루토스(προσήλυτος)를 선호했다는 사실은 헬레니즘 시대 알렉산드리아 유대 공동체 안에 개종인들이 많이 있었다는 사실을 반증한다. 따라서 게르는 이방인 혹은 이주민들로서 이스라엘 공동체에서 공존과 생존을 위해 유대교로 개종을 할 수밖에 없었으며, 이방인(πάροικος 혹은 이주민)과 개종인(προσήλυτος)은 동일한 사회적 개인과 집단이라고 볼 수 있다.[23] 이것은 '게르'와 '켈트'가 동일한 사회학적

---

21 사사시대에 게르는 다른 부족이나 마을에서 온 사람, 왕정시대에 게르는 다른 나라에서 온 시민을 가리킨다. 토샤브는 임시 거주민으로 지속적으로 사용된 반면, 게르는 신조어 'προσήλυτος'(proséluto)의 의미를 추가하며 새로운 의미를 가지게 되었다. 크리스티나 반 하우튼, 『너희도 이방인이었으니』, 22, 187, 161.

22 칠십인역의 번역은 BC 3세기(신구약 중간시기) 알렉산드리아 유대 공동체의 삶에 대한 증언이다. 칠십인역은 '헬레니즘 유대교'의 기본 문서로 헬레니즘 유대교는 알렉산더 대왕의 정복에 뒤따르는 시기에 생겨났다. 당시 유대인뿐 아니라 근동의 많은 종교 추종자들이 희랍어를 배웠다. 헬라어와 문화 출현은 많은 변화를 가져왔다. C. H Dodd, The Bible and the Greeks (London: Hodder and Stoughton, 1935), xi. 칠십인역은 BC 250년경 히브리어를 모르는 이집트-유대인들의 회당 예배와 교육을 위해 번역된 성서이다. S. Jelicoe, The Septuagint and Modern Study (Oxford: Clarendon Press, 1968), 55-59. W. C. Allen, "On the Meaning of προσήλυτος in the Septuagint," 264-275. 게르(גר)를 πάροικος(파로이코스; 이방인, 6번, 신 14:21, 23:8), προσήλυτος(proséluto 프로셀루토스; 개종인, 63번), 또는 γειώρας (게이오라스: 나그네, 1번)로 번역하였다. Kuhn, "προσήλυτος", 728; Allen, "On the Meaning of προσήλυτος in the Septuagint," 265. 크리스티나 반 하우튼, 『너희도 이방인이었으니』, 223-226에서 재인용.

23 신구약 중간시기 이집트의 번역자들이 선택할 수 있는 나그네, 낯선 자, 또는 이방인에

용어라는 것을 의미할 뿐만 아니라 켈트인이 갈릴리 이방인과 개종인 중에 다수를 차지했을 뿐만 아니라 큰 영향력을 행사했다는 것을 반증한다. 이러한 주장의 근거는 그들의 독특한 사회적, 문화적, 종교적 특징과 거주지에 남겨진 지명들의 유사성에 있다. 게르-아피루('Apiru)와 켈트는 우수한 금속 기술로 무장한 용병 출신으로 전해지며, 제도적 권위(hierarchy)에 불복하며 민(民)에 의한 지도자 선출을 지향했다.[24] 또한 게르와 켈트의 거주지에는 공통적인 소리 K(G)-r이 발견된다.

BC 6세기 초부터 그리스와 로마에서는 '게르'와 유사한 낯선 이주민들을 켈트, 골/갈/갈리아(Kelt/Celt/Gaul)로 기록했다. 그리스인 헤카타에우스(Hecataeos)는 BC 6세기에 리구리아(Liguria, 이탈리아 북서부 해안)에 거주하는 이들을 켈트로 언급하며 프로방스(Provence, 프랑스 남부와 이탈리아 북서부)에 거주한다고 암시했다.[25] 그들은 당신들은 누구냐고 묻자 '겉으로 모습을 드러내지 않는 민족'(hidden people)이라고

해당하는 헬라어들이 있었다. 번역자들은 개종인들을 알고 있었고 이방인 관련법이 그들을 다루고 있다고 이해했으며, 문맥상 개종인를 뜻할 수 없는 경우를 제외하고는 게르를 προσήλυτος로 번역했다고 가정할 수 있다. 크리스티나 반 하우튼, 『너희도 이방인이었으니』, 228.

24 크리스티아나 반 하우튼는 히브리인과 이스라엘, 이방인과 이스라엘 간의 연결점에 대한 연구의 필요성을 언급한다. 게르만인이 로마 황제 근위대 대부분을 차지했으며, 제국변방에 정주할 권한과 로마 시민권까지 부여받았다. 이들은 황제와 제국에 위협이 되었다. 게르만 출신의 사령관이나 게르만 군부대가 황제를 뽑는 일이 빈번해지면서, 476년에 로마 친위대 사령관인 게르만 용병대장, 오도아케르(Odoaker)가 게르만 용병들의 지지를 받아 서로마제국을 멸망시킨다. 이케가미 슌이치,『숲에서 만나는 울울창창 독일 역사』, 김경원 옮김 (서울: 돌베개, 2018), 19-20. 하겐 슐체,『새로 쓴 독일 역사』, 반성완 옮김 (서울: 知와사랑, 2000), 13.

25 크리스티안 엘뤼에르,『켈트족 고대 유럽의 정복자』, 박상률 옮김 (서울: 시공사, 1998), 30.

대답했다. 그리스인들은 이를 켈토이(χελτοι: 라틴어 celtae)로 받아들였다.[26] BC 5세기에 '역사의 아버지' 역사학자 헤로도토스(Herodotos: 484~425 BC)는 켈트인이 사는 곳은 다뉴브강 주변과 지브롤터 해협 헤라클레스 기둥 너머라고 지적했다.[27] 로마인들은 북부 이탈리아에서 켈트인을 만났고 갈리(Galli, 고올인)라 불렀으며, 폴리비우스(Polybius)가 이들을 '갈라타이'라 지칭하면서 그리스 작가들이 이 말을 널리 사용하였다. 또한 율리우스 카이사르는 자신이 쓴『갈리아 전기(戰記)』(Gallic War: De Bello Callico)에서 '켈토이'란 독특한 이름을 사용했다.[28] 즉 게르와 켄족(ken, Kenites)이 거주한 영역(갈릴, "ניליל")을 의미하는 갈릴리의 K-r-r과 갈릴리 호수 동편에 '가루족, 그술족과 게슈르족'의[29] 거주지인 골란티스(Gaulan)와 갈라티아(Kelt, Gaul, 켈트-게르만) 그리고 남

---

26 Powell, *The Celts, (London: Thames and Hudson, 1980), 18; Renfrew, Archaeology and Language: The Puzzle of Indo-European Origins* (London: Jonathan Cape Ltd, 1987), 214. 박영배,『켈트인, 그 종족과 문화』(서울: 지식산업사, 2018), 25-26에서 재인용.

27 크리스티안 엘뤼에르,『켈트족 고대 유럽의 정복자』, 30.

28 그것은 로마 속주의 총독인 율리우스 카이사르(영어: 줄리어스 시저)가 로마정복에 저항했던 고올 지역의 게르만인과 켈트인들인 갈리아(Gaul) 부족들을 상대로 직접 체험한 전투상황을 라틴어로 쓴 가장 중요한 역사적인 기록이다. 그가 언급한 '고올'은 현재 프랑스, 벨기에 및 스위스의 일부를 포함하는 갈리아 나르보넨시스의 로마 속주(오늘날 프로방스)를 제외한 고올의 전 지역을 지칭한다. 박영배,『켈트인, 그 종족과 문화』, 21.

29 '이집트 텔 엘 아마르나(Tell el Amarna)'에 골란(Gaulan)의 분쟁 지역으로 기록된 '가루의 땅'의 가루'Garu'가 성서의 그술족, 게슈르'Geshur'와 동일하다고 추정한다. B. Mazar, "Geshur and Maacah," *Journal of Biblical Literature* 80 (1961/1), 16-28. 골란(Gaulan)고원 지대는 페니키아 해안(Phoenician coast)과 바산지역(Bashan)을 연결하는 경로에 위치한다. N. Na'aman, "The kingdom of Geshur in history and memory," *Scandinavian Journal of the Old Testament* 26 (2012/1), 88-101. https://en.wikipedia.org/wiki/Geshur.

프랑스에서 발견되는 켈트인의 유적지(집, 성, 시장 등)에는 Ker 또는 Kaer, Caer로 시작되는 지명들이 많이 존재한다.[30]

이와 같이 예수의 활동 시기에 갈릴리 이방인들인 게르와 켈트는 동일한 사회학적 용어였음을 알 수 있다. 따라서 예수의 갈릴리 선교의 주 대상은 이방인(게르=켈트)이라고 불리던 종교사회적으로 소외된 자들이었으며, 예수의 하나님 나라 선포는 그들의 자유와 해방의 선포, 곧 치유를 의미한다고 할 수 있다. 그것은 안식일 제도에서 구체화 되었다.

2. 안식일: 이방인의 안식과 해방

'야훼의 나라'는 수평적인 관계를 지향했고 '게르'의 삶은 신분 변화와 함께 개선되었다. 그러나 플라스코(Judith Plaskow)에 의하면 성욕에 대한 불안으로부터 악(惡)의 충동과 성(性)의 충동을 동일시한 결과 '여성-게르'는 필요하지만 불결한 존재 '내부의 이방인'(gentile within)이 되었다.[31] 플라톤 철학의 이분법적 나눔인 하늘과 땅, 남과 여의 성(性) 대립은 야훼의 안식일을 훼손시켰다. 매튜 폭스는 야훼의 땅이 죽어가는 모습을 강도 만나 온몸이 상처투성이인 자로 표현하고, "하나님의 몸은 지금 죽어가고 있다"라고 서술하며, 마이스터 에크하

---

30 Ker 또는 Kaer, Caer는 집, 성, 시(市)라는 뜻이다. 브르타뉴에는 Ker로 시작되는 지명이 존재한다. 김정란, "켈트 여신 신화 연구," 329. 켈트 연구가 앙리 위베르(Henri Hubert)에 의하면, "한 국가를 맨 처음 차지한 민족은 항상 자신들이 사용한 지명을 후손에게 물려주는 법이다." 박영배, 『켈트인, 그 종족과 문화』, 36.

31 로즈마리 래드퍼드 류터, 『가이아와 하느님』, 전현식 옮김 (서울: 이화여자대학교출판부, 2000), 142-144. 각주 4.

르트의 "하나님께 가장 잘 어울리는 이름은 자비이다"라는 말을 빌려 "자비가 죽어가고 있다"라고 경고한다.[32] 에크하르트와 동일하게 트리블(Phyllis Trible)은 하나님의 속성을 연민이라고 주장한다. 그는 '라하밈'(rachamim, רחם)이 연민(자비)이라는 추상 명사인데, 그 단수 형태 레헴(rehēm)이 자궁(호 9:14)에 연결되어 있다고 분석한다.[33] '위로하다'(parakalein)로 번역된 히브리 동사(naham, רחם)는 하나님께서 당신 백성으로 하여금 안도의 숨을 쉬게 하시리라는 의미로 이사야는 하나님의 백성에게 위로와 함께 긍휼(רחמי, 자비, 자궁)을 기록하고 있다(사 49:13). 야훼의 위로는 구원, 치유, 해방의 의미를 내포하며[34] 예수의 하나님 나라 초대는 내부 이방인들을 다시금 숨 쉴 수 있게 하였다. 하나님의 나라는 죽어가는 땅과 억압받는 여인들에게 안식과 해방이었다. 해방된 땅은 야훼의 약속의 대상으로써 생명의 근원인 하나님 나라의 영구적 표상이다(사 49:13).[35] "땅의 정화가 반드시 지켜져 거룩한 하나님의 현존이 그(땅) 가운데 거할 수 있게 되어야 한다."[36] 그것은 창조세계의 원모습의 회복이다. 예수는 가난하고 온유한 이들이 땅을 누리는 해방의 삶을 선포했다. 따라서 예수가 '이방인의 갈릴리'에서 선포한 하나님 나라는 가난한 삶과 불의로 학대받던 여성들이 해

32 매튜 폭스, 『영성 자비의 힘』, 김순현 옮김 (서울: 다산글방, 2002), 11.

33 Phyllis Trible, "God, Nature of, in the Old Testament," *The Interpreter's Dictionary of the Bible Supplementary Volume*. ed. Keith Crim (Nashville, TN: Abingdon Press, 1976), 368.

34 구스따보 구띠에레스, 『생명이신 하느님』, 248.

35 Walter Brueggemann, *The Land: Place as Gift, Promise, and Challenge in Biblical Faith* (Philadelphia: Fortress, 1977)를 참고하라. 구스따보 구띠에레스, 『생명이신 하느님』, 246.

36 크리스티나 반 하우튼, 『너희도 이방인이었으니』, 192-194.

방되는 이 땅의 나라였다.

　이방인이었던 게르의 사회적 지위 변화(προσήλυτος) 개종에 의한
의무는 '안식일 준수'였다. 그것은 하나님 백성의 특권인 동시에 임무
이며, '정착한 나그네'의[37] 삶에서 가장 중요한 것으로, 단순히 율법 준
수라는 의미를 넘어 죽어가는 땅의 회복과 억압당하는 생명을 해방하
는 몸의 치유였다. 이러한 의미에서 해방과 자유, 자비와 치유가 함축
된 안식일은 죌레의 말처럼 유대인이 물려준 가장 큰 선물이다.[38]

　안식일이란 무엇인가? 모든 인간의 왕 됨에 대한 기억이며, 영혼이 우주
　보다 크며, 제물로부터의 자유가 구원이라는 사실의 확증이다. 창조의 정
　점은 일곱째 날이었다. 육일 동안 창조된 것은 좋았지만, 일곱째 날은 거
　룩하였다. 안식일은 시간 안에 들어온 신성이다.[39]

　하나님은 안식일을 축복하시고 '거룩하게' 하셨다(창 2:3). '거룩하
게 한다'는 우리의 시간을 해방의 시간으로 만드는 것이다. "그 땅으로
여호와 앞에 안식하게 하라"(레 25:2). 그것은 죽어가는 땅을 보호하는
장치이며, 이 땅에서 살아가는 모든 생명(특히 이방인들)을 구원하는
조치다(레 25:23).[40] 또한 안식일은 단순한 휴식이 아니라 자신을 중단

---

37 그리스도인들은 스스로를 '파로이코이'(πάροικοι) '파로이쿤테스'(παροικοῦντες) '거
　류 외국인들', '정착한 나그네들'이라 불렀다. 로완 윌리암스,『과거의 의미』, 78-79.
38 도로테 죌레,『땅은 하나님의 것이다』, 정용섭 옮김 (서울: 한국신학연구소, 1999), 99.
39 A. J. Heschel, *God in Search of Man. A Philosophy of Judaism*, (New York: The
　Noonday press, 1978), 도로테 죌레,『땅은 하나님의 것이다』, 100에서 재인용.
40 도로테 죌레,『땅은 하나님의 것이다』, 102. "땅은 내 것이며 너희는 나와 함께 하는
　나그네며 손님이다"(레25:23). 유대인의 삶 가운데 일한 다음에 갖게 되는 휴식의 축

하는 하나의 거대한 몸짓이다.

가난과 추위와 굶주림에 찌든 쉬테틀 마을에 여왕이라 할 안식일이 찾아
오자 일상적이고 일반적인 일들이 중단됐다. 흰 식탁보가 더러운 오막살
이에 펼쳐졌으며, 안식일 초에 불이 켜졌다. 여자들은 비상시에 저당잡히
곤 하는 장신구를 걸쳤다. 그 가난한 사람들은 이 땅 위에서 걱정할 게
하나도 없는 부자처럼 행동했다. 천한 일을 하는 사람들, 특히 여자들은
그런 일상적인 일을 그만두었다. 그리고 쉬면서 인간이 무엇인가를 생각
하고 회상했다.[41]

그것은 자신의 일상적인 관계를 중단하며, 강제된 순환 과정으로
부터 벗어나는 것을 의미한다. 여기서 중단은 자신의 반복화에 대한
'저항'과 영적 강화 기능을 의미한다. "안식일을 거룩하게 하여 (반복에
서 벗어난) 특별한 날로 만들라는 안식일에 대한 기억은 영적 강화를
위한 일종의 제안이다."[42] 그것은 매튜 폭스가 회복을 위해 제안한 '육
체 복권시키기'와 유사한 의미이다.[43] 그것은 착취당하고 파혜쳐졌던
땅의 회복과 마녀로 낙인찍혀 억압받은 갈릴리 여성들을 복권시키는
일이다. 이러한 의미에서 안식일은 이방인들에게 휴식과 회복을 통한
치유의 의미를 가지고 있다.

제가 있다(같은 책, 102-103).
41 도로테 죌레,『땅은 하나님의 것이다』, 121-122.
42 유대 전통에 따르면 안식일이란 창조 그리고 노예로부터의 구원에 대한 기억에 바쳐진
   날이다. 도로테 죌레,『땅은 하나님의 것이다』, 120-125.
43 매튜 폭스의 제안. 매튜 폭스,『우주 그리스도의 도래』, 송형만 옮김 (왜관: 분도출판사,
   2002), 327-345.

III. 켈트 여성의 영성과 치유

1. 켈트 여성의 특징

켈트는 신의 음성을 자연에서 듣는 신비로움과 동시에 진취적인 특징을 지녔으며 숲속에서 음악과 춤으로 예배를 하며, 창조 세계(인간과 자연)의 균형과 조화를 중시했다. 여성들은 특히 성차별 없이 종교-정치-사회의 우위를 누렸다. 사사 드보라 찬가의 주인공 야엘은 갈라디아지역에 거주하던 톨리스토보이(Tolistobogii) 부족의 키오마라(Chiomara)와 매우 닮았다.[44] 적장의 머리를 가격해 부족을 지켜내는 진취적이고 용맹한 여성은 켈트의 특징이다. 켄 사람 헤벨의 아내로 알려진 야엘은 히브리어 번역으로는 '켄 부족 여자'를 의미한다.[45]

켈트 신화의 한 특징인 주권여신(主權女神)에서 여성의 성(性)은 그 자체로 주권이고, 번영을 보장하며 승리를 가져다주는 땅의 여신을 표상한다.[46] 대표적 땅의 여신 다누(Danu: Da신과 Anu의 결합이며, 어머니-신들의 어머니, 대지의 여신을 의미한다)는 켈트 인도유럽어 셈어에서 발견되며 Diana는 Di와 Ana(안나 여신)이다. 대모신(大母神) 다나 여신은 켈트 사상계의 기원이며, 주권 여신의 원형이다.[47] 그것은 마르

---

44 BC 189 로마의 집정관 네우스 불소(Gnaeus M. Vulso)의 로마군은 소아시아의 갈라티아 지역을 침공하여 갈라디아인들을 포로로 붙잡았다. 키오마라는 켈트인의 방식에 따라 로마군 대장의 머리를 검으로 베어 그녀 남편 발 앞에 던졌다. 박영배, 『켈트인, 그 종족과 문화』, 259.

45 Mercedes L. Garcia Bachmann et al., *Judges*. Wisdom Commentary 7. ed. Barbara E. Reid (Collegeville, Minnesota: Liturgical Press, 2018).

46 이건우, "보편적 신화소로서의 주권여신,"「인문논총」49 (2003), 270.

칼에 따르면 '음식 공급자 어머니', '베풀어주시는 어머니'를 의미하며, 인도에서는 Anna Pourna로, 로마에서는 Anna Parenna로 그리고 그리스도교에서는 Anna로 나타난다. 성모의 어머니 안나(프 Ste. Anne)는 프랑스 브르타뉴에서 특별한 섬김의 대상이며, 성당은 켈트 여신 사당 위에 세워졌다.[48] 땅의 여신 마하(Macha)는 호전적 여왕으로 남편 네메드(Nemed)는 '신성한' 하늘(nem)과 연관되어 있다.[49] 네메드-마하의 짝은 신성한 하늘-대지의 짝이었다. 켈트 여신들은 생명과 죽음을 동시에 관장하며 아름다운 젊은 여자인 동시에 늙은 노파의 모습을 하고 있다.[50] 특히 메브(Medb)는 땅의 여신인 동시에 섹슈얼리티와 전쟁의 여신이다.[51] 켈트 여신들은 상반되는 경계의 양쪽 모두를 관장하는 두렵고 떨림, 경외의 대상이었다.

드루이드(Druids, 그리스도교 이전 Gaul과 Britain의 사제)의 역할은 매우 중요하였다. 그들은 자연과 하늘의 징후를 읽고 조언을 해주는 "마기"(magi), 즉 켈트족 점성가(예언자)들로 여성 드루이디스(Druidess)도 있었다. 그들은 그리스어와 라틴어로도 의사소통할 수 있던 영적 지도자들이었다.[52] 스트라보에 따르면 르와르(Loire)강 주변에 남니테스

---

47 김정란, "켈트 여신 신화 연구," 「여성문학연구」 23 (2010), 328-329. 켈트의 성 안나는 14세기에 로마에서 공식화된다.

48 다케루베 노부아키에 의하면, 그것은 '아누Anu의 젖꼭지'라는 지명에 그 흔적을 남기고 있다. 다케루베 노부아키, 『켈트 북구의 신들』, 박수정 옮김 (서울: 들녘, 2000), 52.

49 초기 켈트인들은 건물로 지어진 성소를 가지고 있지 않았다. 종교의식은 주로 숲속의 빈터에서 치러졌는데, 그곳은 네메톤(nemeton)이라 불렸다. 그것은 하늘이 지상으로 내려와 있는 열린 장소를 의미다.

50 김정란, "켈트 여신 신화 연구," 335.

51 김정란, "켈트 여신 신화 연구," 335, 338. 여신은 영원하지만, 대리해서 통치하는 인간왕은 유한하다. 세계의 풍요를 보장하기 위해 여신은 계속 파트너를 바꿀 수밖에 없다.

(Namnites)라는 켈트 여사제가 있었다. 그들은 결혼은 했으나 남편들로 부터 매우 독립적이며 상당히 높은 지위와 영향력을 가지고 자유롭게 활동하였다. 이러한 켈트 여사제들의 자유로운 정신과 적극적인 활동은 예수의 여제자들에게 영향을 주어 초기 그리스도교를 형성하고 확장하는 데 큰 역할을 하였다. 역사적 자료들을 통해서 우리가 알 수 있는 사실은 로마 황제들이 공식적으로는 켈트의 신비스러운 전통과 여사제의 능력을 터부시하고 켈트인들을 야만족으로 부르고 의식적으로 무시했지만, 실상은 켈트 문명의 위대함을 알고 두려워했다는 것이다.[53]

2. 마녀: 몸의 치유자들

유대교의 '몸과 자연 지형'과 그리스도교의 '하나님의 힘을 담은 터'는 동일한 의미를 가지고 있다. "그리스도인의 몸이 하나님의 힘을 드러내는 터라는 신념을 무시한다면 우리는 결코 초대교회를 이해할 수 없다."[54] 오랫동안 역사학에서 몸은 자연에 속하지, 문화에 속한 것이 아니라는 생각이 지배했다. 그러나 몸은 변화의 원동력인 사회-경제 구조와 정신적 표상으로서 역사를 구성한다.[55] 프랑스 역사가 미슐레 (Jules Michelet)는[56] 인간 몸의 역사를 복원시키는 역할을 했다. 그의

---

52 티모시 J. 조이스, 『켈트 기독교』, 채천석 옮김 (서울: 기독교문서선교회, 2003), 25-27.
53 박영배, 『켈트인, 그 종족과 문화』, 269.
54 로완 윌리암스, 『과거의 의미』, 91-92.
55 자크 르 고프 외, 『중세 몸의 역사』, 채계병 옮김 (서울: 이카루스미디어, 2009), 18.
56 Jules Michelet(1798~1874)는 파리에서 위그노 전통의 가정에서 태어났다. 1855년 프랑스 역사에서 르네상스(프랑스어로 'Re-birth')를 유럽 문화사에 사용하고 정의한 최초의 역사가이다.

책『민중』은 인간의 삶, 노동과 고통에 관심을 갖게 했으며, 몸의 중요성을 구현한 역사적 방법으로『마녀』의 순기능을 기록했다. 그는 "중세 정신에 역행한 마녀들이 이룬 혁명을 배와 소화 기능의 복원이라 불렀다."[57] 스콜라 철학이 금욕주의를 고집한 반면, 마녀는 "격정적이고 비옥한 실재"로서 자연, 의학과 몸을 재발견했다. 또한 마녀의 '치유하고 사랑하고, 죽은 자를 되돌아오게 하는' 3가지 기능은 인간 몸과 직접 관련이 된다.[58]

마녀는 전 인류사에 존재했다. 앗시리아와 바빌론에는 빗자루를 타고 하늘을 나는 마녀 이야기가 전해진다.[59] 긴즈부르그(Carlo Ginzburg)에 의하면 이탈리아 북동부 프리울리(Friuli) 마을을 축원하는 마녀가 16세기까지 실존하였다. 유럽에서 외래 종교였던 그리스도교는 켈트-게르만 토착 종교의 모성성을 대표하는 생명나무의 전례를 탄압하는[60] 과정에서 켈트-게르만 여성들에게 '마녀사냥'을 자행하였다.[61] 그것은 혼란한 시기에 불안한 사회 분위기를 해소하려는 심리적 대응 방법 중 하나였다.[62] 마이어(Meyer)는 중세 유럽 민중의 삶을 마녀와 연관하여 이렇게 말한다. "민중은 곤궁에 찌들었고 도피처를 찾아다녔다. 식물에서 추출한 액체 '마녀와인'(Hexenwein)를 마시고 황

---

57 자크 르 고프 외,『중세 몸의 역사』, 18-19.
58 자크 르 고프 외,『중세 몸의 역사』, 20.
59 양태자,『중세의 잔혹사 마녀사냥』(서울: 이랑, 2015), 15.
60 양태자,『중세의 잔혹사 마녀사냥』, 16-17. 김윤옥, "마녀와 여성의 영성,"『영성과 여성신학』, 여성신학사상 제4집, 한국여성신학회 엮음 (서울: 대한기독교서회, 1999), 169.
61 김윤옥, "마녀와 여성의 영성," 170.
62 양태자,『중세의 잔혹사 마녀사냥』, 19-21. 마틴 키친,『켐브리지 독일사』, 유정희 옮김 (서울: 시공사, 2001), 127.

홀 무아경으로 피신했다." 마녀의 약초와 연고를 찾는 자들은 몸이 아
픈 사람들만이 아니었다. 괴로운 현실에서 도피하고 싶었던 사람들이
나 사회에 적응하지 못한 낙오자들에게 있어서, 신경을 마비시키는 약
물은 예나 지금이나 치유를 위한 수단이었다.[63] 즉 당시 민중은 정처
없이 떠돌아다니며, 어려운 문제에 부딪히면 마녀들이 제조한 약초를
먹고 고통을 잊을 수 있었다. 참으로 마녀들은 민간요법을 통해서 민
중들의 고통을 치유했던 치유자들이었다.[64] 이러한 치유행위는 11세
기 빙엔의 힐데가르트에게서 전형적으로 나타난다.

3. 힐데가르트 폰 빙엔: 라인강의 지빌레(Sibylle-무녀)

몸은 중세 시대에 무시되고, 비난받고, 모욕당했다. 5세기 로마의
대 그레고리우스 교황은 몸을 '고약한 영혼의 의복'이라 규정했다. 식
탐과 음욕은 중죄였고 몸은 많은 것을 박탈당했다.[65] 몸은 억압과 동시
에 찬양되었고 금욕적 여성에 대해 평가는 매우 양면적이었다. 여성의
금욕 선택은 결혼-출산으로부터의 자유와 가부장 제도로부터의 해방
으로써 잠시 자유로운 여성의 성(聖)스러움을 획득했지만,[66] 그 후 성

---

63 니시무라 유코, 『마녀의 약초상자』, 김상호 옮김 (서울: AK커뮤니케이션스, 2017),
   18-21.
64 양태자, 『중세의 잔혹사 마녀사냥』, 19-21.
65 자크 르 고프 외, 『중세 몸의 역사』, 11-12.
66 2세기에 기록된 「바울과 테클라의 행전」(Acts of Paul and Thecla)은 독신주의가 여성
   을 가족과 국가의 종속에서 해방시키며, 순회하는 복음 전도자로서 활동할 수 있는 자
   유를 열어 준다고 보는 초기 그리스도교 관점을 나타내는 좋은 실례이다. 로즈마리 래
   드퍼드 류터, 『가이아와 하느님』, 225에서 재인용.

(性) 가치 추락으로 왜곡되었다. 그 결과 위로와 안식의 가치를 담은 인간의 몸(특히 여성의 몸)은 망각되고 부정되었다.[67]

이러한 중세 시대에 라인강의 지빌레로 불리던 힐데가르트(Hildegard von Bingen, 1098~1179)는 피폐해지고 죽어가던 인간의 몸에 새 생명을 불어넣었다. 힐데가르트의 신학은 우주와 인간에 대한 독창적 사고와 환시의 특징을 지닌다.[68] 그녀는 말로 하는 노래가 몸에 진동을 주어 신비체험의 참된 의미를 영혼에게 드러낸다고 믿었고, 그리스도 체험을 만다라-심리적 우주도(宇宙圖)로 남겼다. 그리고 '청옥색 옷을 입은 사람', '우주의 황금빛 불타는 밧줄'과 여성의 성기(性器)에 담긴 우주를 묘사하는 "사랑이라는 이름의 부인"(IHB 39)을 그렸다. 여기서 밧줄은 "만물을 엮는" 줄이며(IHB 23), "청옥색 옷을 입은 사람"은 치유하는 신의 자비로운 능력으로 모든 사람들 안에 깃들어 있다.[69] 그녀에게는 '유타' 외에도 '베르테'라는 또 한 명의 어머니가 있었다. 베르테는 켈트 민간전통의 전수자로서 힐데가르트에게 민간요법을 전수하였다. "나에게 베르테는 땅이었다. 본질이었고 자라나는, 꽃피는, 양분이 되는 힘을 지닌, 잘 다져진 땅이었다." 베르테의 가르침은 삶에 필요한 모든 것이 자연 안에 있다는 것이다.

베르테는 알 수 없는 말을 중얼거리기도 했다. 손톱을 갈고리 삼아 땅을 후

---

67 자크 르 고프 외, 『중세 몸의 역사』, 13-14.
68 베네딕토 16세 교황은 2012년에 힐데가르트를 교회박사로 승격시키며 "독일 신비신학에는 육신의 긍정적 평가가 두드러집니다. 하나님의 환시 자체도 몸 없이는 달성될 수 없습니다."라고 강조하였다. 루치아 탄크레디, 『빙엔의 힐데가르트 능력과 은총』 임원지 옮김 (서울: 으뜸사랑, 2014), 296.
69 매튜 폭스, 『우주 그리스도의 도래』, 172-173.

벼 뿌리처럼 딱딱한 뿌리를 뽑아내거나, 은제(銀製) 작은 낫을 들고 달밤을 배회하다가 포도나무 곁가지로 불을 지피고 구리 냄비를 얹어 콧구멍을 자극하는 거품 이는 진흙을 끓일 때면 베르테는 귀신이나 시간을 모르는 백발의 마법사 같았다. 그러다가 발톱을 감춘 조용한 고양이 같이 빵처럼 따뜻한 손으로 내 손을 잡으면, 그는 다시 본래의 베르테로 돌아왔다.[70]

힐데가르트는 몸에 관한 연구와 사상을 『자연학』(*Physica*)과 『병의 원인과 치료』(*Causae et Curae*)에 자세히 기록하였다. 그녀는 피폐해 지고 죽어가던 인간의 몸에 새 호흡과 새 창조인 '회춘(回春)의 힘', '비리디타스'(Viriditas, 초록)를 내세웠다.[71] 생약(生藥) 처방 원리인 비리디타스는 단순한 색깔 성질이 아니라 신성이 담긴 식물에 포함된 실체로 신체에 작용하여 치유력을 높이는 것이다. 이는 켈트-게르만의 숲과 대지에 대한 찬미 사상을 드러낸다고 할 수 있다. 또한 힐데가르트의 『피지카-자연의 치유력』에는 몸의 치유와 함께 마음의 치유 그리고 성적 치유를 위한 민간요법에서 전수된 약초 소개가 많다.[72]

힐데가르트가 활동한 11세기 라인란트에는 마녀(Hexe)개념이 없었다. 이 개념은 독일 지역에서 13~14세기에 사용되었으니 힐데가르트를 마녀라고 기록되지는 않았을 것이다.[73] 하지만 로마 교회가 13세

---

70 루치아 탄크레디, 『빙엔의 힐데가르트 능력과 은총』, 46-47, 54-57.

71 이케가미 순이치, 『숲에서 만나는 울울창창 독일 역사』, 74-75.

72 마녀들의 약초 상자의 내용물을 소개할 때 독일을 주요 무대로 삼은 이유는 마녀나 현명한 여인과 약초의 관계를 독일에서 확실히 찾을 수 있기 때문이다. 독일에는 중세시대 창업된 약국 건물이 많이 남아 있다. 오늘날도 몸 상태에 맞추어 약초를 조합해 주는 약국이 많이 있다. 니시무라 유코, 『마녀의 약초상자』, 4.

73 북부 유럽 마녀(hagazussa=hag울타리+zussa여성)에서 독일어 마녀(Hexe)가 생겼

기 이후 민중의 전례와 치료요법을 이단으로 취급하고 약초를 다루는 사람들까지 마녀로 몰아 마녀사냥(Witch hunting)을 했다면, 힐데가르트는 넓은 의미에서 민간요법을 통해 민중들을 치유했던 치유자로서 마녀라고 할 수 있다. 오늘날 약초에 대한 경험과 지혜가 주목받으며 에콜로지 운동의 원점으로 힐데가르트의 자연관이 받아들여졌다. 루터를 따르던 사람들은 힐데가르트를 첫 번째 프로테스트 신자로 생각했다(IHB 17).[74]

4. 경계를 넘어 해방을 꿈꾸는 여성

'발푸르기스의 밤'(Walpurgisnacht)에 묘사된 마녀들의 사바트는 봄을 맞이하는 유럽의 전통적인 민간축제였다. 마녀들은 몸에 '마녀의 연고'를 바른 후 빗자루를 타고 하늘을 날았다고 전해진다. 이러한 여성 부유(浮游) 관념은 게르만 신앙에서 온 것으로 아직도 오스트리아 남부와 독일 바이에른에 남아 있다. 또한 그녀들은 모닥불을 피어 놓고 함께 사바트의 춤을 추었다. 그것은 따뜻한 봄(부활절)을 기다리는 것이다.

이러한 마녀들의 축제는 그리스도교가 유럽에 들어오기 전에 유럽의 토착 전통이었다. 그것은 또한 켈트 전통과 영성과 깊은 관련이 있다. 켈트의 사제들인 드루이드들은 겨우살이를 죽음과 부활의 상징하는 신성한 식물로 여겼다. 드루이드란 명칭은 '참나무를 찾는 사람'에

으며, 13~14세기 이후 문헌에 등장한다. 이 언어는 민간전승에서 발견되지만 공식적 재판 기록에는 나타나지 않았다. 김윤옥, "마녀와 여성의 영성," 174.

74 힐데가르트는 교황 아나스타시오 4세에게 "로마는 썩은 냄새가 난다"는 편지를 썼으며, 교황이 불의와 악으로 둘러싸여 있다고 비판했다. 매튜 폭스, 『우주 그리스도의 도래』, 363.

서 유래했는데, 이들이 참나무의 겨우살이를 캤기 때문이다. 프랑스에는 참나무에 기생하는 겨우살이를 신성시하는 전통이 있다. 동짓날 채취하여, 하짓날인 6월 23일 성 요한 축일 밤에 광장에서 화롯불을 지피는 행사를 진행한다. 독일에도 동일한 전통이 있다. 하지만 그들은 그리스도교가 유럽에 정착한 후 탄압의 대상이 되었으며, 그리스도교 신학자나 종교재판관의 필터에 걸린 그들의 모습은 윤리적 악(惡)의 이미지로 각색되었다. 심지어 마녀들이 모여 광적인 파티를 즐기며 성적 난교와 제물로 죽인 어린아이의 고기들을 먹는다고 전파되었다. 그것은 여성들의 역할을 폄하하고, 더 나아가 탄압하기 위한 왜곡이었다. 또한 마녀들의 사바트(켈트-게르만 마녀의 사바트: שבת, Sabbath)는 안식일-전례와 명칭이 동일하며, 봄을 기다리는 시기와 부활을 기다리는 시기가 겹친다. 몸에 기름을 바르는 마녀는 예수에게 도유하는 여성들과 매우 유사하며 닮았다. 마녀사냥은 여성의 종교적 예전 집례를 막고자 하는 의도는 아니었을까.

마녀들의 사바트에서 전해지는 마녀들이 몸에 '마녀의 연고'를 바른 후 빗자루를 타고 하늘을 날았다는 부유 이야기는 종교적, 사회적 제한을 넘어섰다는 것을 의미한다. 다시 말해서, 마녀들은 '울타리 위를 날아가는 여자'(월경하는 사람, 경계를 넘어 다닌 여성)들, 다시 말해서 경계를 넘어 해방을 꿈꾸는 자들이었다. 원래 중세의 마녀(hagazussa)는 울타리 위에 앉은 여자의 비유였으며, 이 울타리는 촌락 공동체와 야생의 경계를 의미했다. 그러므로 마녀는 원래 마을과 야생 양쪽에 몸을 담고 있는 반(半)데몬적 존재였다. 데몬이란 질서의 내부와 외부를 왕래하는 존재이며 두려움과 외경의 대상이어서 사람들은 데몬에 대한 주술을 만들어 냈다. 그런데 그리스도교는 데몬을 악마로 만들었다. 그리고 그리스도교 선교 이전부터 존재하던 반(半)데몬적 마녀를 박해하였다.[75] 이러한 마녀사냥은 토착 신앙을 우상 숭배로 부정하는 그리스도교의 전투적-독선적 선교 정책도 있겠지만, 무엇보다도 울타리를 넘어서는 여성들을 용납하지 못하는 가부장적 교회 제도에 원인이 있다.

12세기 말 왈도파와 카타리파의 이단 심문 과정은 16~17세기 마녀 박해의 출발점이 되었다. 남-프랑스와 북-이태리 왈도파(독: Waldenser)와 라인란트(독: Rheinland)로 이어진 카타리파는 성서와 원시-그리스도교의 삶을 이상으로 하는 청빈운동이었다. 특히 프랑스 리용의 왈도는 아씨시의 프란체스코와 매우 유사한 삶을 지향한 종교개혁의 선구자이다. 왈도파는 교회 안에서 여성의 지위를 인정하고 남성과 같이 노상에서 복음을 설교했으며, 성직 위계질서의 폐지와 구성원의 평등을 주장했다. 참으로 왈도파와 카타르파는 남녀의 평등한 사제권을 실현하였다. 그것은 가부장적 교회 제도에 대한 도전이었으며, 박해의 원인이 되었다.[76]

마녀들은 약초로 치료하는 능력을 지녔으며 산파로서 아이를 출산시키는 의학적 기술이 있었고, 성적 매력과 마을의 지도적 역할을 담당하는 재산(땅)을 지닌 여성들이었다.[77] 하지만 1241년경에 확립된 독일의 의약분업은 탄생과 죽음의 경계에 있던 산파들과 약제사의 자

---

75 김윤옥, "마녀와 여성의 영성," 175.
76 김윤옥, "마녀와 여성의 영성," 185-187. 카타리파는 마리아 숭배에 냉담했으나 이원론의 영향으로 성적 금욕을 준수했으며 처녀성과 욕망의 억제를 하나님에게 가는 올바른 방법으로 보았다.
77 김윤옥, "마녀와 여성의 영성," 202.

격을 갖추지 못한 여성들을 쫓아냈고 출산도 남성 의사가 담당하게 되어 '현명한 여인'이던 산파나 약제사 등이 배제되기 시작했다. 종국에는 산파의 직분도 법적으로 규제를 받게 되었다.[78] 이러한 마녀들의 능력과 지도력은 남성중심적 사회제도에서 용납될 수가 없었다. 참으로 마녀들은 약사와 의사로서 민중의 치유자였으며, 마을의 지도자요 종교지도자로서 가부장적인 교회와 사회의 질서를 넘어선 해방의 선구자들이라고 할 수 있다.

IV. 나가는 말

예수는 하나님 나라 사역을 주로 갈릴리 지역에서 이방인을 주 대상으로 하였다. 그것은 가난한 자, 나그네와 여성, 억압받는 모든 생명에게 복된 소식으로써 정의와 생존을 위해 투쟁하는 갈릴리 이방인들에게 새로운 희망이었다. 그들은 역사언어학적으로 아피루-게르-켈트와 동의어이며, 사회적으로 갈릴리의 이방인 거류민 집단을 의미한다. 하지만 그들은 예수의 하나님 나라의 복음을 받아들였으며 원시 그리스도교의 핵심 구성원으로서 하나님 나라의 주체들이 되었다. 특히 켈트 여성들은 투쟁적, 진취적, 자주적인 특성과 자비와 창조의 영성을 소유하고 있었다. 그들은 예수의 제자들로서 하나님 나라의 복음을 선포하는 전도자이고 민간요법을 통해서 가난한 민중들의 정신적 고통과 육체적 질병을 고치는 치유자들이었다. 또한 그들은 이방인의

---

78 니시무라 유코, 『마녀의 약초상자』, 166-167.

갈릴리에서 선포된 하나님 나라의 구원(구출 해방 치유)을 이 땅의 예전인 삶의 축제로 누리던 제자들이며, 경계를 넘어 해방을 꿈꾸는 자유인들이었다. 하지만 그들은 가부장적인 제도에 의해 사회적 억압을 받았으며 종교적으로 마녀사냥의 대상이 되었다. 그것은 여성의 눈을 가리고 입과 귀를 막고, 여성의 몸을 죄악시하여 육체의 자유를 억압했으며, 마녀사냥을 통해서 여성의 생명을 살해하였다.

하나님 나라는 모든 생명을 살리는 치유, 곧 자유, 해방과 회복이다. 바로 그것이 하나님의 창조 사업과 구원의 목적이다(요 6:57). 그 때문에 바울은 예수가 하나님 나라 사역의 목적을 "내가 온 것은 그들이 생명을 얻고 또 얻어 넘치게 하려는 것이다"라고 증언하였다(요 10:10). 하지만 오늘날도 여전히 마녀라고 불리는 자들이 있고, 그들을 사냥하는 자들이 존재한다. 다시 노래를 부르며 원형 군무를 추고 하늘로 비상했던 사바트의 축제가 재현되어야 한다. 그것은 혁명을 선언하는 외침의 몸짓이며, 모든 압제와 억압에 대항하는 선전포고이다. 그때 모든 여성들은 스스로의 몸을 보호하는 기름을 바르고 하늘로 비상했던 마녀들처럼 가부장적 울타리를 넘어 힘차게 날아오를 것이다.

참고문헌

구띠에레스, 구스따보. 『생명이신 하느님』. 황종렬 옮김. 왜관: 분도출판사, 1994.

김윤옥. "마녀와 여성의 영성." 『영성과 여성신학』. 여성신학사상 제4집. 한국여성신학회 엮음. 서울: 대한기독교서회, 1999.

김정란. "켈트 여신 신화 연구." 「여성문학연구」 23 (2010), 309-348.

김해성. "구약성서의 '외국인 이주자' 개념과 한국 '이주자 선교'에 관한 연구." 한신대학교 신학전문대학원 박사학위논문, 2006.

노트, 마르틴. 『출애굽기』. 국제성서주석. 편집실 옮김. 서울: 한국신학연구소, 1985.

니시무라, 유코. 『마녀의 약초상자』. 김상호 옮김. 서울: AK커뮤니케이션스, 2017.

다케루베, 노부아키. 『켈트 북구인의 신들』. 박수정 옮김. 서울: 들녘, 2000.

라이케, 보. 『신약성서시대사』. 번역실 옮김. 서울: 한국신학연구소, 1997.

류터, 로즈마리. 『가이아와 하느님』. 전현식 옮김. 서울: 이화여자대학교출판부, 2000.

르 고프, 자크, 니콜라스 트뤼옹. 『중세 몸의 역사』. 채계병 옮김. 서울: 이카루스미디어, 2009.

박영배. 『켈트인, 그 종족과 문화』. 서울: 지식산업사, 2018.

반 하우튼, 크리스티아나. 『너희도 이방인이었으니』. 이영미 옮김. 오산: 한신대학교출판부, 2003.

슐체, 하겐. 『새로 쓴 독일 역사』. 반성완 옮김. 서울: 知와사랑, 2000.

양태자. 『중세의 잔혹사 마녀사냥』. 서울: 이랑, 2015.

엘뤼에르, 크리스티안. 『켈트족 고대 유럽의 정복자』. 박상률 옮김. 서울: 시공사, 1998.

오현택. "중간 시대의 갈릴리." 『이방인의 갈릴리』. 이승호 엮음. 서울: 크리스천헤럴드, 2007.

윌리암스, 로완. 『과거의 의미』. 양세규 옮김. 서울: 비아, 2019.

이건우. "보편적 신화소로서의 주권여신." 「인문논총」 49 (2003), 269-304.

이케가미, 순이치. 『숲에서 만나는 울울창창 독일 역사』. 김경원 옮김. 서울: 돌베개, 2018.

조이스, 티모시 J. 『켈트 기독교』. 채천석 옮김. 서울: 기독교문서선교회, 2003.

죌레, 도로테. 『땅은 하나님의 것이다』. 정용섭 옮김. 서울: 한국신학연구소, 1999.

최만자. 『여성의 삶 그리고 신학』. 서울: 대한기독교서회, 2005.

키친, 마틴. 『켐브리지 독일사』. 유정희 옮김. 서울: 시공사, 2001.

탄크레디, 루치아. 『빙엔의 힐데가르트 능력과 은총』. 임원지 옮김. 서울: 으뜸사랑, 2014.

폭스, 매튜.『영성 자비의 힘』. 김순현 옮김. 서울: 다산글방, 2002.

_____.『우주 그리스도의 도래』. 송형만 옮김. 왜관: 분도출판사, 2002.

폰 라트, 게르하르트.『창세기』. 국제성서주석. 번역실 옮김. 서울: 한국신학연구소, 1983.

픽슬레이, 조지.『하느님 나라』. 정호진 옮김. 서울: 한국신학연구소, 1986.

허성균. "구약 시대의 갈릴리."『이방인의 갈릴리』. 이승호 엮음. 서울: 크리스천헤럴드, 2007.

황성규. "예수운동의 장으로서 갈릴리 연구." 한신대학교 박사학위논문, 1991.

AStour, M. C. "Habiru," in *IDBSup*. Nashville: Abingdon Press, 1976.

Bachmann, M. L. and A. C. Pilarski. *Judges*. Wisdom Commentary 7. Ed. Barbara E. Reid. Collegeville, Minnesota: Liturgical Press, 2018.

Brueggemann, Walter, *The Land: Place as Gift, Promise, and Challenge in Biblical Faith*. Philadelphia: Fortress, 1977.

Dodd, C. H. *The Bible and the Greeks*. London: Hodder and Stoughton, 1935.

Jelicoe, S. *The Septuagint and Modern Study*. Oxford: Clarendon Press, 1968.

Mazar. B. "Geshur and Maacah." *Journal of Biblical Literature* 80 (1961/1), 16-28.

Mendenhall, George E. *The Tenth Generatio: The Origins of the Biblical Traditions*. Baltimore: Johns Hopkins, 1973.

Moore, Megan B. and Brad E. Kelle, *Biblical History and Israel's Past: The Changing Study of the Bible and History*. Michigan Cambridge: Grand Rapids: 2011.

Na'aman, N. "The kingdom of Geshur in history and memory." *Scandinavian Journal of the Old Testament* 26 (2012/1), 88-101.

Schmidt, J. *Das Evangeium nach Mrkus*. Regensburg: Pustet, 1963.

Trible, Phyllis. "God, Nature of, in the Old Testament." *The Interpreter's Dictionary of the Bible Supplementary Volume*. Ed. Keith Crim. Nashville, TN: Abingdon Press, 1976.

'신들린 여성', 히스테리의 하늘을 향한 갈망 *

조현숙**

I. 들어가는 글

40대 초반의 영애 씨는 가부장적이고 폭력적인 아버지와 이런 남편의 기에 눌려 자녀들을 방임해왔던 어머니 밑에서 지독한 학대를 받았다. 고등학교를 졸업하고 얼떨결에 만난 남편과 '살림'을 차렸으나 남편은 친정아버지 못지않게 폭력적이어서 이십 년 동안 우울증 약을 복용해왔다. 그러던 어느 날 동네 권사님께 전도를 받아 큰 은사체험을 한 뒤, 소명을 받아 신학 공부를 시작하였다. 영애 씨는 신학 공부를 한 뒤에도 따라가기 힘든 학과 공부의 스트레스와 멈추지 않는 남편의 폭력에 지칠 때, 며칠씩 진행되는 기도원 성령 집회에 참여해 눈물과 콧물, 핏덩어리를 토해내고 '거짓 영들'을 쫓아내고 나서야 살 힘을 얻는다. 은사체험을 한 뒤에는 지적 능력도 좋아지는 것 같고, 기도 중 '도끼로 찍어내는 듯한' 육신의 고통이 있지만, 이상하게 마음이 시원해진다.

* 「목회와 상담」 35권(2020년)에 게재된 것을 재수록합니다.
** 서울신학대학교 상담대학원 교수.

위는 필자가 만났던 사례의 일부이다. 코로나 시대의 도시 온라인 교회는 더 이상 은사나 신비의 언어를 즐겨 쓰지는 않는다. 하지만 필자가 어렸을 때 살았던 변두리 도시교회에는 "OO 초청 은사체험", "OO 목사 신유부흥회"와 같은 포스터와 현수막이 골목에 많이 붙어 있었다. 그즈음 학생회 수련회로 참석했던 한 기도원에서의 장면은 수십 년이 지났는데도 강렬한 기억으로 남아 있다. 수천 명의 사람이 함께 북소리에 맞추어 손을 위로 향한 채, 방언으로 울면서 기도하거나 '입신'하는 모습은 원시적이고 세련돼 보이지는 않았지만 압도당할 만큼 놀람과 전율이 있었다. 그래서 이 극도의 신비체험의 공간과 시간의 동일성에 합류하고 싶어 필자도 방언을 사모했던 기억도 있다. 그때 그 많은 여성들의 기도의 내용은 기억나지 않지만 아마 치유와 해방의 외침이었을 것이라고 짐작한다. 그리고 그 울림은 오랜 시간이 지났지만 잊혀지지 않고 기억의 주변부에 남아 있다.

목회상담을 공부하면서 가끔 그 장면을 떠올릴 때가 있다. 이질적이고 낯선 모습을 지녔지만, 왠지 친숙한 그 기이함은 무엇이었을까. 그런 현상을 집단 히스테리라고 볼 수 있다면 동시에 몇 가지 질문을 같이 생각한다. 왜 그런 은사는 여성들에게 집중되었으며, 그 많은 사람들이 어떻게 자신의 욕망을 검열하지도 않고 소리치고, 뛰고, 뒹굴 수 있었을까. 그들을 신성한 것에 사로잡힌 '신들린 여성'들이라고 한다면, 로고스(logos) 중심 신앙에서 배제된 그들의 목소리는 무엇이며, 욕망의 본질은 무엇인가. 그리고 그들을 해석할 수 있는 다른 관점은 없는가. 본 논문은 이러한 고민에서 시작하였다. 이를 위해 히스테리의 간략한 역사를 몸의 재현의 관점에서 알아보고, 신성과 에로티시즘의 교차점으로 히스테리 몸을 살펴본 뒤, 목회상담의 관점에서 히스테리를 "몸의 사제"와 "모성적 대지의 욕망"이라는 관점에서 알아보았다.

현대의 히스테리는 신들림의 현상보다는 다양한 방식으로 재현된다. 쇼핑중독으로 나타나기도 하고 거식증으로 나타나기도 하며, 한국 사회에서는 반공 히스테리로 나타나기도 한다.[1] 그리고 그 증상은 여성의 몸을 통제하는 문화가 존재하는 한 계속될 것이다.[2] 그렇다면 대타자의 욕망을 추구하는 히스테리의 종말은 가능할까. 그 가능성은 히스테리가 자신의 욕망이 타자의 욕망이었음을 인식해야 하는 그 지점에서 시작한다. 그 지점에서 발생하는 "쓸쓸함"과 "우울"은 히스테리가 가진 몸의 발화를 소통되는 글과 시, 노래로 이끌게 하며, 하늘을 향한 기도로 소통하게 한다. 그런 면에서 이 논문은 히스테리자들에 대한 제의(祭儀)일 수 있다.

---

1 고유식, "반공 히스테리로부터의 해방을 위한 목회 신학적 연구: 한국 사회 내 레드 트라우마 분석을 중심으로,"「목회와 상담」 33 (2019), 47-76.

2 목회와 상담 논문을 중심으로 여성의 몸과 정서에 대한 목회신학과 논문은 다음과 같다. 신명숙, "목회자의 성적부정행위로 희생된 여성치유를 위한 목회신학적 고찰,"「목회와 상담」 30 (2018), 107-149; 안유숙, "기독교 저소득 여성독거노인의 나이듦 경험 연구,"「목회와 상담」 28 (2017), 149-182; 이아람, "여성 분노 경험에 대한 여성주의 목회상담적 고찰: 크리스티 누거의 방법론을 중심으로,"「목회와 상담」 28 (2017), 183-211; 정푸름. "여성주의 상담자와 타 젠더 내담자의 만남: 폭력과 트라우마 사례를 중심으로,"「목회와 상담」 28 (2017), 301-324; 권미주, "성폭력 피해여성을 지원하는 교회공동체의 목회신학 연구,"「목회와 상담」 27 (2016), 41-70; 전금정, "중년여성의 어머니를 향한 분노: 오토컨버그의 관점에서,"「목회와 상담」 26 (2016), 330-360.

II. 신들린 여성들의 역사와 재현되는 몸

1. 히스테리의 역사

임옥희는 히스테리의 접근방식을 고대의 주술적인 단계와 근대의 계몽주의 단계로 구분했다.[3] 주술적인 단계의 내용은 고대 이집트 문헌에서 볼 수 있는데 대표적인 것이 "방황하는 자궁"설이다.[4] 성차별의 가장 강력한 형태로 지적되는 "방황하는 자궁설"은 히포크라테스에 의해 등장하여 히스테라(hystera), "자궁"이라는 이름을 부여받는다. 이는 여성의 본질을 생산적인 기능에 특정한 것으로 이후 페미니스트들에 많은 비판을 받고 현대의학의 진단에서는 사라졌지만, 진하고 깊은 은유의 형태로 여전히 여성들을 왜곡하는 언어로 작동하고 있다. 또한 플라톤은 『티마이오스』에서 여성은 아이를 낳기를 갈망하는 동물로 묘사했는데 여성이 때가 되어 임신이 되지 않으면 자궁이 불만에 쌓이고 몸속을 헤매며, 호흡을 가로막는다는 것이다.[5] 이후 갈렌(Galen)은 히포크라테스만큼 명망이 있는 의사였지만 히스테리의 원인으로 "방황하는 자궁"설을 넘지 못했다. 즉, 자궁은 태아 때에 만들어지며 성생

---

3 임옥희, "히스테리: 여성의 육체언어/ 권력/ 욕망," 『페미니즘과 정신분석』, 여성문화이론연구소 정신분석세미나팀 (서울: 도서출판 여이연, 2003), 97.

4 신양숙은 비스(Ilza Veith)를 인용해 이집트 파피루스에 등장하는 히스테리 여성들은 다음과 같이 묘사되었다고 말한다. "침대를 사랑하는 여인", "잘 보지 못하는 여인", "턱과 이가 아프다는 여인", "눈두덩이가 아프며, 온 사지가 쑤시는 여인" Ilza Veith, *Hysteria: The history of Disease* (Chicago: The University of Chicago Press, 1956), 3; 신양숙, "여자의 병: 해체 페미니즘과 히스테리아," 「외국문학」 43 (1995), 133-134에서 재인용.

5 플라톤, 『티마이오스』, 박종현 외 옮김 (서울: 서광사, 2000), 254-255.

활을 하지 않으면 여자의 "씨"가 체내에 고여 히스테리를 일으키기 때문에 결혼 생활은 자궁의 성적 활동을 보장해준다.[6] 갈렌은 히스테리의 원인으로 해부학을 도입하여 히스테리가 의학의 관점에 놓이게 되었지만, 여성의 본질을 여전히 생산의 관점에 두고 있다는 점에서 여전히 종교와 문화의 편견 아래 있음을 보게 된다.

16세기에 들어서 히스테리는 더욱 어처구니없는 국면을 맞게 된다. 히스테리의 원인으로 "독가스"(vapour)설이 등장한 것인데, 이는 자궁이 독한 증기를 내뿜어 여성을 허약하고 불안정하고 변덕스럽게 만든다는 것이다. 그래서 의사들은 손을 넣어 여성들의 몸에 축적되어 있는 유독한 성액을 빼낸다는 것이다.[7]

이와 같은 주장을 한 사람 중 하나인 페레(Ambroise Parey)는 남성과 여성을 비교하면서 남성은 운동을 통해 축적된 성액을 배출할 수 있지만, 여성은 열등한 생리학적 구조 때문에 자궁 속에서 썩어간다는 당돌한 주장을 연결시킨다.[8] 이후 17세기의 계몽 담론은 히스테리의 원인을 두뇌에서 기인한 것으로 이해한다. 지나친 감정의 격앙 상태가 히스테리를 초래한다는 것이다. 오직 모성만이 정상적인 여성의 이미지임을 부각시켰으며 이타적이고 무성적인(asexual) 어머니 외의 여성들은 과다성욕을 가졌기 때문에 통제하고 관리하려고 했다.[9] 18세기에 폼(Pierre Pomme)이라는 의사는 히스테리 환자를 치료하는 방법으로 열 달 동안 하루에 열 시간에서 열두 시간 목욕을 시켰다. 신경

---

6 리나 톰슨, 『자궁의 역사』, 백영미 옮김 (서울: 아침이슬, 2014), 81-82.
7 신양숙, "여자의 병: 해체 페미니즘과 히스테리아," 133.
8 앞의 논문, 134.
9 임옥희, "히스테리: 여성의 육체언어/ 권력/ 욕망," 98.

조직이 마르게 하지 않고 환자의 열을 내리게 하기 위해서다. 목욕을 시키는 동안 소변으로 배설되는 양피지 조각의 관찰을 통해 요관(尿管)의 일부가 허물을 벗고 직장을 통해 내장조직의 껍질이 벗겨지는 것을 관찰하면서 두뇌의 질병을 해부학적으로 바라보는 관점을 갖게 된다.[10]

　　19세기에 와서 히스테리 연구는 정점을 이루게 된다. 억압적이고 가부장적인 빅토리아 시대에서 감각적이고 열정적인 히스테리는 뇌염의 일종으로 여겨졌으며 19세기 샤르코(Jean-Martin Charco)와 재닛(Pierre Janet)은 신경증의 일부로 히스테리를 보았으며, 그 원인을 주술이나 미신의 영역이 아닌 과학적이고 구체적인 심리적 원인으로 이동시키면서 최면을 등장시키기도 한다. 이어 프로이트(Sigmund Freud)와 브로이어(Josef Breuer)는 히스테리는 유아기 외부 사건에 의한 심리적 외상과 관련이 있음을 선명하게 주장하였다.[11] 그러나 프로이트의 히스테리 분석은 아버지와 아들의 계보를 잇는 오이디푸스적 삼각구도에서 여성을 배제된 존재와 결핍의 존재로 보고 있고, 여성의 성적 성숙을 클리토리스에서 질의 성감대로 이동해야 함을 주장하면서 여성의 '정상성'을 억압하게 된다.

　　결론적으로 근대에 들어서면서 히스테리는 과학과 해부학의 발달로 미신과 주술이 주는 오명에서는 벗어났지만 다양하고 교묘한 여성 억압의 방식으로 오랜 시간 동안 문화와 신앙에 스며들어왔다. 논리로서 히스테리의 진단은 사라졌지만, 감성으로 히스테리의 언어는 여전

10　미셀 푸코, 『임상의학의 탄생』, 홍성민 옮김 (서울: 이매진, 2006), 14.
11　정희성, "히스테리와 목회상담," 『여성과 목회상담』 (서울: 이화여자대학교 출판부, 2010), 196-197.

히 남아 여성들의 주변을 떠돈다. 다음 장에서는 비상하고 열광적인 신앙을 소유한 중세 여성신비주의자들을 통해 그들의 신비경험의 근저에 있었던 것은 무엇이며, 현대 은사주의자들과 경험의 공통점은 무엇인지를 알아보고자 한다.

2. 중세 여성신비주의자들을 통해 본 히스테리와 성스러움의 갈망

신비체험과 신경증이 공유하는 현상이 고통이다. 위의 사례에 나오는 영애 씨는 예수 믿기 전 20년을 우울증 진단을 받아 약을 복용해왔고 알 수 없는 몸의 고통에 시달려오다 열광적인 성령 체험을 한 뒤 증상이 사라졌다.

음… 기도할 때는 넘넘 더워… 뜨거운 게 안에서 치미는 것 같아… 그럴 때면 견딜 수가 없어서 나도 모르게 일어나 방언으로 기도하면서 울부짖게 되더라고…. 그리고 나면 시원해지지만, 머리도 굉장히 아프면서 가려워요…. 온 전신이. 병원에 갔더니 열이 많다고 하더라고…. 위장, 심장, 손발은 말할 것도 없이…. 그래도 우울하지는 않으니까… 기도하면 힘이 나니까…. 눈물이며 콧물이며 다 흘러나와도 창피하지 않아요. 자신감도 생기고….12

영애 씨가 겪었던 종교체험의 현상들은 환상을 보던 중세 여성신비

---

12 사례의 일부분.

주의자들에게서도 볼 수 있다.

> 선하신 주님, 내가 죽는 것이 당신께 영광이 되기를 원합니다. … 이렇게
> 반나절이 흘렀고 내 하반신의 감각이 마비되었습니다. 나는 사람들의 부
> 축을 받아 일어나 앉았습니다. … 목사님이 도착했을 때 내 눈동자는 굳
> 어졌고 말도 할 수 없었습니다. "딸아, 네 구주의 형상을 가져왔다. 그것
> 을 보고서, 너와 나를 위해 죽으신 분을 기억하면서 위로를 받아라." …
> 그런 후 눈이 보이지 않았고 방안은 밤처럼 어두워졌습니다. … 이윽고
> 내 상반신이 죽어가기 시작한다고 느껴졌습니다. 내 두 손은 늘어졌고,
> 힘이 없어서 고개를 돌릴 수도 없었습니다. 죽음이 임박했을 때 갑자기
> 모든 고통이 사라지고 나는 건강해졌습니다. 특히 상반신이 완전해졌습
> 니다. 그것은 자연스러운 현상이 아니라 하나님의 은밀한 행위인 듯이 보
> 였기 때문입니다.[13]

종교 경험 중에는 위의 사례에 나오는 영애 씨나 줄리안(Julian of
Norwich)과 같이 육체의 고통이 동반되는데 육체의 증상 중 대표적인
것은 위장병과 불면증이고 이는 과거와 현재가 동일하다. 이러한 신적
고통과 더불어 나타나는 '입신'(入神)과 같은 황홀경(ecstatic) 역시 보
편적 현상이다.[14] 그러나 중세 여성신비주의에는 이런 황홀경만 존재
하는 것이 아니라 금욕이나 고난, 희생과 같은 개념도 자주 볼 수 있는

---

13 노리지의 줄리안, 『하나님 사랑의 계시』, 엄성옥 옮김 (서울: 은성출판사, 2007), 30;
　　Julian of Norwich, *Showing*, tr. Edmund Colledge and James Walsh (New
　　York: Publist Press, 1978), Chapter ⅱ.
14 이충범, 『중세 신비주의와 여성』 (서울: 도서출판 동연, 2011), 98-99.

데 이런 개념들은 주로 가난한 이들과 여성들에게 더 많이 부과된 매저키즘적인 현상으로 여성신학에서는 문제화된 것들이다.[15] 즉 예수의 십자가 고통을 자기와 등치시킨다든지, 순교의 영성을 예로 들며 여성의 일방적 희생을 강조하는 상황은 교회의 가부장성을 드러낸 것이기 때문이다.

그러나 정미현은 중세라는 시대적 특성과 역사적 맥락을 살펴보지 않고 현재의 여성신학의 시각으로 중세여성 신비주의에서 사용된 이러한 개념들 자체를 무조건 부정적으로 평가할 수는 없다고 이야기한다. 일단 이 시기 영국은 잦은 재앙과 정치. 경제의 불안정으로 염세적인 시대 분위기가 지배적이었으며, 이런 상황에서 줄리안의 신학은 인간이 처한 고난의 문제와 비탄에 대해 머무르지 않고 극복하고 승화하도록 이끄는 힘을 주는 것이기 때문에 줄리안의 신비주의는 신플라톤주의의 탈 세상적, 염세적 신비주의와 근본적으로 다르다는 것이다.[16]

정희성은 중세 여성신비주의자들이 히스테리 현상을 통해 표현하고자 했던 것을 자신들이 하나님과 연결된 독특한 주체임을 표현하는 욕구라고 보았다. 여성들은 자신의 육체, 감성, 왼쪽, 어둠, 굴곡 등의 부정적 가치와 연관된 것들 속에서 하나님의 또 다른 모습, 즉 분리를 넘어서는 하나님 힘의 흐름과 범람, 분출을 온몸으로 감지해내며 하나님 인식의 주체로 자신을 재현했다는 것이다.[17]

또한 브라운(Christina von Brawn)은 서양의학의 역사에서 무질서한 형식을 배제하고 이름 짓기 어려운 표현 불가능의 상태를 히스테리

15 정미현, "노르비취의 줄리안과 신비적 영성,"「한국기독교신학논총」27 (2003), 219.
16 앞의 논문, 220.
17 정희성, "히스테리와 목회상담," 210.

라고 보았다.[18] 이 무질서한 형식은 '비정상성'으로 수렴되어 시대에 따라 치료의 목표가 변하면서 여성 그 자체를 병리적인 존재로 만들어 내는 데 기여했다.[19] 이충범은 중세 여성신비주의자들의 히스테리를 비롯한 멜랑콜리아같은 신경질환이 공유하는 특성으로 '젠더화'를 들고 있다.[20] 즉 남성에게는 드물지만, 여성에게 두드러지는 이런 현상들은 여성의 육체에 대한 권력 통제를 통해 가부장제를 공고히 해온 전략으로도 해석할 수 있다는 것이다. 히스테리의 젠더화와 몸의 통제에 대한 견해는 많은 학자들이 연구를 해왔기 때문에, 이런 관점에도 동의하면서 동시에 본 논문이 주목하고 싶은 부분은 중세 여성신비주의자들의 몸에 나타난 경험과 영애 씨의 몸의 경험에 나타난 보다 충동적이고 근원적인 몸의 자극에 대한 부분이다. 크리스테바는 이런 신비 현상을 성스러움으로 해석하면서 이런 현상을 자극에 의한 몸의 '감응성'(porousness)으로 보았고 에로티시즘의 격상된 표현으로 설명하였다.[21] 즉 진정한 앎이란 그동안 가부장제가 든든히 여겨온 이성과 합리, 로고스중심주의를 넘어선 자극과 충동 그리고 주이상스(Juissance)의 경험임을 주장한다. 따라서 다음 장에서는 크리스테바(Julia Kristeva)를 통해 신적인 경험이 발생하는 여성 육체의 차원이 성스러움과 어떤 공명을 이루어내는지를 알아보려고 한다.

---

18 크리스티나 폰 브라운, 『논리, 거짓말, 리비도, 히스테리』, 엄양선 외 옮김 (서울: 도서 출판여이연, 2003), 25.

19 앞의 책, 28-29.

20 이충범, 『중세 신비주의와 여성』, 111.

21 카트린 클레망 외, 『여성과 성스러움』, 임미경 옮김 (서울: 문학동네, 2002), 41-54.

III. 성스러움과 에로스의 교차점으로 여성의 몸

1. 사로잡힌 영혼과 에로스화된 몸

신적인 경험이 보다 근원적이고 충동적인 힘의 영향이 있다는 것을 살펴보기 위해 동숙 씨의 사례를 살펴본다. 그녀는 정신 분열 진단을 받아 17년 동안 병 치료를 받다가 입원하였으며, 두 번의 이혼 경력이 있고, 자신이 하나님의 딸로 선택받았다는 강한 선민의식을 지니고 있다. 신앙이 있는 그녀의 사례에서 특별한 것은 몸을 통해 나타나는 신비 현상이다.

그녀의 망상 가운데 가장 특이한 것은 예수님과 하나 됨의 경험으로 그것이 성적 합일의 경험이고 어려움을 당할 때마다 자기를 위로해주는 따사롭고 에로틱한 손길에 대한 경험이다. 그녀는 이 손길의 주인공을 예수님, "뼈와 살이 없는 영", 또는 "천년"이라고 호칭한다. 자기는 기도를 하거나 죄를 고백할 때, 예수님의 그림자가 드리워지는 것을 보며, 때때로 예수님의 손길이 자신을 뒤에서 안아주고 애무하므로 몸과 마음이 뜨거워지는 경험을 하였고, 그뿐 아니라 예수님과 성관계도 가졌다고 한다.[22]

크리스테바는 성스러움의 경험이 발생하는 것과 담론이 만나는 지점을 여성의 몸으로 보았다. 그것이 위의 동숙 씨처럼 몸을 통해 나타

---

22 박성자, "한국교회여성의 신앙형태에 나타난 성적 병리 현상,"『성과 여성신학』, 여성신학사상 제5집, 한국여성신학회 엮음 (서울: 대한 기독교서회, 2001), 132-133.

나는 병리 현상이거나 줄리안과 같은 중세 신비주의자들에게서 보이는 성스러움의 형태이든지에 상관없이 성스러움이란 육체의 감응성(porousness)에 대한 반응과 희생이라는 것이다.[23]

즉 여성의 육체는 "조에'라는 생물학적 생명을 뜻하는 언어와 "비오스"라는 의미가 부여된 생명이라는 언어가 만나는 지점이자 교차로이다. 언어와 생물학적 흥분 사이에는 경계선이 놓여 있으며, 금기가 경계선을 만들어내고 강화시킨다. 그리고 성스러움은 금기가 만들어낸 도덕 위에 세워진다.[24] 이런 관점으로 위의 동숙 씨를 이해해보자면, 동숙 씨는 실재계에 표현되는 성적흥분과 도덕이나 담론 위에 세워진 상징계에서 소외된 자신의 잉여가 그녀의 육체를 통해 표현되는 것은 아닌가 생각해본다.

계속해서 크리스테바는 '존재의 지평에는 구멍이 많이 나 있다'고 한 후설(Edmund Husserl)과 메를로 퐁티(Merleau Ponty)를 인용하면서, 존재에는 언어로 환원되지 않고 스며나오는 감각이 있고 이 스며나오는 이 감각이 확산되고 증발되어 나타나는 현상이 신비체험이나 광증의 발작 순간이라고 말한다.[25]

여성 신비주의자들과 히스테리아들은 자신의 존재의 지평에 난 몸의 구멍을 통해 스며든 감각을 예민하게 반응하고 감지하는 자들이다. 언어화되지 못한 잉여들은 도덕과 상징에서는 멀어지지만, 이성의 구조에 사로잡히지 않은 채, 종교와 도덕, 상징계를 어지럽히며 기존의 질서를 교란시킨다.

---

23 카트린 클레망 외, 『여성과 성스러움』, 28-29.
24 앞의 책, 29.
25 앞의 책, 31; 이충범, 『중세 신비주의와 여성』, 121.

크리스테바는 플라톤에게서 빌려온 "코라"(chora)라는 용어를 통해 상징계에 위치하지 않은 기호적이고 육체적인 어떤 '충동'을 설명한다. 코라는 단절과 분절 그리고 리듬으로서 사실 임직한 것들과 공간과 시간이라는 담론과 반대로 진행된다.[26] 또한 통제되거나 위치 지우거나 할 수 없으며 오직 신체의 차원에서 몸짓과 운율에 반응하는 에너지로 강력한 '파괴파'를 생성해낸다.[27] 이 강력한 에너지이자 의미 불가능성의 언어가 구현되는 장소는 오이디푸스 이전의 어머니의 몸과 관련되는데, 크리스테바에게 기호계인 모성적 몸은 상징계로 대변되는 아버지와의 관계, 즉 대타자인 상징적 질서 안에 진입하기 위해 비체화시켜야 하는 대상이다.

즉 크리스테바 관점에서 보면 무의식적 충동과 욕망, 몸의 떨림, 날 것의 재현은 전 오이디푸스적 충동에 근거를 둔 모성 대상에 사로잡혀 있는 상태이다. 이런 현상이 광증(madness)과 신성(holiness) 그리고 시(poetry)를 통해 기호적 폭발과 상징계에 대한 위반으로 드러난다.[28]

그리고 이 광증은 여성의 몸에서 성스러움과 에로티시즘의 교차장소로 표현된다.

---

26 줄리아 크리스테바, 『시적언어의 혁명』, 김인환 옮김 (서울: 동문선, 2000), 26. 크리스테바는 잃어버린 모성의 힘, 즉 차별적이고 억압적인 상징질서 아래 숨겨진 본능적인 힘을 회복시키고 주체성의 발달과 문화에 있어서 모성의 중요성을 인정하는 새로운 모성 담론을 요구한다. 즉 상징계에 균열을 내는 아브젝트(abject)라는 개념을 도입하여 아브젝트의 이론적 토대가 되는 모성적 자리인 '코라' 기호계를 복원하여 배제되어 왔던 여성의 몸을 수용하여 아름다움과 추함, 정상과 비정상, 정신과 육체의 이원론을 해체한다.

27 앞의 책, 29.

28 박재열, "줄리아 크리스테바의 시적언어와 그 실제," 「영미어문학」 46 (1995), 86.

어떤 힘이 덮쳐와 내 몸을 바닥에 쓰러뜨리고 짓눌렀어요. 바로 하느님이 었죠. 달리 설명할 말이 없잖아요. 하느님은 내게 몸을 남김없이 바칠 것을 요구해요. 정말 쉴 틈도 주지 않고, 내 사정은 조금도 봐주지 않아요. 고통을 느껴야 할 의무가 내게 주어진 거죠. 사랑도 없이, 언제나 사랑에 실패하면서 어디서든 고통을 느껴야만 하는 게 제 의무란 말이에요. 내가 어찌할 수 없는 어떤 힘… 어떤 완강하고 무자비한 힘… 이해하시겠어요?"[29]

크리스테바는 그녀의 내담자 마리안이 느끼는 이 '성스러움'의 경험을 에로티시즘의 다른 표현으로 이해한다. 여기에서 "하느님"은 그녀가 받아 온 가톨릭 교육 덕분에 쓰게 되는 진부한 준거의 표현일 뿐이지만, '하느님'이라는 용어는 자신이 원했고, 그녀에게 어떤 고통이 오더라도 기꺼이 감내하려는 희생 대상의 표현이라는 것이다. 이어 크리스테바는 바따이유(Georges Albert Maurice Victor Bataille)를 인용하여 신성(神聖)이 에로티시즘과 통함을 이야기한다.[30]

바따이유는 에로티시즘의 근본은 '금기와 위반'에 있음을 이야기한다. 그것은 종교도 마찬가지이다. 쾌락은 내적 체험의 차원에서 성적 금기에 대한 위반에서 발생하며, 그 위반을 즐기기 위해 금기를 지속시키려는 충동 사이의 고뇌가 에로티시즘의 내적 체험을 가능하게 한다는 것이다.[31] 그리고 신성 경험은 내적 체험에서 일어나는 강렬한 것이라는 점에서는 에로티시즘과 동일하고, 또 그 경험이 극단의 무화(無化)인 죽음과 연결되어 있고, 죽음은 극단의 에로티시즘과 통한다

---

29 카트린 클레망 외, 『여성과 성스러움』, 45-47. 크리스테바의 내담자 마리안의 사례.
30 앞의 책, 47.
31 조르쥬 바따이유, 『에로티시즘』, 조한경 옮김 (서울: 민음사, 1996), 41.

는 측면에서 다시 에로티시즘과 신성의 공통점을 발견한다.32

마리안의 사례와 동숙의 사례에서 의미 있었던 점은 성적 병리 현상으로만 취급되었던 여성의 몸에서 신성과 조우하는 에로티시즘을 발견할 수 있다는 점이다. 물론 여기서의 하느님은 어머니로부터 독립하지 못한 "하느님"이란 기표일 뿐이며, 실제 대타자는 아니다. 그리고 마리안의 몸은 집요한 모성성에 의해 지배받고 있을 뿐이다.

2. 주이상스(Juissance)를 넘어서

성스러움과 에로티시즘이 교차하는 히스테리 육체는 과잉의 공간이다. 이충범은 중세나 근대 초기에 여성들에게 나타난 신비적 현상과 몸의 증상들은 기존의 경직된 구조와 영토들을 전복하는 '몸에 현현한 힘의 발현'이라고 말한다. 또한 '힘'과 억압을 연결하여 그동안 가부장제의 사회와 문화에서 억압당한 여성들의 내면적 분출이 종교적 경직성과 맞물린 결과라고 진단한다.33

본 논문에서는 그 힘을 '코라'의 충동으로 해석한다. 코라에 점거당한 히스테리 육체는 여성에게서 상징계의 돌파를 정지하게 하고 증상을 발현시킨다. 몸으로 이야기를 하든, 몸을 언어로 전환시키든지 간에 히스테리 발화 현상에는 언어와 에로티시즘이 동반한다. 모든 것을 받아들이는 모성적 공간 안의 히스테리의 언어는 분열과 분리, 단절이 없는 주이상스의 언어가 된다.34 그러나 히스테리 육체가 원시적 만족

---

32 앞의 책, 282-296.

33 이충범, 『중세 신비주의와 여성』, 128.

34 임옥희, "히스테리: 여성의 육체언어/ 권력/ 욕망," 110. 주이상스(Juissance)는 모성

을 추구하는데 머무르는 것은 가부장제를 교란시키고 기존의 질서에 대한 전복과 저항으로서는 의미가 있으나 실제 새로운 여성 주체의 모델로 제안될 수는 없다. 히스테리 육체의 신들린 소통은 대다수 가부장제에 의해 조롱되고 희화화될 것이기 때문이다.

본 논문은 히스테리 여인들의 민감한 몸의 감응성을 보다 소통 가능한 상징계의 언어로 다시 재현해야 한다고 말한다. 또한 히스테리 여성들이 가부장제의 충실한 딸로만 남지 않으면서 새로운 주체로 설 수 있는 가능성을 중세의 힐데가르트(Hildegard von Bingen)에게서 배우고자 한다. 힐데가르트는 1098년 라인헤센 지방의 베르메르스하임(Bermersheim)의 귀족 집안에서 태어났다. 3세 때부터 특별한 환상을 보기 시작했으며 8세 때 여성 은둔자 스폰하임(Jutta von Sponheim)에게 위탁되어 베네딕트 규율에 따라 훈육되었다. 유타의 죽음 이후 수도공동체의 지도자가 된 힐데가르트는 끊임없는 명상 생활을 했으나 내면성에 머물지 않고 활동적인 일을 해나갔으며, 43세에는 극적인 환상 체험을 했다. 그 소리는 "네가 보는 것을 글로 적고, 네가 듣는 것을 말하라!"는 것이었다.[35] 이후 창조와 구원, 계시에 관한 연설과 저술의 업적을 이루었다. 힐데가르트는 수녀로서 가부장제를 적극적으로 활용할 줄 아는 전략적 여성이었다. 당시 여성만의 수도원을 짓고 싶은 자신

적 육체인 코라(chora)에서 발생하는 모든 요구를 받아들이는 희열의 장소이다. 극단의 향유로 번역되기도 하는 이 개념은 크리스테바와 라캉이 즐겨쓰는 개념이다. 여성의 주이상스를 억압된 것으로 보고, 재현불가능한 것으로 보는 라캉과 달리 크리스테바는 주이상스를 아브젝시옹을 통해 상징계에서 재경험할 수 있는 것으로 강조한다. 이럴 때 이 모성적 육체는 전 오이디푸스영역에 한정되지 않고 상징계의 경계를 가로지르는 포괄적이고 복합적인 요소가 된다.
35 정미현, "생태여성신학의 선구자 빙엔의 힐데가르트," 「기독교사상」 42 (1998), 62.

의 계획에 반대하는 수도원장 쿠노(Abbot Kuno)를 움직이도록 자신이 받은 계시가 하나님의 의지임을 표현하기 위한 고백을 전략적으로 하고, 수도원을 짓지 않으면 육체의 질병이 낫지 않을 것이라고 반대자들을 협박하기도 한다.36

또한 그녀는 자신의 의지를 관철시키기 위해 기득권과의 친분도 활용했다. 교황, 황제, 수도원장 등 권력자들에게 수백 편의 편지를 보내고, 어려울 때는 하인리히 마인츠(Heinrich of Meinz) 대주교를 개입시켜 일을 해결하였으며 프리드리히(Friedrich Barbarossa) 황제에게 의지하여 수도원을 보호받았다.37 이런 정치적 전략뿐 아니라 당시 여성들에게는 허락되지 않았던 신학적 글쓰기에 대해서도 담대한 전술을 펼쳐 수많은 저작을 남긴다. 특히 힐데가르트는 신적인 창조의 근원적 힘을 하나님의 사랑(CHARITAS)으로 보고, 이 근원적 힘이 우주 안에 충만하여 인간과 자연의 이원론적 대립을 극복한다고 믿었다.38 당시의 시대는 아리스토텔레스의 철학이 서방신학과 철학을 잠식하였고 이성과 논리에 대한 신뢰의 전통이 가득하였기 때문에 힐데가르트의 통전적이면서 이원론을 통합하는 시도는 매우 특별한 것이었다.39 더 나아가 그녀는 영과 육, 정신과 물질을 통합하려고 했고 생

---

36 Gottfried and Theoderic, *The Life of the Holy Hildegard,* tr. James McGrath (Collegeville: The Liturgical Press, 1995), 55. 이충범, 『중세 신비주의와 여성』, 239-240에서 재인용. "어느 날 나는 눈이 흐려져서 아무런 빛도 볼 수 없었습니다. 내 몸은 천근만근 무거워졌고..내가 이렇게 고통받는 것은 내가 받은 계시를 말하지 못하기 때문이었습니다. 내가 서원했던 보텐베르크를 떠나 다른 곳으로 가야만 한다는 것을(환상 중에) 보았습니다."

37 앞의 책, 241.

38 정미현, "창조-중심적 영성 빙엔의 힐데가르트," 「기독교신학논총」 15 (1998), 354.

39 이충범, 『중세 신비주의와 여성』, 255.

물학적 남녀 모두를 통합하려고 했다.

남자와 여자는 어느 한쪽이 다른 한쪽의 작품이 될 정도로 친밀하게 맺어
졌습니다. 여자가 없으면 남자는 남자라 불릴 수 없습니다. 남자가 없으
면 여자는 여자라 불릴 수 없습니다.[40]

힐데가르트에게 여성과 남성은 적대적인 존재가 아니라 존재론적
으로 상보적인 관계이며, 이런 인식은 창조주와 피조물에 대한 인식에
도 나타난다. 또한 그녀에게 몸이란 인간의 관점에서 대치되거나 영지
주의적 이원론이 아니다. 인간의 몸은 하나님을 인식하는 그릇과 같은
것이다.[41] 힐데가르트 역시 끊임없이 육체의 질병에 시달려야 했고,
자신이 원하는 대로 되지 않을 때는 그 병이 더 심각해지기도 했다. 그
러나 그녀는 침잠(沈潛)에 오래 빠지지 않았고 전략을 도모했다.

또한 음악가로서 힐데가르트도 주목해야 할 주제이다. 힐데가르트
는 음악을 단순한 도취의 영역에서 애호한 것이 아니라 치유의 힘으로
사용하였으며, 수많은 작곡의 힘의 근원을 사랑 가득한 어머니다움으
로 표현했다.[42] 펠트만(Christian Feldmann)은 힐데가르트의 음악이
동일한 멜로디 양식이 반복되는 경우가 거의 없었으며, 자유분방한 연
주로 확장된 음역대가 특징이라고 말한다.[43] 이는 마치 힐데가르트가

---

40 앞의 책, 256.
41 정미현, "생태여성신학의 선구자 빙엔의 힐데가르트," 72.
42 앞의 논문, 70.
43 크리스티안 펠트만, 『빙엔의 힐데가르트, 수녀요 천재』, 이종한 옮김 (왜관: 분도출판
    사, 2017), 230.

기호계의 자유로운 운동성을 상징적 질서로 전치시키고 그 질서를 받아들임으로써 의사소통이 가능한 관계로 발전시킨 것으로 해석할 수 있다. 즉 힐데가르트의 기호계 코라는 히스테리 육체를 재현하다가도 상징계를 향해 추동하면서 가부장제를 이용하기도 하고, 소통 가능한 언어로 제휴를 맺기도 한다. 또한 그 기저에 신비를 놓치지 않는다.

IV. '긴장과 역설' 앞에 선 히스테리의 목회신학

1. 히스테리자, 몸의 사제들

히스테리의 육체는 신성과 에로티시즘의 교차점이다. 여성의 금지된 욕망은 전치된 방식으로 표출되며, 이 전치된 방식은 성스러움의 이름을 갖는다. 그리고 이 성스러움은 묘하게 힘과 연결되어 있다. 페미니스트들은 그동안 히스테리를 가부장제를 전복하고 흉내 내거나 패러디하는 전략으로 사용해왔지만, 본 논문은 히스테리 여성들의 발작을 "몸을 통해 드리는 하늘을 향한 제의(祭儀)"로 해석한다. 앤더슨에 의하면 제의는 인간적인 요소와 신적인 것을 함께 엮는(Weaving Together the Human and the Divine) 것이다. 인간의 이야기가 잠재적으로 신적 이야기를 전개해나갈 수 있는 창문이라고 했을 때,[44] 히스테리아의 제의(祭儀)는 자기 몸을 재물로 하면서 때로 상처 입고 공격받으며 온몸으로 하늘을 향해 공연하는 잔혹한 "연극"이다.

---

44 허버트 앤더슨 외, 『예배와 목회상담』, 안석모 옮김 (서울: 학지사, 2012), 21.

그리고 성스러움이란 양립하지 않는 것들 사이에 관계를 만들어주고, '영혼들을 하나로 묶어주는 것'이다.[45] 크리스테바는 하늘을 향한 성스러움과 땅에 머물러 있는 세속화된 에로티시즘을 묶는 것을 '모성애'라고 말한다.[46] 그녀의 '모성애'는 페미니스트들로부터 본질주의자라는 비판을 받는 언어이기도 하지만, 이원론적 사고와 분열된 세계를 어머니라는 모성적 육체를 통해 통합하고 타자성을 담지하는 중요한 저장소이며 샘으로 해석된다. 그래서 그녀의 정신분석이 추구하는 사랑은 '모성적 언어'이며, 이 언어는 사랑의 언어를 통해 완성된다.

정돈되지 않은 언어로 공간에 균열을 내며 하늘을 향해 올린 그들의 언어가 의미화되려면, 기호계의 어머니를 상징계 안에 위치시켜야 한다. 그리고 이것은 폭압적이거나 충동적인 방식이 되어서는 안 된다. 집요한 기호계 코라의 원시적 충동으로부터 상징을 추구하는 "아버지의 성스러운 딸"이 되는 것은 일시적으로 구원받는 것처럼 보이지만, 실제로는 어머니에 대한 금기와 보호가 내재하는 것이기 때문에 스스로를 희생시키는 가학적 성스러움일 수도 있다.[47] 희생을 요구하지 않으며, 가학적이지 않을 수 있는 성스러움이 있다면 그것은 무엇일까.

크리스테바는 건강한 성스러움을 다림줄의 "긴장"과 연결하여 설명하는데, 즉 지나치게 엄격하지도, 지나치게 느슨하지 않은 다림줄과 같은 초자아의 기능이 극단적인 죽음이나 폭력을 방지하면서 자신을 통제할 수 있게 한다는 것이다.[48] 납추의 무게에 끌려 천장으로부터

---

45 카트린 클레망 외, 『여성과 성스러움』, 263.
46 앞의 책, 264.
47 앞의 책, 224-232.
48 앞의 책, 268.

아래를 향해 수직으로 내려뜨려지는 다림줄의 선과 그 "곧음"은 매달린 지점과 납추의 무게 사이에서 생기는 "긴장"에서 발생한다. 크리스테바는 그 내려뜨려진 줄을 인간과 여성에 비유하여 여성들의 삶이 "곧은" 성스러움이 되기 위해서는 천장에서 늘어뜨린 다림줄의 긴장이 필요함을 역설한다.[49] 그리고 이 "긴장"은 의미작용의 의무에 시달리고 있는 정신이라는 로고스에 호기심과 놀이로 작동한다.

2. 모성적 대지의 영성으로 하늘을 열망하는 사람들

타자의 욕망에 도달하려는 히스테리의 열망이 모성적 코라의 끈질기고 집요한 충동에 직면하게 되면 상징계의 문법이 아닌 신경증적인 형태로 상징계의 기표에 의존하게 된다. 신들림이라든지 방언 또는 입신의 형태이다. 끝없이 타자의 욕망에 매달리면서 한편으로는 주이상스의 달콤한 유혹에 머물고자 하는 히스테리의 복잡한 도식은 상징계에 포착된 기표에 스스로를 동일시한다. 그 예가 앞서 살펴본 대로 영애 씨, 동숙 씨, 마리안을 통해 나타난 "하나님"이라는 기표였다. 그러나 힐데가르트를 통해 본 히스테리 육체는 일시적으로 성취된 성스러움이 아닌, 모성적 코라의 위협을 받으면서도 쉽게 에로스화 되지 않는 기표를 가진다. 그래서 상징계와 소통할 수 있는 방식으로 전략을 펴면서 기표가 설정한 한계를 넘어 대타자인 하나님을 향한다. 이는 주체인 여성이 다림줄의 선처럼 "곧음"의 긴장을 유지할 수 있었기 때문이다. 그리고 여기서 주목해야 할 다른 한편이 다림줄 밑에 달린 소

---

49 앞의 책, 269-270.

박한 "납추"이다. "납추"는 아래에 매달려 위엄 있게 중심에 자리 잡고 있다.50 다림줄은 처음에 보면 올곧게 선 줄 만 보이지만, 자세히 들여다보면 중심을 든든히 잡아주는 것은 아래에 매달려 잘 보이지 않을 수 있는 "납추"이다.

크리스테바는 이 "납추"를 건축물이 지닌 비밀이라고 말한다. 바람에 따라 흔들리는 "납추"는 인간에게 숨겨진 비밀과 같다. 그것은 상흔이 될 수도 있고 트라우마가 될 수도 있다. 그리고 금속의 검소함에 묻은 어떤 쓸쓸함의 향수의 흔적은 우울이라고 말한다.51 그녀가 말한 이 우울은 모성적 대지이며 주이상스와의 분리에서 나오는 우울이다. 우울을 통과하여 히스테리는 모성육체의 대지에서 하늘을 향해 평평한 긴장을 유지한 채 수동적이거나 피학적인 감응성을 거부하고 대타자인 하나님을 향한다. 그것은 하늘을 향한 기도이며 시이며 노래이다.

V. 글을 나가며

본 논문은 몸에 새겨진 상처의 기억, 소통되지 않는 언어 히스테리에 대한 논문이다. 히스테리가 주술을 넘어 의학의 시대로 들어왔을 때도 이는 단지, 해부학을 빌린 문화적 산물이었을 뿐이었다. 또 근대에서도 히스테리는 비정상적인 몸의 반란, 분열되고 뒤틀린 욕망의 질주로 읽혀 왔다. 이렇게 해명되지 못한 몸의 기억은 모성적 대지의 강

---

50 앞의 책, 272-273.
51 앞의 책, 273.

력한 힘 앞에 증후를 남기며 소진된다. 본래 히스테리는 대타자와 소통에 어려움을 느끼기 때문에 증상을 발현시키며 지연된 욕망의 상태를 즐긴다. 그리고 이것이 히스테리의 반복적 문법이었다.[52] 따라서 히스테리 증상은 욕망이 실현되려고 할 때 두려움을 느끼며, 욕망과 주이상스 사이에서 계속 동요하고 충돌하면서 반복된다. 그러나 힐데가르트를 통해 본 히스테리의 또 다른 모습은 여과되지 못한 신들림의 현상이라기보다, 자신의 내면에서 꿈틀거리는 기호계인 코라의 충동을 상징계에 올곧게 위치시키면서 타자와 관계하고 소통하는 모습이었다. 힐데가르트에게 몸은 대타자인 하나님과 소통하는 그릇이었다. 욕망을 지연시키며 결여를 다시 욕망으로 치환시키는 보통의 히스테리와는 다르게 힐데가르트는 좌절과 우울의 어두운 터널에서 발을 대지에 딛고 하늘을 향한 몸의 긴장을 유지하며 욕망을 요구로 치환하여 소통 가능한 자신의 문법을 만들어낸다.

이처럼 히스테리자들의 비천한 몸으로 드리는 제의가 하늘과 소통할 수 있으려면 어머니라는 모성적 대지와 분리되는 고통을 경험해야 한다. 이 고통은 슬픔과 우울이 동반되지만, 그 슬픔과 우울의 영성은 부정하거나 배제되지 않은 채, 있는 그대로 몸과 영혼, 더러움과 추함, 기쁨과 슬픔, 남성과 여성이라는 이분법의 통념을 가로질러 대타자의 위치에 모성적 존재를 위치시킨다. 이런 점에서 "히스테리 몸"이야 말로 가부장적인 하나님의 표상에 도전하는 가장 강력한 메타포일 수도 있다.

---

52 김석, "히스테리의 문법: 대타자의 욕망을 통한 욕망찾기,"「프랑스학 연구」 58 (2011), 72-73.

하지만 대타자와 소통되지 않는 히스테리의 몸이라 할지라도, 그것을 욕망하는 히스테리의 갈망 자체는 새롭게 읽혀지고 공감될 필요가 있다. 존재의 빈틈에 스며든 감각으로 구르고 뒹굴고 소리치는 히스테리 몸은 상징계의 문법으로 보면 비천하게 느껴지고 파편화된 처소이지만 그들은 그 균열된 몸을 통해 하나님을 향한 소망을 드러낸다. 그것은 슬픔일 수도 있고 소통되기 원하는 희망일 수도 있다. 그래서 이것이 표현하는 언어의 비천함, 공간의 비천함, 몸의 비천함은 그 자체로 하늘을 향해 드리는 제의이며, 히스테리자들은 그 제의의 사제들이다.

참고문헌

고유식. "반공 히스테리로부터의 해방을 위한 목회 신학적 연구: 한국 사회 내 레드 트라우마 분석을 중심으로."「목회와 상담」33 (2019), 47-76.

권미주. "성폭력 피해여성을 지원하는 교회공동체의 목회신학 연구."「목회와 상담」27 (2016), 41-70.

김석. "히스테리의 문법: 대타자의 욕망을 통한 욕망찾기."『프랑스학 연구』58 (2011), 55-77.

노리지의 줄리안.『하나님 사랑의 계시』. 엄성옥 옮김. 서울: 은성출판사, 2007.

바따이유, 조르쥬.『에로티시즘』. 조한경 옮김. 서울: 민음사, 1996.

박성자. "한국교회여성의 신앙형태에 나타난 성적 병리 현상."『성과 여성신학』. 여성신학사상 5. 한국여성신학회 엮음. 서울: 대한 기독교서회, 2001.

박재열. "줄리아 크리스테바의 시적언어와 그 실제."「영미어문학」46 (1995), 81-99.

신명숙. "목회자의 성적부정행위로 희생된 여성치유를 위한 목회신학적 고찰."「목회와 상담」30 (2018), 107-149.

신양숙. "여자의 병: 해체 페미니즘과 히스테리아."「외국문학」43 (1995), 133-134.

안유숙. "기독교 저소득 여성독거노인의 나이 듦 경험 연구."「목회와 상담」28 (2017), 149-182.

앤더슨, 허버트, 에드워드 폴리.『예배와 목회상담』. 안석모 옮김. 서울: 학지사, 2012.

이아람. "여성 분노 경험에 대한 여성주의 목회상담적 고찰: 크리스티 누거의 방법론을 중심으로."「목회와 상담」28 (2017), 183-211.

이충범.『중세 신비주의와 여성』. 서울: 도서출판 동연, 2011.

임옥희. "히스테리: 여성의 육체언어/권력/욕망."『페미니즘과 정신분석』. 여성문화이론연구소 정신분석세미나팀. 서울: 도서출판 여이연, 2003.

전금정. "중년여성의 어머니를 향한 분노: 오토 컨버그의 관점에서."「목회와 상담」26 (2016), 330-360.

정미현. "노르비취의 줄리안과 신비적 영성."「한국기독교신학논총」27 (2003), 207-231.

_____. "생태여성신학의 선구자 빙엔의 힐데가르트."「기독교사상」42 (1998), 61-78.

_____. "창조-중심적 영성 빙엔의 힐데가르트."「기독교신학논총」15 (1998), 337-376.

정푸름. "여성주의 상담자와 타 젠더 내담자의 만남: 폭력과 트라우마 사례를 중심으로."「목회와 상담」28 (2017), 301-324.

정희성. 『여성과 목회상담』. 서울: 이화여자대학교 출판부, 2010.

크리스테바, 줄리아. 『시적언어의 혁명』. 김인환 옮김. 서울: 동문선, 2000.

클레망, 카트린, 줄리아 크리스테바. 『여성과 성스러움』. 임미경 옮김. 서울: 문학동네, 2002.

톰슨, 리나. 『자궁의 역사』. 백영미 옮김. 서울: 아침이슬, 2014.

펠트만, 크리스티안. 『빙엔의 힐데가르트, 수녀요 천재』. 이종한 옮김. 왜관: 분도출판사, 2017.

폰 브라운, 크리스티나. 『논리, 거짓말, 리비도, 히스테리』. 엄양선 외 옮김. 서울: 도서출판 여이연, 2003.

푸코, 미셸. 『임상의학의 탄생』. 홍성민 옮김. 서울: 이매진, 2006.

플라톤. 『티마이오스』. 박종현 외 옮김. 서울: 서광사, 2000.

Julian of Norwich. *Showing*. Tr. Edmund Colledge and James Walsh. New York: Publist Press, 1978.

Veith, Ilza. Hysteria: The history of Disease. Chicago: The University of Chicago Press, 1956.

치유
: 대상화를 넘어 여성을 주체로 보는 시선 *

진미리**

I. 들어가는 말

이 글은 대상화의 의미에 대해 정의 내리고, 사상적인 측면과 역사적인 측면에서 여성들이 어떠한 방식으로 대상화되어 왔는지를 분석하고 탐구하는 것을 목적으로 한다. 또한 이러한 탐구를 통해 대상화의 원인을 진단해 보고, 이를 해결하기 위해 어떤 대안적 관점과 방법이 필요한지를 제안하는 것으로 마무리한다. 대상화의 근본적인 원인은 주체의 과장된 권리를 진리인 양 믿게 만드는 데서 비롯된다. 이것은 인식론적으로 주체중심적인 주객 관계에서 시작되며, 주체의 주체중심적인 월권은 대상에게 역사의 부재와 사회를 총체적 관점으로 묶어버리는 왜곡된 결과를 안겨준다. 오랜 역사 동안 여성은 대상화의 주요 대상이었기 때문에, 대상화의 의미와 원인 분석은 여성에 대한

---

* 이 글은 단행본의 주제와 편집조건에 맞게 대폭 축소, 수정했음을 밝힌다. 논문의 원제목은 "'대상화'의 의미와 여성신학적 관점에서의 비판"이며, 원본은 「신학사상」 제193권 여름호(2021)에 실려 있다.
** 감리교신학대학교 객원교수.

새로운 관계성을 정립할 수 있는 중요한 시작점이 될 수 있다. 특별히 기독교 전통이 풍부하게 드러내 주고 있는 여성 대상화를 시대별로 탐구하는 것은, 성서 속의 여성들, 기독교 전통 역사 속에서 주어진 본분과 이미지대로 살았던 여성들, 오늘날의 교회가 제한적으로 부여한 직분으로 살아가고 있는 여성들이 남성중심적인 기독교 전통 속에서 여성 대상화라는 형상으로 계승되고 있다는 것을 상기시켜 줄 것이다. 여성들의 삶과 역사가 단지 그렇게 말하고 기록되어 있다는 이유로 사실이고 진리라고 말할 수 없다. 그것은 대상화의, 대상화하기 위해 수행된 해석을 통해 그리고 총체적 사회성이라는 폐쇄된 공간이 이룩해 놓은 특정한 결과물일 뿐이다. 이러한 차원에서 여성 대상화의 원인은 주체중심적인 주객 관계, 역사의 부재 그리고 사회적 총체성으로 정리할 수 있으며, 이들은 각각, 상호주관적인 사회적 관계, 평등한 관점을 기반으로 한 해석의 다양성 그리고 아래로부터의 유동적인 공동체 정신을 통해 극복될 수 있다.

II. 대상화의 이론적 배경과 여성의 대상화

1. 대상화의 인식론적 배경

대상화를 정의내리기 위해서는 대상화에 대한 이론적 배경을 살펴볼 필요가 있다. 인식론적으로 대상화를 명확하게 나타내는 주객 관계는 근대철학자인 칸트와 헤겔에게서 찾아볼 수 있다. 칸트에게 대상은 경험을 가능하게 하는 기능이 선천적으로 장착되어 있는 주체에 의해 일방적으로 규정된다. 주체가 대상을 직관하고 이해한다는 것은[1] 주체 안에 내재되어 있는 선험적인(a priori) 구성 능력이 그것을 그렇게 보이게 했다는 것을 의미한다. 좀 더 자세히 설명하면, 대상이 그 대상으로 보였다는 것은 대상이 주체 '안의' 시간과 공간이라는 순수형식에 맞게 그 대상으로 직관된 것이다(감성). 그리고 대상을 이해한다는 것은, 판단, 범주, 도식, 원칙들과 같은 주체 '안의' (정확하게는 순수오성의) 선험적 형식들을 통해 대상을 종합적으로 판단한 결과이다(오성). 이러한 판단이[2] 가능한 것은 근원적이고 필연적으로 자리하면서, 개념들, 즉 오성의 규칙들에 따른 모든 현상들의 종합을 통일하는[3] 자기 동일적 의식[4]이 시작부터 고려되어 있기 때문이다.

칸트의 인식주체는 경험하기에 앞서 선험적으로 대상을 구성할 수 있는 이와 같은 의식의 조건을 갖추고 있기에 대상을 독자적으로 규정할 수 있다. 이 주체는 처음부터 '나는 생각한다'(I think)로 시작하기 때문에 모든 대상에 대한 통일성이나 사고가 언제나 이 표상 안에 포괄되는데, 이는 마치 인식주체가 내 안에 나의 모든 내적 표상들을 찍어내는 틀을 이미 갖추고 있는 것과 같다. 이러한 의미에서 칸트의 주체는 '대상을 통하여' 자신을 발전시키지 못하는 무시간적이고 비역사적인 주체이다. 대상에 대한 이와 같은 주체 완성적인 관계성은 대상에 대해서뿐만 아니라, 나아가 세상에 대한 총체적 관점을 가능하게 만든다.

---

1 칸트에게 있어서 직관의 능력은 감성, 이해는 오성 그리고 추론은 이성의 기능이다.
2 칸트적 용어로 선험적 종합판단
3 Immanuel Kant, *The Critique of Pure Reason,* tr. Norman Kemp Smith (London: Macmillan, 1958), A103-A108, 133-137.
4 칸트적 용어로, 이것을 선험적 통각(transcendental apperception)이라고 한다.

헤겔에게 대상은 의식에 속해 있는 대상이라는 형식 안의 대상을 의미한다.[5] 대상을 대상이라고 말할 때 이것은 이미 의식의 대상으로 형태화되어 있는 것이고, 그렇기 때문에 대상은 다름 아닌 "자기의식의 외화"이다.[6] 자기의식은 자신의 외화를 통해 스스로를 대상으로 정립하고, 다시금 이 대상을 자신과 통일시킴으로써 결국은 자기 자신으로 파악한다.[7] 이러한 주체중심적인 의식행위는 스스로가 타자 존재가 될 정도로 타자의 존재를 전유하는 동시에 이 모든 내용을 아는 존재로서 스스로를 인식하는 지배적인 특성이 있고, 더 나아가 제국주의적인[8] 주객 관계를 시사하고 있다. 헤겔의 일방적인 주객 관계는 모든 대상에 대한 감각과 이해가 이미 전제되어 있는 절대지로 소급되는 도식을 따르게 함으로써, 대상을 주체가 반성해 놓은 단순 지식으로 무력화시킨다는 점에서 철저하게 일방적이다. 이에 모든 대상은 절대정신의 표상으로 놓여지고, 이것은 곧 표상의 내용이 절대정신이라는 결론으로 마침표를 찍기에, 헤겔의 동일철학적 관념론은 주체가 대상에 대한 신적 권위를 가지고 있다고 말할 수 있다.

이러한 주체중심적인 관념들을 이성의 보편능력이라고 이해했을 때, 대상은 주체의 지배를 벗어날 수 없게 되고 근대성은 그런 관계를 충실히 대변해 왔다. 근대적 주객 관계 속에서 대상은 지성이 없는 수동적인 존재이자 마음대로 다루어질 수 있는 존재로 전락한다. 나아가

---

5 G. W. F. 헤겔, 『정신현상학2』, 임석진 옮김 (파주, 한길사, 2005), 339.

6 앞의 책, 339.

7 앞의 책, 340.

8 Cf. Oh Seung-Sung, *Critical Reflection on Wolfhart Pannenberg's Hermeneutics and Theology of History* (Berlin: lit-verlag, 2007), 200.

주체의 능력이 세계를 구성하고 질서를 구획하는 원리로 확장될 때, 대상들은 그 세계가 부여한 질서를 모방하는 기계적인 사물로 퇴락하게 되고 그렇게 살아야지만 정상적이라는 범주 안에 있을 수 있게 된다. 궁극적으로 이러한 불균형한 주체 중심성은 대상에게서 이성의 능력을 완전히 제거하여 사물화하는 데까지 나아간다.

2. 여성 대상화와 그에 대한 역사적 이미지들

불균형한 주객 관계는 한 사회의 인간관계를 형성하는 데 부정적인 영향을 미칠 수 있다. 사회 문화의 형성은 이성의 능력을 기반으로 한다. 때문에 역사적으로 사회와 문화를 지배해 온 이들은 그들의 합리적인 지배이유를 이성의 소유권에 두어왔다. 사실상 이성의 권력은 근대보다 훨씬 이전부터 대상화된 존재를 여성으로 각인해 왔다. 고대부터 사회와 문화를 터 닦고 세워 온 이들은 오직 남성들이었기에, 세계에 대한 보편적인 관점을 제공하는 이성의 능력이 곧 남성의 능력이라고 여겼던 것은 결코 우연이 아니다.

우즐라 I. 마이어(Ursula I. Meyer)는 지성을 박탈당한 여성이 고대에서부터 근대에 이르기까지 세 가지의 부정적인 이미지로 이해되어 왔다고 분석한다.9 첫째, 고대 시대가 이해한 여성상은 "훼손된, 미숙한 그리고 열등한 남성"10이었다. 대표적으로 세계의 구성조건을 (대상을 본질적으로 결정짓는) 형상(form)과 (단지 재료의 역할만 하는) 질료

---

9 우즐라 I. 마이어, 『여성주의철학 입문』, 송안정 옮김 (서울: 철학과현실사, 2006), 44.
10 앞의 책, 44.

(matter)로 분리시킨 아리스토텔레스의 이원론적 세계관은 남성의 우월성과 여성의 열등함이라는 당대의 남녀 성차별을 합리화하는데 적용되었다. 생리학적으로 남성은 생명 자체이자 생명을 생산하는 원천이고 목적과 활동의 동인자인 반면에, 여성은 남성이 준 생명(의 씨앗)을 담아내어 영양만을 공급하는 수동적인 질료이다.[11] 인간의 원형으로서의 (이성의) 남성과, 불완전한 남성[12]의 모습으로 태어난 여성은 당대의 정치와 윤리를 망라하였다. 아리스토텔레스는 여성이 사고능력은 있지만, 그 소유 형태가 분명하지 않기 때문에 남성의 지배를 받아야 하며,[13] 이는 마치 정치인이 시민을 영구적으로 다스리는 것과 같다고 비유하여[14] 사회적으로도 여성을 종속시켰다.

둘째, 계몽주의는 여성을 "남성의 보완이자 대응하는 짝"[15]으로 이해했다. 이성적 인간의 우월함을 관철시키고자 했던 계몽주의 역시 여성에 대한 본질주의적인 선입관을 가지고 있었다. 예를 들어, 계몽주의를 선도했던 루소는 모든 인간성과 사회는 평등을 기초로 한다고 주창했음에도 불구하고, 성별의 차이와 그에 따르는 의무를 자연의 본성에 귀속시킴으로써 평등의 자격—곧, 인간으로서의 자격—을 남성에게만 부여하였다. 루소는 여성은 태어날 때부터 남성을 기쁘고 평안하게 해주는 천성을 가졌기 때문에 남성을 잘 도울 수 있도록 교육받아야

---

11 차용구, "Femina est mas occasionatus: 토마스 아퀴나스의 여성관에 미친 아리스토텔레스의 영향,"「서양중세사연구」14 (2004), 73-74.
12 앞의 논문, 73, 77. "잘못 태어난 남자" 혹은 "장애를 받은 남자"로 부르기도 하였다.
13 아리스토텔레스,『니코마코스 윤리학/정치학/시학』, 손명현 옮김 (서울: 동서문화사, 2019), 285.
14 앞의 책, 283.
15 우줄라 I. 마이어,『여성주의철학 입문』, 44.

한다고 주장했다. 이러한 남성을 위한 보완적인 존재로서의 여성상은
당대의 지배와 종속의 남녀 관계를 본질적으로 확립하고 확장하는 데
기여했다.16

셋째, 근대적 여성상은 "외견상 성중립적인 것으로 여겨지는 합리
적인 주체를 기초로"17 주변화된다. 계몽주의와 결을 같이 하며 근대
적 주체성을 확립한 칸트는 여성이 남성에 비해 철학적 사유와 도덕적
능력이 떨어진다고 결론지음으로써,18 그가 증명하려고 했던 보편적
주체성에 여성이 제외되었음을 시사한다. 헤겔 역시 남성과 여성의 차
이를 동물과 식물에 비유하여 여성은 지식을 획득해서가 아니라 살면
서 자연스럽게 교육되는 반면에, 남성의 지위는 많은 사고와 기술적인
노력에 의해 얻어진다고 주장했다.19 자신이 개진한 합리적 주체성이
남성주도적임을 시사한 것이다. 일반적으로 이들의 주체중심적인 주
객 관계는 오늘날까지 사회와 문화를 주도하는 이들이 대상을 자기중
심적으로 규정할 수 있는 합리성을 제공했으며, 실제적으로 그 대상은
대부분 여성들이었음을 부인할 수 없다.

필자가 보기에, 마이어의 분류는 딱히 그 시대에 국한된 이미지들
이라기보다, 정착되어 온 여성 대상화의 대표적인 이미지들을 꼽아본
것이라고 할 수 있다. 이 대표적인 여성 이미지들은 다음과 같은 공통

---

16 참고, 장 자크 루소, 『에밀』, 이환 엮고 옮김 (서울: 돋을새김, 2015), 292-312.

17 우줄라 I. 마이어, 『여성주의철학 입문』, 44.

18 참고, 김혜숙, "칸트 철학에 대한 여성주의적 해석: 주체 문제를 중심으로," 「칸트연구」
   16 (2005), 157-158.

19 G. W. F. Hegel, *The Philosophy of Right*, tr. with notes T. M. Knox (London:
   Oxford University Press, 1967), 263-264, 수전 보르도, 『참을 수 없는 몸의 무거
   움』, 박오복 옮김 (서울: 또 하나의 문화, 2003), 25에서 재인용.

점을 가지고 있다. 첫째, 여성은 모두 대상화된 여성상을 덧씌운 추상적 관념의 투영 안에서 이해되고 있다는 점이다. 둘째, 그의 결과물로서 여성은 모두 "생물학적 여자–집단"[20]으로 간주되고 있다는 점이다. 셋째, 시대를 장악한 남성들은 그들만의 사회적 총체성 속에 매몰된 상태로 사회와 대상을 바라보았다는 점이다.

모든 사람을 망라하는 보편적인 세계관으로 간주됨에도 불구하고 (소외를 야기하는) 대상화가 일어나는 이유는, 그 보편적인 세계관이 사실은 보편적이라고 믿는 이들의 관심으로 빚어낸 추상적 산물이기 때문이다. 이것은 경험적으로 증거시하는 자료들과 사실들 그리고 그와 같은 탐구에 우선순위를 두는 "사실의 논리학"(the logic of facts)[21]과 관련이 있다. 여기에서 '사실'은 경험적으로 직접 주어지거나 경험을 기초로 하는 증거들을 의미한다면, '논리학'은 그 사실들의 경험적 절차들을 정당화하기 위한 추상적 추론(abstractive reasoning)의 작업을 말한다.[22] 즉, 사실의 논리학은 경험적인 결과물들이 보다 엄격하고 정확한 증거가 되도록 시공간을 초월한 추상을 해석의 유일한 틀로 상정하는[23] 논리 방식이다. 시대를 막론하고 사회와 문화를 지배했던 이들은 대부분 남성들이었기 때문에, 사회와 문화는 곧 남성적 경험들

---

20 강남순, 『페미니즘 앞에 선 그대에게』 (파주: 한길사, 2020), 132.

21 Elisabeth Schüssler Fiorenza, "Commitment and Critical Inquiry," *Harvard Theological Review* 82 (1989), 5.; Elisabeth Schüssler Fiorenza, *Wisdom Ways: Introducing Feminist Biblical Interpretation* (New York: Orbis Books, 2006), 40.

22 Miri Jin, *Critique and Feminist Theology: A Study on the Characteristics of the Critical Feminist Subject and Her/His Action in Elisabeth Schüssler Fiorenza* (Zürich: Lit, 2017), 67.

23 Cf. Elisabeth Schüssler Fiorenza, "Commitment and Critical Inquiry," 5, And, *Wisdom Ways*, 40.

의 축적과도 같고, 경험들은 그들이 구현한 세계관의 유일한 증거자료들이 되어왔다. 실증주의와 맥이 닿아 있는 사실의 논리학은 텍스트나 세계를 이해할 때 이러한 남성중심적 경험들이 유일한 의미가 되도록 해석의 보편성을 제공해 주었다. 그 결과 남성중심적 경험들은 모든 사람이 진리로 받아들여야 하는 합리적이고 합법적인 권위를 획득하게 된 것이다.

시간과 공간을 초월한 추상적 관념이 현실 세계를 지배하는 보편적 원리로 작동한다는 것은, 이것이 세계구성의 원리, 즉 모든 사물에게 유일한 의미를 부여할 수 있는 총체적 주체(Subject)의 역할을 하고 있다는 것을 의미한다. 보편적 이성의 능력을 상징하는 이 대문자화된 주체는 보편화로 위장하고픈 남성중심적인 논리를 합리화하는 말 그대로 추상일 뿐인 비현실체이다. "이성의 남자"(Man of Reason)[24]라고도 불리는 이러한 총체적 주체와 여성의 대상화는 정치적으로 연결되어 있다. 이성의 남자는 보편적 추상이라는 가림막으로 성중립을 가장한 남성중심적인 세계관과 그 안에서 평가절하되는 타자화된 여성상을 객관적인 사실로 받아들이게 하는 사회적 규범으로 작용한다. 이성의 남자의 성중립성은 모든 사람에게 가치중립을 요구하기 때문에,[25] 여기에 함몰된 여성들은 자신의 타자화된 여성상을 무반성적으로 받아들이는 예속적인 주체로 남을 위험에 처하게 된다.

---

24 Cf. Genevieve Lloyd, *The Man of Reason: Male and Female in Western Philosophy*, (Minneapolis: University of Minnesota Press, 1984).

25 Elisabeth Schüssler Fiorenza, *Wisdom Ways*, 40. And, Elisabeth Schüssler Fiorenza, *Rhetoric and Ethic: The Politics of Biblical Studies* (Minneapolis, Fortress Press, 1999), 41.

사회와 문화에 대한 남성들의 지배력과 그 지배력을 합리화하는 그들만의 논리학의 협업은 "생물학적 여자-집단"이라는 '유용한' 결과물을 생산한다. 시대에 걸쳐 각인되어 온 대상화된 여성상들은 주체로서의 이성의 능력을 "남성적 모델"에 대응시켜 온 결과이다.26 처음부터 지성의 산물인 사회와 문화에서 배제된 여성들은 자연스럽게 사회와 문화 바깥 영역—즉, 자연—의 출생자로 여겨졌고, 이러한 자연과 여성의 근본적인 연결은 "사회 전 중요영역으로부터의 여성의 격리"27를 가져왔다. 자연적인 존재로 범주화된 여성들은 남성들이 구축한 사회와 문화 속에서는 자신만의 고유한 자아를 인정받을 수 없었다. 다만 여성 자신을 버리고 헌신하거나, 남성을 보완해 주는 존재로 살아가는 한에서, 즉 "남성의 합리성에 굴복하며 이성으로부터 자신이 배제되는 것에 동의"하는 한에서 사회 문화 속에 섞여 살 수 있었다.28

세계관의 모양과 내용들이 달랐을지라도 남성중심성이라는 논리적이고 사회적인 총체성 덕에 한결같이 여성들은 생물학적 여자-집단으로 묘사되어왔다. 생물학적 여자-집단으로서의 여성 대상화는 그의 존재 이유와 사회 내 역할에 따라 크게 두 가지 모델로 정형화되어왔다.29 드워킨(Andrea Dworkin)은 이들을 사창가 모델(brothel model)과 농장 모델(farming model)이라고 명명한다.30 사창가 모델은 여성을 개별적 인간이 아닌, 남성의 성적 욕구를 만족시키는 데 가치를 둔

---

26 우줄라 I. 마이어, 『여성주의철학 입문』, 44.
27 앞의 책, 43.
28 앞의 책, 45.
29 강남순, 『페미니즘 앞에 선 그대에게』, 132.
30 앞의 책, 132-142.

존재라고 본다.31 '사창가'는 "하나의 메타포로서 여성이 성적 대상화, 상품화되는 모든 통로를 의미"한다고 말할 수 있다.32 여기에서 남성과 여성 간의 관계는 소비하고 소비되는, 사용하는 인간과 사용되는 상품과의 관계로서 우열이 분명하게 구분되어 있다. 성적으로 대상화된 여성 이미지는 오늘날까지도 영화, 코미디, 광고, 드라마, 게임, 만화, 교육프로그램 등의 다양한 통로를 통해 직접적으로나 간접적으로 현재 진행형이다. 농장 모델은 임신과 출산 그리고 양육하는 모성의 역할에 충실하고, 가내 업무를 성실하게 유지하는데 그의 존재가치를 둔 여성상을 말한다.33 '농장'은 "남자가 보는 여자의 전형적인 가치"가 "번식에 있다는 것을 비유"한 말이다.34 여기에서 여성은 남성의 대를 잇는 자궁을 지닌 기능인으로 존재할 뿐이다.35 오랜 세월 동안 여성은 가내라는 확고한 테두리 안에서 아들을 낳아 대를 이어주는 식의, 자신의 몸과 삶의 방식을 철저하게 남성중심적인 사회가 결정해 주는 대상화된 옷을 입고 살아왔다. 이러한 농장 모델로서의 여성상은 여전히 지금도 세계 곳곳에서 흔하게 찾아볼 수 있다.

이 두 모델은 여성이 남성중심적인 사회, 문화, 전통 속에서 생물학적 여자-집단으로 표현되는 대상화의 실제적인 원형들이다. 이들은 모두 사물이나 상품으로 취급되며, 기능으로 그의 가치를 인정받기 때문에 항시 억압에 노출되어 있을 수밖에 없다. 너스바움(Martha C.

---

31 앞의 책, 132.
32 앞의 책, 133.
33 참고, 앞의 책, 142.
34 앞의 책, 137.
35 앞의 책, 137.

Nussbaum)과 랭턴(Rae, H. Langton)은 이러한 여성의 사물화가 사회적으로 (혹은 관계적으로) 얼마나 억압에 노출되어 있는지를 다음과 같이 적나라하게 설명하고 있다.[36]

① 도구성(instrumentality): 대상화하는 자는 대상을 자신의 목적을 위한 도구로 취급한다.

② 자율성의 부정(denial of autonomy): 대상화하는 자는 대상을 자율성과 자기 결정권이 부족한 것으로 취급한다.

③ 비활동성(inertness): 대상화하는 자는 대상을 주체성과 활동성이 부족한 것으로 취급한다.

④ 대체 가능성(fungibility): 대상화하는 자는 대상이 (a) 같은 종류의 다른 대상들이나 (b) 다른 종류의 대상들과 상호교환 될 수 있는 것으로 취급한다.

⑤ 침해 가능성(violability): 대상화하는 자는 대상을 경계가 허술한 것으로, 해체하고 부수고 침범할 수 있는 것으로 취급한다.

⑥ 소유권(ownership): 대상화하는 자는 대상이 또 다른 이에게 사고 팔릴 수 있는 것이 가능한 것으로 취급한다.

⑦ 주체성의 부정(denial of subjectivity): 대상화하는 자는 대상의 경험과 느낌이 (있다 하더라도) 고려될 필요가 없는 것으로 취급한다.

⑧ 신체로의 환원(reduction to body): 대상이 되는 자를 신체 혹은

---

36 ①에서 ⑦까지는 Martha C. Nussbaum, "Objectification," *Philosophy & Public affairs* 24 (1995), 257. 그리고 ⑧에서 ⑩까지는 Rae H. Langton, *Sexual Solipsism: Philosophical Essays on Pornography and Objectification* (Oxford: Oxford University Press, 2009), 228–229.

어떤 부위로 환원한다.

⑨ 외모로의 환원(reduction to appearance): 주로 그 사람이 어떻게 보이는지 혹은 어떻게 감각되는지에 따라 대한다.

⑩ 침묵시키기(silencing): 대상을 마치 말할 능력이 없어서 침묵하는 것으로 대한다.

이와 같은 여성의 대상화, 나아가 사물화에 대한 이해를, 지금부터는 기독교의 테두리 안으로 가지고 들어가고자 한다.

III. 기독교 속에서의 여성의 대상화

기독교는 여성을 대상화하는 기재가 매우 풍부한 역사를 가지고 있다. 수천 년 동안의 다양한 상황들과 사건들의 축적에도 불구하고, 기독교 역사가 그려 온 여성 이미지는 생각보다 단순명료할 뿐만 아니라 다른 사회문화와도 별반 다를 것이 없다. 그것은 바로 성(性)적 대상으로서의 여성상과 모성으로서의 가내 여성상인데, 이 두 키워드는 역사적으로 기독교 사회 문화를 주도했던 남성들의 기득권을 유지하기 위한 수단으로 이용되어왔다. 성과 모성적 여성관은 당대의 사회를 통제하는데 유용했을 뿐만 아니라, 다양한 여성의 정체성들을 협소하게 도식화하는 데 이바지했다. 기독교는 시대를 막론하고 여성의 정체성을 이러한 형상들로 정형화시켰다.

구약의 이스라엘 사회에서는 유일신인 하나님과 이스라엘 백성의 계약관계가 한 명의 아버지가 가솔들을 통제하는 부권 중심적인 가족

형성을 위한 유비로 작용했다. 하나님은 부족에 대한 안위와 영역확장이 부권의 명분이 되었던 전통 안에서 아버지 조상의 하나님으로 투사되었고, 출애굽과 왕조를 거치면서 이러한 부권 중심적인 가족 신앙은 이스라엘 민족의 신앙적 순결과 안위를 책임지는 야훼 하나님에 대응되었다. 따라서 이스라엘 민족의 하나님에 대한 체험과 신앙고백은 이러한 가부장적 투사를 재검증하는 과정의 연속이라고 할 수 있다.[37] 이스라엘 민족과 하나님과의 관계 속에서 여성들은 이스라엘 전통의 맥을 치열하게 조정해 나가는 계약의 주체들이 아닌, 그 맥에 함몰되어 이리저리 휩쓸려가는 수동적인 대상으로 그려진다. 이것이 당연했던 이유는, 이스라엘 사회의 여성은 남성과의 관계를 통해서만이 자신의 정체성을 보장받을 수 있었기 때문이다. 여성의 신분은 자신이 종속되어 있는 집안의 남자에게서 기인하기 때문에 남자 없이는 그 어떤 신분도 소유할 수 없었다.[38] 이러한 구도는 남성만이 온전한 인간이고 여성은 그가 좌지우지하는 소유물이었다는 것을 의미한다. 할례는 이러한 불균형한 남녀 관계를 확고히 해주는 상징과도 같았다. 하나님과의 계약증표인 할례를 받아야지만 공동체에 참여할 수 있었기에, 할례

---

37 알리스 L. 라페이, 『여성신학을 위한 구약개론』, 장춘식 옮김 (서울: 대한기독교서회, 1998). 하나님과 계약을 맺은 당사자는 남성들(아버지들)이었으며(렘11:10, 31:32; 말2:10) 땅을 얻기로 약속받은 당사자도 역시 아버지들이었다(렘3:18; 7:7; 11:15; 겔20:42; 36:28)(같은 책, 239). 따라서 하나님에 대한 신앙적 표현들은 필연적으로 대부분 가부장적 남성형일 수밖에 없었다. 예를 들어 남자가 주인이듯이 하나님도 주인이고(말1:6), 남자가 아버지이듯이 하나님도 영원한 아버지로 묘사된다(사9:6; 63:16; 참조, 렘3:4, 19; 말1:6). 남자가 왕이듯이, 하나님도 왕으로 불렸으며(사41:21; 렘10:10; 51:57; 습3:15; 겔20:33), 남자가 신랑이듯이, 하나님 또한 신랑으로 표현되었다(사62:5). 또한 남자가 남편이듯이, 하나님도 남편으로 불렸다(사54:5; 렘31:32)."(같은 책, 243).
38 앞의 책, 244.

가 불가능했던 여성들은 공동체에 소속될 수 없었고, 원하더라도 그들의 아버지와 남편을 통해서만이 가능했다.[39]

근본적으로 이스라엘 사회는 여성의 모든 활동 영역을 남성의 시각에서 기능적으로 조성한 곳이었다. 따라서 여성의 가치는 남성을 위한 역할과 기능에 따라 좌우되었다.[40] 여성은 가장인 아버지의 지배에서 생을 시작하여 순결을 지키면서 미래의 남편을 위한 출산자로 성장하고, 아버지가 정해준 결혼을 통해 자연스럽게 남편의 지배로 넘겨져 아들을 낳아 기르며 가내에 국한된 삶을 살았는데, 이것이 이스라엘 사회가 정해준 여성으로서 삶의 정석이었다. 이 이면에는 삶의 전환들마다 자신의 목소리를 내지 못한 채 오직 남성들이 정한 기준에 맞춰

---

39 앞의 책, 30.

40 앞의 책, 29. 구약성서는 여성이 남성을 위한 기능적 존재로 취급당한 규정들과 사례들을 풍부하게 담고 있다. 아버지는 자신의 딸을 노예로 매매할 수 있었다(출21:7). 여성이 아무리 하나님께 대한 서약을 한다 하더라도 아버지나 남편의 재가가 없으면 효력을 발휘할 수 없었다(같은 책, 37). 오직 남편만이 이혼소송을 제기할 수 있었다(신21:14; 24:1-4)(같은 책, 37). 여성의 가치가 오직 남편을 위해 자녀들을 생산하는 데 있었다는 사실을 확실하게 보여주는 사례로 씨받이 법을 들 수 있다. 자식 없이 남편이 죽는다면 그 남동생과 동침하여 죽은 남편의 대를 잇도록 하는 것이다(같은 책, 38). 사제는 남성만이 가능하고 거룩하기 때문에 반드시 처녀와 결혼해야 한다(같은 책, 39). 성관계의 경험이 있는 여성은 처녀보다 열등하며 부정한 취급을 받았다. 여성이 아이를 낳았을 때, 아들이냐 딸이냐에 따라 몸을 정결하게 하는 숙려 기간은 차이가 났다(레12:1-5)(같은 책, 40). 여성들의 역할은 가사노동으로 엄격히 제한되어 있었다(같은 책, 41). 여인의 가치는 다산하는 것이고 특별히 아들의 어머니로서의 역할에 놓여 있다(같은 책, 124). 결혼에 관한 모든 결정은 결혼과 관계된 남자들(아버지와 미래의 남편)이 내렸다(같은 책, 129). 일반적으로 여성은 한 남자에게만 종속되어야 했지만(삼상25:44), 남자는 다수의 여인을 소유할 수 있었다(같은 책, 130). 아내는 남자의 소유물(수1:14; 삼상30:22; 삼하19:5 왕상20:3,5,7)이고 전리품(삿5:30; 21:14,21; 삼상30:2-3,5; 왕하25:4,19)이었으며, 강간이나 살인의 대상자(삿19)이자 그리고 제물(삿21:21-23)이기도 했다(같은 책, 130). 불임은 하나님의 저주로 여겨졌다(같은 책, 130).

거래되는 대상화된 기능물이 있을 뿐이다. 성과 모성적 대상화는 순결과 부정, 정결과 불결, 남아선호, 가내 구금과 공적 활동 금지 그리고 경제적, 종교적 제약 등의 사회적인 명목들로 파생되어 남성들의 지배를 전(全)사회적으로 더욱 공고히 하는 역할을 한다. 특별히 이러한 여성의 통제는 하나님의 축복과 벌—예를 들어 자식을 낳지 못하면 하나님께 저주를 받은 것으로 믿게 만드는 식의—에 대응되면서 이스라엘 신앙 속에 견고하게 뿌리내리게 된다.

본격적인 기독교 역사에서 여성을 대상화하지 않은 유일한 카이로스는, 예수의 공생애와 가정교회를 중심으로 한 원시기독교 공동체라는 것이 정설이다.[41] 원시기독교 공동체는 머지않을 예수의 재림을 기다리면서 복음 전파와 섬김에 집중하는 종파적 성향을 띠었기 때문에, 당대의 사회제도와 정치에 흡수되지 않은 채 하나님 나라의 이념—예수의 신선한 평등주의—을 지키고 누릴 수 있었다. 당대의 배경이 되는 사회문화는 유대인의 전통에 그레코로만 문화가 혼재한 형태였는데, 이들은 모두 가부장적이라는 공통점을 가지고 있었다. 그리스 전통문화는 국가의 이상이었던 에클레시아(ekklesia)의 이념을 소수의 특권층에게만 적용하는 왜곡된 사회 관계성을 이루고 있었다. 폴리스의 모든 사람은 동등한 시민들이며 복지와 웰빙을 위해 함께 논의하고 정치할 수 있다고 꿈꾸었던 에클레시아의 민주주의적 이상은, 실제적으로는 자민족(자민족중심주의) 남성들의(남성중심주의) 정치이념으로 축소되었고, 그 결과 사회는 평등과는 거리가 먼 피라미드 형태라는

---

41 참고, D. L. 카모디, 『여성과 종교』, 강돈구 옮김 (서울: 서광사, 2001), 137-141; 한스 큉, 『그리스도교 여성사』, 이종한, 오선자 옮김 (서울: 분도출판사, 2011), 18-28.

수직적인 계급관계를 형성하게 되었다.[42] 로마문화 역시 한 명의 남성 황제와 소수의 부유한 남성 시민권자들에 의해 통치되는 피라미드식 계급체계였다. 로마제국의 계급관계는 이상적인 가정의 모델로 그대로 옮겨졌는데, 일반적인 로마시민의 가정은 한 명 가장의 통제하에, 그 아래는 직계가족, 그 아래는 다수의 가내 노예들로 구성된 피라미드식 형태를 이루고 있었다.[43]

그레코로만 문화의 여성들은 사회적 제약으로 대부분 가내를 벗어날 수 없었고, 아버지와 남편의 지위에 따라 자신의 신분의 위치가 결정되었으며, 여성 노예는 인간이 아닌 재산으로 분류되었다. 사회가 바라는 이상적인 여성상은 가장의 명령에 따라 자녀를 양육하고 가내를 잘 꾸려나가는 가내 중심적인 여성이었다. 시민이냐 아니냐에 따라 경제적인 질이나 자유의 정도가 달랐을지라도, 공통적으로 여성들은 가장의 주권에 따라 자신의 정체성을 인식하고 가장(의 규정이 곧 사회적 규정)이 정해 준 본분을 수행하는 수동적인 대상이었다. 재산권이나 상속권, 직업의 선택, 출산 등과 같은 주체적인 결정과 권리를 행사할 수 있는 영역들 대부분은 법과 전통이라는 이름으로 여성에게는 엄격하게 규제되었다.[44]

---

42 Cf. Elisabeth Schüssler Fiorenza, *But She Said: Feminist Practices of Biblical Interpretation* (Boston: Beacon Press, 1992), 116-117; 진미리, "페미니스트 비판과 해석학적 지평의 전환: 엘리자베스 쉬슬러 피오렌자를 중심으로," 「한국조직신학논총」 45 (2016), 149.

43 참고, 에이미 L. 워델만, "신약성서 시대의 여성들의 일상생활," 『여성들을 위한 성서주석: 신약편』 캐롤 A. 뉴섬, 사론 H. 린지 엮음, 이화여성신학연구소 옮김 (서울: 대한기독교서회, 2012), 393.

44 앞의 책, 394.

바울 공동체의 경우, 그레코로만 문화와 더불어 또 하나의 사회적 배경이었던 디아스포라 유대 헬라주의 역시 가부장적 관념의 산물이었다. 예루살렘 공동체—혹은 유대계 기독교 공동체—보다 더 민주적이었던[45] 헬레니즘 디아스포라 바울 공동체는 후대로 갈수록 교회의 개방과 제도화가 이루어짐에 따라 당대의 사회가 추구했던 가부장적 규준에 부응할 수밖에 없었다. 당대의 헬레니즘 유대교에 영향을 미친 헬라철학은[46] 가정의 가부장성을 국가의 법과 제도에 연결시킴으로써 사회를 견고하게 가부장화하는 데 이바지했다. 아리스토텔레스는 인간의 본질을 "자연적 통치자"인 자유인 남성과 "자연적 예속자"인 여성으로 나누고 이것을 가정의 기본 틀에 적용시켰다.[47] 가정의 불균형한 남녀 모델은 사회의 기본단위가 되어, 집, 마을 그리고 폴리스와 공화국으로 확장된다.[48] 이러한 역학관계는 여성의 대상화가 곧 국가의 안녕임을 정당화하는 기재로 작동하였음을 의미한다. 여성들은 가족, 국가, 종교가 상호적으로 얽혀 있는 사회 속에서 대상화된 구조주의적 희생양이었다. 이를 위한 제도와 법률은 모두 종교적인 준수와 깊이 연결되어 있었다.[49]

재림에 대한 기대가 쇠퇴하면서, 자유와 평등으로 생동감 있었던 초대교회의 여성들은 다시금 기존의 관습대로 가내 본분으로 회귀하

---

45 한스 큉, 『그리스도교 여성사』, 32.

46 엘리자베스 쉬슬러 피오렌자, 『크리스챤 기원의 여성신학적 재건』, 김애영 옮김 (서울: 태초, 1993), 315.

47 앞의 책, 313.

48 앞의 책, 313.

49 참고, 앞의 책, 318-319. 예를 들어, 가장이 믿는 신을 예배하지 않은 종과 아내는 가정의 의무를 위반하는 것일 뿐만 아니라, 국가의 법률도 위반한 것이다(같은 책, 319).

거나,[50] 당대의 사회의식에 부합하는 정숙하고 다산하는 여성상을 권고받게 된다.[51] 예배 처소가 가정교회에서 회당과 같은 공적 장소로 개방되는 사회적 귀속의 과정에서, 초대교회는 "로마 사회의 일반적이고 신분에 맞는 역할 담당이 교인도 지켜야 할 역할 담당으로"[52] 지켜지도록 권면 받았고, 이러한 과정에서 여성들은 자연스럽게 사회적 상하관계로 다시 종속되게 되었다. 바울의 가정훈은 "당시 로마 사회에서 통용되던 남편과 아내, 주인과 노예 그리고 아버지와 아들의 상하관계를 전제한 권고"[53]였다.

라틴-중세의 신학은 여성을 근원적인 영역에서부터 대상화하고 그것을 체계화시키는데 방점을 둔다. 중세의 신학적 논리는 어떻게 하나님을 인식하고 신앙을 체계적으로(혹은 교리적으로) 설명할 수 있는지를 분석하고 정립하는 것이었다. 따라서 이들의 신학적 성찰은 인간에 대한 본질을 다루는 데까지 나아갔고, 자연스럽게 여성에 대한 본질의 문제를 그들의 관점으로 건드리게 되었다. 한스 큉에 따르면, 아우구스티누스의 원죄론은 인간이 육신과 영혼이 손상된 채 태어날 수밖에 없는 근원적인 이유를 제공해 주었다.[54] 그 가운데 성욕은 원죄를 유전시키는 큰 요인이었는데, 기본적으로 부부관계에 있어 출산을 제외하고 느끼는 성욕은 원죄의 유전적인 증거로 간주되었다.[55] 원죄가

---

50 D. L. 카모디, 『여성과 종교』, 144.
51 참고, 아라이 사사구, 『신약성서의 여성관』, 김윤옥 옮김 (서울: 대한기독교서회, 1990), 232.
52 앞의 책, 186.
53 앞의 책, 186.
54 한스 큉, 『그리스도교 여성사』, 62.
55 앞의 책, 64.

성을 손상시켰다는 논리는 성의 형태를 죄와 결부시키는 식의 성의 억압을 합리화하는 토대가 되었다.[56] 이러한 논리는 두 가지 측면에서 여성을 대상화한다. 첫째, 출산 외의 성관계를 죄로 치부함으로써 사회(가 곧 종교) 속에서 정상적으로 살 수 있는 여성은 오직 출산자로 대상화된 여성이라는 점이다. 둘째, 금욕주의가 철저하게 남성—남성 사제—을 중심으로 시작된 것은 금욕의 원인과 대상이 여성이라는 것을 의미한다. 원죄로 인한 나약함을 극복하고자 하는 과정으로 성욕에 방점을 둔 것은, 여성이 원죄의 근본 원인이라는 것을 설명하는 것과 같다. 이는 여성을 근원에서부터 성적으로 대상화한 것임을 의미한다.

중세신학을 집대성한 토마스 아퀴나스는 여성에 대한 본질적인 열등성을 주장한 아리스토텔레스의 철학적 사상을 그대로 신학에 덧입힌 사례이다. "여성은 선천적으로 결점을 가지고 우연히 태어난 남성" 혹은 '우연히 장애를 지게 된 남성'과 같은 표현은 아퀴나스가 아리스토텔레스의 생리학에서 그대로 들여온 인간학적 관점이다.[57] "모든 행위자는 자기와 유사한 것을 만든다"라는 그의 자연신학적 관점은 아리스토텔레스의 남성중심적 세계관의 전형을 그대로 보여준다. 인간은 오직 남성이고 그러므로 남성은 남성을 낳아야 하는데, 뜻하지 않은 요인들로 인해 불완전한 남성이 태어나는 경우가 있다. 이들이 바로 여성이다. (장애 남성인) 여성이 태어나는 경우는 주로 남성의 힘을 약화시켰거나 질료가 불량할 때, 또는 태양빛, 바람과 같은 외부적인 요인 때문이다.[58] 아퀴나스는 이러한 불완전한 태생인 여성이 필연적으

---

56 참고, 앞의 책, 63-64.
57 차용구, "토마스 아퀴나스의 여성관에 미친 아리스토텔레스의 영향," 75.
58 앞의 논문, 77-78.

로 정신적인 나약함도 가지고 있다고 보았다. 여기에서 정신적인 나약함이란 바로 이성적 능력의 결여를 말한다. 여성은 '인간'이자 이성의 소유자인 남성의 불완전한 형태이기 때문에 이성적이지 못하고 감성만으로 행동하므로 도덕적일 수도 없다.[59] 이러한 논리는 자연스럽게 현실에서의 여성의 삶을 남성의 통제를 받고 남성의 뜻에 복종하는 방향으로 이끌었다. 더 나아가 아퀴나스는 이와 같은 불균형한 남녀 관계를 창조론으로까지 소급시켰다. "아내의 머리는 남편"(고전 11:3)인 이유는 남성이 여성보다 이성적으로 우월하기에 앞서, 태초에 여성이 남성의 근원에서 나왔기 때문에[60] 여성의 종속은 창조적부터 시작된 것이라고 할 수 있다.[61]

여기에서 주목해야 할 점은 이러한 남성중심적인 이해가 아우구스티누스나 아퀴나스와 같은 특정한 파급력 있는 소수들만의 주장이 아니었다는 사실이다. 이러한 관점은 중세의 신학적 상식으로 통용되고 있었다.[62] 신앙과 사회의식 그리고 정치가 일치되어 있는 총체적 사회 속에서 여성은 남성으로부터 기원된 열등한 피조물이었다. 따라서 여성은 사회적으로 남성의 지배를 받아야 했으며 당연히 공적인 영역에는 발을 디딜 수 없었다. 여성은 생명의 기원서부터 철저하게 대상화되어 온 사물적인 존재이자 도구화된[63] 존재였기에, (예를 들어 전염병과 천재지변에 의해 야기되는 불안과 공포와 같은) 당대의 사회적 문제들

---

59 앞의 논문, 78-79.
60 앞의 논문, 79-80.
61 앞의 논문, 80.
62 앞의 논문, 82; 한스 큉, 『그리스도교 여성사』, 77.
63 차용구, "토마스 아퀴나스의 여성관에 미친 아리스토텔레스의 영향," 74.

을 해소하기 위한 희생물로 쉽게 이용되었다. 역사적으로 가장 극단적인 여성혐오 사건인 마녀사냥이 오랜 역사 동안—약 13세기에서 18세기까지 약 500년간— 통용된 것은 결코 우연이 아니었던 것이다.

종교개혁이 여성에게 가장 크게 영향을 미친 영역은 결혼에 대한 입장이었다. 종교개혁은 중세가 내세운 독신의 성스러움과 우월성을 거부하고, 결혼을 (성서에 따라) 하나님께서 허락하시고 명령하신 정상적인 관계로 복위시킨다.[64] 이에 따라 여성은 독신자들에게 더 이상 타락자나 유혹자로 치부될 필요가 없었다. 그러나 여성은 결혼으로 인해 양면적인 결과에 놓이게 되는데, 하나는 수도원의 폐쇄로 인한 여성들의 기회상실이었다. 수도원이 폐쇄됨에 따라 남성 사제는 교회나 학교 등으로 다시 진출할 수 있었음에 반해, 수녀는 "가정으로 돌아가 독신으로 지내거나 결혼을 해서 가정주부가 되는 것 외에는" 아무런 공적 활동의 기회를 가질 수 없었다.[65] 특별히 수녀원은 여성이 종교의식과 예전을 행사할 수 있는 유일한 장소였고 교육을 받을 수 있는 특별한 환경이었다. 수녀원장은 "여성의 종교적 지도력과 영적 역할의 뚜렷한 사례"였다.[66] 수녀원의 폐지는 이러한 능력과 배경이 제거되었다는 것을 의미했다. 또 하나는 종교개혁의 결혼관이 중세 시대의 것과 기본적인 면에서 다르지 않았다는 점이다. 중세의 결혼관처럼 종교개혁자들 역시 결혼을 성적 욕망을 해소하기 위한 수단이자 출산을 위한 방법이라고 생각했다.[67] 루터는 결혼의 목적을 성욕 해소와 자녀의

---

64 바버라 J. 맥해피, 『기독교 전통 속의 여성』, 손승희 옮김 (서울: 이화여자대학교출판부, 1995), 83.
65 정용석, 『기독교 여성사』 (서울: 이화여자대학교출판문화원, 2017), 163.
66 앞의 책, 163.

출산 그리고 서로 신의를 가지고 삶을 동행하는 것이라고 보았다.[68] 루터가 말한 동행의 의미는 부부간의 영적인 결합과 서로의 의무를 다하는 것인데,[69] 여기에서 의무는 남편을 위한 내조에 국한되어 있다. 만일 남편이 목회자라면, 사모로서 교회 일을 도울 수 있게 되었다는 점에서 여성해방의 의미를 부여할 수 있지만,[70] 기본적으로 여성은 교회 안에서 남성과 동등한 직무를 수행할 수 없었다.

종교개혁이라고 여성에 대한 가내적 이미지를 변화시킨 것은 아니었다. 오히려 당대의 가부장적인 감수성은 종교개혁의 모토인 '오직 말씀으로'에 따라, ('여자는 남편에게 복종하라'와 같은) 가부장성을 그대로 드러내고 있는 말씀에 대한 확신으로, 여성에 대한 복종적 이미지를 하나님의 소명으로까지 확대시켰다. 하나님의 소명으로서의 역할은 아내, 어머니 그리고 가정주부였다.[71] 여성은 기본적으로 남성보다 열등하기 때문에 조력자로서 남편에게 복종해야 했다.[72] 이에 "여성은 남편의 이름을 따라야 하고, 남편에게 복종함을 보이기 위해 남편의 거주지로 남편을 따라"와야 하는 것이 당연했다.[73] 이것이 타당한 이유를 루터는 죄의 결과 때문으로 보았다.[74] 칼뱅 역시, 여성을 남성의 조력자이자 남성 뒤에 있어야 할 존재, 남성을 위해 만들어진 존재, 남

---

67 앞의 책, 162.

68 앞의 책, 164.

69 앞의 책, 177.; 바버라 J. 맥해피, 『기독교 전통 속의 여성』, 85.

70 참고, 앞의 책, 86.

71 정용석, 『기독교 여성사』, 165.

72 앞의 책, 164.

73 바버라 J. 맥해피, 『기독교 전통 속의 여성』, 88.

74 앞의 책, 87.

성에게 복종하도록 창조된 존재라고 주장하였다.[75]

종교개혁은 중세의 성사를 거부하는 과정에서 여성이 상대적으로 수혜를 받았거나 피해를 입었거나 하였을 뿐이지, 기본적으로 여성의 해방 자체에는 관심이 없었던 것으로 보인다. 여성들은 종교개혁의 여파에 따라, 때로는 이혼이 가능해진 것과 같은 긍정적인 영향으로, 때로는 수녀원 폐쇄와 같은 자유의 상실로, 흐름의 결과에 직면했던 것으로 보인다. 이런 평가가 가능한 이유는, 성서에 대한 종교개혁적인 해석이 여성을 영적인 동반자이자[76] (만인제사장 이론에 따라) 제사장으로[77] 높였음에도 불구하고, 막상 종교개혁의 주역들이 체화하고 있었던 감수성은 여전히 여성을 성적이고(성욕해소자) 가내 중심적 대상으로(엄마, 가정주부) 간주했기 때문이다. 그럼에도 종교개혁은 신앙을 중앙집권적인 교조적 형태에서 평신도를 포함한 한 사람 한 사람의 개별소유로 개인화했다는 점에서, 기독교의 가부장적인 관습은 변화될 여지를 가지기 시작했다고 볼 수 있다. 이것은 총체성에서 벗어날 수 있는 가능성을 말해주는 것이기 때문이다.

근대시대는 인간의 이성적 능력과 자율성에 주목했지만, 그것이 모든 사람에게 해당되기에는 사회적 감수성이 따라주지 못한 역설을 보여준다. 인간과 세상에 대한 합리적인 인식은 마녀사냥과 같은 비상식적인 사건들을 사라지게 하는데 기여했다. 그러나 근대가 꽃피웠던 인간의 자유와 평등을 여성에게까지 적용하기에는 그들에게 여성은 동등한 사회적 구성원이 아니었다. 사회적 감수성은 그 사회의 일원들

---

75 앞의 책, 87.

76 앞의 책, 85; 정용석, 『기독교 여성사』, 177.

77 바버라 J. 맥해피, 『기독교 전통 속의 여성』, 90.

의 사회적 역할과 직접적으로 연결되어 있다. 근대는 남성중심주의가 여전히 사회적 감수성으로 작용하고 있었기에, 여성들은 근대가 그토록 주창한 인간교육의 수혜자였음에도 불구하고, (사회의 중심이었던 남성들이 배당해 준) 양육기술과 그에 따른 상식을 위한 교육만을 받을 수 있었다.78 이성의 위대함과 자유 그리고 인간평등을 내세우면서 당대의 세계관에 큰 영향을 주었던 칸트나, 루소 그리고 쉴러와 같은 인물들은 모두 여성을 남성보다 열등하고, 종속적이며, 가내 기능적으로 이해하였다.79 근대시대의 이상적인 여성상은 여느 다른 시대와 다를 것 없이, "남편에게 복종하는 주부였으며, 여성에게는 투표권이나 공직 진출이 허락되지 않았다."80 그럼에도 근대는 여성들의 목소리가 본격적으로 활발해지기 시작한 시기이다. 사회적으로 여성의 공적 활동이 공인되지 않았고 오히려 비난과 탄압이 여전했음에도 불구하고,81 시간이 지날수록 여성들은 성경공부를 주도하고, 설교와 순회설교의 인도자로 활약했으며, 먼 곳으로 선교여행을 떠나는 적극적인 행보를 보여주었다. 여성들의 자각과 실천은 기독교 내의 환경을 넘어 당대의 여성해방운동의 물결과 함께 하면서, (선거권이나 경제적 동등권과 같은) 사회적 권리를 회복하고 (여성에 관한 학문적 탐구와 같은) 사회적 이해의 틀을 전환시키는 데 기여하기도 하였다.

이전까지는 신 중심적인 신앙체계가 사회를 바라보는 직접적인 이해의 틀이 됨으로써 반성의 여지없이 무조건적으로 그 사회의 규준을

---

78 참고, 정용석, 『기독교 여성사』, 222.

79 한스 큉, 『그리스도교 여성사』, 139.

80 정용석, 『기독교 여성사』, 222.

81 앞의 책, 223.

진리로 받아들일 수밖에 없었다면, 근대는 이러한 사회의식이 합리적이지 못하다는 자기반성을 가능하게 함으로써 여성들이 스스로의 능력을 발견하고 사회 속에서 자신의 위치를 바라볼 수 있게 되었다는 점에서 여성들에게 긍정적으로 작용했다고 볼 수 있다. 근대시대는 중세의 신 중심적인 사회적 총체성에서 벗어나, 사회를 바라보는 지식의 기준이 개인들로부터 시작되었다는 점에서 사회적 관계를 변화시킬 수 있는 가능성을 열어주었다. 그러나 불행하게도 근대는 칸트 이래로 주체중심주의에 기초한 사회구성이라는 또 다른 형태의 총체성의 덫에 걸려, 오히려 상대를 대상화하는 불평등한 주객 관계를 정립하는 지경에 이르고 말았다. 근대가 저질러 놓은 이 불평등한 주객 관계는 오늘날까지도 깊은 사회적 영향력을 행사하고 있으며, 기독교 공동체에도 예외는 아니다. 어쨌든 근대는 신앙과 인간의 자율성이 개인의 영역으로 위치되어짐으로써 자신과 사회적 관계를 자각할 수 있는 여지가 마련되었다는 점에서 우선 긍정적으로 평가될 수 있다. 그렇다면 이제는 근대의 주체중심적인 그림자를 지울 때가 되었기에, 근대가 벌여놓은 이 불균형한 주객 관계를 어떻게 하면 평등한 관계성으로 전환하여 여성 대상화를 극복할 수 있는지를 모색해야 할 것이다.

IV. 여성 대상화의 원인과 해결 방법을 위한 제안

역사적으로 여성 대상화를 해결하기 위한 신학적 연구들은 꾸준히 지속되어 왔다. 어쩌면 지금까지의 모든 여성신학적 연구들이 여성 대상화를 극복하기 위한 노력이었다고 해도 과언은 아닐 것이다. 오늘날 어떻게 하면 기독교 내의 여성 대상화를 극복할 수 있을지를 고민해 볼 때, 먼저 대상화의 주된 원인을 짚어보고 그것을 비판적으로 분석하는 것으로 시작할 수 있을 것이다. 대상화의 원인이 다양하겠지만, 필자는 이를 세 가지로 분류해 보고자 한다: 첫째, 가장 근원적 원인인 주체중심적 주객 관계, 둘째, 역사의 부재, 셋째 총체적 사회 관념이 그것이다.

1. 주체중심적 주객 관계는 대상에게 비사회성을 부여한다

대상의 사물화는 주체가 대상에 대한 지식을 주체자신 안에서 해결할 수 있음을 전제로 한다. 이러한 전제로 주체가 대상을 안다고 말할 때, 그것은 그 대상이 주체가 말한 것만으로도 '온전히' 설명될 수 있다는 것을 의미한다. 대상이 주체의 전권에 의해 온전한 자기상을 얻게된다면, 그 대상은 주체가 자신의 방식대로 생산한 상품과도 같은 지위를 갖게 될 것이다. 이렇게 주체에 의해 물화(物化)된 객체는 자신에 대한 해석의 여지를 차단당한 채, 단순명제로 환원되어 반복되고 퍼뜨려지는 비사회적인 지식이 되어버린다. 기독교 역사에서 대상화된 여성 이미지들은 모두 이러한 남성 위주의 주체중심적 물화의 결과들이다. 물화는 오늘날 교회에서도 그의 흔적을 찾아볼 수 있다. 교회 여성은 주방과 유아를 담당하고 남성은 주차를 담당해야 한다거나, 여성들은 뒤에서 기도로 돕고 인내해야 하는 반면에, 남성들은 앞에서 성도들을 이끌고 선포해야 하는 식의 고정관념이 변치 않는 지식의 형태로 강요된다면, 이들 역시 물화된 대상성의 사례라고 할 수 있다.

그런데 공동체는 언어적 관계를 표방하고, 언어적 관계는 곧 사회적 관계이며, 이것은 필연적으로 의사소통적 관계를 형성한다. 공동체의 관계는 사람들의 관념이 곧 나의 지식의 대상에 포함되기 때문에, 상대에 대한 지식과 실천은 "순전히 성찰적인 것이 아니라, 상호작용적"이다.[82] 지식은 소통자들의 언어와 행동뿐만 아니라, 그 언어가 담고 있는 특정한 역사와 그 행동의 맥락이 되는 사회적 이해와 실천의 역사를 상호인정하고 조율하는 가운데 발전한다. 상대를 아는 것은 상대를 (주체중심적으로 생산한) 단순 지식의 형태로 물화시킨 앎이 아닌, 상대의 언어와 맥락을 들으며 자신의 인식과 실천을 발전시키는 '알아가는(knowing) 사회적 활동'[83]이다. 이러한 차원에서 여성 대상화는 여성들의 언어의 역사성과 사회적 가능성을 차단함으로써 여성들을 비사회적으로 물화시킨 결과이다. 역사적으로 교회 공동체들은 남성 중심적인 언어와 개념들 그리고 물질적인 자원과 문화를 토대로[84] 여성들을 대해왔다. 가부장적 문화와 언어로 편집된 성서의 문자주의적 해석은, 남성중심적인 언어와 사회적 맥락을 가진 지식주체들이 여성을 '기록'이라는 문자의 틀 속에 갇힌 단어들로 물화시킨 사례이다. 또한 여성의 목사안수 금지는 기독교 공동체가 의사소통적으로 서로에 대한 이해를 개방하지 못한 채, 남성중심적인 사회적 활동으로 여성들을 물화시킨 경우이다.

교회공동체는 의사소통적 관계망으로 이루어져 있고, 다수의 구성원을 이루고 있는 여성들은 이곳의 엄연한 '소통적 주체들'이다. 따라서 여성들은 부여된 이미지의 답습이 아닌, 상호주관적인 소통 안에서

---

82 앤드루 세이어, 『사회과학방법론』, 이기홍 옮김 (서울: 한울아카데미, 1999), 32.
83 참고, 앞의 책, 35.
84 참고, 앞의 책, 36.

자신들의 역사적이고 신앙적인 의미를 표현할 수 있고 보여줄 수 있다. 의사소통적 관계는 서로의 맥락에 개방적이므로 상호 간의 인식과 실천을 발전시킬 수 있기에, 교회는 의사소통을 통해 그동안의 축적된 여성에 대한 잘못된 이해들과 실천들을 듣고 상호 평등한 방향으로 조정할 수 있다. 이 지점에서 비판은 필연적으로 수반된다. 사회현상을 평가하는 것 자체가 언제나 현상들에 대한 비판을 수반함[85]을 차치하고서라도, 평등한 의사소통적 기독교 공동체로 나아가기 위해서는 역사적으로 대상화되어 온 여성 이미지들과 역할들에 대한 비판적 입장이 전제되어야 한다. 그런데 비판은 대상화된 이미지들을 단지 관념적으로 부정하는 것을 넘어서야 한다. 대상화된 이미지를 내가 인정하지 않기 때문에 거부한다고 하더라도, 그동안의 대상화된 이미지와 결합되어 축적되어 온 많은 실천들과 그 실천들을 돕기 위해 생산된 제도들까지도 함께 비판하고[86] 재조정하지 않는다면, 기독교 공동체의 사회적 환경은 여전히 한쪽으로 치우친 형태를 벗어나지 못할 것이다.

비판은 여성들에 대한 이해와 공감과 연결되어 있다. 이 연결이 자연스러워지기 위해서는 공동체의 의사소통을 평등하게 가꾸어 나갈 수 있는 이타적인 소통방식이 필요하다.[87] 기본적으로, 내가 상대와 마주했을 때 나의 입장에서는 그를 알아왔다고 여길지라도, 그는 여전히 내가 알지 못하는 미지의 가능성을 가진 타자라는 것을 먼저 인정하

---

85 앞의 책, 71.

86 참고, 앞의 책, 71.

87 평등한 의사소통 관계성에 관한 자세한 설명은 진미리, "여성주의 교회론을 위한 선행 조건 연구: 성평등한 의사소통적 기독교 공동체를 향하여,"「신학연구」77 (2020)을 참고하시오.

고 있어야 한다. 이것은 존중과 관련이 있다. (어떤 방식이더라도) 그 사람의 표현을 통해 그에 대한 지식을 얻기 전에는, 근본적으로 나는 나만의 관심과 의도로 그 사람이 누구인지를 재단할 수 없다. 그러므로 평등한 의사소통적 관계로 나아가기 위해서는 시작점이 나에게서부터가 아닌, 타자를 경청하는 데서부터 시작되어야 한다. 타자를 경청한다는 것은, 겉보기에는 그가 직접 하고 있는 말을 듣는 것으로 보이지만, 엄밀히 말하면 그가 사용하는 언어와 행동 속에 담지되어 있는 그가 살아온 사회 역사적 맥락과 마주하고 있는 것이다.

상대로부터 얻은 지식이 나의 맥락과 상충될 때 거기에 적절하게 반응할 수 있는 기준점은, 자신과 타자 모두의 행복과 평화를 지향하는 책임의 에토스(ethos), 곧 양심에서 우러나오는 윤리적인 이타심이다.[88] 양심은 어떤 것이 도덕적인지를 분별할 수 있는 "가장 근본적이고 권위 있는 능력"이다.[89] 그러기에 양심은 소통하는 사람들에게 "공동체 내에서 책임 있는 도덕적 숙고와 행동을 위해 필요한 권위와 방향을 제공"[90]해준다. 내면의 양심은 상대와 그 상대가 표현하는 사회 역사적 맥락에 대한 이타심으로 발휘되어야 한다. 이 이타심의 실천적 표현은 상대를 대상이 아닌 주체로 보는 것이다. 이것은 자연스럽게 상대와의 관계가 주체중심적이 아닌 상호주체적임을 보여준다. 한편, 의사소통에서 얻은 타자에 대한 지식과 실천은 항상 미래의 더 좋은

---

88 앞의 논문, 152; 참고, 칼빈 O. 슈라그, 『탈근대적 자아를 넘어서』, 문정복, 김영필 옮김 (서울: 울산대학교출판부, 1999).

89 진미리, "여성주의 교회론을 위한 선행조건 연구," 152.

90 재인용, 칼빈 O. 슈라그, 『탈근대적 자아를 넘어서』, 130, 진미리, "여성주의 교회론을 위한 선행조건 연구," 152.

관계를 위한 과정 중에 놓여 있어야 한다. 서로에게 열려 있는 의사소통적 관계는 대화를 통해 얻은 상대에 대한 경험과 해석을 언제든지 미래를 위해 다시 수정할 수 있게 해준다. 이러한 개방성과 유연성은 모두를 위한 새로운 경험의 맥락들을 지속적으로 공급해 줄 수 있기에 주체들의 평등의 감수성을 더욱더 발전시켜 줄 것이다.[91]

2. 역사의 부재는 단일해석의 결과이다

역사는 시간적인 사건에 해석적 비평이 첨가된 축적물이다. 하나의 시간적 사건이 발생했을 때, 보통 그 사건에 대한 해석의 방향은 해석자들이 그동안에 경험했고 이해해 왔던 사회 역사적인 전이해를 바탕으로 결정된다. 그런데 만일 사건들에 대한 해석이 오직 단일한 관심으로만 이루어진다면, 후에 우리가 그 사건들에 대한 기록을 찾아볼 때 우리는 단 한 가지의 역사책만을 발견하게 될지도 모른다. 주체중심적인 주객 관계는 객체 자신들의 역사구성 가능성을 주체 선에서 차단했다는 것을 의미한다. 객체들은 단지 주체의 역사구성을 합리화하기 위한 주체중심적으로 해석된 대상들로 등장할 뿐이다. 만일 주체가 한 사회의 유일한 구성 능력으로 확장된 대문자화된 주체, 즉 총체적 주체라면, 그 사회의 모든 사회적 활동들은 주체의 통제하에 오직 한 가지 흐름의 역사를 구축하기 위한 재료들로 선별될 것이다. 주체중심적인 경험들의 시너지는 주체의 관심에 맞는 사례들과 실천들 그리고 그들을 뒷받침하기 위해 구축된 물질적 구조들을 형성할 것이고, 이들

---

91 앞의 논문, 154.

모두는 주체가 원하는 방향의 역사를 더욱 견고히 뒷받침해주는 증거들이 될 것이다.

오랜 세월 동안 기독교 공동체의 역사는 주요 활동 주체였던 남성들의 경험들과 업적들이 축적된 결과물이었다. 이러한 배경에서 한 시간적 사건이 발생했을 때, 그 사건은 대부분 남성주도적인 활동이었거나 남성중심적인 해석의 대상으로 기록되기 쉬웠다.

<표 1>

(남성 위주의 활동이 낳은) 시간적 사건 ① + (남성중심적) 해석 = 남성중심적 사례생성과 기록
→ 시간적 사건 ② + 사례에 근거한 해석과 기록 = 남성중심적 역사
→→→ 남성중심적 역사의 견고화

〈표 1〉에서와 같이, 남성주도적인 사건을 남성중심적으로 해석하면, 그 결과 남성중심적인 사례가 생성된다. 그것은 또 다른 남성중심적인 경험과 해석을 위한 증거자료로 보존된다. 시간이 흘러, 또 하나의 시간적 사건이 일어날 때, 그 사건을 해석하기 위해 (이것밖에는 기록된 것이 없기 때문에 남성중심적인) 과거의 사례를 찾아보게 되고, 그 사례에 근거하여 해석하여 또 다른 남성중심적인 사례를 생성하게 된다. 이러한 과정이 반복되면 남성중심적인 사례들과 해석들 그리고 그에 따르는 실천들이 축적될 것이다. 이들은 남성중심적인 경험과 해석에 더욱 확신을 불어넣어 주는 사회역사적인 맥락이 되어 남성중심적인 역사를 더욱더 견고하게 해줄 것이다.

이 도식을 좀 더 구체적으로 오늘날 교회공동체의 청빙 사례에 적용해 보면 〈표 2〉와 같다.

<표 2>

역사적으로 남성들만이 목회자가 되어 옴(시간적 사건들 ① ② ③⋯) + "역시, 남성이 목회자가 되어야 해"(경험에 의한 남성중심적 해석) = 남성 목회자의 여러 사례들(설교, 교육, 정책 등 목회 전반)⋯
→ 남성 목회자 중심의 교회 청빙(시간적 사건 ④) + "역시, 남성들이 유능하니 목회자도 장로도 남성으로 세워야겠군, 여성은 양육을 잘하니 유치부 사역자로 적합"(축적된 남성중심적 사례들에 근거한 남성중심적 해석)
→→→ 남성중심적 교회공동체 성비차이의 견고화

역사적으로 남성들만이 목사안수를 받아왔던 축적된 선례들로 인해 남성만이 목회자에 적합하다는 인식과 해석은 견고해져 왔고, 이것은 오늘날까지 교회 목회자의 절대다수가 남성인 사례들로 이어지고 있다. 이와 같은 배경 속에서 목회자를 청빙할 때, 축적된 남성 위주의 청빙 사례와 '목회자는 남성이 유능하다'는 해석에 근거하여 우선적으로 남성 목회자를 세우게 된다. 더 나아가 장로 역시 남성들이 절대다수여 왔기 때문에, 남성은 장로 역할에 적합하다는 경험과 해석이 축적되어 오늘날도 남성 장로를 선호하는 사례들이 계속 이어지고 있다. 반면에 여성들은 나이와 상관없이 주로 모성적 이미지로 각인되어 왔기 때문에, 오늘날도 영아부나 유치부 사역자로 국한되는 사례가 지배적이다. 이러한 비균등한 사례들과 활동들의 축적은 남성 목회자와 장

로 중심의 교회를 더욱더 조직적이고 견고하게 만들었다.

현재의 교단 상황은 〈표 2〉를 증명해 주기라도 하듯 현저히 차이 나는 성비격차를 보여주고 있다. 목회자와 장로의 경우를 살펴보면, 현재 한국기독교장로회는[92] 2010년 기준, 전체 목회자 2,645명 중 남성이 2,415명, 여성이 230명으로 여성 목회자가 전체의 약 8.6%를 차지하고 있고,[93] 장로는 전체 3,063명 중, 남성이 2,881명, 여성이 182명으로 약 6%를 차지하고 있다. 약 10년이 지난 2021년 한국기독교장로회총회 전산 자료에 따르면, 전체 목사 약 3,468명 중 남성이 약 2,601명, 여성이 약 867명으로 여성 목회자가 약 25%로 추산되고 있다.[94] 그러나 전체 여성 목회자 중, 전도목사를 포함한 담임목회자의 수는 약 124명에 지나지 않는다.[95] 장로는 2020년 기준으로, 전체 2,833명 중, 남성이 2,547명, 여성이 286명으로 여성장로가 전체의 10% 정도를 차지하고 있다.[96] 10년 전과 비교하면 여성 목회자의 수가 증가하긴 했지만, 장로를 포함한 전체적인 남녀의 성비는 아직도 절대적으로 차이 나고 있는 것이 현실이다.

'남성 목회자 중심의 교회'라는 한 줄기만의 역사로 흐르는 이 지속적인 고리를 어떻게 하면 끊어낼 수 있을까? 위와 같은 통계를 반성해

---

92 필자가 현재 감리교신학대학교 객원교수로 있음에도 불구하고, 한국기독교장로회 목사로서 같은 교단의 통계를 사용한 점을 알려드린다.

93 한국기독교장로회 양성평등위원회, 「한국기독교장로회 양성평등 실태조사 보고서」 (2010), 33.

94 한국기독교장로회 총회 전산에 등록된 교역자 상황 (2021년 3월 26일자, 총회목회지원부 제공)

95 한국기독교장로회 총회 전산자료에 따르면, 현재 여성담임목회자는 자립교회 담임목사 61명, 전도목사 83명으로 추산되고 있다. (2021년 3월 26일자, 총회목회지원부 제공)

96 「한국기독교장로회 제105회 총회 보고서」 (한국기독교장로회총회, 2020), 556.

볼 때, 사례생산은 가장 기초적인 시작점이라는 것을 알 수 있다. 단순한 비판을 넘어, 평등함을 보여줄 수 있는 실제적인 사례들을 만들어 내는 것이 평등한 교회 역사구성의 핵심이다. 오늘날 교회와 교단의 현실은 전체 목회자 수의 성비보다, 실질적으로 목회현장에서 시무하고 있는 남녀목회자의 성비차이가 훨씬 더 벌어져 있다. 이 중 담임목회자의 성비차이는 가히 절대적으로 큰 상태이다. 사례생산은 여성들이 직접 참여하여 실제적으로 경험해야 가능하기 때문에 첫 사례를 만들어 내는 것은 매우 중요한 시작이다. 나아가 여성목회자와 장로를 세우고 교회와 신학에서의 여성의 다양한 참여를 높이는 것은 사례생산의 동력을 공급하는 것과 같다고 할 수 있다. 이러한 차원에서 '여성할당제'는 현재 우리교회와 교단이 평등한 기독교 공동체로 나아가기 위해 실천할 수 있는 가장 합리적인 방안이다. 이를 위해서는 모두를 위한 성인지 감수성이 필요하다. 성인지 감수성은 특별한 것이 아니다. 그것은 여성들이 겪어왔던 역사에 귀를 기울여 주고, 그들을 사회와 공동체를 함께 일구어 나가는 동등한 주체들이자 하나님의 같은 형상을 입은 하나님의 사람으로 바라봐 주는 것이다.

시간적 사건과 그에 따른 해석과의 연관성은 사례형성에 중요한 연결고리이다. 경험과 해석으로 역사를 구축할 때 사례는 매우 중요한 맥락적 배경이 된다. 그런데 만일 사례들이 모두 하나의 관점으로 편중되어 있어서 그에 따르는 경험도 제한된다면, 그를 통해 산출된 해석과 실천들은 또 다른 불균형한 역사를 만들어 낼 것이다. 그러므로 모든 사람이 평등을 누릴 수 있는 역사를 구축하기 위해서는 풍부한 관점의 사례들, 다시 말해, 평등한 관점의 사례들을 생산하여야 한다. 이를 위해 여성들의 경험을 존중하고 그들에게 더 넓은 교회와 신학의 기회를 열어주어야 한다. 이것이야말로, 오직 한 줄기로만 흐르는 편중된 역사가 아닌, 다양한 줄기들이 모여 모두의 행복을 위해 큰 강물을 이루는 진정한 기독교의 역사가 될 것이기 때문이다.

3. 총체적 사회 관념은 공동체적 유연성을 무시한 결과이다

사회가 어떤 고정된 관념으로 모든 인식과 실천을 규제할 때 그 사회는 총체성을 띤다고 말한다. 총체적인 사회는 이미 확정되어 설계된 질서에 따라 대상을 이해하고 그에 따라 대상에게 지위와 역할을 부여한다. 이런 경우, 대상으로 간주되는 이들의 고유한 목소리와 행동은 사회의 규준에 부합하지 않으면 사회적이지 못하거나, 심지어는 위협적으로 보이기 때문에 변종으로 취급되거나 배제될 수 있다. 오랜 기독교 역사 동안 여성들은 온전한 인간으로 활동할 수 있는 장(space)을 제공받지 못했다. 여성들은 남성 위주로 형성된 신앙적 관념과 전통에 따른 지위와 역할만을 옷 입고 살아왔다.

그러나 교회 여성들의 지위와 역할은 처음부터 본질적이거나 당위적인 것이 아니었다. 원시 그리스도교공동체는 예수 자신이 오랫동안 그 사회문화의 맥락이었던 남성중심적인 전통을 상대화했을 뿐만 아니라, "제자단에 여성들도 불러들였으며 나아가 아이들의 소중함까지 명백히 인정"할 정도로 민주적이었다.[97] 예수 공동체의 여성들은 인종과 계급, 신분 그리고 가부장제와는 상관없는 "자유와 평등과 형제자매애의 공동체"[98]의 일원이었다. 오늘날 교회의 많은 역할들과 규준들

---

97 한스 큉, 『그리스도교 여성사』, 24.

그리고 제도들은 처음부터 완성된 채 등장했던 것이 아니다. 이들 대부분은 처음에는 존재하지 않았고, 오히려 처음부터 있었던 것은 구성원들의 자발적이고 주체적인 아래로부터의 의사소통이었다. 초대교회는 같은 신앙을 고백하는 동등한 사람들의 주체적인 자발성에 근간을 두고 있었다. 성도들은 자신의 은사를 공동체와의 나눔을 통해 존중받고 인정받음으로 지위와 권위를 획득했고, 이것은 남녀의 구별과는 상관없이 벌어진 일이었다.

초대교회가 남성 위주의 체제로 변화했던 것은, 교회가 제도화됨에 따라 당대 사회와의 관계를 여는 과정에서 '가부장적'이라는 (교회 남성들과 사회) 서로의 공통점에 부응했기 때문이다. 여기에서 초대교회의 가부장적 변질과정과는 별개로 주목할 점이 있는데, 그것은 바로 교회가 과거에도 사회에 대해 폐쇄적이 아니었다는 사실이다. 물론 당시는 생존의 문제가 있었고, 사회가 가부장적이어서 교회가 남성중심적인 공동체로 다시 돌아서는 결과를 낳았지만, 이러한 교회와 사회의 연결점은 오늘날 교회를 총체적인 폐쇄성으로부터 좀 더 유연한 의사소통적 공동체성으로 인식할 수 있는 가능성을 열어준다.

기독교의 공동체적 의식과 실천은 동등자들의 자율적인 의사소통을 통해 유연하게 발전되어야 한다. 교회의 구성원들이 대부분 사회인인 것을 생각할 때, 교회가 사회의식에 민감해야 하는 것은 어쩌면 당연한 일일지도 모른다. 따라서 교회는 안팎으로 스며들어오는 모든 사회의식을 '주도적'으로 해석해 낼 의무가 있다. '주도적'이란 말은 '폐쇄적'이란 말과는 결이 다르다. '폐쇄적'은 자신의 신앙적 의지를 하나님

---

98 앞의 책, 24.

의 뜻에 대응시켜 교회 내의 모든 해석과 실천을 총체적으로 규제하는 것을 말한다. 그러나 '주도적'은 주체중심적인 일방성이 아닌, 교회 구성원들의 사회에 대한 물음을 신앙의 테두리 안에서 적극적으로 함께 소통하고 해석해 내는 것을 말한다. 여기에서 신앙의 테두리는 사람들의 의식 자체를 아예 통제하는 족쇄가 아닌, 예수 그리스도 안에서 언제든지 궁금할 수 있는 자유를 의미한다. 예수는 자신의 신앙의 고집을 타인들에게 강요하지 않고 오히려 그들이 묻고 궁금증을 해소해주는 방식으로 하나님 나라를 이루어갔다. 교회공동체는 구성원들의 질문을 총체적인 관점에서 금지할 것이 아니라, 열린 소통과 경청으로 모두의 행복을 위해 깊은 기도가 묻어나는 해석과 실천으로 열매 맺어야 한다. 교회 안팎에서 던지는 진실한 물음들은 불신이 아닌, 교회를 더 평등하고 복음에 가깝게 만드는 건전한 과정이자, 더 큰 신앙의 강물로 이끄는 디딤돌인 것이다.

V. 나가는 말: 치유는 여성을 온전한 주체로 여길 때 시작된다

'에덴동산의 하나님은 왜 선악과나무의 진실을 인간에게 알려주셨을까? 아예 모르고 살았다면 죄를 짓지도 않았을 텐데….' 어릴 적부터 궁금해 온 이 질문에 대해 문득 이런 생각이 떠올랐다. '하나님은 자신의 피조물이었음에도 불구하고 인간을 완전한 주체로서 존중하고 싶었던 것이 아니었을까?' 그 어떤 가능성이 도사리고 있을지라도, 내가 통제하지 않고 주체적인 결정을 그 사람에게 온전히 맡기고 존중했던 하나님의 생각과 행동이 바로 진정한 사랑이 아니었을까? 하나님의 형상을 닮은 여성은 온전한 주체, 온전한 독립체로 창조되었다. 이러한 여성들이 오랜 세월 동안 하나님이 부여해 주신 주체의 권리를 빼앗긴 채 대상화된 형상으로 살아왔다면, 이것이야말로 하나님에 대한 대항의 의미가 아닐까? 그런 의미에서 여성 대상화는 하나님의 창조 섭리를 왜곡시키는 행위일 뿐만 아니라, 교회공동체를 편중된 집단주의로 병들게 하는 '죄'라고 할 수 있다.

온전한 치유는 온전한 주체로 여겨졌을 때 시작된다. 치유는 당사자만의 자각과 실천으로는 불가능하며 반드시 사회적이고 공동체적인 책임이 함께 따라주어야 가능하다. 공동체는 하나의 총체적인 관념을 공동체적 의식으로 고정시켜 구성원들의 인식과 행동을 통제해서는 안 된다. 만일 그렇게 한다면 그 공동체는 항상 소외된 계층을 낳게 될 것이다. 단지 우리가 하나의 구심점이라고 여길 수 있는 것은, 구성원들을 경직된 질서 속에 몰아넣는 특정한 사회 문화적 관념이 아닌 모든 사람을 구원으로 이끄는 예수 그리스도의 진리의 보편성[99]이다. 이 진리의 테두리 안에서 교회공동체는 상호주관적으로 서로의 목소리를 경청하고 용납하면서 실천으로 발전시키는 아래로부터의 살아 있는 의사소통의 모습을 보여주어야 한다. 이러한 차원에서 여성들은 교회 안에서 자신들의 신앙과 사회 역사적 맥락을 가지고 물음을 던질 수 있는 개별자이자 주체로서 존중받아야 한다. 공동체는 이들의 목소리를 경청하고 적극적으로 함께 소통함으로써, 교회를 경직된 전통에서 살아 있는 하나님의 나라로 바꾸어 나가야 할 것이다.

---

99 참고, 진미리, "여성주의 교회론을 위한 선행조건 연구," 161-166.

참고문헌

강남순.『페미니즘 앞에 선 그대에게』. 파주: 한길사, 2020.

김혜숙. "칸트 철학에 대한 여성주의적 해석: 주체 문제를 중심으로."「칸트연구」16 (2005), 153-172.

라페이, 알리스 L.『여성신학을 위한 구약개론』. 장춘식 옮김. 서울: 대한기독교서회, 1998.

루소, 장 자크.『에밀』. 이환 엮고 옮김. 서울: 돋을새김, 2015.

마이어, 우줄라 I.『여성주의철학 입문』. 송안정 옮김. 서울: 철학과 현실사, 2006.

맥해피, 바버라 J.『기독교 전통 속의 여성』. 손승희 옮김. 서울: 이화여자대학교출판부, 1995.

보르도, 수전.『참을 수 없는 몸의 무거움』. 박오복 옮김. 서울: 또하나의문화, 2003.

세이어, 앤드루.『사회과학방법론』. 이기홍 옮김. 서울: 한울아카데미, 1999.

슈라그, 칼빈 O.『탈근대적 자아를 넘어서』. 문정복, 김영필 옮김. 서울: 울산대학교출판부, 1999.

쉬슬러 피오렌자, 엘리자베스.『크리스찬 기원의 여성신학적 재건』. 김애영 옮김. 서울: 태초, 1993.

아라이, 사사구.『신약성서의 여성관』. 김윤옥 옮김. 서울: 대한기독교서회, 1990.

아리스토텔레스.『니코마코스 윤리학/정치학/시학』. 손명현 옮김. 서울: 동서문화사, 2019.

워델만, 에이미 L. "신약성서 시대의 여성들의 일상생활."『여성들을 위한 성서주석: 신약편』. 캐롤 A. 뉴섬, 샤론 H. 린지 엮음. 이화여성신학연구소 옮김. 서울: 대한기독교서회, 2012.

정용석.『기독교 여성사』. 서울: 이화여자대학교출판문화원, 2017.

진미리. "여성주의 교회론을 위한 선행조건 연구: 성평등한 의사소통적 기독교 공동체를 향하여."「신학연구」77 (2020), 143-172.

_____. "페미니스트 비판과 해석학적 지평의 전환: 엘리자베스 쉬슬러 피오렌자를 중심으로."「한국조직신학논총」45 (2016), 125-169.

차용구. "Femina est mas occasionatus: 토마스 아퀴나스의 여성관에 미친 아리스토텔레스의 영향."「서양중세사연구」14 (2004), 67-98.

카모디, D. L.『여성과 종교』. 강돈구 옮김. 서울: 서광사, 2001.

큉, 한스.『그리스도교 여성사』. 이종한, 오선자 옮김. 서울: 분도출판사, 2011.

헤겔, G. W. F./ 임석진 옮김. 『정신현상학2』. 파주: 한길사, 2005.

「한국기독교장로회 양성평등 실태조사 보고서」. 한국기독교장로회 양성평등위원회, 2010.

「한국기독교장로회 제105회 총회 보고서」. 한국기독교장로회총회, 2020.

Jin, Miri. *Critique and Feminist Theology: A Study on the Characteristics of the Critical Feminist Subject and Her/His Action in Elisabeth Schüssler Fiorenza.* Zürich: Lit, 2017.

Kant, Immanuel. *The Critique of Pure Reason.* Tr. Norman Kemp Smith. London: Macmillan, 1958.

Langton, Rae H. *Sexual Solipsism: Philosophical Essays on Pornography and Objectification.* Oxford: Oxford University Press, 2009.

Lloyd, Genevieve. *The Man of Reason: Male and Female in Western Philosophy.* Minneapolis: University of Minnesota Press, 1984.

Nussbaum, Martha C. "Objectification." *Philosophy & Public affairs.* 24 (1995), 249-291.

Oh, Seung-Sung. *Critical Reflection on Wolfhart Pannenberg's Hermeneutics and Theology of History.* Berlin: lit-verlag, 2007.

Schüssler Fiorenza, Elisabeth. *Wisdom Ways: Introducing Feminist Biblical Interpretation.* New York: Orbis Books, 2006.

_____. *Rhetoric and Ethic: The Politics of Biblical Studies. Minneapolis.* Fortress Press, 1999.

_____. *But She Said: Feminist Practices of Biblical Interpretation.* Boston: Beacon Press, 1992.

_____. "Commitment and Critical Inquiry." *Harvard Theological Review* 82 (1989), 1-11.

한국교회 여교역자의 목회 경험 사례 연구와 치유를 위한 여성신학적 제언 *

이난희**

I. 들어가는 말: 여성의 경험, 살아 있는 역사의 시작

한국교회는 수십 년 전부터 교세 감소와 사회적 신뢰도 감소를 겪어 왔는데, 2020년에는 코비드 19(코로나 바이러스) 사태로 인하여 교회의 집회 감소, 재정 축소 및 정서적 불안, 우울, 심리적 상실감, 상처 등 더 큰 어려움에 직면하게 되었다.[1] 많은 교회들이 부교역자들을 해고하거나 혹은 교회 자체가 문을 닫았다는 소식들을 접하게 된다. 여교역자들의 상황은 남성 목회자들에 비해 더욱 취약하다. 특히 필자는 '남성 목사들이 여전히 여교역자들을 은근히 무시한다', '여교역자들은 여전히 소수자, 주변인이다'라는 말들을 듣는다.[2] 이처럼 코로나 사태

---

* 이 논문은 「신학과 실천」 76 (2021)에 실린 글임을 밝힌다.
** 한신대 여성신학 박사, 전 한신대 강사, 한국여신학자협의회 홍보출판위원장
1 노성동, "코로나 19 사태로 인한 대학생들의 심리적 영향과 극복 요인,"「신학과 실천」 72 (2020), 11, 331. 김진영, "코로나 19 이후 기독교 교육과정으로서의 영성 연구,"「신학과 실천」 73 (2021), 2, 281.
2 한국기독교장로회(이하, 기장) 교단의 어느 중년 여성목사의 증언이다.

와 교세 감소라는 이중의 위기뿐만 아니라, 여전히 지속되는 성차별적, 남성중심적 교회 상황에서 한국교회에는 상처받고 고난받는 여목회자들뿐만 아니라 일반 남녀 평신도들에게도 치유의 목회가 절실하다. 이러한 문제 의식을 가지고 본 연구는 여교역자들의 목회 경험 사례를 심층면접 방법을 통해 연구하고자 한다. 여성신학이 여성의 억압과 고난의 구체적인 경험으로부터 출발한다는 점에서 여성들의 경험은 중요하다. 여교역자의 목회 경험은 오늘의 한국교회 현실을 드러낼뿐만 아니라, 과거의 여성 역사를 이어 새로운 역사를 써나가는 여성들의 이야기로 살아 있는 역사의 시작이기도 하다. 이는 아래로부터의 역사 서술 그리고 미시사, 생활사 연구 방법에서 볼 때도 유의미한 작업이다.[3]

여교역자들에 대한 선행연구들은 여성의 지도력 향상, 여성목사 안수제도 논란, 결혼 및 이혼 등 특정 가족구조와의 관련 속에서 이루어져 왔다. 따라서 여교역자의 목회와 삶 자체에 초점을 맞추는 경우는 찾아보기 어렵다. 이에 본 연구는 교회의 지도구조, 안수 제도 및 가족 구조와의 관련보다는 예수 그리스도의 말씀을 따르는 신앙인이자 한국 사회의 한 여성으로서의 여교역자의 목회 경험 자체에 초점을 맞추고자 한다. 즉 그녀들의 삶에 예수 그리스도의 가르침인 사랑, 섬김, 감사 등이 실현되고 있는지, 그렇지 못하다면 그 원인은 무엇인지

---

3 여성의 관점으로부터 씌여진 여성의 역사, 여성사는 서양에서 1970년대 이래로 전개되어 왔고, 그 배경에는 문화인류학과 프랑스 아날(Annales) 학파 등이 있는데 이들은 기존의 역사 서술에서 간과되어 온 일반 대중의 일상적 삶, 사회문화적 삶에 주목하였다. 김애영, "여성신학에서의 여성사 연구,"『여성신학의 주제탐구』(오산: 한신대 출판부, 2003), 47-49.

를 살펴보고자 한다. 요컨대 본 연구는 여성 목사안수 허용과 지도력 향상에도 불구하고 성평등과 여성의 존엄이 충분히 실현되고 있지 못한 여교역자의 목회 현실을 연구하고자 하며, 이를 통하여 여교역자들의 삶의 치유를 위한 그리고 한국교회 전반의 치유를 위한 여성신학적 제언을 모색하려 한다.

II. 한국교회 여교역자의 목회 경험에 대한 여성신학적 논의

1. 여교역자의 목회(여성 목회)에 대한 기존의 논의: 갈 길 잃은 여성목회

교역(敎役)이란 예수 그리스도를 통한 하나님의 디아코니아를 대신 실천하는 직분을 가리키고, 통상적으로는 교회가 하는 모든 역할을 의미하며 교역과 목회는 거의 혼용되어 사용된다.[4] 목사(minister)란 말씀과 성례전의 전례 의식을 집전하는 사람을 뜻하고, 목회자(pastor)는 문자적 의미로는 양을 돌보는 사람을 의미하며 통상적으로 교구를 관리하는 사람을 뜻한다.[5] 이 글에서 나는 목회와 교역을 같은 의미로 사용하며, 여성목회를 단순히 여성이 하는 목회를 넘어서서, 여성신학의 관점에서 여성의 억압 경험을 토대로 하며 여성의 해방과

---

4 오성춘, "목회신학의 어제와 오늘," 「기독교사상」 331 (1986), 7, 90.
5 애버리 덜레스, 『교회의 모델들』, 김기철 옮김 (서울: 조명문화사, 1997), 162.

성평등, 나아가 정의와 평화, 사랑을 지향하는 목회라는 의미로 사용하고자 한다. 또한 여교역자를 여목회자와 같은 의미로 사용하되, 여성 목사, 전도사, 준목을 모두 포함하는 용어로 사용한다.

여성목회에 대한 기존의 논의들을 살펴보면 크게 세 가지 유형으로 나누어진다. 첫째는 여교역자의 결혼, 임신 혹은 불임 경험 및 가족관계를 중심으로 여성목회를 분석한 연구들이다. 이 연구들은 여교역자들이 일반적으로 결혼하고 자녀를 둔 기혼여성일 것으로 가정하고 이루어진 것으로 보인다. 전주애의 연구에 의하면 여성목회자들은 배우자, 자녀, 시부모 등과의 관계 속에서 스트레스를 받으며 목회자로서의 자리매김을 하지 못하고 있다.[6] 부부목회자 실태를 조사한 채희남의 연구는 평등적 의식과 제도의 변화 속에서 남녀 부부 목회자 역시 평등을 고민하며 사역함을 밝히고 있다.[7] 둘째는 위의 첫째 분류의 일반적인 여교역자 범주에서 벗어난, 따라서 특이한 혹은 예외적인 여성들의 경험이 연구된다. 또한 이혼한 중년 여성목회자들이 죄인이라는 낙인을 지니고 교역자들과도 거리를 두고 지내며, 생계 미자립 은퇴 여성교역자들이 여성으로서 위험한 사역 환경 등으로 인해 부정적 정서를 경험하고, 심신 탈진과 경제적 빈곤으로 고통스러워함을 밝히는 연구들도 있다.[8] 셋째는 결혼 및 이혼 여부 등과 무관하게 좀 더 일반적

---

6 전주애, "여성목회자들의 목회에 영향을 미치는 가족관계 스트레스에 관한 현상학적 연구" (중앙신학대학원대학교 박사학위논문, 2015), 157.

7 채희남, "여성목회자 시각에서 본 부부목회자 실태조사 연구" (감리교신학대학교 신학대학원 석사학위논문, 2006), 67.

8 고영철, "이혼한 중년 여성목회자의 삶에 관한 연구" (평택대학교 신학전문대학원 박사학위논문, 2009), 140. 김일생, "생계 미자립 은퇴노인 여성교역자의 심리사회적 특성" (백석대학교 기독교전문대학원 박사학위논문, 2018), 125.

으로 여성목회, 여성목회자의 리더십 혹은 치유 사역을 다룬 연구들이다. 임병훈은 여성들이 목사안수를 조건으로 사임을 요구받으며, 여성 담임목사 청빙도 매우 드문 현실을 전하고 있고, 유병순은 남녀목회자가 서로 경쟁하기보다는 평등을 기반으로 공동체의 발전을 위한 전문가가 될 것을 제안하며, 급격히 해체되고 있는 가정의 문제에 직면하여 여성목회자가 어머니로서 가정치유사역에 적극적으로 임할 것을 제안하는 연구도 있다.[9]

이상과 같은 기존 연구들에서는 결혼 및 이혼 여부 등과 같은 특정 요인들을 넘어서는, 여교역자 자신의 치유된 삶과 목회라는 보다 통전적인 접근이 부족하다고 보인다. 박미애는 여성목회자가 아내, 엄마의 역할과 목회자의 역할의 충돌을 경험함에 주목하며 기혼여성 목회자가 업무 과다, 근무시간 초과, 가사노동과 자녀 양육의 부담으로 갈등을 겪는다고 지적한다.[10] 김미성은 독신 여성목회자들이 목회에 대한 보람과 동시에, 교회 행정 및 제도에 대한 부정적 감정, 동료 목회자들에 대한 질투, 경쟁적 갈등 등을 경험한다고 보고한다.[11] 한편 고영철은 이혼한 여목회자에 대해 교회가 냉담하거나 부정적인 반응만을 보

---

9 임병훈, "한국교회 여성목회의 현실과 과제" (한일장신대학교 한일신학대학원 석사학위논문, 2009), 63. 유병순, "한국교회 여성목회자 리더십에 관한 연구" (호서대학교 연합신학전문대학원 석사학위논문, 2011), 114. 박현주, "21세기 여성목회자의 치유사역 방안에 관한 연구" (Yuin Univ. 박사학위논문, 2001), 243. 이 세 범주 외의 연구로는 오영희, "교회내 여성목회자의 동성동료 갈등경험에 관한 내러티브 연구" (평택대학교 피어선신학전문대학원 박사학위논문, 2020)이 있다.

10 박미애, "기혼여성목회자의 일-가정 갈등이 직무 만족도에 미치는 영향" (한남대학교 대학원 기독교학과 박사학위논문, 2019), 7-8.

11 김미성, "독신여성이 경험하는 목회적 삶에 대한 연구" (백석대학교 기독교전문대학원 박사학위논문, 2014), 122-123.

이는 등 이혼에 대한 교회의 인식이 단순하고 획일적임을 비판하고, 이혼에 대한 사회적 및 목회적 대안을 모색한다.[12] 이러한 선행연구들은 여교역자에 대한 유의미한 연구임에도, 여교역자의 목회에 있어서 교리와의 관련성, 군사문화와의 관련성 및 여교역자의 상처와 치유 문제 등 성평등을 가로막는 핵심적, 구조적 요소들을 다루지 않는다는 한계를 갖는다.

한편 여교역자의 목회 현실에서 중요한 것이 교회의 성차별적 구조에서 기인하는 차별적 관행과 그로 인한 고통이다. 이러한 맥락에서 한국기독교장로회(이하, 기장) 양성평등위원회가 2010년에 조사하고 발간한 「한국기독교장로회 양성평등 실태조사 보고서」를 통하여, 교회 내 성차별 및 여성목회에 대한 대체적인 인식과 실태를 파악할 수 있다.[13] 조사 결과는 담임목사로 여성을 청빙하는 것에 73.3%가 찬성하는 등 여성 목회에 대한 인식에서 긍정적인 인식을 보여준 반면, 여교역자에 대한 기대가 여성의 섬세함과 배려심 등에 치중되어 있고 여교역자들의 사역이 심방, 교육, 상담에 집중되어 있음을 볼 수 있다. 또한 여성목회에 대한 긍정적 인식과는 다르게 2010년 당시 여성목사 230명(전체 목사 인원수의 8.6%) 중 사역을 하고 있는 목회자는 150명이었고, 그중 담임목사는 그 절반에도 미치지 못하여 여성목회에 대한 긍정적 인식이 현실에서는 이루어지지 않는 괴리를 보여주었다.[14] 기

---

12 고영철, "이혼한 중년 여성목회자의 삶에 관한 연구," 126.

13 이 조사는 전국의 목회자와 신도 2,145명을 대상으로 53개 문항의 설문지 응답을 통해 이루어졌다.

14 한국기독교장로회 양성평등위원회, 「한국기독교장로회 양성평등 실태조사 보고서」 (2010), 49-50.

장 여교역자회가 2013년에 발간한 「비상, 여성목회, 오늘 그리고 내일」은 다양한 여교역자들이 여성목회의 경험을 서로 나누고 대안을 모색한 간담회의 자료집이다. 이 자료집에서 "신학대학원 졸업과 목사가 되기까지"라는 제목의 대표 발제 글에서 최다연은 기장 목사 후보생의 교육과정이 교육목표에 부합하게 이루어지는지에 대한 설문조사 결과를 분석하였다. 이 결과에 따르면 양성평등 교육이 부족하다는 응답이 30%였고, 인턴 집중교육에 대해 90% 가량이 불만족하다고 대답하였다. 또한 담임목회자가 인턴 실습 평가의 전권을 갖는 불평등한 관계와 생계 곤란이 중요한 문제라고 지적하였으며, 50%의 응답자가 양성평등적 배려가 부족하다고 답하였다.[15] 목회의 실태 뿐 아니라 신학교에서의 교육과 목회 수련 과정부터 남녀 교역자들의 성평등하고 바람직한 목회에 긍정적인 영향을 미치기에는 부족한 현실이라 파악된다. 2013년 이후로 기장 교단 및 기장 여교역자회에서는 성평등이나 여교역자 실태에 대한 다른 조사가 이루어지지 않았는데, 이는 한국교회 전체의 위상과 상황이 향상되기보다는 그 반대로 악화되었기 때문이 아닐까 추측한다.

한편 여교역자에 대한 기존의 또 다른 연구는 여성안수 제도 논란을 중심으로 이루어져 왔다. 김애영은 가톨릭, 개신교 역사에서 전개된 여성안수 논란에 대해 비판적으로 검토한다. 그는 남성 위주의 성직 계급주의와 교회의 가부장적이고 위계적, 피라미드적인 직분 구조를 비판한다. 즉 가톨릭의 위계질서를 거부한 개신교의 만인사제론에

---

15 한국기독교장로회 여교역자협의회, 「비상, 여성목회, 오늘 그리고 내일」(2013), 29, 30-31.

도 불구하고 개신교 역시 가부장적 구조를 갖는다고 지적한다.[16] 최영실은 교회의 제도화된 전통 속에서 여성이 성직으로부터 배제되고 차별되어온 사실을 비판한다. 그는 신약성서와 초대교회의 역사에서 여성들은 복음 사역의 핵심 증인으로 활동했으나, 교회 구조가 2세기 초에 그리스-로마 및 유대교 회당의 행정적 구조와 유사하게 계급화함에 따라 여성도 배제되어 갔음을 지적한다.[17] 요컨대, 본 연구자는 예수의 복음에 비춰볼 때 교회구조의 성평등화와 여성 목사 안수는 계속 추구되어야 할 과제라고 보며, 현실의 교회 현장에서 목회하는 여교역자의 경험의 실상을 보다 상세히 논구하고자 한다. 단지 이론적 성평등이 아니라, 실제 현실의 삶과 목회에서 어느 정도 성평등이 이루어졌는가, 여교역자들 자신이 체감하는 성평등은 어느 정도인가, 충분히 성평등이 이루어지지 않고 있다면 그 원인은 무엇인가? 그것은 어떻게 변화될 수 있는가? 등을 탐구하고자 한다.

2. 여교역자의 목회 경험에 대한 심층연구에서의 핵심 요소들

1) 교리와의 관련성

여교역자들의 목회 현실이 녹록지 않음에 따라, 여교역자 자신이 겪는 여성 목회 현장의 고민들을 신학적, 교리적 및 여성신학적 성찰

---

16 김애영, "한국교회의 갱신을 촉구하는 여성신학," 『여성신학의 주제탐구』 (오산: 한신대 출판부, 2003), 219.
17 최영실, "신약성서에 나타난 교회의 이해," 『성서와 여성』 (서울: 민들레 책방, 2004), 178.

과 관련시키며 논의를 전개하는 경우는 많지 않다. 이러한 맥락에서 나는 신학 이론, 교리에 대한 관심과 함께 그러한 이론이 여교역자의 삶에 어떠한 관련과 영향을 끼치는가에 초점을 맞추어 보고자 한다. 즉 이론, 교리와 실천, 목회 현실을 상호관련시켜 탐구하고자 한다. 이러한 나의 관점에서 볼 때, 기장 교단의 전주 고백교회를 시무하는 이강실 목사의 논의는 그녀가 천국, 지옥, 대속적 구원론, 원죄론, 삼위일체론 등 전통적 기독교의 교리들에 대해 의문을 제기하며 그것을 자신의 여성목회 현실과 연결시킨다는 점에서 유의미하다.[18] 이강실은 기존의 기독교가 개인 구원, 내세 지향의 모습들을 보이고, 믿음의 목표를 물량주의적 성장과 동일시하며 신자유주의적 자본주의에 앞장서는 문제가 있다고 지적하고, 심판하는 황제와 같은 하나님 이해 그리고 늘 벌을 받지 않기 위해 전전긍긍하는 종과 같은 인간 이해를 바탕으로 하고 있음을 비판한다.

한편 독일의 신학자인 모저(Tilman Moser)는 인간을 병들게 만드는 전통적인 신앙과 경건의 구조를 설명하는데, 즉 하나님과의 관계가 기본적으로 죄책감과 실패에 대한 공포로 특징화되고 있고 끊임없이 통제하는 맏형(big brother)의 얼굴이 인간의 행동을 관찰하고 심판하며 벌하고 있음을 비판적으로 지적한다.[19] 또한 독일의 언론인이자 생태학자인 알트(Franz Alt)는 『생태주의자 예수』라는 저서에서 전통적 기독교가 부정적인 인간관, 죄인으로서의 인간관을 갖고 있으며 제도화된 가부장적 교회 유지에 골몰하여 예수가 제시한 사랑의 하나님,

---

18 한국기독교장로회 여교역자협의회 회보, 「여성목회, 생명목회」 25 (2019), 5-6.
19 울리케 아이힐러 외, 『깨어진 침묵』, 김상임 옮김 (서울: 여성신학사, 2001), 198.

어머니와 같은 하나님, 세계에 대한 사랑을 놓쳤다고 비판한다.[20] 알트는 예수를 이천 년 전 들꽃과 새들 등 자연은 물론 남자, 여자, 어린아이들까지도 사랑하며 살았던 한 젊은이로 묘사한다. 이와 같은 전통적 기독교 교리들에 대한 비판적 이해의 맥락에서 그러한 전통적 교리들이 현대 여교역자의 목회와 삶에 어떠한, 긍정적 혹은 부정적 영향을 끼치는가에 초점을 맞추어 살펴보고자 한다.

2) 군사문화와의 관련성

다른 한편, 본 연구는 한국교회와 목회의 군사적, 군대적 문화가 성서에 나타난 예수의 가르침과는 거리가 멀고 성평등을 가로막는 문제라고 본다. 이러한 인식은 여교역자의 실제적인 목회 경험으로부터 비롯된 인식과도 일치한다. 채미라는 성차별적이고 가부장적인 문화가 교회 내에서 더 고착화되었고, 목회자의 권위가 신적인 권위에서 비롯되었다는 인식으로 인해 강한 위계질서를 따르며 상명하복의 군대문화가 한국교회에 매우 깊게 자리 잡고 있다고 지적한다.[21] 임보라 역시 교회에서 부교역자들이 크고 작은 폭력을 겪으며 병들어 감을 말한다.[22] 또한 이문숙은 "분단 체제, 젠더 관점에서 본 한국교회"라는 글을 통하여 한반도의 분단 상황이 가부장적 군사주의를 조장하고 강화하여 교회의 성평등과 민주화를 가로막아 왔으며, 분단 체제하에서 교

---

20 프란츠 알트, 『생태주의자 예수』, 손성현 옮김 (서울: 나무심는 사람, 2003), 10.

21 한국기독교장로회 여교역자협의회, 「비상, 여성목회, 오늘 그리고 내일」, 57.

22 구권효, "여성교인은 62.5%, 여성담임 목회자는 8.5%," 「뉴스앤조이」, 2021년 4월 29일.

회의 설교와 찬송 등에는 군사적, 가부장적 언어들이 사용되었다고 설명한다. 또한 다른 의견제시나 목회자에 대한 불순종은 불신앙으로 간주되는 상황에서 여성들도 군사문화에 순응해 갔음을 비판적으로 지적한다.[23] 나는 2020년 10월 한국기독교공동학회 정기학술대회의 한국여성신학회에서 발표한 "한국전쟁 이후 한국 보수 개신교의 반공 이데올로기에 대한 여성신학적 비판"이라는 논문에서 특히 보수적인 한국교회의 군사문화가 성평등을 가로막고 있고, 예수의 가르침과는 거리가 먼 것임을 지적한 바 있다.[24] 이러한 맥락에서 나는 교회와 목회의 군사적, 군대적 문화가 여교역자의 목회와 삶에 어떠한 영향과 관련을 갖는지에 초점을 맞추어 살펴보고자 한다.

3) 치유의 필요성

치유란 치료하여 병을 낫게 함을 뜻한다.[25] 정신적, 신체적 질병으로부터의 나음뿐만 아니라 사회적 관계에서의 회복까지도 포함하는 인간 삶의 모든 영역과 관계되는 전인적 사건이다. 와그너(Peter Wagner)에 의하면 치유는 예수와 하나님 나라가 임재한 결과로 나타나는 사건으로 치유와 구원은 불가분적으로 관련되어 있다.[26] 구약성서에서 하나님은 치유하시는 하나님(야훼 라파, 출 15:26)으로 나타나

---

23 이문숙, "분단체제, 젠더 관점에서 본 한국교회,"「뉴스앤조이」, 2020년 6월 15일.
24 이난희, "한국 전쟁 이후 한국 보수 개신교의 반공 이데올로기에 대한 여성신학적 비판,"「한국기독교공동학회 제 49차 국제/국내 정기학술대회 논문 자료집」(2020), 377.
25 국립국어연구원 편,『표준국어대사전』(서울: 두산 동아, 2001), s.v. "치유."
26 강윤정, "지역교회 통전적 치유 목회 모델 연구" (감리교신학대학교 신학대학원 석사학위논문, 2003), 8.

며, 하나님의 치유는 하나님의 은혜, 용서와 함께 나타난다(호 6:1).[27] 복음서에서 예수의 치유는 전인적 회복이며 하나님 나라 선포와 밀접하게 관련되어 있고, 하나님의 사랑과 긍휼에 근거해 있다.[28]

치유와 여성에 대한 기존의 논의들은 특정한 사안들 즉 성폭력, 성적 부정행위, 우울증, 중년기, 사별 슬픔 등과 관련하여 치유를 논의하는 경향을 보인다.[29] 목회자에 대한 권위주의적이고 경직된 인식이 팽배한 한국교회에서 여교역자가 드러내 놓고 자신이 치유가 필요함을 말하기는 어려운 것이 현실이다. 특히 성차별적, 가부장적 교회 구조와 목회 관행이 견고한 한국교회 현실에서 여교역자들은 마음 놓고 하소연하거나 털어놓기 어려워, 상처가 깊어지고 쌓여 악화되곤 한다. 이러한 맥락에서 여교역자의 삶에서 치유가 필요한 부분은 무엇이고, 왜 그러한 문제가 발생하였으며, 어떻게 치유할 수 있는가에 초점을 맞추며, 또한 기존 치유 논의의 한계를 극복하는 방향으로 여교역자들의 삶을 살펴보고자 한다.

---

27 김옥경, "마가복음 5:21-43에 나타난 여성치유에 관한 연구" (경성대학교대학원 신학과 석사학위논문, 2014), 24.

28) 구주회, "복음서에 나타난 예수의 여성치유에 관한 연구" (한일장신대학교 한일신학대학원 석사학위논문, 2005), 6.

29 여기에는 다음의 논문들이 있다. 김항섭, "여성 우울증 치유를 위한 목회상담적 연구: 이야기상담 중심" (한신대학교 석사학위논문, 2009), 이충범, "성폭력 생존자의 치유와 인격회복을 위한 목회: 신학적 대응." 「인격교육」 8.3 (2014), 조정선, "기독교인 중년 여성의 우울증 치유에 관한 목회상담 연구" (호남신학대학교 석사학위논문, 2002).

Ⅲ. 한국교회 여교역자의 목회 경험 사례 연구와 여성신학 적 분석

1. 과거 세대 여교역자들의 목회 경험

과거 세대 여교역자들의 목회 경험 연구는 한국 기독교 여성史 연구의 초석이라는 의의가 있다. 정석기는 일제 치하와 한국전쟁의 격랑 속에서 기독교 신앙을 실천한 두 여교역자들의 삶을 서술한 바 있고, 임상빈은 한국교회 100주년 기념사업의 일환으로 당시 각 교단의 여성 지도자들 28명의 삶의 이야기를 저술하였다.[30] 이러한 맥락에서 또한 유의미한 자료가 곧 『여교역자 입을 열다: 여성교역자 11인의 삶과 목회 이야기』[31]이다. 이 자료는 대한예수교장로회(이하, 예장) 통합 측 여교역자 11인의 구체적인 삶과 목회 경험들을 자세히 서술하고 있다. 이 책에 서술된 열한 명의 여교역자들은 과거 세대의 여교역자의 목회 경험을 보여줄 수 있는 은퇴한 70-80대 목회자들이다. 이들 중 대표적인 여교역자들의 목회 경험을 비판적으로 분석하여 현재 세대의 여교역자들과 유의미한 비교 대상으로 삼고자 한다.

과거 세대 여교역자들의 삶에서 핵심적인 경험은 전쟁의 고난, 가난과 질병의 상처 등이다. 92세인 오인숙 전도사는 독신을 결단하고

---

30 정석기, 『한국 기독교 여성인물사』(서울: 쿰란출판사, 1995), 240-248, 310-316. 임상빈, "기독교여성들의 현재적 증언," 『여성 깰지어다 일어날지어다 노래할지어다. 한국 기독교여성 백년사』, 한국기독교 백주년기념사업협의회 여성분과위원회 엮음 (서울: 대한기독교출판사, 1985), 256-370.

31 장로회신학대학교 기독교사상과문화 연구원 교회사연구부 기획, 임희국 엮음, 『여교역자, 입을 열다』(서울: 새물결 플러스, 2015).

평생을 교회 사역에 헌신하였다.[32] 그녀는 담임목사가 여전도사인 자신을 여러 사람 앞에서 면박을 준다거나, 장로들이 자신에게 무례하게 대하는 등의 어려움을 겪으며 사역을 포기하고 싶은 마음도 들었다고 말한다. 독신인 그녀는 동생들과 자신의 생계를 위해 일을 해야 했다고 말한다. 오 전도사는 어르신, 병자 등을 찾아가 돌보는 심방이 아직 필요하므로 여교역자가 많이 요청된다고 말한다. 그녀는 한국교회에 권면하는 말로[33] 입조심, 여자 문제 조심, 여교역자에 대한 배려를 꼽는다.

91세인 김매영 전도사의 경우 그녀의 삶을 서술하는 중요한 단어로 신앙체험, 천국, 밤샘기도, 새벽기도를 들 수 있다. 김 전도사는 벙어리 3년, 소경 3년, 귀머거리 3년으로 시집살이를 한다고 생각하며 사역했다고 말하며,[34] 그녀의 서술에는 '참다, 인내하다, 고생, 어려움'이란 단어가 많이 등장한다. 김 전도사 역시 현대 교회에서도 심방이 필요하다고 본다.

이들 과거 세대 여교역자들은 한국교회의 남성중심적, 가부장적 구조와 관행으로 인해 차별받고 설움과 고난을 겪은 경험들을 토로한다. 그녀들의 증언에 따르면 그리스도인으로서 모두가 한 가족이라는 것은 말뿐이고 여교역자들은 푸대접과 무시를 당하기 일쑤였다. 여전도사는 남자 목사와 나란히 걷지도 못하고, 젊은 남성 전도사가 선임인 나이 많은 여전도사를 무시했다. 여전도사들은 힘들어도 힘들다고

---

32 이 글에서 언급되는 여교역자들의 나이는 이들의 인터뷰가 이루어지고 책이 출판된 당시의 나이에 6세를 더한 현재의 나이이다.

33 이 글에서 언급된 여교역자들 이외의 분들의 목회 경험도 살펴본 결과, 11분 모두에게 전체적으로 공통되는 점들이 있다고 판단되어 그것들을 대표적으로 드러내는 몇몇 분들만 서술하게 되었다.

34 임희국 엮음, 『여교역자, 입을 열다』, 8.

말할 사람도 없어 혼자 삭이고, 간혹 크게 용기를 내어 말을 하면 더 심한 어려움과 불편한 관계를 겪곤 하였다.[35] 이렇게 힘든 사역임에도 교회의 형편에 따라 장로들이 하루아침에 여전도사들을 아예 없애자고 하는 등 불안정한 신분에 놓여 있었음을 그녀들은 말한다.[36]

과거 세대 여교역자들의 목회와 삶에서는 전쟁과 가난의 고난이 삶의 핵심적 경험으로 보인다. 이들 과거 세대 여교역자들은 정치사회에서의 민주화와 해방 운동을 경험하지 못하였고, 사회 해방 운동의 영향 속에서 발전하는 여성해방운동과 여성신학 등도 경험하지 못한 세대이다. 이 과거 세대 여교역자들은 여성으로서 부당한 차별을 당한 경험은 있으나, 그러한 차별에 대한 명확한 사회구조적 분석과 인식은 부족하고, 차별로부터의 해방을 위한 적극적인 행동이나 투쟁도 찾아보기 어려우며, 그러한 차별적 교회 안에서 인내하고 순종하며 헌신해 온 경험이 주를 이룬다. 후배 여교역자와 한국교회에 대한 권면에서도 과거 세대 여교역자들은 기존의 교회 안에 곧 전통적인 교회 구조, 전통적인 성역할 고정관념 안에 머물러 있으며 그 안에서 조금 더 나은 개선점을 희망할 뿐, 그러한 기존 교회 형태를 아예 벗어나서, 새로운 교회나 목회 형태를 모색하는 창조성과 적극성 그리고 교회를 넘어선 사회 전체에 대한 전망은 찾아보기 어렵다. 또한 한국교회의 고질적 문제인 물량주의와 성공주의, 달리 말하면 돈과 권력을 얻는 성공 출세를 곧 하나님의 축복과 동일시하는 태도에 대한 언급이 전혀 없다.

앞에서 언급한 오인숙 전도사의 삶을 다룬 글의 제목은 "앞으로도

---

35 앞의 책, 35, 149-17.
36 앞의 책, 58, 126.

우리 같은 여교역자가 계속 필요합니다"인데, 그 의미는 주로 심방을 담당할 여교역자가 필요하다는 뜻으로 읽힌다. 김순례 전도사의 글의 제목은 "여교역자가 중간에서 중재 역할을 잘해야 합니다"이고, 김금순 전도사의 글의 제목은 "항상 남에게 억눌려 살았어도 신앙이 있어 행복했습니다"이다. 이들 과거 세대 여교역자들의 삶은 귀중하게 평가되고 존중되어야 마땅하지만, 나는 후배 여교역자들이 이들의 글 제목처럼 살아가길 바라지 않는다. 즉 교회 전체 차원의 목회는 할 수 없고 단지 심방만을 전담하며 인내와 순종만을 미덕으로 알고, 무엇인가를 기획하고 이끌어가는 주체적 역할을 하지 못한 채 늘 중간에서 중재 역할만을 하며, 항상 남에게 눌려 사는 삶은 이제 단절되기를 희망한다. 나아가 이 과거 세대 여교역자들의 수고와 고생, 인내, 순종이 무엇을 위한 것인가, 그들의 사역과 교회 전체의 방향이 성서의 하나님 나라를 위한 것인가를 묻게 된다. 즉 세상에서 더 많은 돈과 권력을 얻어 성공 출세하는 것이 곧 하나님의 축복과 동일시되어, 기독교인들과 세상 사람들이 전혀 구별되지 않고 서로를 사랑하기보다는 서로 경쟁하고 짓밟고 이겨야 하는 기존의 신앙 행태를 계속 목표로 사역하는 것은 지양, 극복해야 한다고 본다. 요컨대 기존의 교회구조와 신앙 행태 안에서의 여교역자의 무조건적인 인내, 순종, 사역은 단절되어야 한다. 오인숙, 김매영 전도사는 독신 여성이고, 김순례 전도사는 과부인 상태에서, 자신과 남은 가족들의 생계를 위해 힘든 일들을 해야 했다. 즉 남성 가장이 가족의 생계를 부양한다는 통념적인 정상 가족 이데올로기에 모두가 해당하지 않는 일탈적(?) 삶을 산 것이다. 따라서 기존의 통념적 정상 가족 이데올로기가 많은 독신 여성, 독신 여교역자의 삶을 배제, 소외시켜 왔음을 지적해야 한다.

2. 현재 세대 여교역들자의 목회 경험

한국교회 여교역자의 목회 경험 사례를 연구함에 있어서 본 연구자는 심층 면접 방법을 사용하였다. 심층 면접 방법은 질적 연구 방법의 하나이며, 연구 문제에 대해 광범위하고 깊이 있는 의견을 확인하는 데에 유용한 방법이다.37 따라서 본 연구에서는 여교역자의 목회 경험을 계량화하여 접근하기보다는 그들 스스로가 자신의 삶에 대해 말하는 생생한 목소리를 듣고자 심층면접 방법을 택하여 사용하였다. 심층 면접할 여교역자를 선정하기 위하여 한국기독교장로회 여교역자협의회와 한국여신학자협의회38를 통하여 알아보았다. 우선 대상자로는 40세 이상, 전도사를 포함한 목회자, 기혼자 1인, 비혼자 1인으로 범위를 좁혔다. 면접 대상자를 찾은 결과 서울 경기권 거주 기혼자 1인, 지방 거주 기혼자 1인을 선정하였다. 1~3차 질문지를 작성하고 코로나 상황으로 인해 비대면 전화로 1, 2, 3차에 걸쳐 약 3시간씩 심층 면접을 실시하였다.39

---

37 질적 연구 방법이란 사회현상을 물리적 현상처럼 계량화하기 힘들기 때문에, 주목하는 어느 사회적 현상 자체에 초점을 맞추어 이와 관련된 많은 요소들을 함께 고려하여 분석하는 방법이다. 조옥라 외, 『질적 연구 방법론 사례연구』 (서울: 서강대학교 출판부, 2006), ii. 이효정, "청소년 인터넷 중독의 요인과 그 과정에 관한 연구-메타분석과 심층면접에 의한 혼합연구를 중심으로" (연세대 사회복지학과 석사학위논문, 2009), 30.

38 한국여신학자협의회는 1980년 4월 창립된 이래로, 교회와 사회의 성평등과 민주화를 위해 활동해 온 에큐메니칼 기독교여성 단체이다.

39 몇몇 여교역자들을 접촉하는 과정에서 그들의 개인적, 교회적 사정 때문인지 혹은 성차별 주제를 다루는 본 연구에 대한 보수적 교회의 반응에 대한 우려 때문인지 여교역자들이 매우 조심하며 몸을 사린다는 인상을 받았다.
〈1차 질문〉
① 귀하의 기본적인 배경(가족관계, 학력, 사회적 배경 등)을 말씀해 주십시오.

② 귀하의 목회 경험 중 가장 힘들었던 점은 무엇입니까?

③ 그것을 어떻게 견디거나, 극복했습니까?

④ 귀하에게 가장 큰 영향을 끼친, 사건이나 인물이 있습니까, 그 이유는 무엇입니까?

⑤ 목회자로서 가장 중요한 점은 무엇이라고 생각하십니까?

⑥ 귀하의 교회, 목회의 가장 큰 장점은 무엇입니까?

⑦ 귀하의 교회, 목회의 가장 큰 문제점은 무엇입니까?

⑧ 교회의 본질은 무엇이라고 생각하십니까? 귀하의 교회가 가장 중요시하는 점은 무엇입니까?

⑨ 신학교에서의 교육은 귀하의 교회와 목회에 어떠한 영향을 미쳤습니까?

⑩ 교리들, 교리적 가르침은 귀하의 교회와 목회에 어떠한 영향을 미쳤습니까?

⑪ 삼위일체 교리는 귀하의 목회와 어떠한 관련, 영향이 있습니까?

⑫ 죄란 무엇이라고 생각하십니까?

⑬ 교회 내에 군사, 군대 문화가 있다고 생각하십니까? 그것에 대해 어떻게 생각하십니까?

⑭ 귀하의 교회에서 치유가 필요한 부분들은 무엇입니까?

⑮ 귀하의 삶에 치유가 필요한 부분이 있습니까? 있다면 그 이유는 무엇입니까?

⑯ 여교역자로서의 귀하의 삶을 정리한다면 어떻게 묘사하시겠습니까? 후배 여교역자들에게 해주고 싶은 말이 있다면?

⑰ 진보/보수 분열이 심각한 그리고 코로나 사태를 겪고 있는 한국교회에 대해 솔직한 생각, 느낌 그리고 나아갈 방향에 대해 말씀해 주십시오.

〈2차 질문〉

⑱ 신학대학원(이후, 신대원) 입학, 졸업연도를 말씀해 주십시오.

⑲ 신대원 교육과정 혹은 신대원 졸업 이후 과정에서 여성신학을 접하고 공부한 경험이 있습니까? 있다면 구체적으로 서술해 주십시오.

⑳ 치유에 있어서, ㄱ 성도들의 치유와 ㄴ 여교역자로서 나 자신의 치유에 대해, 무엇을 어떻게 치유해야 합니까?(치유할 필요가 있나요?) ㄱ과 ㄴ은 서로 다른 점이 있습니까?

㉑ 귀하께서 일반적으로 알고 계신 기존의 치유 접근 방법에서 부족한 점이 있습니까? 바라는 점이 있습니까?

㉒ 일반적인 남성교역자와 비교해서, 여교역자로서 자신의 특징을 대략적으로 서술해 주십시오.

〈3차 질문〉

㉓ 어린 시절의 성장과정에 대해, 특히 어머니, 아버지와의 관계에 대해, 말씀해 주십시오.

㉔ 그러한 성장과정은 귀하의 교회 및 신앙과 어떠한 관련이 있습니까?

㉕ 귀하가 생각하는 기독교란 간략히 무엇이라 정의할 수 있습니까?

㉖ 귀하의 삶에 트라우마(trauma)가 있습니까? 있다면 무엇입니까?(복수 응답 가능)

1) 사례 1. 최 목사

(1) 가부장적 환경에서 생겨난 여성의식/ 학생운동, 여성운동과 기독교
   의 결합

최 목사는 기장 교단 소속으로 현재 56세이다. 그녀는 생활력이 강
하고 신앙심 있는 어머니로부터 긍정적인 영향을 받으며 성장하였다.
반면에 그녀는 엄마를 고생시키며 '남자입네' 하고 남편으로서의 권위
를 내세우면서도 책임감은 없는 아버지를 싫어하는 편이었다. 이러한
가부장적 환경과 어머니의 긍정적 영향에서 여성의식이 생겨났고 강
해졌으며 이것이 후에 여성신학을 공부하게 된 계기라고 그녀는 말한
다. 최 목사는 1980년대 초반에 대학을 다니며 이른바 독재 정권에 대
한 비판과 민주화를 위한 학생운동을 경험하였다. 그녀는 학생운동을
하면서 여성운동에도 눈을 뜨게 되어, 자신이 그 이전에는 이유를 알
지 못한 채 경험한 여성으로서의 불편함, 부당함, 힘듦에 대해 이유를
알게 되고 그것을 벗어나기 위한 삶을 모색하며 해방감을 맛보았다.
그러한 운동권 경험에서 오는 자유와 해방을, 모태신앙으로 갖고 있던
기독교 신앙과 결합 혹은 공존, 화해시키려는 진지한 고민 속에서 신
학교를 입학하여 목회자의 길을 가게 되었다. 이러한 점은 과거 세대
의 여교역자의 삶 즉 기존 교회구조에 대한 무조건적인 인내와 순종의

㉗ 그 트라우마는 치유가 되었습니까? 어떻게 치유되었습니까?
㉘ 요즘 증가하는 비혼, 이혼에 대해 귀하의 목회 및 일반 교회와 관련하여 어떻게 생각
하십니까?
㉙ 하나님의 복은 무엇이라고 생각하십니까? 그것은 세상의 복과 같습니까 혹은 다릅
니까?
㉚ 요즘 생활하시면서 가장 힘든 점은 무엇입니까?

삶과 명확한 차이를 보여준다.

(2) 위계질서하에서의 여성에 대한 남성의 통제와 지배/ 경직된 성역할 고정관념/ 삶과 진리와 동떨어진 교리

최 목사는 지방의 작은 교회에서 담임목회를 현재 7년째 하고 있다. 그녀는 전에 부목사로 사역할 때, 자신보다 직급상 위인 남성 부목사들이 여성인 자신을 통제하려 하고 지배하려 한 경험이 힘들었음을 말한다. 남자들은 통제하려 든다는 것이다. 그리고 "그런 남자 목사들끼리 어울려 다니고 자신들끼리 시시껄렁한 농담을 하고 그러는데, 그러한 것이 여자 목사인 자신에게는 매우 불쾌한 것임을 남자 목사들은 모른다"라고 하였다. 그런 불쾌함에 대해 남성 목사들에게 항의하기도 설명하기도 애매하고 곤란하여 힘들다고 그녀는 말한다. 최 목사는 노회의 모임에서 어느 남성 목사가 자신에게 최 목사가 아닌 '최양'이라고 호칭하며 부른 적이 있어서, 그에 대해 매우 분노하여 그 자리에서 바로 항의하니 그 남성 목사가 사과하였다는 경험도 말하였다. 지방의 시골 교회에서는 이른바 '어른'이라고 불리는 원로 장로들의 밥상을 따로 차리는 등 어른 공경의 문화가 있다고 한다.

여목사로서의 부당한, 차별의 경험에 대해 최 목사는 교회의 모든 주요한 일은 남자 목사가 맡고 여자인 자신에게는 자신의 의사를 한번 물어보지도 않고 당연하게 심방을 맡기는 것을 꼽았다. 여자에게는 교구를 맡기지 않고, 새신자 반이나 외부 문서 작업 등 잡다한 일을 맡기며 이를 당연시한다고 한다. 즉 남녀 목사의 일이 성별 고정관념에 따라 성별 분업화, 경직화되어 있는데, 이에 대해 최 목사는 담임목사나 다른 목사에게 질문하거나 이의를 제기하지 못하였다고 한다. "그런

것에 대해 얘기 못하지…"라고 그녀는 말한다.

최 목사의 경우 남자 목사들에 비하여 경쟁력을 갖추고 싶어서 해외 유학을 감행하여 목회학 박사학위를 취득하였으나, 현실은 전혀 경쟁력에 도움이 되지 않았고 "아무리 용빼는(?) 재주가 있어도 안 됨"을 느꼈다고 한다. 사역을 위한 청빙이 들어오지 않던 중에, 그나마 지방의 교회에 자리가 나서 사역을 하게 되었다고 말한다. 그녀는 사람들이 말로는 시대가 좋아졌다, 성차별이 없어졌다고 하지만, 여교역자의 현실은 전혀 나아지지 않았다고 설명한다. 이는 기장 교단의 경우 서울노회에서 여목사가 담임목사로 있는 교회가 단 한 곳이며, 그 교회도 교인 수가 적은 교회이고, 많은 여목사들이 지방이나 시골의 작은 교회들에서 사역하고 있다는 데에서 나타난다고 그녀는 말한다. 그러나 남성 목사들은 그들이 대단한 학벌이나 능력을 갖추지 않아도 중·대형교회의 담임 목사로 다 사역을 하고 있다고 한다. 여목사는 "아무리 기를 써도 안 된다"는 것이다. 시골에서 목회하는 여목사들의 경우 미자립교회가 많아서 총회나 노회로부터 재정적 보조를 받으며 운영을 하는데, 이에 대해 "완전 거지같다"라고 그녀는 표현한다. 서울의 경우도 여교역자는 기본 수당을 받고 사역하는 경우가 드물다고 말한다.

한편 최 목사는 죄에 대하여 욕심과 두려움에 기초한 것이고, 하나님 없이 하나님을 믿지 않고 사는 것으로 이해한다. 삼위일체 교리에 대한 질문을 하였으나, 이에 대해서는 이렇다 할 언급이 나오지 않았다. 교리를 다루는 조직신학에서는 삼위일체론을 매우 중요시하지만, 실제 목회 현장과 교회의 삶에서 삼위일체론이 어느 만큼의 의미와 무게로 뿌리내리고 또한 영향 미치고 있는가는 재고의 여지가 있다고 풀이된다. 교회의 교리에 대해 묻자, 최 목사는 교회가 가장 보수적이고,

교회가 삶과 진리를 가르쳐야 하는데, 도그마 교리를 가르치고 있다, 이제까지 교회가 사람들에게 교회에 나오지 않으면, 헌금을 하지 않으면, 복을 받지 못한다고 사람들에게 겁을 주어 왔다고 목소리를 높였다. 이러한 식의 기존 교회들이라면 지금의 코로나 사태와 언택트 시대를 거치며, 문 닫을 교회들이 많이 발생하리라고 내다보았다.

그녀의 목회 경험은 교인들 한 사람 한 사람을 돌보고 마음 편히 친구처럼 대하는 것과는 거리가 상당히 있는, 오히려 교인들과 늘 한 발짝 떨어져 있어야 하는, 하나의 일, 직장이었다. 여성 부교역자로서 그녀는 주로 교인들을 만나고 교류하며 지도하는 목회가 아닌, 잡다한 일들을 해야 했는데 그러한 일들을 몇 년 지속하다 보니, 스스로가 부속품처럼 느껴지고 의미 없게 여겨졌다고 말한다. 여교역자 자신의 삶이 믿음과 사랑이 충만한 행복과 거리가 먼 현실임을 알 수 있다.

(3) 미혼 여교역자의 불안/ 남녀 대립을 치유하기, 모든 가족 형태 포용하기/ 기존의 남성중심적 교회가 아닌 새로운 목회를 시도하기

최 목사는 결혼을 50대 후반에 하여, 상당 기간을 미혼 여목사로서 목회하였다. 미혼일 때 그녀는 매우 불안정하였음을 말한다. 다른 사람들이 나를 어떻게 보는지, 나에 대해 무엇이라고 말하는지, 생각하는지 등에 매우 예민하게 대하고 반응하였다고 한다. 한국 사회에서 이른바 혼기가 지난 여자가 혼자의 몸으로 사회생활을 할 때, 특히 교회에서 목회할 때 여러 불편한 편견과 시선에 부딪치게 되는데, 최 목사의 경우도 예외가 아니었던 것으로 보인다. 즉 최 목사는 미혼인 상태로 사역을 하였을 때, "늘 불안 불안했고 둥둥 떠 있는 것 같았다"라고 말한다. 내 편이 없고 내 마음을 둘 곳이 없어서 불안하고 힘들었다는 것이다. 또한 여자 혼자서 사역을 할 때, 특히 외딴곳에 떨어진 교회에서 여자 혼자 사역을 할 때 교인들이 여교역자에게 함부로 대하는 경우도 있어서, 큰 불안감을 안고 산다고 한다. 예컨대 남자 성도들과 대화하거나 만나거나 남자 성도를 집으로 데려오거나 하는 기본적인 행동들에서 그리고 늦은 밤에 사역을 하거나 늦은 밤에 집으로 돌아오거나 하는 행동들에서 불안감을 느끼는데, 이러한 불안감은 여교역자의 삶에서 약 40%가량을 차지하는 전혀 무시할 수 없는 요소라고 말하였다.[40] 그러나 결혼 후에는 남편이 있는 여교역자라고, 사람들이 공식적으로 인정을 해주니 많이 편안해졌다고 최목사는 말한다.

최 목사는 남성교역자에 비해 여교역자들은 대체로 자신감이 적고, 자신의 능력과 지식을 충분히 표현, 발휘하지 못한다고 말한다. 남자와 여자는 기본 베이스가, 시작 출발점이 다르다는 것이다.[41] 최 목사는 남자들은 속이 괴롭지 않다, 그러나 여자는 섬세함이 많고 많이 외면당하고 억압되어 있어서 여자의 내면이 더 괴롭다고 말한다. 그녀는 일반 성도뿐만 아니라 여교역자도 치유가 필요하다고 본다. 여자는 눌리고 상처받은 내면의 고통과 불편함이 많으므로, 이러한 것들의 치유와 나아가 내면의 완전한 평화가 필요하다는 것이다.[42]

---

40 여성가족부의 보고에 따르면 우리나라 성인 중 9.6%가 일생에 한 번 성폭력을 경험하는데, 여교역자도 예외가 아니며 여교역자들은 최근 빈번히 발생하는 교회 내 성폭력의 위험에 고스란히 노출되어 있다고 하겠다. 김희선, "성폭력 피해 경험 여성들의 정체성 연구: '피해자'와 '생존자'를 넘어서,"「신학과 실천」74 (2021), 557.

41 그녀는 "남성 교역자는 특별한 능력이 없어도 그냥 서 있기만 해도 기본적으로 먹고(?) 들어가지만, 여교역자는 그렇지 못하다"고 말한다.

42 정희성은 남성과 달리 여성이 가부장제 문화에서 경험하는 여러 차별적 현실 때문에 우울과 인지왜곡을 겪는다고 지적한다. 정희성, "인지치료와 담화이론의 만남: 우울한 여성을 위한 목회상담,"「신학과 실천」26 (2011), 79.

최 목사는 목회의 과정에서 교인들, 사람들과의 사귐과 사랑에서
오는 행복감보다는, 자신감의 부족, 열등감, 타인들과의 비교 등으로
너무 힘들었고 지쳤다고 말한다. 즉 그녀는 열등감에 찌든 자신을 드
러내 보이지 않으려고 조심조심하고 안달복달하며 살았고, 늘 긴장하
고 남들과 비교하며 살아와서, 이제 지치고 아무것도 하고 싶지 않으
며 사람들도 잘 만나지 않는다고 말한다. 여목사로서의 목회 과정의
결과, 소진되어 치유를 필요로 함을 알 수 있다. 또한 치유가 필요한
부분에 대해 최 목사는 결혼 이전에는 남성과 여성의 갈등, 여성이 늘
참고 당하고 사는 모습에 분노가 많았다고 말한다. 결혼하고 목회의
시간이 흐르며 많이 나아졌으나, 아직도 남녀의 대립, 갈등에 예민하
고 예리한 인식이 남아 있어, 이 부분에 치유가 필요하다고 말한다. 또
한 정치적인 보수/진보의 갈등에 대해서 자신과 다른 정치적 입장에
대해 (비록 그 사람을 미워하지는 않으려 하지만) 여전히 많은 분노와 답답
함을 느낀다고 한다.

최 목사는 남녀가 결혼하여 미혼의 자녀를 갖는 이른바 정상 가족
이데올로기에 대해, 한국교회와 남자 목사들이 그러한 정상 가족 통념
을 그대로 답습하여 설교 등을 통해 전하는 현실에 대해 비판적이다.
요즘 늘어가는 이혼자나 비혼자들에 대해 개인의 선택으로서 존중하
고, 교회가 포용해야 한다는 것이다. 그러나 많은 남성 목회자들은 이
러한 변화하는 현실에 대해 별 생각이나 문제의식이 없어 보인다고 한
다. 최 목사는 앞으로의 교회에 대해, 코로나 사태를 겪으며 문 닫는
교회가 많을 것이라고 내다보고, 앞으로 유럽 교회처럼 텅텅 빌 것이
라고까지 말하였다. 기존의 남성 위주의 교회 구조에 얽매이거나 그
안에 들어가서 무엇을 어떻게 하려 하기보다는, 그것을 상대할 가치조

차 없다고 말하며, 여교역자들이 자신이 좋아하고 원하는 다양하고 새로운 삶의 형태를 모색하라고 최목사는 당부한다.

2) 사례 2. 이 목사

(1) 기혼 여교역자의 이중 차별 경험

이 목사는 예장 통합 소속의 목사로 현재 54세의 기혼여성이고, 현재 치유목회를 비전으로 삼고 단독 목회를 시도하고 있다. 그녀는 부모님이 기독교인이 아니고 그녀가 첫 믿음의 세대이다. 이 목사는 여자로서 겪는 차별뿐만 아니라 기혼여성이기 때문에 이중으로 차별을 경험하였다고 말한다. 그녀는 기혼여성이고 돌봐야 할 가정이 있기 때문에 신학대학원을 다니며 공부할 때부터 힘들었다고 말한다. 졸업 후 사역할 교회를 찾는 것 역시 더 어렵고, 가사노동과 육아를 병행해야 하므로 도와주는 이가 없이는 사역하기가 힘들었다는 것이다. 가정을 돌보고 사역을 하는 이중의 역할 때문에 시간적 여유가 없어서 다른 동기들 및 교역자들과의 관계 맺기나 사귐 등을 소홀히 하게 되는데, 이는 후에 인맥 형성에 부정적으로 작용한다. 한국교회에서 사역지를 얻고 자리를 얻는 데에는 인맥이 중요한 역할을 하기 때문에, 이러한 기혼여성 목회자의 입장은 불리하게 작용한다.

이 목사는 한국교회가 세상보다 더 보수적임을 말한다. 예컨대 세상의 정치나 기업에는 이른바 여성할당제 같은 제도가 있어서 여성의 참여 비율을 높이지만, 교회는 아직도 여자 목사를 환영, 환호하기는 커녕 부담스러워한다는 것이다. 실제로 이 목사가 목사 안수를 받을 때 목사 안수를 받는 것보다, 전도사로 남는 것이 사역하는 데에는 장

기적으로 더 좋을 것이라는 남자 목사의 말을 들었다고 한다. 여자 목사는 배출되어도 문제이고 사역 자리가 바늘귀라는 것이다.

또한 이 목사는 결혼과 관련하여, 한국교회는 매우 보수적이라는 데에 동의한다. 예컨대 아직도 비혼인 남자 목사나 이혼한 남자 목사를 담임목사로서는 상상도 할 수 없다. 남녀가 결혼하여 자녀를 둔 가족형태만을 정상 가족으로 간주하는 견해가 교회에서는 아직도 지배적이다. 설교와 가르침을 통해 그러한 견해가 계속 조장되고 전파된다. 이 목사는 교회가 그러한 이상적, 정상적인 남녀의 결혼과 가족에 대한 환상을 계속 전파한다는 것이 문제라고 본다. 그녀 역시 결혼에 대한 환상적인 프레임에 걸려서 결혼하였으나, 결혼 생활을 하며 상처받고 외로웠던 경험을 하였다고 말한다.

(2) 죄 교리의 이용을 극복하기/ 지배 복종의 군사문화 벗어나기

이 목사는 신학대학원에서의 신학교육은 목회하는 데에 기본 필요조건이지만, 충분한 교육은 되지 못함을 말한다. 즉 교육받은 신학이 서구 유럽의 관점에서 형성된 신학이고, 현시대에 맞게 해석되어야 하며 목회 현실에서는 추가되어야 할 점이 많다라고 본다. 현재의 신학교육이 목회 현실에 비추어서는 충분한 역량과 소양을 갖추게 하는 데에는 부족하다는 평가로 읽힌다. 이 목사는 삼위일체 교리에 대해 군주신론적으로 해석하여 한 존재가 지배적이고 다른 존재들은 종속적이라고 보는 해석을 받아들이지 않는다. 그녀는 삼위일체 교리에 대해 성부 성자 성령의 세 존재가 서로 평등하고 상호침투하는 긍정적인 해석과 적용을 시도해야 한다고 본다. 삼위일체 교리는 그렇게 평등적으로 해석될 때, 교회와 목회에서 더 많은 긍정적 의미를 가질 수 있다고 본다. 그러나 현재의 교회는 삼위일체 교리에 대해서 평등적 해석을 하지 못하고 있으며, 따라서 교회 내에 평등과 상호작용보다는 지배 복종 관계가 더 우세하다고 본다.

이 목사는 죄에 대해서 교만과 하나님을 벗어남을 죄라고 이해한 다. 그녀는 예수 그리스도가 인간을 죄로부터 벗어나게 하시고 자유를 주셨는데 교회는 복음을 가르치기보다는 죄의 멍에를 씌워서 교인들 로 하여금 교회에 계속 나오게 하는 면이 있다고 본다. 죄를 계속 강조 하는 것은 복음적이지 않은데도 불구하고, 교회는 그렇게 한다는 것이 다. 즉 교리가 죄를 이용한다는 말이다. 교회가 단순한 이분법 예컨대 죄를 지으면 지옥에 가고, 예수를 믿으면 천국에 간다는 등의 이분법 에 사로잡힌 경우가 많다는 뜻이다.

이 목사는 한국교회에 군사 · 군대 문화가 많고 거의 지배적이며, 남자 목사들은 이것에 대해 익숙해한다고 본다. 이와 같은 맥락에서 김옥순은 한국교회가 남녀 성도들이 동등하게 섬기는 직무는 소홀히 여겨지고, 수직적, 위계적 지배 질서 구조로 타락해 왔음을 비판한 다.43 이 목사는 일반적으로 남성 교역자들이 사회조직에서 자신이 어 떻게 해야 살아남을지에 더 초점을 맞추며, 불의에 저항하기보다는 살 아남기 위해 권위에 복종(?)하는 것을 잘한다고 본다. 한국교회는 담 임목사 중심, 장로 중심, 당회 중심으로 쫙 짜여 있고, 명령하면 따라야 하는 상명하복의 문화, 남성 문화가 지배적이며, 교역자들 사이도 그 렇다라고 한다. 윗사람의 결정과 의사에 대해 아랫사람은 이견은커녕

---

43 김옥순, "기독교 집사직무 전통 속에서 여성디아코니아 직무와 역할에 관한 연구," 「신 학과 실천」 47 (2015), 485.

질문조차 하지 못하는 것이 교회 현실이다. 이 목사의 말에 따르면, 부교역자가 혹시라도 반론을 이야기하면 찍히고, 찍히면 그다음 해에 잘린다는 것이다. 그러나 여자 목사들은 그러한 남성들의 군대문화가 껄끄럽고 힘들다는 것이다. 그녀는 한국에서 군사문화가 사회 일반뿐만 아니라 교회 안에서조차 사람들의 몸에 녹아 있다고 말한다.

(3) 여교역자 자신의 치유/ 기존의 남성중심적 교회가 아닌 새로운 목회 시도

이 목사는 과거의 상처와 아픔, 미움, 절망, 용서하지 못함의 기억들이 아직 충분히 정리되고 치유되지 못함으로 인해 현재도 힘들고 울분을 느낄 때가 있다고 한다. 이 목사는 믿지 않는 남편과의 결혼 생활로 인한 힘든 경험이 있고 크게 상처를 받은 일이 있다고 말한다. 이러한 개인적인 가정사와 관련된 과거의 상처도 있지만, 여교역자로서 교회, 목회와 관련된 상처들도 있다. 성도들이 여자 목사를 인정하지 않아서, 또는 예컨대 어느 권사가 이 목사의 외모를 평가하며 "촌년처럼 입었네"라고 비하하는 말을 서슴지 않고 내뱉어서, 그녀에게 큰 상처가 되었다고 말한다. 이 목사는 그러한 말을 들었어도 어디에 하소연도 하지 못하였다. 그녀가 설령 하소연을 해도 교인들은 여자 목사의 편이 아니라 그 권사의 편을 들었을 것이라고 그녀는 말한다. 이 목사는 여교역자의 불안정한 신분에서 오는 힘듦에 대해서도 말하는데, 즉 매해 연말에 담임목사가 이름을 부르는(파트타임) 여교역자만이 그다음 해에도 계속 살아남아 사역을 할 수 있는 것이어서, 자신의 이름이 불리지 않으면 그것으로 그 교회에서는 끝이라고 말하였다. 이뿐만 아니라, 이 목사는 다른 사람들이 자신에 대해 말하는 것에 대해 매우 예민해지게 되었다고 한다. 자신을 존귀하게 여기는 자존감도 약했고, 사람들과 대화하고 관계를 풀어가는 것에 서툴렀음을 말한다. 현실에 대한 절망 등이 족쇄처럼 있다는 것이다.

이러한 개인적 및 교회와 관련한 상처는 이 목사 개인이 혼자서 치유할 수 있는 것은 아니다. 즉 그녀에게 상처를 준 상대방 혹은 상대편의 여러 사람들 혹은 객관적인 구조나 제도가 있기 때문이다. 그녀는 그러한 상대방에게 문제를 계속 이야기하고 인식시키는 방법을 말하지만, 그것이 또 다른 싸움으로 이어지기 십상이므로 어렵다고 말한다. 그녀와 같은 많은 여교역자들에게 상처를 준 상대편, 객관적인 남성중심적 교회 구조와 제도 등을 동시에 변화시키는 것이 반드시 필요하다고 하겠다. 이 목사는 개별 인간의 마음의 안정에 더욱 집중하고, 자연의 산, 숲, 햇빛을 통한 인간의 영, 마음, 육체의 치유를 추구한다. 그녀는 또한 기존의 교회 구조에서 여목사가 담임으로 사역하기 거의 불가능한 현실에서, 기존 교회들에서 사역지를 얻고자 이력서를 넣어보고 싶어도 하지 않으며, 전혀 다른 구조의 목회를 시도한다. 그러나 이 목사는 자신이 목회하는 가시적인 교회가 있는 것이 아니며 "표면적으로 내세울 것이 없는" 상황이다.[44]

---

44 이 목사는 여목사로서의 자신의 목회를, 치유를 비전으로 삼고 인간의 전인적 건강과 온전한 잘 살기를 목표로 하여, 온라인(on line), 유튜브 채널(Youtube channel), 블로그(blog), sns(social network service) 등을 통한 단독 목회를 시도하고 있다.

Ⅳ. 맺는말: 위계질서의 연쇄체 극복/방어적, 소극적이 아닌 적극적, 물질적 치유 필요

본 연구자는 여교역자들의 목회 경험 연구를 통해 신학 이론과 교리만으로 다 담아지거나 설명되지 못하는 여교역자들의 생생한 삶을 나누고, 신학 이론과 실천의 상호작용과 발전적 통합에 기여하고자 한다. 기혼 여목회자에 대한 박미애의 연구는 여목회자들이 동료 및 성도와의 관계에서 갈등을 경험하고 경력이 많지 않은 초임 여목회자들이 일-가정 갈등을 높게 경험하며, 여목회자들의 직무만족도가 경찰, 공무원, 교사 등에 비해 낮다고 보고한다.45 이와 유사하게 본 연구에서도 기혼 여교역자들은 상급자인 남성 담임목회자 및 동료 남성 목회자들과 불편한 갈등 관계를 겪고 성도들과도 거리감을 느끼며, 가정과 목회의 이중부담으로 인한 어려움, 현재의 교회구조에 대한 강한 부정적, 비판적 인식을 드러냈다. 독신 여목회자에 대한 연구에서 김미성은 독신 여목회자들이 정체성에 대한 혼란, 회의감을 경험하고 독신에 대한 부정적 편견으로 인한 피해와 소외감을 겪으며, 교회의 열악한 가부장적 환경으로 인해 불편, 스트레스, 저항감을 경험한다고 밝혔다.46 이와 유사하게 본 연구의 결과에서도 여교역자는 비혼의 시기에 목회하면서 부정적 인식과 불안, 성도들의 성적인 접근으로 인한 피해, 교회의 가부장적, 군사적 문화로 인한 저항감 등을 나타냈다.

본 연구의 결과 현재 세대 여교역자들에게서 찾아볼 수 있는 공통

---

45 박미애, "기혼여성목회자의 일-가정 갈등이 직무 만족도에 미치는 영향," 101.
46 김미성, "독신여성이 경험하는 목회적 삶에 대한 연구," 130.

점은 최 목사의 경우 1990년대 후반에 그리고 이 목사의 경우 2000년 대 후반에 신학대학원 교육을 받으며 여성신학을 공부하였으며 이후 교단 여교역자회 등 단체 활동을 한 경험이 있어서, 과거 세대 여교역 자들에 비해 성차별적 교회구조에 대한 인식이 명확하고 적극적이라는 점이다. 앞으로 성평등한 교회구조를 위해서 여성신학 교육과 연대 활동이 필요함을 알 수 있다. 교회의 군사 문화의 극복을 위해서는 하나님-남성 담임 목사-장로-여교역자-집사-성도라는 위계질서의 연쇄체로 이해되는 위계적, 가부장적인 하나님 이해를 극복해야 할 것이다. 하나님을 심판자, 왕, 지배자로 이해하는 남성적, 위계적 이해는 그러한 하나님의 남성적 특성을 위탁받은 혹은 닮은 것으로 이해되는 남성 교역자의 지배와 권력으로 이어지며, 따라서 여교역자의 차별적, 주변적인 지위가 지속되기 때문이다.

죄 이해에 있어서는 최 목사와 이 목사 모두가 삶, 진리와 동떨어진 교리 그리고 죄 교리의 이용을 비판하였다. 죄를 교회에 나오지 않는 것, 헌금하지 않는 것과 연결시켜 복 받지 못함, 지옥에 감이라는 결론에 이르게 하여 교인들을 교회에 붙들어 매는 공포의 교리 이용이 극복되어야 한다는 것이다. 또한 이는 어거스틴(Augustine)과 칼빈(J. Calvin)에게서 비롯된 욕망-몸-성-여성이라는 전통적이고 협소한 죄 이해가 극복되어야 한다는 주장과도 이어진다.[47] 죄를 여성, 몸과 연결시키는 전통적 이해와 더불어 죄, 공포, 교회 출석을 연결시키는 주장도 극복되어야 할 것이다. 나아가, 본 연구자는 여교역자들이 하나

---

47 이난희, "칼빈의 죄 이해에 대한 여성신학적 재해석,"「한국여신학자협의회 종교개혁 500주년 기념 심포지움」(2017), 21.

님의 형상으로서 살아가는 것을 가로막으며, 그들에게 상처, 좌절, 분노 등을 초래하는 것을 죄로 이해해야 한다고 본다. 현재 세대 여교역자들의 또 다른 공통점은 기존의 교회 구조가 여전히 여교역자들이 전임, 담임 교역자로 사역하기 힘든 구조이므로 그러한 구조에 편입되기보다는, 전혀 다른 목회 시도를 더 권장한다는 점이다. 따라서 실질적, 체감적 평등은 멀다고 하겠다.

신약학자이자 여성신학자인 피오렌자(E. Fiorenza)는 원시기독교의 예수 운동에서 성평등한 제자직이 이루어졌고, 이는 당시의 유대교 및 가부장적인 헬라 문화와의 중대한 차이라고 보았다. 교회사학자인 로즈마리 류터(R. Ruether)는 교회 역사 속에서 교회가 제도화될수록 가부장적 특성을 띠고 여성을 배제하였으나, 이러한 움직임에 대한 반작용으로 영으로 충만한 공동체를 추구하는 평등적, 포괄적 움직임이 등장해 왔음을 밝힌다. 요컨대 교회의 가부장적 구조에도 불구하고, 예수의 복음에 근거한 성평등한 구조를 향한 여성신학적 추구가 계속되어야 하며, 이는 여교역자들 스스로의 주체적, 적극적인 인식 및 행동과 맞물려 이루어져야 할 것이다.

한편, 치유에 있어서 하나님과 예수의 치유는 하나님의 은혜, 사랑에 근거하며, 구원 및 하나님 나라와 밀접하고 인간의 몸과 정신을 모두 포괄하는 사건이라 하겠다. 이러한 치유관에 비춰 볼 때 여교역자들은 성도들만의 치유가 아니라 여교역자이기 이전에 인간으로서 자신의 치유의 필요성을 드러내고 있다. 그녀들의 여러 상처와 좌절, 부정적 경험 등은 모두 하나님의 은혜와 사랑으로 회복되어야 하는 치유 대상이며, 여교역자의 삶의 치유가 곧 하나님 나라의 실현과 맞물려 있다고 하겠다. 최 목사와 이 목사는 모두 치유에 있어서 인간 내면의 고통의 해결과 평화만이 아니라 지친 몸의 치유와 경제적 곤란의 해결까지도 지적한다. 이는 매우 중요하고 필요한 치유이지만 상대적으로 방어적, 소극적 치유라고 판단된다. 마음의 상처를 치유하기 위해서는 그 마음의 상처를 초래한 교회구조와 인식 및 통념을 변화시키는 것이 필수적이라는 점에서, 치유는 마음을 넘어서는 적극적, 물질적 치유여야 할 것이다. 정희성은 여성에 대한 인지치료에서 담화이론을 접목하며, 여성의 내면을 통제하고 우울을 조장하는 지배 담론의 전복, 저항 담론의 발견, 대안적 하부문화 형성이 필요하다고 보았다.[48] 이러한 맥락에서 여교역자의 치유를 위해서는 여교역자를 둘러싼 가정, 교회, 사회의 여러 가부장적 담론과 지식에 대한 비판적 성찰과 전복을 통한 성평등한 담론 구성이 또한 요청된다고 하겠다.

---

48 정희성, "인지치료와 담화이론의 만남: 우울한 여성을 위한 목회상담," 79.

참고문헌

강윤정. "지역교회 통전적 치유 목회 모델 연구." 감리교신학대학교 신학대학원 석사학위 논문, 2003.

고영철. "이혼한 중년 여성목회자의 삶에 관한 연구." 평택대학교 신학전문대학원 박사학위논문, 2009.

구권효. "여성교인은 62.5%, 여성담임 목회자는 8.5%."「뉴스앤조이」. 2021년 4월 29일.

구주회. "복음서에 나타난 예수의 여성치유에 관한 연구." 한일장신대학교 한일신학대학원 석사학위논문, 2005.

국립국어연구원 편.『표준국어대사전』. 서울: 두산 동아, 2001.

김미성. "독신여성이 경험하는 목회적 삶에 대한 연구." 백석대학교 기독교전문대학원 박사학위논문, 2014.

김애영.『여성신학의 주제탐구』. 오산: 한신대 출판부, 2003.

김옥경. "마가복음 5:21-43에 나타난 여성치유에 관한 연구." 경성대학교대학원 신학과 석사학위논문, 2014.

김옥순. "기독교 집사직무 전통 속에서 여성디아코니아 직무와 역할에 관한 연구."「신학과 실천」47 (2015), 485-518.

김일생. "생계 미자립 은퇴노인 여성교역자의 심리사회적 특성." 백석대학교 기독교전문대학원 박사학위논문, 2018.

김진영. "코로나 19 이후 기독교 교육과정으로서의 영성 연구."「신학과 실천」73 (2021), 281-306.

김항섭. "여성 우울증 치유를 위한 목회상담적 연구: 이야기상담 중심." 한신대학교 신학전문대학원 석사학위논문, 2009.

김희선. "성폭력 피해 경험 여성들의 정체성 연구: '피해자'와 '생존자'를 넘어서."「신학과 실천」74 (2021), 557-585.

노성동. "코로나 19 사태로 인한 대학생들의 심리적 영향과 극복 요인."「신학과 실천」72 (2020), 331-356.

덜레스, 애버리.『교회의 모델들』. 김기철 옮김. 서울: 조명문화사, 1997.

박미애. "기혼여성목회자의 일-가정 갈등이 직무 만족도에 미치는 영향." 한남대학교대학원 기독교학과 박사학위논문, 2019.

박현주. "21세기 여성목회자의 치유사역 방안에 관한 연구." Yuin Univ. 박사학위논문,

2001.

아이힐러, 울리케, 일제 뮐너, 울리케 바일, 안드레아 아이크마이어, 아스트리트 한나펠, 안니 임벤스 프란젠, 리자 융, 엘케 자이퍼트.『깨어진 침묵』. 김상임 옮김. 서울: 여성신학사, 2001.

알트, 프란츠.『생태주의자 예수』. 손성현 옮김. 서울: 나무심는 사람, 2003.

오성춘. "목회신학의 어제와 오늘."「기독교사상」331 (1986), 7, 90-98.

오영희. "교회내 여성목회자의 동성동료 갈등경험에 관한 내러티브 연구." 평택대학교 피어선신학전문대학원 박사학위논문, 2020.

유병순. "한국교회 여성목회자 리더십에 관한 연구." 호서대학교 연합신학전문대학원 석사학위논문, 2011.

이난희. "한국전쟁 이후 한국 보수 개신교의 반공 이데올로기에 대한 여성신학적 비판." 「한국기독교공동학회 제 49차 국제/국내 정기학술대회 논문자료집」(2020), 348-377.

_____. "칼빈의 죄 이해에 대한 여성신학적 재해석."「한국여신학자협의회 종교개혁 500 주년 기념 심포지움 자료집」(2017), 13-21.

이문숙. "분단체제, 젠더 관점에서 본 한국교회."「뉴스앤조이」. 2020년 6월 15일.

이충범. "성폭력 생존자의 치유와 인격회복을 위한 목회: 신학적 대응."「인격교육」8.3 (2014), 151-169.

이효정. "청소년 인터넷 중독의 요인과 그 과정에 관한 연구-메타분석과 심층면접에 의한 혼합연구를 중심으로." 연세대학교 사회복지학 석사학위논문, 2009.

임병훈. "한국교회 여성목회의 현실과 과제." 한일장신대학교 한일신학대학원 석사학위논문, 2009.

임상빈. "기독교 여성들의 현재적 증언."『여성 깰지어다 일어날지어다 노래할지어다. 한국기독교여성 백년사』. 한국기독교 백주년기념사업협의회 여성분과위원회 엮음. 서울: 대한기독교출판사, 1985.

임희국 엮음.『여교역자, 입을 열다』. 서울: 새물결 플러스, 2015.

전주애. "여성목회자들의 목회에 영향을 미치는 가족관계 스트레스에 관한 현상학적 연구." 중앙신학대학원대학교 박사학위논문, 2015.

정석기.『한국 기독교 여성인물사』. 서울: 쿰란 출판사, 1995.

정희성. "인지치료와 담화이론의 만남: 우울한 여성을 위한 목회상담."「신학과 실천」26 (2011), 79-104.

조옥라 외.『질적 연구 방법론 사례연구』. 서울: 서강대학교 출판부, 2006.

조정선. "기독교인 중년 여성의 우울증 치유에 관한 목회상담 연구." 호남신학대학교 석사학위논문, 2002.

채희남. "여성목회자 시각에서 본 부부목회자 실태조사 연구." 감리교신학대학교 신학대학
　　원 석사학위논문, 2006.
최영실. 『성서와 여성』. 서울: 민들레 책방, 2004.
한국기독교장로회 양성평등위원회. 「한국기독교장로회 양성평등 실태조사 보고서」
　　(2010), 38-63.
한국기독교장로회 여교역자협의회. 「비상, 여성목회, 오늘 그리고 내일」 (2013), 26-59.
한국기독교장로회 여교역자협의회 회보. 「여성목회, 생명목회」 25 (2019), 5-14.

비혼여성과 함께하는 '교회-되기' 회복을 위하여 *

강희수**

I. 들어가는 글

코로나19 사태로 인해 그간 한국교회가 강조해 온 주일성수, 성도 간의 교제, 성가대 활동 등 각양의 코이노니아 활동은 제동이 걸렸다. 한국교회는 2017년 종교개혁 500주년 이후, 변화를 요청받는 여러 사건들이 있었음에도 불구하고 교회가 교회답지 못하다는 비판을 받고 있는데 날로 그 수위가 높아지고 있다. 엎친 데 덮친 격으로 코로나19 사태 이후 교회의 권위는 땅에 떨어졌다. 교회는 부패하고 교회가 지닌 권력과 물질은 다수자의 공간이 되어버렸으며 전염병 확산을 위해 협조하지 않는 단체로 또다시 비판받게 되었다. 이러한 상황들을 교회의 기능과 정체성에 대한 반성과 함께 새로운 전환 요청의 기회로 삼아야 한다. 교회가 교회-되기를 잃어버리게 된 심각한 원인 중 하나는 교회가 닫힌 공간으로서 그리고 힘을 가진 다수자를 위한 공간으로 자

* 이 논문은 "공공성의 공간으로서 '교회-되기'를 위하여: 비혼여성 문제를 중심으로,"「신학연구」 78 (2021) 에 실린 글을 수정 · 보완한 것이다.
** 서울신학대학교 강사, 감리교신학대학교 객원교수

리해왔기 때문이다. 여기서는 교회와 가족의 문제와 관련해서 교회 내 소수자들에 주목하고자 한다. 한국교회는 신앙 활동을 가족 단위로 이끌어가기 때문에 가족 이데올로기가 팽배하다. 이런 상황에서 교회 내 소수자인 비혼여성의 존재는 가부장적 억압을 피할 수 없는 처지이다. 근래 독신 가구의 수가 늘어나고 다양한 가족의 형태가 우리 사회에 증가하고 있는 현실을 볼 때 교회의 가족에 대한 이해는 변해야 할 것이다. 비혼여성은 혈연가족 외에도 가부장적 공동체 교회에서도 결혼에 대한 압박을 받는다. 하지만 예수 그리스도는 세상의 소수자들을 위로하였고 억압받는 여성들에게 해방의 기쁨을 주는 권위 있는 능력을 보이셨다. 예수 그리스도의 정신을 본받는 에클레시아 교회는 공공성의 공간으로서 소수자를 자유하게 하는 공간으로 거듭나야 한다.

본 연구는 교회가 공공성의 공간으로서 세워질 때 교회 내 소수자인 비혼여성이 교회공동체의 일원으로 정체성을 가질 수 있게 도울 수 있다고 보고 우선 교회의 공공성이란 무엇인지 교회가 공공성의 공간이 되어야 하는 이유 그리고 방법에 대해 논한다. 다음으로 현재 교회는 교회 내 소수자 특히 비혼여성에게 어떤 공간의 역할을 하고 있는지에 대해 본다. 본 연구를 통해 소수자에게 관심을 보이셨던 예수 그리스도 복음의 정신을 회복하여 공공성의 공간으로서의 교회-되기에 성큼 다가설 수 있기를 기대한다.

II. 공공성의 공간으로서 '교회-되기'

1. 공공성의 의미

공공성이란 정치적으로 과거 봉건주의 시대나 절대군주 체제에서 신분적 우선권이나 특권이나 경제적, 시장적 독점을 지양하고 모든 시민이 정치, 경제, 사회 등 각 분야의 열린 공간에서 동등한 자격으로 참여할 수 있는 삶의 모델을 의미한다.[1] 사이토 준이치(斎藤純一)는 공공성에 대하여 세 가지로 정리한다. 그 첫 번째는 국가에 관계된 공적인 것이라는 의미이다. 이 의미에서 공공성은 국가가 법이나 정책과 같은 것을 통해 국민을 대상으로 실시하는 활동을 가리키는 것으로 공공성의 의미에는 강제·권력·의무라는 울림을 담는다. 두 번째는 특정한 누군가가 아니라 모든 사람들과 관계된 공통적인 것이라는 의미이다. 이 의미에서의 공공성은 공통의 이익 재산, 공통적으로 타당한 규범, 공통의 관심사 등을 가리킨다. 공공의 복지, 공익, 공동의 질서, 공공심 같은 말이 이 카테고리에 포함된다. 이에 대비되는 것은 사권, 사리 사익, 사심 등이다. 따라서 이 의미에서의 공공성은 특정 이해에 치우치지 않는다는 긍정적인 함의를 가지나, 권리의 제한이나 인내를 요구하는 집합적인 힘, 개성의 신장을 억누르는 불특정 다수의 압력이라는 의미도 포함한다. 세 번째는 누구에게나 열려 있는(open)의 의미이다. 이 의미에서의 공공성은 누구의 접근도 거부하지 않는 공간이나 정보 같은 것을 가리킨다. 공공연함, 정보공개, 공원 같은 말을 포함한

---

1 손규태, 『하나님 나라와 공공성』(서울: 대한기독교서회, 2010), 158.

다. 그러므로 여기에 해당하는 공공성의 의미에는 특별히 부정적인 뜻은 없으나 문제는 닫혀 있다는 것을 의미한다.[2]

정리하면 공공성이란 공공적인 것, 누구나 듣거나 볼 수 있는 것, 개인이 아니라 많은 사람 혹은 전체 대중을 위해서 존재하는 것, 국가나 공공기관들과 관련된 사안들로 국한할 수 있겠으나 누구에게나 공개되고 접근 가능하며 잘 알려진 삶의 영역으로 공적 영역이라고 말할 수 있을 것이다.[3] 따라서 준이치가 개념화한 공공성의 의미 가운데 교회와 연관지어 생각해 볼 때 가장 보편적이고 적용이 가능한 것은 세 번째이다. 교회가 지닌 공공성의 개념은 모든 인간은 하나님의 자녀로서 신약성서의 갈라디아서 3:28의 말씀처럼 하나님 앞에서 평등을 이루어 나가야 함을 말한다. 즉 기독교적 이상을 실천하는 교회는 하나님 나라를 이루는 공공성의 공간이다. 교회는 부자인 다수자를 대표하거나 부유한 자들이 가난한 자를 자선과 도덕적인 의무로 옹호하는 것으로 공공성의 역할을 다한다고 할 수 없다. 가난한 자, 소수자들을 옹호하시는 하나님의 선호에 동참하고 스스로를 피억압의 원인이 될 수 있음을 고백함으로써 공공성의 공간으로서 교회-되기를 이루는 데 참여할 수 있다.[4]

그런데 2000년 이후 한국교회는 신자유주의의 세례를 받아 교회 내 맘모니즘이 만연하고 타락성과 경제적 인간으로서 얼마나 부를 지니고 있는지에 따라 믿음의 크고 작음을 가르는 일을 부끄러워하지 않

---

2 사이토 준이치, 『민주적 공공성-하버마스와 아렌트를 넘어서』, 윤대석, 류수연, 윤미란 옮김 (서울: 이음, 2009), 18-19.
3 손규태, 『하나님 나라와 공공성』, 159.
4 R. R. 류터, 『성차별과 신학』, 안상님 옮김 (서울: 대한기독교출판사, 1985), 169-70.

는 모습을 보여왔다.5 심지어 교회는 다국적 기업을 모델로 삼아 땅끝까지 확장하는 초국적 기업형의 교회를 비전으로 삼고 있다.6 마치 안토니오 네그리(Antonio Negri)가 말하는 제국이 형성되고 있는 것이다.7 로마제국을 떠올리게 하는 '제국'(Empire)이라는 용어는 탈중심화되고 탈영토화된 형태로 우리의 생활 속 정치적, 문화적 그리고 경제적인 모든 삶의 영역에, 마침내 신성한 교회 공간에 침투하고 있다.8 이렇게 생활 속에 스며들고 있는 제국의 문화로 인해 개개인은 차별화와 개인화를 심하게 겪게 되었고 한편으로는 소외를, 다른 한편으로는 공감을 위한 유대를 더욱 갈망하게 되었다.9 하지만 오늘날처럼 무수한 사람들이 고국을 등진 디아스포라로서 혼합된 정체성과 이중의 문화적 배경을 가지고 살아가는 시대에는 엄격한 형식적 경전과 공동체의 유대와 위계적 질서로 지휘명령을 강조하는 종교적 의식은 힘을 발휘하지 못하고 있다.10 사회적 영향력에서 벗어날 수 없는 교회 역시 전 지구적 주권 형태의 제국의 양상을 확연하게 보이면서 구성원들 간에 공감의 연대를 위해 노력하지 않으면 존재를 위협받는 시대에 직면했다.

5 김정숙, "21세기 페미니즘, 페미니스트 신학의 지형도," 「신학과 세계」 68 (2010), 107.
6 앞의 논문, 107.
7 안토니오 네그리 외, 『제국』, 윤수종 옮김 (서울: 이학사, 2006), 15.
8 앞의 책, 15-19.
9 제러미 리프킨, 『공감의 시대』 이경남 옮김 (서울: 민음사, 2010), 538-40. 특히 종교라는 형식은 혈연집단 중심의 권위적인 위계질서와 공동체의 결속으로 가족이라는 공감을 확대시킬 수 있었다. 같은 책, 564.
10 앞의 책, 560, 575.

2. 공공성의 공간으로서 '교회-되기'

기독교는 어떤 조직체나 교리 체계를 가리키기보다 예배, 친교, 봉사, 선교를 위해 모이는 예수를 구세주라고 고백하는 사람들의 공동체라고 정의된다.[11] 고백하는 자들이 모이는 교회는, 예수 그리스도의 언약을 기억하고 예수의 인간을 향한 뜻을 공유하고 교통하는 곳이고 친교하는 곳이며 소통의 장이다. 이는 교회가 곧 공공성의 공간으로 자리매김을 해야 한다는 것을 의미한다. 교회는 외적인 기관으로서의 기능과 내적인 교제로서의 측면에서 하나님과 인간들 간의 관계성에 역점을 두어 서로의 연결점을 찾아야 하는 공공성의 공간이다. 그러므로 교회를 교회되게 만들기 위해 하나님의 사람들의 교통이 있는 공간으로서 인간이 우선되는 공간을 만들어야 한다. 인간이 우선되는 공간으로서의 교회는 하나님의 인간을 향한 뜻, 곧 인간 구원을 위한 거룩한 장소가 되도록 사람을 업신여기는 세상의 폭력으로부터 사람을 보호해야 한다. 사람 위에 군림하려는 권력의지나 힘없는 자를 무시하려는 인간사회의 악함이 하나님 앞에서 힘을 쓰지 못하도록 하는 공간이 되어야 한다. 그러므로 교회는 세상과 다른 거룩한 공간이다. 하나님

---

11 정용석, "기독교의 역사,"『기독교와 세계』, 이경숙 외 (서울: 이화여자대학교출판부, 2007), 176-177. 공동체는 종교적이든, 도덕적이든 혹은 문화적 가치이든 간에 공동체의 통합을 위해 구성원들이 본질적인 가치를 공유할 것을 요구한다. 교회가 흔히 사용하는 공동체라는 용어에는 닫힌 영역을 의미하는 폐쇄성이 있을 수 있다. 이에 반해서 공공성은 누구나 접근할 수 있는 공간으로서 비록 사람들이 생각하는 가치가 서로 이질적이라 할지라도 공동체처럼 균질한 가치로 채워지는 공간이 아니다. 공공성은 복수의 가치 의견 '사이'에서 생성되는 공간으로서 '사이'가 상실되는 곳에서는 성립되지 않기 때문이다. 사이토 준이치,『민주적 공공성-하버마스와 아렌트를 넘어서』, 28.

이 계시기 때문에 거룩한 공간이며, "하나님의 이름을 둔 곳"(열왕기상 8:29)으로서 사람을 함부로 대하지 못하게 하는 하나님의 이름을 둔 곳이 되어야 한다.[12]

구약성서도 교회가 공공성의 공간이 되어야 함을 이야기한다. "하나님이 당신의 형상대로 사람을 창조하셨으니 곧 하나님의 형상대로 사람을 창조하셨다. 하나님이 그들을 남자와 여자로 창조하셨다"(창 1:26-27)에서 이 하나님의 형상은 모든 만물이 공유하고 있는 신적 본체로서 그 내용은 사적인 것, 어떤 숨겨진 것, 어떤 접근 불가능한 것, 어떤 특권적인 것이 아니라 모든 생물이 공유하고 있는 것, 드러나 있는 것, 접근 가능한 것, 보편적인 것을 의미한다. 따라서 우리는 하나님의 형상을 특정 인간, 남성만이 가지는 특권적인 것으로 파악할 수 없다. 그런 의미에서 볼 때 하나님의 형상을 가장 적절하게 해석할 수 있는 개념이 곧 공공성이라 할 수 있다. 하나님의 형상은 누구에게나 개방적인 것이고 개방적인 것을 지향하기 때문이다.[13]

또한 예수 그리스도의 출현은 하나님의 형상, 즉 공공성을 가장 구체적으로 나타낸 예가 된다. "하나님이 세상을 이처럼 사랑하셔서 독생자를 주셨으니 누구든지 그를 믿으면 멸망하지 않고 영생을 얻을 것이다"(요 3:16)에도 하나님의 구원 의지의 보편성, 즉 공공성은 나타나 있다. 인간들은 죄와 탐욕의 길, 사망의 길로 가면서 하나님의 형상인 공공성을 져버린 채 사적 이익에 빠져 있었다. 이를 안타깝게 여기신

---

12 양명수, "자유와 자연: 코로나 이후의 교회," 「생태문명으로의 전환과 코로나 19 이후의 기독교-감리교 목회자와 신학생 그리고 평신도를 위한 열린 신학 강좌 자료집」, 2021 년 6월 28일, 15-25.

13 손규태, 『하나님 나라와 공공성』, 165.

하나님은 인간을 구원하기 위해 그의 아들 예수를 이 세상에 보내셨다. 바로 이러한 그리스도의 성육신 사건은 공공성의 회복을 위한 하나님의 사랑의 사건이며 인간의 하나님의 형상 회복 사건이기도 하다. 이에 감동한 사도 바울은 "누구든지 그리스도 안에 있으면 그는 새로운 피조물입니다. 옛것은 지나갔습니다. 보십시오. 새것이 되었습니다. 이 모든 것은 하나님으로부터 옵니다. 하나님께서는 그리스도를 내세우셔서 우리를 자기와 화해하게 하시고 또 우리에게 화해의 직분을 맡겨 주셨습니다. 곧 하나님께서 사람들의 죄과를 따지지 않으시고 화해의 말씀을 우리에게 맡겨 주심으로써 세상을 그리스도 안에서 자기와 화해하게 하신 것입니다"(고후 5:17-19)라고 서술하고 있다. 사도행전(4:33-35)의 초대교회의 신도들은 하나님의 공공성 회복의 사건을 경험한 후 구원에 이르는 길을 공동 생활을 통해 실현하고자 하였다. 그들이 추구한 것은 공공성을 회복하고자 한 것이다.[14] 이렇듯 교회가 복음의 말씀으로 울타리를 만들 때 복음의 울타리는 그 누구도 배제하지 않으며 세상이 배제한 자를 오히려 품어내며 거룩한 공간으로서의 교회를 이루게 된다.[15] 예수 그리스도의 마지막 설교인 마태복음 28:18-20에 담은 공공성의 회복을 명령한 구원의 메시지에는 교회-되기 실천을 요청하고 있다.[16] 초대교회 공동체의 실천적 행위는 "교회는 인류를 위한 그리스도의 대리행위가 신자들 상호 간의 대리행위와 세계 안에서 달성되어 가는 장소다"라고 교회의 공공성을 증거하고 있다.[17]

---

14 앞의 책, 170.

15 양명수, "자유와 자연: 코로나 이후의 교회," 19-20.

16 손규태, 『하나님 나라와 공공성』, 171.

17 앞의 책, 191.

그렇다면 공공성의 공간으로서의 '교회-되기'는 어떤 존재로 드러나게 되는가? 어떻게 구성원들과 소통하는가?

우선, 저마다의 방식으로 관심을 갖는 개별적 존재들에 대한 담론을 위해 열린 공간으로 나아갈 때 가능할 수 있다. 공공성의 공간으로서 교회는 무언가를 새롭게 시작할 수 있는 자유가 말이나 행위라는 모습을 띠고 우리 앞에 나타나는 공간이어야 하고 자유(freedom), 억압으로부터 해방되는 것 이상이 담겨야 할 것이다.[18] 그러기 위해 교회는 공공성의 공간으로서 기능을 할 수 있도록 모든 사람들의 '자리'='장소'가 마련되어야 하는 곳이어야 하고[19] 자신의 '행위'와 '의견'에 대하여 응답을 받을 수 있는 공간이 되어야 한다.

또한 교회는 그 무엇보다도 공공성의 공간으로서의 역할을 해내는 곳이어야 한다. 개인의 자유를 지니고 있는 사람들이 복수의 집단이나 조직에 다원적으로 관여하면서 살아가고 있기 때문이다.[20] 이를 위해 교회는 '타자를 위한 존재'가 되어야 한다.[21] 교회는 인간의 공동체적 삶이라고 하는 세계적 과제들에 참여해야 하나 지배하면서가 아니라 돕고 봉사하면서 해야 한다. 그러므로 교회는 모든 직업에 종사하는 사람들에게 그리스도와 더불어 사는 삶이 어떤 것이며 또 타자를 위해서 존재하는 것이 무엇을 의미하는가를 말해 줄 수 있어야 한다.[22] 교회의 그 역할에 대한 보다 구체적인 방법은 사도들의 고백이 담긴 신앙

---

18 한나 아렌트, 『과거와 미래 사이』, 서유경 옮김 (서울: 푸른숲, 2005). 11.

19 사이토 준이치, 『민주적 공공성-하버마스와 아렌트를 넘어서』, 14.

20 허정갑, "성만찬적 교회론: '성도의 교제'를 중심으로," 「한국기독교신학논총」 52 (2007), 203.

21 손규태, 『하나님 나라와 공공성』, 192.

22 앞의 책, 192-193.

고백에서 찾을 수 있다. 공공성의 공간으로서의 교회는 사도신경에 나타난 신앙고백처럼 '성도가 서로 교통하는 것'을 믿는다는 고백 가운데 바람직한 교회의 모습을 이루어갈 수 있다.

성도의 '교통'(Communion)의 의미를 세 가지로 구분하여 생각할 수 있는데 첫째는 성찬식(Eucharist)에 나타난 의미이다. 성찬식은 예수님이 잡히시던 밤에 열두 명의 제자와 나눈 마지막 저녁 식사를 성만찬(Lord's Supper)의 기원으로 보고 제정한 것이다. 기독교인들이 예수의 고난과 우리를 위해 세우신 언약을 기념하며 예수님의 몸과 피를 나눌 때 공유하는 교통의 의미이다. 예수 그리스도의 이름으로 모인 교회는 죄와 사망의 구조를 극복하려는 예수의 투쟁과 함께 하는 사람들의 새로운 생명의 근원이 되는 곳이다. 또한 소수자들의 생명을 위한 투쟁을 계속해 나가라는 십자가 고난의 값을 지불한 공공성의 공간이다. 이 공간에 참여한 그 누구나 천국 잔치에 함께 할 수 있다.[23] 예수 역시 공공성 공간 안에 자리할 수 있는 차이를 하나님 나라에 대한 비유들(눅 14:7-14) 속에서 극복하도록 하였다. 예수는 모든 사람들과 모든 창조물들의 다양한 삶과 차이들조차도 패러다임의 변화를 통해 다른 종류의 일치로 인도하고자 하였다. 그러므로 교회는 "값을 치르고 산 그리스도의 공동체이며 모든 사람이 환영받는 곳"[24]이기에 공공성으로서의 공간이 된다.

둘째로 '친교'(Koinonia)의 의미이다. 코이노니아는 예수가 살아 있는 동안 열린 식탁으로 가난하고 소외된 자들을 초대했던 것에서 찾

---

23 레티 M. 러셀, 『공정한 환대』, 여금현 옮김 (서울: 대한기독교서회, 2012), 114.
24 Letty M. Rusell, *Church in the Round* (Kentucky: John Knox Press, 1993), 14.

을 수 있다. 하나님 나라를 '큰 잔치'에 비유(눅 14:14; 마 22:1-10)하였 던 예수는 사회적으로 멸시받고 천대받은 사람들을 귀히 여겼다. 그들 역시 하나님의 사랑 안에서 '친교'하는 모임이 곧 교회라고 보는 것이다.

셋째는 성도의 '소통'(communication)의 의미이다. 사회적 지위와 생각이 다른 사람들이 하나가 되어 서로 통해야 함을 말한다.25 이러한 다양성의 의미가 살아나는 교회는 공공성의 공간으로서 교회 안에 존 재하는 차이를 극복할 수 있게 한다. 사도 바울은 그리스도의 부활하 신 몸의 일치와 성령의 다양한 선물(고전 12장)이라는 모델 속에서 교 회 공공성의 의미를 찾는다. 이는 여성들과 남성들, 노예나 자유인, 유 대인이나 헬라인, 백인과 유색인, 동성애자와 동성애자가 아닌 사람 들, 젊은이와 늙은이, 장애인이나 비장애인 그리고 부자와 가난한 자 또한 그밖에 거룩한 영의 권능을 말하는 사람들(갈 3:28) 모두를 포함 한다.26 이러한 교회가 지향하는 공동체의 의미는 "긴장-속의-일치를 넘어선" 것27이므로 공공성의 공간으로서 비전을 보여준다.

교회는 공공성의 공간이 지니는 의미로서 공동체가 지닌 의미를 넘 어서야 하는 시대에 도래하였다. 그 공간에서 교회는 사랑, 환대, 용서, 헌신, 화해, 친밀함 등으로 기독교 공동체에 임하시는 하나님의 사랑 가운데 성장하는 유기체가 되어야 한다.28

---

25 장윤재, "기독교 신앙의 핵심 사도신경," 『기독교와 세계』 이경숙 외 (서울: 이화여자대 학교출판부, 2007), 245-46.

26 러셀, 『공정한 환대』, 108.

27 앞의 책, 108.

28 허정갑, "성만찬적 교회론: '성도의 교제'를 중심으로," 203.

III. 소수자를 위한 공간으로서 교회-되기

오늘의 시대는 소수자는 수적으로 소수일 수도 있으나 반면 다양성으로는 다수일 수도 있는 소수자 시대이다. 물론 한정되지 않는 절대다수를 형성하는 경우도 있다.[29] 근대사회의 소수자는 선천적, 신분적이었으나 현대의 소수자는 후천적으로 누구나 소수자가 될 가능성이 높다.[30] 우리 시대의 소수자들은 탈근대 사회의 소수자로서 근대사회 소수자의 성격과 크게 다르다. 탈근대 사회의 소수자는 태생적이 아니다. 생애의 어떤 시점 혹은 기간에 겪게 되는 보편적 경험으로서의 성격을 지닌 것으로 누구도 소수자로서의 의미를 담는 삶을 살아갈 수 있다.[31]

1. 교회는 '소수자'가 자유를 누릴 수 있는 공간

근래 개신교 보수 교단의 교회들이 적극적으로 반대하고 있는 법안이 있다. 이른바 차별금지법인데 이 법에는 소수자에 대한 차별 금지를 담고 있다. 국가인권위원회법(시행 2016.2.3. 법률 제14028호) 제2조 제3호에 따르면 "현존하는 차별을 없애기 위하여 적극적 평등실현조치(affirmative action)에 따라 우리 사회에 소수자들에게 행해져 왔던 차별을 금지하고 적극적 평등실현을 위한 법률 제정을 하려는 것이다"

---

29 질 들뢰즈 외,『천개의 고원』, 김재인 옮김 (서울: 새물결, 2001), 897.
30 유명기, "소수자, 그 무적(無籍)의 논리,"『한국의 소수자, 실태와 전망』, 최협, 김성국, 정근식, 유명기 편 (서울: 한울, 2004), 19.
31 앞의 책, 16.

라고 명시하고 있다.32 적극적 평등실현조치란 불이익을 받아온 소수자와 여성에 대한 차별을 종식 시키는 데 목적을 두고 있으며 정의의 요청에 부합하는 것으로 개인의 특성에 따른 차이와 평등을 실현하기 위한 것이라 할 수 있다.33 그런데 개신교 보수 교단 교회들은 소수자라는 단어를 성적 소수자라고만 한정해 오해하고 확대해석하면서 제정에 반대하고 있다.

교회는 에클레시아로서 성도 간의 교제를 어떻게 이루어야 하는가에 관심을 두어야 한다. 그런데 신자유주의 자본화에 잠식당한 교회는 다수성으로 편입되면서 자본주의 시대, 다수자–자본을 힘으로 지닌 자들–를 위한 공간이 되어버리고 말았다. 예수의 공생애 활동은 소수자를 살피는 삶이었고 그들과 함께 예수의 새로운 가족을 만드는 일이었으며 교회는 다수자를 위한 곳으로 출발하지 않았다. 교회는 소수자 운동으로 시작되어 소수자를 위한 실천을 이어왔다. 그러므로 교회는 예수의 소수자 운동을 계승하는 가운데 존재의 생성을 새롭게 해나가야 한다. 교회에 모인 존재들은 개개인이 처한 상황과 삶이 각각의 특성을 지녔다. 어느 하나도 일체적이거나 동등하지 않다. 특정한 기준을 세워 놓고 차이를 말하거나 차별할 수 없다. 개별적 존재들을 세우고 모을 때 교회는 세워지고 관계 속에서 존재끼리 상호운동을 하면서 변화를 이룰 수 있다.

교회는 그 자체로서 하나님의 나라가 아니라 하나님의 나라를 세상에 선포하고 그것을 삶으로 드러내고 실천하기 위해 '부름 받아 나온

---

32 이재희, 『적극적 평등실현조치에 대한 위헌심사』 (서울: 헌법재판소 헌법재판연구원, 2018), 1.
33 앞의 책, 9.

자들'(ekklesia)의 모임이다. 개인주의적 관점에서 성도의 교제를 개인에게 종속된 행위에 불과하다고 여길 수 있어 부차적인 것으로 치부할 수는 있다. 그러나 성서는 이러한 관점을 허용하지 않는다. 타자와의 교제를 통해 비로소 자신을 실현해나가는 존재로 이해하도록 한다. 나와 너의 관계는 빈 공간이 아니라 의미 충만한 존재이며 동시에 개인에게 말 건네는 인격적 존재라는 것을 주지시킨다.[34]

신약성서의 사도행전이 전하는 예수 사후 세워진 최초의 교회는 예수가 추구했던 삶을 실천하는 공공성의 공간으로 세워지기 위해 '교회-되기'를 노력했다. 초대 기독교인들의 노력은 가부장적이고 계급적인 사회 체제 안에서 자유롭고 평등한 다른 삶의 방식을 추구함으로써 종말론적 이상을 향한 것이었다. 그러나 안타깝게도 한국의 개신교는 가부장적 교회의 제도나 신자유주의의 제국화된 교회 성장론에 의지하여 교회의 부흥을 일구어 왔다. 교회가 말하는 존재 개념은 남성, 백인, 이성애자 중심의 오이디푸스적일 뿐이고 생성이나 교회의 됨을 보여주는 것이 아니라 다수성으로서의 보편성을 말할 뿐이다. 교회는 존재 자체에 의미를 둘 수 없다. 존재는 순수한 운동인 현재적 생성으로 인하여 이루어지는 것으로 실체적 의미도 아니요, 존재를 구현하는 어떤 하나의 이미지로도 귀결될 수 없다. 교회는 항상 변화하고 예수그리스도의 본을 따르는 제자들의 삶을 생성함은 물론이요 제자 됨을 보여주어야 한다. 또한 교회는 외연적 공간으로써 머무는 것이 아니라 순수공간으로 정의되어야 한다. 기독교의 핵심적인 진리를 표현하고 있는 갈라디아 교회에 보낸 말씀(갈 3:28)은 공허한 구호가 아니라 당

---

34 장윤재, "기독교 신앙의 핵심 사도신경," 246.

시 가부장적 계급 사회 속에서 많은 사람들에게 새로운 삶의 가능성과 대안적인 사회의 비전을 제시한 '교회-되기'였다. 이러한 고대 기독교 인들의 그리스도 선포와 대안적인 삶의 방식은 억압 가운데 있던 여성, 노예, 로마제국과 유대 당국의 이중적인 억압 수탈 체제 아래 신음하던 민중들, 특히 여성들을 기독교로 이끌었던 실천적인 대안이었다.[35]

지금까지 남성중심적 교회 문화는 가부장적인 가족 중심의 경계가 세워져 다수를 위한 공간으로 자리해왔다. 그러나 교회가 소수자를 위한 공공성의 공간으로 거듭나기 위해서는 다수자들을 위한 경계를 허물어야 한다. 그러므로 무엇보다도 교회가 교회 소수자인 여성들에 대한 문제의식을 인식하게 된다면 교회는 공공성의 공간으로서 작용하면서 새로운 여성 주체의 형상화를 모색할 수 있도록 도울 수 있다.[36]

2. 교회 내 소수자인 비혼여성

교회 내 구성원들의 가족구조는 매우 다양하다. 소위 가부장제의 전형적인 모습을 띤 부모 자녀로 이루어진 핵가족 또는 확대가족이 있는가 하면 산업화된 현대사회의 모습을 반영하는 1인 독거 가족—비혼자, 독거노인 등이 있는가 하면 가족 구성원의 형태도 다양해졌다. 한부모가정, 미혼모·미혼부가정, 조손가정, 입양가정, 형제자매 가족, 심지어 교회가 터부시하는 동성애 가족까지 여러 형태의 가족 구성원

35 박경미, "신약성서의 올바른 이해," 『기독교와 세계』, 이경숙 외 (서울: 이화여자대학교 출판부, 2007), 139-140.
36 김은주, "들뢰즈와 가타리의 되기 개념과 여성주의적 의미: 새로운 신체 생산과 여성주의 정치," 「한국여성철학」 21 (2014), 96.

들의 모습을 보이고 있다. 교회 안에 소수자라고 일컬을 수 있는 자들도 다양하다. 비혼자. 이주노동자, 결혼이주여성, 장애인, 어린이, 한부모 가장여성, 미혼모 등등. 그 가운데 비혼여성은 대표적인 소수자로 분류될 수 있겠다.37 교회에서 비혼여성을 소수자로서 분류나 용어를 사용하는 것은 생소할 수 있다. 그러나 비혼여성을 보지 못하고 그들의 소수자 됨을 인정하지 못한다는 것은 얼마나 교회가 가부장적인 사고방식과 행동 및 가족 중심적인 문화에 동화되어 있는지 드러내는 것이다. 따라서 이러한 상황은 비혼여성에 대한 해결책 또한 제안하거나 인식하지 않는다는 것을 보여준다.38 교회는 현대의 가족 형태가 핵가족화되면서 정치 경제의 경향들과 기능 사이의 관계를 파악하지 못한 채 가족의 가치가 상실되지 않도록 하기 위해 정상적인 규범의 가족을 강조해왔다. 수많은 설교와 가르침들은 전통적으로 여성의 미덕은 복종하는 태도, 헌신이라고 강조한다.39 그렇지만 여성신학적 시각은 여성을 주체로서 가족에 매몰되지 않는 개인으로 인식함으로써

---

37 소수자란 자신이 지닌 어떤 특징으로 인해 사회의 주류인 지배 집단으로부터 차별받게 되는 비주류/하위집단 또는 그 구성원을 말한다. 윤수종, "소수자 되기,"「기독교사상」643 (2012), 12.

38 그러나 여성신학자 메리 헌트(Mary Hunt)는 우리의 삶의 상황 속에서 일어나는 개별적인 에피소드들을 볼 수 있어야 한다고 말한다. Carol J. Adams et al., "Preface," *Violence against Women and Children: A Christian theological Sourcebook*, eds. Carol J. Adams and Marie M. Fortune (NY: The Continum Publishing Company, 1995), 12. 페미니스트적 시각에서 볼 때에도 여성에 대한 인식은 여성을 주체로서, 가족에 매몰되지 않는 개인으로서 인식하고 가족과 여성간의 영향력에 대한 근본적인 질문을 제기하고 있다. 리네이트 브리덴탈, "가족: 자신만의 방에서 본 관점,"『페미니즘의 시각에서 본 가족』, 베리 소온, 메릴린 얄론 엮음. 권오주 옮김 (서울: 한울 아카데미, 2017), 300-305.

39 B. W. Harrison, "The Older Person's Worth in the Eyes of Society," *Making the Connections Essays In Feminist Social Ethics* (Boston: Beacon Press, 1895), 161-62.

가족 혹은 가구(household), 친족이라는 사회조직체에 의해 영향받고 있지 않는가 하는 의문을 제기할 수 있어야 한다.[40]

현대의 다양해진 가족 구성원들이 모이는 교회가 전통적인 형태의 가족 중심으로 코이노니아 프로그램을 진행하는 것 역시 한계성을 드러내게 되었다. 교회의 가족 중심적인 코이노니아에 대해 비혼여성은 소외감을 갖는다. 그들이 갖게 되는 소외감은 소수자들에 대한 차별에서 비롯된다. 교회는 사도행전 2장에 '주 예수를 믿으라 그리하면 너와 네 가족이 구원에 이르리라'는 말씀에 근거를 두고 가족 구원의 중요성을 강조해 왔다. 하지만 오늘날 교회 내 구성원들의 현실을 직시할 때 교회는 가족 이데올로기를 내세우는 코이노니아 방식에서 전환되어야 한다. 성서는 가족의 다양성에 관한 인식을 마가복음 3:21, 31-35에서, 누가복음 14:15-24에서 예수의 가족에 대한 정의를 통해서 가족에 대한 확장된 인식을 갖도록 안내하고 있다. 마가복음 3:21, 31-35에서 예수는 가족에 대해 정의를 내리고 있다. 예수와 그의 가족에 관한 이야기는 예수가 바알세불과 연합하고 있다고 가정하고 벌어지는 과정에서 나온다. 예수의 가족들과 종교 지도자들은 자신들의 관점에서 예수가 미쳤다고 믿는다. 그들의 이러한 반응에 예수는 본래의 가족이라고 부르는 것과 정의와 관대함 그리고 하나님의 뜻에 헌신하는 사람들로 구성된 새로운 '가족'에 대한 확연한 경계선을 그었다.[41] 누가복음 14장에서는 하나님 나라에 잔치 비유에 함께 누릴 자유에 대해

---

40 김애영, "지구화 시대의 '가족'에 대한 여성신학적 접근,"『여성신학의 주제탐구』(서울: 한신대학교 출판부, 2003), 146.

41 테오도르 W. 제닝스,『예수가 사랑한 남자』, 박성훈 옮김 (서울: 동연, 2011), 313-314.

서 말씀하고 있다. 예수의 새로운 가족은 다수자 중심이 아니었다. 하나님의 뜻에 헌신하는 사람들을 우선적인 기준으로 삼은 것이고 이미 소수자를 염두에 둔 것이라 할 수 있다. 하나님 나라에 초대받았으나 오지 않은 자와 초대받지 않았으나 기꺼이 식탁에 함께 한 소수자들에 관한 이야기이다. 초대받지 않은 사람들은 거리의 거지와 같은 소수자 계층들이었으나 초대받은 자들은 자신의 뜻대로 함께 하지 않은 것이다. 비록 초대받지 않았다고 하여도 예수의 식탁에서 함께 하였다면 함께 한 자는 하나님의 뜻 안에서 함께 누릴 자유를 선택한 것이다. 아렌트는 "우리가 함께 먹는 식사 때마다 자유도 합석하도록 초대를 받는다"[42]고 하였다. 이는 예수의 식탁에 함께 함으로써 하나님의 뜻 안에서 영원한 나라에서 함께 누릴 수 있는 자유의 기쁨을 의미한다.

그런데 만일 교회에 나옴에도 불구하고 다수자들이 보여주는 친밀하지 못한 문화가 보여주는 현실이 소수자들이 누릴 자유가 있음에도 불구하고 불편함을 느끼도록 한다면 소수자들은 친밀한 공공성의 공간 안에 있는 것이 아니라 배타적 공간 안에서 가족으로 인정받지 못한다고 여길 수 있는 배제를 경험하게 되는 것이다. 즉 예배 중이나 성도의 교제 중 상대적 박탈감을 느껴 소수자들이 갖게 되는 소외감은 그리스도인으로서 누릴 수 있는 '자유'와 '해방'의 기회를 잃게 하는 것이다.

교회의 코이노니아 활동이 여성들에게 주는 의미 또한 매우 크다. 그들 가운데는 기도에 힘써 영적인 삶을 신앙의 기쁨으로 여기면서 교회 안에서 자유를 누리는 자들이 많다. 하지만 가부장적이고 가족주의적인 교회 문화는 여성들의 능력을 위협으로 여기면서 단지 교회 부흥

---

42 한나 아렌트, 『과거와 미래 사이』, 11.

의 수단으로 여성들의 신앙심을 이용한 것을 부인할 수 없다.[43] 이는 곧 마치 초대받지 못하였으나 주의 식탁에 기꺼이 나아옴으로써 누리게 된 자유함의 기쁨조차 빼앗는 일이 된다.

이렇듯 비혼여성들이 교회 안에서 소수자로서 존재감을 갖지 못하는 또 다른 이유는 가족 이데올로기가 요구하는 제한적 역할 때문이다. 기독교의 가족 이데올로기에 의존하는 가부장적인 문화는 여성을 상징적으로 이상화함으로써 여성이 스스로에게 지워진 제한적인 역할에 만족하도록 하여왔다. 만일 이를 거역하면 죄의식을 갖게 하거나 '부자연스럽게' 느끼도록 하였다.[44] 여성이 가족의 형태 속에서 제한을 받는 이유는 두 가지로 정리할 수 있다. 한 가지는 출산에 우선순위를 두는 성역할 때문이다. 우리 사회는 세대 재생산을 '가족'의 본질 또는 핵심 기능으로 여기는 전통적인 가족 이념과 사랑을 중심으로 한 성인남녀의 성적 결합으로서의 근대적 가족 이념이 혼재하고 있다. 젊은 층에서는 결혼하지 않고 살아가려는 개인주의적 사고의 확산으로 가족에 대한 고정관념이 여러 변수에 따라 빠르게 해체되고 있다.[45] 특히 저출생이 문제 되는 이유가 교육비 때문이라는 것이 통계로 나타나고 있는 현실임에도 여성의 역할을 출산에 고정시키는 시각으로 저출생의 해

---

43 강희수, "기독교 원죄론과 현대 한국교회여성의 죄의식 상관관계 연구" (이화여자대학교 박사학위 논문, 2017), 120. 많은 중소형 교회들이 내환과 분열, 해체를 거듭하고 있을 때 순복음교회는 그녀들의 열정을 교회 성장의 자원으로 전환시켰다. 그 장치는 순복음형 구역장 제도였다. 순복음교회의 구역장 제도가 조용기 목사의 성장주의 목회에 추진체로 작동하였다는 것은 잘 알려진 사실이다. 김진호, 『시민 K, 교회를 나가다』 (서울: 현암사, 2012), 79.

44 메리 데일리, 『교회와 제2의 성』, 황혜숙 옮김 (서울: 여성신문사, 1994), 19.

45 허라금, "가족, 그 혼란스런 질문들," 「철학과 현실」 90 (2011), 89-95.

법 도출을 찾고자 하는 것은 시대착오적이 아닐 수 없다.[46] 비혼여성은 결혼하라는 압력을 받는다. 이때 결혼하지 않은 여자는 결함이 있든지 규격에서 벗어난 사람 취급을 당한다. 아무리 여성이 사회에 공헌하더라도 결혼해서 어머니가 되지 않는 한 여성으로서 '제구실'을 하는 어엿한 어른으로 대접하지 않는다.[47] 나이 많은 비혼여성 또한 정상적으로 보지 않는다. 연령별 집단으로 구성된 모든 전통 사회에서는 기혼자와 미혼자를 명백히 구분하고 있으며 많은 문화에서는 미혼자들이 일정한 나이를 넘기면 그들을 동정적으로 바라보고 있다. 자신들이 해야 할 정확한 역할을 하지 못하며 사회적 지위 또한 인지되지 못하는 싱글리즘의 편견에 노출된다.[48] 특히 성역할 규범을 제한시키고 있는 결혼 가족 제도는 여성을 부당하게 가족에 종속시키고 여성 자신의 삶을 위한 권리와 기회를 제한한다.[49]

다른 한 가지는 정상 가족을 규정하는 기준인 가부장제가 원인이다. 가부장제는 남성에 의한 여성의 지배 사회제도와 문화적 차원의 기제를 매개로 일어나는 사회적 현상으로 사회 전반에서 연소자 및 여자에 대한 남성 권력을 합법화 및 구조화하는 제도적 억압이 있다.[50]

---

46 문화체육관광부가 2017년 7월부터 2019년 6월까지 누리소통망(SNS) 게시물 31만여 건을 바탕으로 '저출생'에 대한 연관어를 거대자료(빅데이터) 분석한 결과, 출산에 대한 최우선 고민은 교육비였다. "저출생의 가장 큰 원인은 '일자리'와 '교육비'," 「문화체육관광부 보도자료」, 2019년 7월 3일.

47 우에노 지즈코 외, 『비혼입니다만, 그게 어쨌다구요?!』, 조승미 옮김 (서울: 동녘, 2017), 9.

48 앙드레 뷔르기에르 외, 『가족의 역사』, 정철웅 옮김 (서울: 이학사, 2001), 97.

49 허라금, "여성의 행위성과 가족 관념의 재구성," 「철학논총」 67 (2012), 300.

50 조혜정, "가부장제의 변형과 극복," 『한국 여성 연구 1: 종교와 가부장제』, 박용옥 외 (서울: 청하, 1988), 195.

그러나 점차적으로 가족의 형태는 변화하고 있고 본인의 가치관에 의해 결혼을 하지 않으려는 자발적 비혼 인구들이 늘어 가고 있다.[51] '가구' 하면 세대를 재생산하는 가족을 떠올릴 수 있으나 오늘의 현실은 함께 거주하면서 생계를 같이 하는 식구로서의 개념에서 많이 벗어나고 있다. '가족'에 대한 고정관념은 여러 변수에 따라 해체되면서 새로운 가족을 만드는 방식을 결혼이라는 단순한 가족관계로만 설명하는 제한을 두려 하지 않는다.[52] 가족이 사회를 구성하는 기본단위이고 그 사회의 가치와 기본질서가 훈련되고 형성되는 토대이지만 가족의 다양성에 대한 인식의 변화가 있어야 한다는 필요 인식은 여성주의뿐 아니라 기존 삶의 구조가 변화되기를 갈망했던 사람들 사이에서 공통적인 것이라 할 수 있다.[53]

예수의 가족에 대한 생각은 혈연 중심에 기초를 두고 있지 않다. 교회의 변혁을 위해서도 가족에 대한 인식의 변화는 필수적이다.[54] 류터(Rosemary R. Ruether)는 가족의 가치를 재발견하려면 '규범적인 가족'의 허구를 넘어서서 가족의 다양성을 인정해야 하는 현실을 받아들이라고 한다.[55] 김애영은 기독교가 가족에 대한 성화(Sanctification)

---

51 비혼은 법적 혼인상태의 원인에 따라 비혼 유형을 분류할 때에 결혼하지 않은 자, 이혼자, 별거자, 사별하여 현재 싱글인 자를 포함한다. 남승연 외, 『경기도의 비혼 여성 공동체 정책 개발을 위한 사례연구』 (수원: 경기도 가족여성연구원, 2017), 23.

52 허라금, "가족, 그 혼란스런 질문들," 89-90.

53 허라금, "여성의 행위성과 가족 관념의 재구성," 300.

54 이상적인 국가를 구상했던 플라톤은 『국가론』에서 가족 제도에 대해 논할 때 가족은 국가 지도자를 사적 이해에 눈멀게 하는 원천이라고 보고 가족을 가장 개인의 것이 아닌 시민 공동의 것으로 만들기를 원했다.

55 Rosemary R. Ruether, *Christianity and the Making the Modern Family* (Boston: Beacon Press, 2000), 211.

에 충실하게 머물러 있어 핵가족의 분화와 해체가 불러온 가족의 다양
성을 인식하지 못하고 있다고 비판한다.[56]

한국의 가족주의는 조선 후기 유교 지배체제, 식민지의 억압적 상
황은 물론이요 한국전쟁 후 여성을 가족 안에 머무르도록 하였던 시기,
이후 국가 주도의 산업화에 의해 훨씬 강화되었다.[57] 교회는 정상적인
규범에 따른 행동을 반복함으로써 정치적으로 순종적인 삶의 양식에
길들여왔기 때문이다. 교회 역시 교회 성장의 동력이었던 교회 여성들
을 향하여 가족주의 내에서 유교적 순응 윤리를 가르쳤을 뿐 공공성의
공간이어야 할 교회는 배타적인 공간이 되어 가족주의를 벗어나지 못
했다.[58] 결과적으로 볼 때 가부장적인 교회는 배제되고 분리된 상태로
있는 공공성에 어떤 배제가 존재하는가를 살피려 하지 않는다는 평가
를 피할 수 없다. 비혼여성들을 고독한 상황으로 몰아넣으면서도 딱히
의식되지 않는 '분리'(segregation) 가운데 있음을 인식하지 않는다.[59]

교회가 여성들을 차별하여 공공적 공간이 없는 상태 즉 공공성이
사라진 삶 속에 있도록 한 것은 진정한 인간적 삶을 영위하지 못하도록
하는 본질이 박탈되었다고 볼 수 있다. 이를 아렌트는 '사적'(private)
현상이라고 부르고 타자의 눈에서 존재하지 않는 인간이 되는 상태라
고 부른다.[60] 이 상태에 행사되는 배척의 힘은 아렌트가 칭하는 '버려
짐'(Verlassenheit)의 상태를 내면화하도록 하는 것이다.[61] 교회 내 비

---

56 김애영, "지구화 시대의 '가족'에 대한 여성신학적 접근," 157-158.
57 강희수, "기독교 원죄론과 현대 한국교회여성의 죄의식 상관관계 연구," 120.
58 김승현, "가족주의와 공공성,"「한국정치학회보」44.3 (2010), 55-57.
59 사이토 준이치,『민주적 공공성-하버마스와 아렌트를 넘어서』, 39.
60 한나 아렌트,『인간의 조건』이진우, 태정호 옮김 (서울: 한길사, 1996), 112.
61 사이토 준이치,『민주적 공공성-하버마스와 아렌트를 넘어서』, 15.

혼여성들이 이렇게 버려짐의 상태에 놓인다면 그들은 자기 자신의 '현실성'에 의심을 품게 될 것이다. 이에 따른 결과는 2012년에 이미 확인할 수 있었다. 한국교회여성연합회의 설문조사에 따르면 교회 여성들이 교회 안의 남성중심적인 의사결정과 성차별적인 모습에 실망하여 교회를 떠나고 있다. 교회 여성의 이탈 원인은 교회 내 역할 불만족과 교회 소통구조 변화의 필요성 등이다.[62] 이처럼 교회의 여성 비율이 과거보다 현저하게 감소한 50~60%로 나타난 것을 볼 때 교회여성의 현실적인 깨달음은 실재로 드러난다는 것을 알 수 있다. 여성들이 교회를 떠나는 현상은 '다르다'를 사용해야 할 상황에서 '틀리다'를 적용시켜 여성을 소외시킨 결과라 할 수 있다. 다름과 틀림의 개념 자체가 명확하게 자리 잡지 못했기 때문이다.[63]

비혼여성 경우도 예외가 될 수 없다. 젊은 비혼여성들이 살아가는 세상은 매우 빠른 속도로 탈가부장적 구조와 관계망이 확산되고 있다. 유아기부터 청년기에 이르도록 사회에서는 개인의 능력을 인정받을 수 있도록 학습되어왔다. 그러나 교회라는 공간에서는 가부장적 성역할과 거룩한 신적 질서를 고착화하여 위계질서의 힘으로 비혼여성들을 억압한다. 이런 분열적 상황은 비혼여성들을 고립시킨다.[64] 오늘의 시대는 비혼여성에게 '다르다'를 적용해야 할 뿐 '틀리다'를 적용하여 소외시킬 수 없는 시대이다. 교회는 비혼여성들로 하여금 공공적 공간

---

62 "젊은 교회여성 감소, 소통부재 원인,"「한국성결신문」, 2012년 11월 1일, http://kehcnews.co.kr. 2020년 12월 15일 접속.

63 이라영,『환대받을 권리, 환대할 용기』(서울: 동녘, 2016), 328.

64 백소영, "페미니스트 성서 해석으로 제안하는 교회 '제도' 개혁,"『페미니즘 시대의 그리스도인』, 송인규 외 (서울: IVP, 2018), 135-137.

강회수 | 비혼여성과 함께하는 '교회-되기' 회복을 위하여 329

인 교회에서 자유를 누릴 수 있도록 해야 한다. 교회 공간에서 여성들의 주체적 역할이 가능해지기 위해서는 동등한 담론의 기회와 다른 패러다임을 선택할 수 있는 가능성이 열려 있는 에클레시아로서의 기능을 할 수 있어야 한다.[65]

그런데 만일 교회가 이용 가치가 있는 자, 소유할 수 있는 자의 공간으로서만 작용하게 된다면 교회는 차이를 넘어서지 못하며 소수자를 공공성의 공간 안에 현존하지 못하도록 하는 것이 된다. 비혼여성들은 가부장제적 가정과 사회 그리고 교회에서 자신의 현실을 비판적으로 볼 수 있는 능력을 배제당한 채 소수자의 자리에 놓이고 있다. 사실상 예수의 하나님 나라 구상의 새로운 '전복적인'(subversive) 가족관은 제도화 과정에서 희석되고 변질될 수밖에 없었다. 왜냐하면 그것은 기존의 사회적 위계질서를 뒤엎고 소수자인 여성과 어린이, 노예에 대한 지배를 어렵게 하는 특징이 있었기 때문이다. 교부들의 그리스철학 영·육 이분법 방법론은 가부장적 금욕주의를 강조함으로써 문제 해결을 도모하게 하였다. 그리하여 중세 기독교 사회에서는 다수자의 대표성을 띤 '독신 남성 집단-독신 여성 집단-결혼한 평신도 집단'으로 계층화된 삼층 구조의 가족 모델이 자리 잡게 되었다. 종교개혁자들은 결혼은 성사(聖事)라기보다 창조와 죄의 영역에 속하는 것으로 여김으로써 결혼을 통한 가족의 구성은 남성의 지배와 여성의 예속으로 하나님이 정한 질서로 재해석하였다.[66]

---

65 진미리, "페미니스트 비판과 해석학적 지평의 전화-엘리자베스 쉬슬러 피오렌자를 중심으로," 「한국조직신학논총」 45 (2016), 140.

66 구미정, "포스트 모던 시대의 가족 담론에 대한 기독교 윤리적 성찰," 「신학논단」 62 (2010), 21.

이러한 해석들은 19세기 이후 기독교가 결혼·가정·가족을 낭만화하면서 산업혁명 이후 달라진 생활상을 반영하여 가족이란 사회 안정을 위한 안식처의 기능을 담당하도록 한계 짓도록 하였다. 결국 여성은 무성적(無性的)으로 자기주장이나 요구를 드러내지 않으며 희생하는 삶을 강요받았다.[67] 여성의 희생을 전제로 하는 정상적인 가족—정상적인 성장 과정, 정상적인 연애, 정상적인 교육, 정상적인 몸, 직업, 가족 등 모든 이가 정상이라고 말하는 그 정상성의 틀을 '지향'하는[68] 사회적 시각이 교회에도 자리하고 있는 것이다.

그렇지만 예수를 중심으로 모이는 교회는 자연적 가족을 부정하고 새로운 종말론적 가족을 표상하고 있다. 즉 예수의 제자가 되기 위해서는 자신의 가족에 우월성을 두기보다 예수 가족의 중요성을 인지해야 한다.[69] 예수는 "어찌하여 나를 찾으셨습니까? 내가 내 아버지의 집에 있어야 할 줄을 알지 못하셨습니까?(눅 2:49), 누가 내 어머니이며, 내 형제들이냐?… 보아라, 내 어머니와 내 형제들이다. 누구든지 하나님의 뜻을 행하는 사람이 곧 내 형제요 자매요 어머니다"(막 3:33-35)라고 선언함으로써 과감히 '새 가족'을 향해 나아갔다. 이로써 예수는 하나님 나라 운동에 동참한 사람들과 새로운 친족 관계를 형성하였다.

특별히 공관복음에 나타나는 예수를 따르는 사람들이 자신의 가족과 직업을 버리고 반문화공동체로 모여든 기록[70]은 오늘날 남성을 머

---

67 류터, 『성차별과 신학』, 83-106.

68 이라영, 『환대받을 권리, 환대할 용기』, 327.

69 Rosemary R. Ruether, *Christianity and the Making the Modern Family*, 25.

70 마태복음 4:21-22에 예수가 부른 세베대의 아들 야고보와 요한이 곧 배와 자기들의 아버지를 버려두고 예수를 따라갔다. Rosemary R. Ruether, *Christianity and the Making the Modern Family*, 25.

리로 하고 여성이 그에 복종하는 형태의 가부장적 가족 모델을 '성서적'이라고 우길 수만도 없는 근거가 된다. 그러므로 교회는 결혼으로 '정상 가족'과 '비정상적인 가족'을 구분하고 결혼한 여성과 비혼여성의 기준으로 다름과 차이를 동일시하지 않아야 한다.

IV. 나가는 글

오늘의 코로나 재난 상황으로 교회는 전염병 확산의 진원지라는 불명예를 얻게 되었고 정기예배 이외 모든 회합을 금지하고 있다. 교회 내 소수자들이 함께 할 수 있는 공공성의 공간은 사라질 위기에 놓였다. 온라인으로 예배를 드리라고 하지만 적극적인 신앙인이 아니라면 손바닥 크기의 화면을 들여다보면서 예배를 드리는 것은 쉬운 일이 아니다. 그렇지만 코로나는 극복될 수 있으리라는 희망은 커지고 있으므로 이제 이후에 다시 모인 교회는 새로운 모습을 갖추기 위해 정비하고 준비해야 한다.

기독교인이지만 교회에 안 나가는 성도들은 점점 늘어가는 추세이다. '가나안 성도'라고 부르는 신조어가 만들어져 오래전부터 회자 될 정도로 교인들이 교회를 안 가는 '가나안 성도 현상'이 나타났다.[71] 가

---

71 2015년 한국기독교목회자협의회가 낸 통계자료에 따르면 1,000만 명의 기독교인 가운데 전체의 10% 정도로 보았다. 「뉴스앤조이」, 2015년 3월 20일, https://www.newsnjoy.or.kr. 2021년 8월 10일 접속. 2021년 ARCC(Align Research Center for Christianity)는 기독 청년과 청년사역자 1,050명을 대상으로 청년이 교회에 나오는 이유와 교회를 옮기거나 신앙을 포기하는 이유를 심층 분석했는데 이에 대한 설문조사 분석 포럼이 4월 15일에 열렸다. 청년들이 교회를 떠나는 이유

나안 성도가 늘어가는 이유는 공공성의 공간이어야 하는 교회에서 끼리끼리의 문화, 가족 이데올로기, 가부장적인 가족교회, 아버지-엄마-자녀로 이루어진 가족이 다수인 교회에서 소수자들을 위한 교회-되기, 즉 소통과 교감의 코이노니아가 이루어지지 않기 때문이다. 소수자들을 보호할 대상, 동정의 대상으로 여길 뿐, 교회 구성원으로서 책임 있는 주체로 세우지 못하기 때문이다.

시대적 현상들은 교회 가족의 다양성을 요청한다. 교회는 아버지와 어머니 그리고 자녀들이 함께 형성한 핵가족을 전형적인 교회 내 가족 구성원으로 여기고 그들을 대상으로 하는 가족 이데올로기에 얽매여 있다. 예배의 내용, 설교, 교제는 가족 구성원을 우선시하는 공간이 되고 있다. 산업화된 사회의 여성들은 자신도 남성과 동일한 권리, 삶을 통제할 수 있는 힘을 부여받았다고 생각할 수 있는 환경이 만들어지고 있으며 그 속에서 그들은 자유함을 얻고 기회를 얻는다. 그러나 교회는 비혼여성들에게 기회도 자유함도 부여하지 않으므로 그들은 교회를 떠난다. 교회는 비혼여성들이 교회를 떠나는 이유에 대해서 이해하지 못한다. 교회 안에 머무른다 해도 그들의 존재감은 없다. 그들을 향한 코이노니아 프로그램도 미약한 상태이다. 대형교회들의 교육 프로그램은 가족중심적이고 작은 교회들은 공동체 의식을 강조하므로 가부장적인 문화를 공고히 하여 비혼여성에 대한 배려는 점점 더 부족하다. 류터는 가부장적 가족 모델은 "다수의 정의와 안녕을 저해하는

에 대한 종합적인 의견은 '복음의 본질을 듣지 못하며 교회에서 가르치는 말씀이 세상의 현실적 거리감이 있으며 청년들과 그들의 감성에 공감하지 못하고 이해가 부족한 교회문화, 교회의 비상식적인 모습' 등이 있다고 정리되었다. 「한국성결신문」, 2021년 4월 24일, https://www.kehcnews.co.kr. 2021년 8월 10일 접속.

악마적 왜곡"이며 "하나님으로부터 소외된 세계의 원리와 권력을 대변한다"[72]고 강조한다.

교회는 공공성의 공간으로서 사회에 존재적 가치를 드러내는 공간이 되어야 한다. 교회는 공공성의 공간으로서의 '교회-되기'를 위해 소수자들에 대한 배려와 공감에 신경 써야 한다. 소수자들을 예수의 가족으로서 공동의 식탁에 앉게 하고 자유를 누리도록 하여 새로운 창조를 이루어야 한다. 교회는 가족 개념의 다양성을 받아들이는 공간으로써 가부장적 가족 제도의 단일적 개념설정에서 벗어나 소수자인 비혼여성을 향한 차별로부터 패러다임의 전환을 꾀하여야 한다. 소수자인 비혼여성들이 예수를 따름은 사회에서 지니는 자신의 지위와 권력을 유지하고 강화하려는 의지가 담긴 '되기'가 아니다. 지극히 예수의 복음은 의미가 있기에, 교회의 에클레시아를 통해 '되기'에 비전을 심는 것이다. 소수자인 비혼여성들에게는 다수성이 강한 가부장제의 힘을 이겨내고 생성, 존재의 능력을 발휘할 수 있는 예수의 새로운 가족으로서의 능력이 있다. 그러므로 교회는 소수자인 비혼여성들을 향한 관심을 갖고 공공성의 공간으로서의 '교회-되기'를 이어가야 할 것이다.

---

72 류터, 『성차별과 신학』, 229.

참고문헌

강희수. "기독교 원죄론과 현대 한국교회여성의 죄의식 상관관계 연구." 이화여자대학교 박사학위논문, 2017.

구미정. "포스트 모던 시대의 가족 담론에 대한 기독교 윤리적 성찰."「신학논단」62 (2010), 7-30.

김승현. "가족주의와 공공성."「한국정치학회보」44.3 (2010), 53-74.

김애영.『여성신학의 주제탐구』. 서울: 한신대출판부, 2003.

김은주. "들뢰즈와 가타리의 되기 개념과 여성주의적 의미: 새로운 신체 생산과 여성주의 정치."「한국여성철학」21 (2014), 95-119.

김정숙. "21세기 페미니즘, 페미니스트 신학의 지형도."「신학과 세계」68 (2010), 95-124.

김진호.『시민 K, 교회를 나가다』. 서울: 현암사, 2012.

남승연, 정수연.『경기도의 비혼 여성 공동체 정책 개발을 위한 사례연구』. 수원: 경기도 가족여성연구원, 2017.

네그리, 안토니오, 마이클 하트.『제국』. 윤수종 옮김. 서울: 이학사, 2006.

데일리, 메리.『교회와 제2의 성』. 황혜숙 옮김. 서울: 여성신문사, 1994.

들뢰즈, 질, 펠릭스 가타리.『천개의 고원』. 김재인 옮김. 서울: 새물결, 2001.

러셀, 레티 M.『공정한 환대』. 여금현 옮김. 서울: 대한기독교서회, 2012.

류터, 로즈마리.『성차별과 신학』. 안상님 옮김. 서울: 대한기독교서회, 1985.

리프킨, 제러미.『공감의 시대』. 이경남 옮김. 서울: 민음사, 2010.

박경미. "신약성서의 올바른 이해."『기독교와 세계』. 이경숙, 손운산, 정용석, 박경미, 양명수, 장윤재. 서울: 이화여자대학교출판부, 2007.

백소영. "페미니스트 성서 해석으로 제안하는 교회 '제도' 개혁."『페미니즘 시대의 그리스도인』. 송인규, 양혜원, 백소영, 정재영, 김애희, 정지영. 서울: IVP, 2018.

뷔르기에르, 앙드레. 클로드 레비-스트로스, 크리스티안느 클라피슈-주버, 마르틴느 스갈랑, 프랑수아즈 조나벵.『가족의 역사』. 정철웅 옮김. 서울: 이학사, 2001.

브리덴탈, 리네이트. "가족: 자신만의 방에서 본 관점."『페미니즘의 시각에서 본 가족』. 베리 소온, 메릴린 얄론 엮음. 권오주 옮김. 서울: 한울 아카데미, 2017.

사이토, 준이치.『민주적 공공성-하버마스와 아렌트를 넘어서』. 윤대석, 류수연, 윤미란 옮김. 서울: 이음, 2009.

손규태. 『하나님 나라와 공공성』. 서울: 대한기독교서회, 2010.

아렌트, 한나. 『과거와 미래 사이』. 서유경 옮김. 서울: 푸른 숲, 2005.

_____. 『인간의 조건』. 이진우, 태정호 옮김. 서울: 한길사, 1996.

양명수. "자유와 자연: 코로나 이후의 교회." 「생태문명으로의 전환과 코로나 19 이후의 기독교-감리교 목회자와 신학생 그리고 평신도를 위한 열린 신학 강좌 자료집」. 2021년 6월 28일. 15-25.

우에노, 지즈코, 미나시타 기류. 『비혼입니다만, 그게 어쨌다구요?!』. 조승미 옮김. 서울: 동녘, 2017.

유명기. "소수자, 그 무적(無籍)의 논리." 『한국의 소수자, 실태와 전망』. 최협, 김성국, 정근식, 유명기 엮음. 서울: 한울, 2004.

윤수종. "소수자 되기." 「기독교사상」 643 (2012), 10-19.

이라영. 『환대받을 권리, 환대할 용기』. 서울: 동녘, 2016.

이재희. 『적극적 평등실현조치에 대한 위헌심사』. 서울: 헌법재판소 헌법재판연구원, 2018.

장윤재. "기독교 신앙의 핵심 사도신경." 『기독교와 세계』. 이경숙, 손운산, 정용석, 박경미, 양명수, 장윤재. 서울: 이화여자대학교출판부, 2007.

정용석. "기독교의 역사." 『기독교와 세계』. 이경숙, 손운산, 정용석, 박경미, 양명수, 장윤재. 서울: 이화여자대학교출판부, 2007.

제닝스, 테오도르 W. 『예수가 사랑한 남자』. 박성훈 옮김. 서울: 동연, 2011.

조혜정. "가부장제의 변형과 극복." 『한국 여성 연구 1: 종교와 가부장제』. 박용옥, 리영자, 장상, 조은, 박병호, 조옥라, 조혜정. 서울: 청하, 1988.

준이치, 사이토/윤대석 외 옮김.

진미리. "페미니스트 비판과 해석학적 지평의 전환: 엘리자베스 쉬슬러 피오렌자를 중심으로." 「한국조직신학논총」 45 (2016), 125-169.

최협, 김성국, 정근식, 유명기 엮음. 『한국의 소수자, 실태와 전망』. 서울: 한울, 2004.

허라금. "여성의 행위성과 가족 관념의 재구성." 「철학논총」 67 (2012), 297-316.

_____. "가족, 그 혼란스런 질문들." 「철학과 현실」 90 (2011), 89-95.

허정갑. "성만찬적 교회론: '성도의 교제'를 중심으로." 「한국기독교신학논총」 52 (2007), 201-226.

Adams, Carol J. and Marie M. Fortune. eds. *Violence against Women and Children: A Christian theological Sourcebook.* NY: The Continum Publishing Company, 1995.

Harrison, B. W. *Making the Connections Essays In Feminist Social Ethics.* Boston: Beacon Press, 1985.

Ruether, Rosemary R. *Christianity and the Making the Modern Family.* Boston: Beacon

Press, 2000.

Rusell, Letty M. *Church in the Round.* Kentucky: John Knox Press, 1993.

참고 웹사이트

"저출생의 가장 큰 원인은 '일자리'와 '교육비'." 「문화체육관광부 보도자료」. 2019년 7월
　　　3일. https://mcst.go.kr/kor/s_notice/press/pressList.jsp.

"젊은 교회여성 감소, 소통부재 원인." 「한국성결신문」. 2012년 11월 1일.
　　　http://www.kehcnews.co.kr. 2020년 12월 15일 접속.

「뉴스앤조이」. http://www.newsnjoy.or.kr. 2021년 8월 10일 접속.

「한국성결신문」. http://www.kehcnews.co.kr. 2021년 8월 10일 접속.

섹스로봇이 우리에게 줄 상처 그리고 여성신학적 치유 방안 *

이주아**

I. 들어가는 말: N번방은 홀로 생겨나지 않았다

여성의 몸과 성은 남성들에 의해 대상화되고 수단화되어 온 가장 오래된 '타자'이다. 가부장제의 창조 이후로 여성의 몸과 성은 재생산 기능으로, 또는 남성들의 성욕을 위한 도구로 재단되고 제도 안에서 억압되었다. 시대가 변화하면서 여성에게도 참정권 및 교육의 권리 등 많은 것이 주어지고 있으며 여성주의의 목소리가 높아지고 있다. 하지만, 첨단 기술 산업사회에서 여성의 성성(性性)에 대한 왜곡과 침해는 보다 더욱 정교해지고 은밀해지고 있다. 급속도로 발달하는 기술은 사회적 시스템이 이를 규제하거나 판단할 시점을 허락하지 않고, 자본논리에만 의거하여 여성에 대한 성적 억압과 소비를 극대화하고 있다. 초등성평등연구회는 N번방 사건의 원인 중 하나로 잘못된 성별 고정

---

* 본 논문은 "첨단 기술권력 사회에 대한 여성주의 기독교교육적 성찰: 섹스로봇을 중심으로," 「기독교교육정보」 66 (2020), 169-196를 기본으로 확장 정리한 연구이다.
** 대학에서 강의를 하고 있으며 기독여성주의 "교회언니 페미토크" 유튜브 채널의 일원으로 활동 중.

관념과 음란물을 성장기의 일상사나 문화 정도로 치부하는 한국 사회의 오류에 대해 지적하였다.[1]

　청소년들이 가장 많은 시간을 보내는 게임 안에서 구현되어지는 여성은 인격체가 아니라 오로지 남성의 생식기적 성욕을 자극하기 위해 만들어진 객체로 드러나고 성인들은 한술 더 떠 이를 현실 공간으로 가져오고 있다. 과거의 춘화, 그 이후의 음란물 그리고 게임 안에 존재하던 '남성의 생식기적 욕망의 충족만을 위한 몸으로서의 여성'을 현실에서 재현할 수 있는 기술을 손에 쥔 것이다. 리얼돌이라는 인간의 형상을 한 성기구를 만들고, 법원은 "사람의 존엄성과 가치를 심각하게 훼손·왜곡했다고 평가할 수 있을 정도로 노골적인 방법으로 성적 부위나 행위를 적나라하게 표현 또는 묘사한 것이라 볼 수는 없다"며 수입사의 손을 들어주었다.[2] 또한 해외에서는 인공지능과 인공피부를 부착하여 사람과 흡사한 상호작용을 할 수 있으며 세 개의 기관을 통해 성행위를 할 수 있는 섹스로봇을 출시, 성매매 산업 및 개인 소비자에게 판매한 지 10년이 지나고 있다.

　이러한 상황에서 기존 문화에서 이미 억압되고 왜곡되어져 온 여성의 몸과 성, 여성의 性性은 얼마나 더욱 훼파되고, 변질되고, 상처받을 것인가? 우리는 이처럼 가장 오래된 인류의 죄악이 첨단 기술의 외피를 입고 하나님의 형상인 인간의 존엄성을 침해하는 것을 언제까지 방

1　초등성평등위원회, "'N번방' 사태 해결 주체로서 교육부의 강력한 대처 방안 촉구 서명 운동," 2020년 3월 22일, https://docs.google.com/forms/d/e/1FAIpQLSdnGRWe CgZrck_dsK_WDvYYqYU3YpgJgoIaATPeQZDLFlq9Pw/viewform

2　"'리얼돌, 풍속 해치는 물품 아닌 성기구'…법원, 수입허용 판결," 「뉴시스」, 2021년 1월 25일, https://www.donga.com/news/Society/article/all/20210125/105090687/1.

관해야 할 것인가? 여성신학은 이에 대해 어떻게 대응하고, 도전하고, 새로운 미래를 연대와 공감 안에서 형성해 나갈 수 있을 것인가? 본고에서 필자는 이러한 문제의식을 가지고 첨단 기술 산업사회가 여성의 性性을 유린하는 현실과 이의 문제점 등을 섹스로봇을 중심으로 비판적으로 분석하고, 여성주의 기독교교육의 대안을 제시하고자 한다.

II. 섹스로봇과 논쟁들

1. 섹스로봇의 정의와 현황

섹스로봇(Sex Robot)은 인간의 성행위를 대신 수행하기 위한 목적으로 만들어진 로봇을 의미한다.3 2009년 "성인 엔터테인먼트 엑스포 2010"(Adult Entertainment Expo 2010)에서 트루컴패니언사(TrueCompanion. Inc)가 세계 최초로 여성 로봇 "록시"(Roxxxy)를 선보인 이후, 섹스로봇은 대량 생산의 시기로 접어들었다. 록시는 인공혹은 실리콘 소재의 피부로 인간의 피부와 흡사한 질감을 구현하고 인공지능을 장착, 신체 안에 내장된 랩톱 컴퓨터와 피부 센서를 통해 소유자와 다양한 형태의 쌍방향 접촉은 물론 간단한 대화도 가능하다. 고객의 취향에 따라 피부색, 머리 색깔, 성격을 선택할 수 있는 이 로봇의 1대당 가격은 7,000~9,000달러(약 790만원~1,020만원)이다.4 남

---

3 "섹스로봇",「위키 백과」, https://ko.wikipedia.org/wiki/ %EC%84%B9%EC%8A%A4_
%EB%A1%9C%EB%B4%87. 2020년 1월 12일 접속.
4 김형자, "주간조선: 섹스로봇① 일반인들에게 로봇과 섹스할 수 있냐고 물어봤더니…,"

성 형태의 섹스돌과 섹스로봇도 있지만, 현재 만들어지고 있는 섹스로봇의 절대 다수는 여성형이다.

영국의 BBC가 제작한 다큐멘터리 '섹스로봇과 우리'(Sex Robots And Us)에서 진행자는 세계의 섹스로봇 제작자들과 소비자들을 만나며 섹스로봇 산업의 현주소를 보여준다.5 다큐멘터리는 "resistance setting" 즉 강간을 할 수 있도록 세팅되어 판매되는 섹스로봇과 이를 금지하자는 캠페인 그리고 일본의 섹스로봇 공장에서 발견한 소녀 모습의 섹스로봇을 보여준다. 공장을 관리하는 사람은 "실제 섹스돌의 나이는 소비자의 상상에 달려 있다"면서 "이러한 작고 귀여운 크기의 인형이 누군가에게는 특별한 감정을 일으킬 것"이라고까지 한다.

유럽 곳곳에서는 섹스로봇을 이용한 사창가가 운영되고 있으며, 몇 개의 섹스로봇을 보유하고 있는 남성들도 늘고 있다. 섹스로봇 산업은 앞으로 계속 성장할 전망이다. 영국의 드리스콜(Helen Driscoll) 박사는 "2070년경에는 로봇과의 섹스가 사회적으로 보편화돼 실제적 육체관계는 오히려 '구시대의 유물'로 전락할 것"이라고 전망하기도 한다.6 섹스산업의 미래를 예측하는 미래학자 피어슨(Ian Pearson) 박사는 "섹스 시장이 20년 뒤에는 현재의 3배, 2050년에는 7배로 커질 가능성이 있다"고 하며, 바이브레이터 같은 로봇 성생활용품이 수 세기

「조선일보」, 2015년 11월 18일, http://premium.chosun.com/site/data/html_dir/2015/11/17/2015111702395.html. 2020년 1월 12일 접속.

5 BBC Three, "The Future of Sex? Sex Robots And Us,"「유튜브」, 2018년 4월 9일, https://www.youtube.com/watch?v=kGTI2_O9v_Y. 2020년 1월 12일 접속.

6 김형자, "주간조선: 섹스로봇 ② 말하고 이메일까지 보내는 섹스로봇이 곧 등장한다,"「조선일보」, 2015년 11월 18일, http://m.chosun.com/svc/article.html?sname=premium&contid=2015111702407#Redyh.

동안 사용되어왔으니 자연스럽게 다음 단계는 로봇과의 섹스일 것이라고 내다본다.

2. 섹스로봇에 대한 반응

1) 긍정 및 찬성 반응

섹스로봇에 대한 사회적인 반응은 두 가지로 나뉜다. 먼저 자유주의적인 입장에서 개인이 사용하는 것은 개인의 자유이자 사적 소유권을 행사하는 것이지 공적 논의의 대상이 아니라는 것이다. 섹스로봇을 긍정하는 두 번째 관점으로는 섹스로봇이 인간의 섹스를 대체하는 기능을 하면서 성행위에서 소외되는 장애인(특히 발달 장애인)이나 성적 트라우마가 있는 사람들, 조루증 환자, 소아성애자 같은 사람들이 치료 목적으로 사용할 수 있다는 점을 든다.[7] 영국의 성전문상담가인 커너(Ian Connor) 박사는 지난 6일 인공지능 로봇이 현재 불법인 '성매매'를 대신하는 역할을 할 수 있고 성적 트라우마(외상후증후군)를 가진 사람이나 조루증 환자, 소아성애자 같은 사람들을 치료하는 목적으로도 사용될 수 있을 것이라고 했다.[8]

나아가 인간과의 성매매보다 인간을 대상화하거나 상품화하지 않으면서 성 욕구를 만족시킬 수 있기 때문에 보다 윤리적이며, 불법적

---

7 김형자, "주간조선: 섹스로봇 ② 말하고 이메일까지 보내는 섹스로봇이 곧 등장한다"
8 주영재, "'섹스로봇'과의 사랑, 윤리논쟁으로 번지나?," 「경향비즈」, 2015년 9월 27일, http://m.biz.khan.co.kr/view.html?artid=201509270702311&code=#csidxfd 2bd9c63deea32a8313533b6ea0c2a. 2020년 1월 12일 접속.

인 성매매를 통해 발생하는 질병 등도 예방할 수 있는 순기능을 가진다고 주장하기도 한다. '로봇, 인간, 섹스 관광'(Robots, Men and Sex Tourism)에서 연구자들은 "로봇과의 섹스는 더 안전하다. 실제 성행위의 제약, 주의사항, 불확실성으로부터 자유롭다"라고 주장하였다.[9] 섹스로봇이 인간과의 불완전한 관계를 보완하거나 대체할 것이라는 시각도 존재한다. 트루컴패니언의 최고경영자(CEO) 하인즈(Douglas Hines)는 "아내와 여자 친구를 대신하는 것이 아니고 성행위를 갖는 사람이나 배우자를 잃은 사람을 위한 솔루션"이라고 밝히며 "록시가 최종적으로 자신의 소유자와 대화하고 소유자가 좋아하거나 싫어하는 것을 알 수 있는 자기 학습 능력을 갖추길 바란다", "사람들과 섹스로봇 간에 성행위는 작은 부분이고 주로 친교나 상호 작용을 하는데 주로 시간을 보내게 될 것"이라고 낙관적인 전망을 하였다.[10] 인공지능은 머신 러닝(machine learning)을 하며 자기 학습 능력을 가지고 있기 때문에 섹스로봇이 진화한다면 인간은 이제 인간보다는 섹스로봇과 더 많은 여러 가지의 관계를 맺을지도 모른다는 것이 주장의 핵심이다.

2) 부정 및 반대 반응

영국 로봇 윤리학자 리처드슨(Kathleen Richardson)박사는 "섹스로봇이 남성과 여성, 어른과 아이, 사람들 간의 관계에 해를 끼치고,

---

9 차진우, "10년 뒤 로봇과 섹스를?"「조선일보」, 2015년 10월 24일,
　http://news.jtbc.joins.com/article/ArticlePrint.aspx?news_id=NB11070230
10 김효진, "인공지능 '섹스로봇', 사람과 별 차이 없네,"「한겨레」, 2017년 7월 5일,
　http://www.hani.co.kr/arti/PRINT/801605.html. 2020년 1월 12일 접속.

로봇과의 성행위가 인간의 감정과 정신에 악영향을 줄 수 있다"라고 하며 섹스로봇 개발 반대 운동을 펼치고 있다. 섹스로봇 개발에 부정적인 시선을 보내는 이들의 가장 큰 중점은 섹스로봇과의 성행위가 확산된다면 인간의 사랑과 성행위에 존재해야 하는 애착, 신뢰, 존경 등 인격적이고 정서적인 부분들이 점차 상실될 것이라는 우려이다.[11] 다른 인공지능 전공자는 "아이들과 어릴 때부터 함께 지내 온 로봇이 사람의 성적 기호까지 알아버리고 로봇에 대해 편안하게 생각하게 되면 인간관계까지 망가뜨릴 수 있다"라고 밝혔다.[12]

실제로 섹스로봇이 안고 있는 가장 큰 문제점은 여성형 로봇이 여성의 성적 대상화를 극심하게 진행시키는 동시에 포르노그래피에 주로 기반을 두고 형성되는 남성의 성적 판타지를 위해 기획되고 있다는 점이다. 구강성교, 다자 성교 및 강간 모드 설정, 아동형 로봇, 로봇의 성격을 '당신의 손길을 좋아하지 않는 내성적이고 수줍은 성격'으로 지정할 수 있는 점 등 섹스로봇이 야기할 수 있는 문제점들은 이루 말할 수 없이 많다.[13] 소아성애자를 소아형 섹스로봇으로 치료할 수 있을 것이라는 발상 자체가 놀랍기도 하다. 로봇 윤리학자인 린(Patrick Lin) 교수는 "소아성애증을 로봇을 통해 치료할 수 있다는 발상은 혐오스럽다. 인종차별주의자에게 갈색 머리 로봇을 학대하게 한다고 상상해보라. 해결되겠나?"라고 한다.[14]

---

11 김형자, "주간조선: 섹스로봇 ② 말하고 이메일까지 보내는 섹스로봇이 곧 등장한다"
12 주영재, "'섹스로봇'과의 사랑, 윤리논쟁으로 번지나?"
13 온라인이슈팀, "'도를 지나쳤다' 논란 불러일으킨 대륙의 '섹스돌'," 「포스트쉐어」, 2016년 3월 17일, http://postshare.co.kr/archives/99532. 2020년 1월 12일 접속.
14 김효진, "인공지능 '섹스로봇', 사람과 별 차이 없네"

III. 여성신학자의 눈으로 바라본 섹스로봇

1. 시각의 권력 주체인 남성에 의해 왜곡되어 재구성되어지는 여성의 몸과 **性性**

섹스로봇에서 우리가 제기할 수 있는 문제점들은 이루 말할 수 없이 많아, 본 연구에서 다 다룰 수는 없다. 본 장에서는 여성의 性性과 크게 관련이 있다고 생각되는 두 가지를 제시하고자 한다. 우선, 섹스로봇이 가지고 있는 문제점은 권력을 가진 남성 주체의 시각에 의해서 "만" 재현되어지는 여성의 몸이다. 시각은 인식적 특권을 차지하는 동시에 세계를 구성하는 역할을 하고, 진리를 인식하게 하는 기관이다.15 로라 멀비(Laura Mulvey)는 "전통적으로 전시적 역할을 부여받은 여성들은 보여지면서 동시에 전시되는데, 이때 여성의 외모는 매우 강력한 시각적이며 성적인 충격을 가하기 위해 코드화된다"16고 지적하고 있다. 오늘날 미디어와 기술에서의 여성은, 특히 섹스로봇에서의 여성은 과거 멀비가 비판했던 방식 그대로 혹은 더욱 심화된 방식으로 재현하고 있다.

섹스로봇이 구현하는 여성의 몸은 남성이 바라는 '섹시'한 여성의 몸이다. 남성의 원하는 풍만한 가슴과 지나치게 잘록한 허리 등 인체의 구성 요소, 역학 등을 모조리 무시한 말 그대로 '로봇'의 몸이다. 섹

---

15 김은주, "시각 기술의 권력과 '신체 없는 기관'으로서의 신체 이미지," 「한국여성철학」 25 (2016), 138.

16 로라 멀비, "시각적 쾌락과 내러티브 시네마," 『페미니즘/영화/여성』, 유지나 외 엮고 옮김 (서울: 여성사, 1993), 50-73.

스로봇이 구현하는 여성의 몸과 性性은 남성의 성욕을 효과적으로 자극하여 구매 욕구를 불러일으킨다는 상업적 목적의 달성을 위해서만 충실하다. 이때 현실에서의 여성의 개체의 차이와 경험의 다양성은 철저하게 무시된다. 여성의 몸과 性性은 섹스로봇을 통해 상품화되어 유통되며, 현실적이고 살아 있고 주체적인 한 존재로서의 여성의 性性은 오로지 남성 중심적인 성적 판타지를 위해서 제거되고 삭제된다.

이처럼 현실의 여성의 몸과는 매우 다르게, 오로지 남성의 성 욕구만을 위해 구현되어지는 섹스로봇은 여성의 몸과 性性이란 무엇인가에 대한 새로운 왜곡과 오해를 생산할 것이다. 가부장제의 오랜 역사 속에서 만들어져 온 여성의 몸은 남성과 구별되고 차등화되는 몸으로 구성되어진다.17 여성의 몸은 이미 사회적으로 억압을 받고 있을 뿐 아니라 이를 내면화해 온 여성 자신들에 의한 자기 억압에 의해서도 고통당하고 있다. 현실에서 기능하는 실재의 몸과 너무나 거리가 있는 비현실적인 미디어에서 구현되는 여성 이미지를 기준으로 끝없이 다이어트를 하며 몸을 재단하고, 얼굴을 다듬는다. 한 연구자는 이를 여성들의 의식 속에 파놉티콘의 감시관과 같은 남성 감식가가 상주하게 되는 것이며, 여성의 몸이 가부장제 생체 권력이 제공하는 '여성의 性性의 규율 체제와 특수한 기술들'을 능동적으로 습득하고 이를 자신의 몸에 그대로 적용한다고 하였다.18 여성들은 때로는 저항하기도 하였지만 그 은밀하고 교묘한 방식의 억압에 스스로 동참하고 내면화시키면서 남성 중심주의적인 시각에 몸을 가두었다.

---

17 이영자, "몸권력과 젠더," 「한국여성학」 22 (2006/4), 198.

18 샌드라 리 바트키, "푸꼬, 여性性, 가부장적 권력의 근대화," 『여성의 몸, 어떻게 읽을 것인가』, 케티 콘보이 외, 고경하 외 옮김 (서울: 한울, 2001), 206-239.

우려되는 것은 섹스로봇에서 현실의 실재로 구현된 여성의 "몸"과 "性性"이 사회나 여성 자신들의 몸과 性性에 미칠 영향이다. 필자가 이전 연구에서 지적한 게임 속에 나타난 여성 몸의 구현의 문제점[19]은 그래도 '그림'이라는 측면에서 어느 정도 거리를 둘 수 있는 여지가 있었다. 물론 그림이라고 해도 그러한 이미지 구현이 가지는 문제점들에 대해서는 앞에서도 지적한 바 있다. 그러나 섹스로봇은 실제로 존재하는 동시에 인공지능을 부착하여 일정 정도의 대화나 움직임을 나타낼 수 있다. 이제 현실의 "불완전한" 여성은 필요 없는 세상이 가능해진 것이다. 체온을 가지고 대화를 하며 남성이 바라는 몸을 가지고 나타나는 여성의 性性. 섹스로봇에 갇힌 여성의 몸은 현실의 여성들에게 어떤 영향을 미칠까. 여성의 몸을 재단하는 새로운 사회공학으로 작용하지 않을까. 자본과 결합된 기술은 이렇게 여성의 몸과 性性에 대한 새로운 소외를 창조한다.

2. 여성형 섹스로봇과 이루어지는 남성 중심적인 성행위에서 소외되는 남성의 性性과 인격성

그동안 여성은 남성 중심적인 성 문화 안에서 고통받아왔다. 이는 앞에서 언급한 '여성의 이상적인 몸'을 강요받는 신체에서도 이루어졌지만, 더욱 문제는 직간접적인 성행위 안에서 여성과 남성이 가지는 정형화된 역할이었다. 남성은 보다 능동적이고 여성은 수동적이어야

---

19 이주아, "게임에서 나타나는 여성: 남성 중심적인 시선에 포획된 여성의 성성(性性)-MMORPG를 중심으로," 『혐오와 여성신학』, 여성신학사상 제12집, 한국여성신학회 엮음 (서울: 동연, 2018) 264-297.

하며[20] 거의 모든 성행위는 남성중심적으로 이루어지는 것이 당연하였다. 그동안 수없이 많은 음란물들은 남성의 시각적 자극을 극대화하고 성기적 자극을 유도하기 위하여 다양한 방식으로 여성의 성을 억압하는 일방적 성행위를 전시해왔다. 그리고 그렇게 학습된 남성들에 의해 실제로 수행되는 성행위는 어느 정도 형태의 차이는 있겠지만 본질적으로 여성을 도구화한다는 점에서는 크게 다르지 않아, 실제 관계에 문제를 일으키는 원인으로 작용하는 경우가 많았다.[21]

그런데 로봇 섹스는 이를 더욱 기능적이고 분절적이며 도구적인 것으로 만든다. 인간의 건강한 성 욕구는 잘못된 성문화에 의해 왜곡된 욕망으로 변이하기 쉬운데, 여성형 섹스로봇은 이에 가장 큰 기여자가 될 것이다. 여성형 섹스로봇은 강간 모드가 가능하며 몇 대를 사용하여 섹스를 수행하건 아무런 법적인 문제나 책임이 없다. 구강, 항문, 질의 총 3개 기관으로 섹스를 수행할 수 있도록 되어 있으며 성행위를 마치면 구멍 안에 들어 있는 정액받이 주머니를 꺼내 부분적으로 세척할 수 있게 되어 있다. 심지어는 귀, 코, 발가락, 겨드랑이 등 성기가 아닌 부분에 사정하도록 만들어지기도 한다. 성인용품으로 제작된 신체 부위 형태의 자위 기구를 사용하는 사람들은 실제 성행위에서도 해당 부위를 '성기'로 여길 가능성이 높다.

이러한 여성 로봇이 구현하는 섹스는 그동안 수행되어 오던 남근적 편향성을 더욱더 고양하게 만드는 결과를 가져온다. 인간 중심성에 대

---

20 손승영 외, 『오늘, 청소년의 성을 읽다』(서울: 지식마당, 2002), 15-26.
21 류석상, "스마트폰으로 음란물 자주 보는 남편, 걱정이에요,"「한겨레」, 2017년 5월 1일, http://www.hani.co.kr/arti/economy/it/793000.html#csidxaf6c13dcb94d044 baf1457fc9c02e4e. 2020년 1월 12일 접속.

한 비판은 이후에 논의하더라도, 우선적으로 로봇과 수행하는 성행위에서 나타나는 것은 극치에 다다른 남근 중심적 성행위이다. 여성의 모사물로서의 섹스로봇[22]은 여성의 몸과 생식기를 남성의 욕망을 위해 제공한다. 윤지영은 남성적 리비도의 배출소이자 저장소로 기능하는 수동적 그릇으로서의 질을 부착한 섹스로봇은 기존 리비도의 남근 중심성을 재생산하는 것이라고 비판한다.[23]

섹스로봇 혹은 섹스돌이 찬성론자들이 주장하는 단순한 "장난감"이나 "성욕 해소 도구"에서 그치지 않고 우리의 인지와 행위 양식을 구성하고 변화시킬 것이라는 것은 미디어 생태학자들의 이론에서도 잘 나타나고 있다. '도구'로서의 섹스로봇이 구현하는 현실은 '섹스 도구로서의 여성'으로 확장될 것이다. 찬성론자들은 인간은 '놀이 도구'와 '살아 있는 인간'을 당연히 구분할 수 있으며, 따라서 '놀이 도구'로서의 섹스로봇은 우리의 삶에 아무런 영향을 미치지 못할 것이라고 주장한다. 그러나 과연 그러할까. 섹스로봇으로 다시 제기되는 현대 성문화는 남성 창조주체가 남성 소비주체에게로 가는 커뮤니케이션 회로의 매개점이 여성의 몸이 되고 있는 세계, 남성 동성 연대적 가상공간에서 이루어지는 남성중심적 콘텐츠[24]가 주류를 이루고 있는 세계이다. 굳이 포르노그래피까지 가지 않더라도, 대부분의 문화 안에서 같은 방식으로 여성을 응시하고 소비하고 있다. 남성만이 주체로 존재하며 여

---

22 윤지영, "비판적 포스트 휴머니즘-근대적 인간 개념의 해체와 하이브리드적 주체성," 「시대와 철학」 26 (2015/3), 68.

23 앞의 논문, 69.

24 안선영, "디지털게임 가상공간의 변화와 여성주의 실천에 대한 연구," 「페미니즘연구소」 10 (2010/2), 131.

성을 도구화하고 타자화하는 방식으로 행위하는 과정에서 형성되는 가치관과 인격성, 상호작용성의 문제는 화면 안의 세계인 게임에서도 상당히 위험한 것으로 이미 드러나 있다.[25] 그런데 게임 세계가 아닌 실제 세계에서 섹스로봇이라는, 여성의 몸과 얼굴을 한 '구체화된 장난 감'이라면 그 여파는 어떠할까.

　오로지 일방향적인 남성의 성적 욕구에 충실하며, 이를 해소하기 위한 대상으로 존재하고 구현되는 여성형 섹스로봇에게 익숙한 남성들에게 현실의 주체적이고 독립적이며 현실적인 몸을 가진 여성들은 낯설기 짝이 없을 것이다. 남성들은 자신에게 익숙한 대로 행위하려고 할 것이며, 그것은 여성과의 갈등을 불러올뿐더러[26] 현실의 여성에 대한 혐오로 이어질 가능성을 지닌다. 현재의 섹스로봇은 생식 기관을 통한 기관 쾌락만을 위한 것이며 이는 성행위가 가지고 있어야 하는 관계성, 상호성과는 전혀 거리가 먼 성행위 양식을 유통시키고 학습시키는 동시에 여성과 상호주체적인 상호작용을 통해 성장해야 하는 남성의 性性과 인격성을 동시에 파괴시키는 결과를 낳을 것이다.

　울리히 벡은 『위험사회』에서 현대 기술-과학은 성찰적 근대화의 대상이어야 한다고 주장하였다.[27] 현대의 기술-과학은 문제의 근원이

---

25 이주아, "게임에서 나타나는 여성: 남성 중심적인 시선에 포획된 여성의 성성(性性)-MMORPG를 중심으로"; 안선영, "디지털게임 가상공간의 변화와 여성주의 실천에 대한 연구," 141-142.

26 백주희, "야동 탐닉 이혼사유?···야동, 부부관계 순기능 vs 역기능 '시끌'," 「동아일보」, 2014년 9월 25일, http://news.donga.com/3/all/20140925/66704790/2#csidxb7ba8520fb1b096baecd685a96556b7. 2020년 1월 12일 접속.

27 울리히 벡, 『위험사회』, 홍성태 옮김 (서울: 새물결플러스, 2006), 252-264.

자 해결책이라는 이중성을 가지며, 따라서 중요한 것은 기술의 개발과 활용 그 전 과정에 시민 대중이 비판적으로 개입할 수 있도록 해야 한다는 것이다. 사회적 구성주의는 사회와 과학이 서로를 구성한다고 보는데, 이에 의하면 인간의 삶은 과학의 발달에 의해 재조직되는 면이 존재한다.[28] 이미 많은 여성주의자들과 여성주의 과학자들이 젠더와 과학이 서로를 구성하는 방식에 대해 비판적 성찰을 하거나 다양한 전망을 해왔다. 가사노동 보조기술과 생식보조기술 등이 여성의 삶의 방식과 정체성 형성에 영향을 미쳐왔다는 사실은 새로운 이야기가 아니다. 인공지능, 인공피부 등의 다양한 기술들이 결합하여 만들어지는 여성형 섹스로봇이 사회를, 특히 여성의 삶을 어떻게 해체하고 재구성할 것인가에 대한 사회의 비판적 성찰이 요구되는 이유이다.

미디어 생태학자들에 따르면 우리가 살아가는 문화는 우리를 구성하는 환경 그 자체이다. 모든 미디어와 콘텐츠는 그 자체로 사용자 혹은 참여자의 인지 양식을 재조직하는 형성 도구로 기능한다. 예를 들어 시청각적 미디어는 일상성과 모사성을 가지면서 사용자들 특히 청소년들에게 세계관이나 가치와 성역할, 사회적 상호작용 및 적절한 행위 등 많은 것들을 형성하는 역할을 한다.[29] 그렇기에 우리는 어떤 영화나 드라마를 볼 것인지, 아이가 보는 영상의 내용이 어떤 것인지, 어떤 책을 읽으며 어떤 친구와 사귀는지 등을 살펴보고 주의를 기울인다. 우리가 접하는 모든 미디어들은(미디어는 매개라는 뜻으로, 인간까지 포괄하는 개념이다) 우리에게 영향을 미치기 때문이다. 즉 우리가 접하는

---

28 홍성욱, 『생산력과 문화로서의 과학기술』 (서울: 문학과 지성사, 1999), 21-22.
29 이주아, "첨단 기술권력 사회에 대한 여성주의 기독교교육적 성찰: 섹스로봇을 중심으로," 「기독교교육정보」 66 (2020), 175-176.

모든 문화적 행위, 도구들은 단순한 '개인'의 '순간'의 것이 아니라 '모두'가 살아가는 현실에 영향을 미치는 것들이다.

교육학적 관점에서 살펴보면, 우리의 환경과 우리가 살고 있는 실재는 우리가 명시적으로 배우는 교육 내용보다 더욱 강력한 잠재적이고 내재적인 교육과정이 된다. 엘리어트 아이즈너는 명시적 교육과정과 내재적 교육과정 그리고 가르쳐지지 않는 영 교육과정을 분리하여 설명하였다.[30] 그에 의하면 내재적 교육은 교육기관에서의 경험과 교육 환경을 통해 학습이 이루어지는 것으로 교육기관의 조직 체계, 교육 규칙, 보상 체계, 수업 시간이나 배정, 건축물, 가구의 디자인 등이 포함된다. 이는 교육기관이 공식적으로 밝히지는 않지만, 실제로 교육과정 전체에 파고들어 지적이고 사회적인 덕목들을 가르치고 강화하기 때문에 지배 문화와 가치를 재생산한다는 점에서 중요하다. 교사가 명확하게 인식하지 못하거나 의도하지 않을지라도 교육과정 전반에 편재한 분위기와 규칙에 의해 중요한 학습 효과를 생산한다는 것이다. 이를 사회로 확장한다면, 사회가 외치는 구호나 가치 등의 명시적 교육과는 달리 우리가 실제로 삶을 살아내는 방식은 매우 강력한 형태의 교육으로 기능한다. 그러므로 우리는 섹스로봇이 단순한 개인적 도구가 아니라 사회 구성원들의 사고와 행위 양식에 영향을 미치는 사회적이고 교육적 미디어의 기능을 할 것을 예상하면서 이에 대한 성찰적 논의들을 공론의 장으로 이끌어내야 한다.

성행위와 관련된 여러 이슈들 즉 사랑, 연애, 결혼, 성행위, 성욕 충족 등은 일견 자연적이거나 본능적인 욕구에 의해 일어나는 일처럼 보

---

30 엘리어트 아이즈너, 『교육적 상상력』, 이해명 옮김 (서울: 단국대학교 출판부, 1993).

이지만 실제로는 사회문화적으로 형성되는 것들이다. 섹스산업 종사자들의 예언처럼 섹스로봇과의 섹스가 보다 보편화되는 세상에서 인간들 사이의 관계성은 어떠한 방식으로 구현될 것인가. 성은 단지 욕구 충족으로 끝나는 것이 아니라 인간이 자신을 바라보고 파악하는 시선의 매우 큰 관점을 차지한다. 때문에 로봇과 섹스를 나누는 인간은 자신을 스스로 어떤 형식으로 파악하게 될 것인지에 대한 연구 역시 필요하다. 우리가 소통하고 관계 맺는 방식은 우리 안에 학습되어진 대로 발현된다. 로봇은 기능적으로 대하고 인간은 존중할 것이라는 다짐이나 로봇을 존중하면서 성행위를 하겠다는 다짐은 이루어지지 않을 것이다. 로봇과의 성행위는 그 자체로 이미 착취적인 관계로 디자인되어져 있기 때문이다.

IV. 섹스로봇에 대한 대항 담론으로서의 성성(性性) 개념의 재구축

1. 생식기 위주의 성 vs 몸 전체를 축하하는 성

섹스로봇에서 극대화되어 나타나고 있기는 하지만, 인간의 성을 생식기 결합 위주로 이해하는 것은 광범위하게 퍼져 있는 문화적 전제이다. 극단적 근본주의 기독교는 성을 주로 임신, 낙태 등 생식과 이어지는 생식기 결합 위주로 이해하며 이를 혼인 관계 이외에는 근원적으로 차단하려고 한다. 이는 인간이 근본적으로 비성적(asexual being) 존재이며 가끔씩만 성적인 행동을 한다고 보는 전통적 성윤리에 기반을 둔다. 그런데 성을 인간의 부분, 특히 생식기적 결합에 두는 시각은 공적 성교육도 마찬가지로 공유하는 부분이다. 최근 들어 성을 보다 인간의 종합적인 부분으로 보고, 인간의 건강에 기본이 되는 것이라고 보려는 관점이 부각되고는 있으나, 실제로 현장에서 이루어지는 성교육은 성을 인간의 부분적인 것으로 보고 문제점을 없애려는 방향, 즉 부정적인 것으로 바라보는 시각에서 생물학, 심리학, 의사결정 요소, 나아가 성평등(성인지 감수성) 등을 강조하는 방향이 대부분이다.[31]

기독교 전통 성윤리는 생식기적 결합과 생식의 성을 결혼 안에서 이루어지는 하나의 소명으로 보았다. 스탠리 그렌즈는 기독교 역사 안에서 변화하는 성에 대한 관점을 정리하면서 성과 결혼을 하나님의 선하신 창조의 일부로 받아들이는 도덕이라는 상황 안에서의 성의 긍정, 중세의 독신주의와 금욕주의, 종교개혁 이후의 규범으로서의 결혼과 결혼 안에서의 성생활로 구분하였다.[32] 전통적인 기독교의 성윤리는 성 자체를 거부하거나 죄악시하기보다는 결혼제도 안에서 부부간의 배려나 섬김 그리고 생식으로 이어지는 일련의 과정으로 파악한다. 이러한 시각에서는 남성과 여성으로서의 실존과 생식 능력을 결부시키며, 생식기 중심의 성은 처음부터 존재하지만, 타락으로 인해 죄의 도구가 될 수도, 은총의 길이 될 수도 있다고 이해한다.[33] 특히 이러한 전통을 강하게 지속하는 가톨릭적 성 이해는 성을 주로 생식과 관련하여 이해하고, 성의 근본 목적이 쾌락이 아니라 생명 탄생에 있다고 본다.[34] 성행위와 인격적 사랑의 필요성을 이야기하기는 하지만, 생명

---

31 클린트 E. 브루스 외,『성교육의 이론과 실제』, 조아미 외 옮김 (서울: 학지사, 2011), 21.
32 스탠리 그렌즈,『성윤리학』, 남정우 옮김 (서울: 살림, 2003), 16-27.
33 스탠리 그렌즈,『성윤리학』, 41.

교육(과 이에 대한 책임 교육)을 우선시하면서 성을 생식과 결부시켜 이해하는 경향이 우세하기 때문에, 이것이 생식기적 결합에 치중하는 성이해로 국한될 가능성도 존재한다. 또한 이러한 성 이해는 과거의 성적 태도를 복구하기 위해 점점 더 자연주의적 패러다임에 의존하는 보수주의자들과 궤를 같이한다. 다시 말해, 인간의 전인적인 면으로서의 성 이해를 일부 포함하기는 하지만 신체적인 면에서의 성 이해가 더 강조되는 경향을 가진다.

반면 여성신학에서는 성을 인간 존재의 심층 차원에 있으며 생식 능력보다 근원적인 것으로 이해한다. 성은 구체적인 인격체로서의 인간 실존의 한 차원이라는 것이다. 이러한 관점에서는 성은 생식기적 만족에 국한되는 것이 아니라 몸 전체의 감각을 축하하고 감사하는 것이며, 정신과 육체를 이분화하지 않고 통전적인 하나로 파악하는 히브리 전통을 재조명하는 것이다. 도로테 죌레는 기독교와 기독교의 오래된 전통인 이원론적 사고가 인간의 근원적인 부분으로서의 신체성과 사회성을 도외시해왔다고 지적하면서 인간의 성은 인간의 몸 자체라고 파악한다.[35] 보수적 기독교가 성은 생식만을 위한 것은 아니며 인격적 차원이 있다고 인정하지만, 필수적인 것은 아니라고 하면서 성을 인간 삶의 일부분으로 보는 것과는 달리,[36] 죌레는 성은 육체적 성교로 축소되어서는 안 되며 넓은 의미에서 우리의 관계 능력과 관련된다고

---

34 이재성 엮음,『성의 신비와 성의 문제점들』(서울: 프란치스코 출판사, 2016), 35.

35 도로테 죌레,『사랑과 노동』, 박경미 옮김 (서울: 분도출판사, 2018).

36 변영인, "기독교 복음주의적 접근으로서의 성교육,"「복음과 상담」6 (2006), 168-199; 김혜도, "성경적 관점에서 고찰한 성(性),"「종교문화학보」6 (2009), 59-80.

한다. 성이란 몸의 여러 감각적인 신체적인 경험들을 모두 포괄하는 것이며, 인간의 성을 성적 행위로만 축소하여 이해한 결과 몸이 관련된 수없이 많은 복잡하고 다양한 경험들이 줄 수 있는 관계성 안에서의 성 이해가 도외시되었다는 것이다.[37] 쬘레에 의하면 인간의 성은 감각 전체이며, 우리가 자신을 표현하고 다른 이와 소통할 수 있게 해주는 것이다.

이와 같은 성 이해는 쬘레에 국한되지 않는다. 현대의 성교육의 재개념화를 모색하는 해외의 한 기관은 인간에게 있어서 성을 부분적인 것으로 보는 것은 결국은 성행위와 인격을 분리하는 것이며, 인간의 性性과 삶 사이의 관계를 바라보는 것의 실패라고 분석하였다. 성은 인간에게 있어서 몸이고, 몸은 인간이 타인, 사회, 자연과 관계 맺는 1차적이고 가장 중요한 매개체이자 인간 자신이라는 것이다.[38] 이에 대한 깊은 이해가 없다면 성은 인간의 '욕망을 해결하고자 하는' 생식기를 비롯한 한 부분일 수밖에 없고, 성행위는 '어쩌다 일어나는 그리고 끝나면 지나가는' 사건이 된다. 또한 타인은 그것이 남성이든 여성이든 간에 '그 대상'이 될 뿐[39]이므로 현대의 왜곡된 성문화를 해결하기 위해서는 성과 몸에 대한 새로운 이해가 필요하다는 것이 핵심 주장이다. 이처럼 몸과 성을 재발견하고 새로운 이해를 구성하는 것은 이원론적 사고에 기반한 성차별이나 성적 억압, 특히 여성에 대한 왜곡된 성적 행위의 행사를 저지시킬 수 있다. 다른 이와의 관계를 맺는 몸으로서의 성 개념은 상대방의 인격과 몸, 성행위를 분리하기 쉬운 기

---

37 도로테 쬘레, 『사랑과 노동』, 218-220.

38 SIECUS, *Position Statements*, 2018.

39 변영인, "기독교 복음주의적 접근으로서의 성교육," 171-172.

존의 성 개념, 생식기 위주의 성이 아니라 몸 전체를 소중히 여기고 몸이 하는 모든 행위에 주의를 돌리도록 하는 대항담론으로서의 성 개념을 제시해준다.

2. 타자화, 대상화의 도구적 성 vs 상호성, 연대성, 관계성의 성

섹스로봇과의 성행위는 또한 자신의 성욕의 만족을 위해 상대를 타자화, 대상화할 위험을 지닌다. 그동안 많은 음란물들은 다양한 방식으로 여성의 성을 억압하는 성행위를 전시해왔으며, 이를 학습한 남성들의 실제적인 성관계에 문제를 일으키는 원인으로 작용하는 경우가 많았다. 전통적 신학과 여성신학은 모두 성적 관계 및 인간 사이의 모든 관계에 있어서 친밀한 친교의 필요성, 상호성과 동등성, 친밀성과 연대성의 성관계를 강조한다.[40] 성행위에 있어 상대를 타자화하며 인격적 관계를 상실할 위험성에 대해서는 전통적인 성에 대한 관점—생식 및 결혼 관계 안에서의 성만을 인정하는—을 고수하는 보수적 기독교에서도 엄중하게 경고하고 있다. 생물학적 기능에 의해서만 여성과 관계를 맺는 것은 서로의 관계를 타락시키는 것이고, 성적 매력에 의해서만 여성의 가치를 평가하는 것은 여성과 남성 모두에게 영향을 미치게 되는데, 이는 곧 하나님이 주신 성의 진정한 목적을 왜곡시키는 것이라는 지적이다. 보수적 기독교는 남녀의 보완성과 차이를 본질적인 것으로 파악하지만, 그 관계성에 있어서는 평등하고 인격적일 것을 강조

---

40 Allen D. Verhey, "The Holy Bible and Sanctified Sexuality: An Evangelical Approach to Scripture and Sexual Ethics: A Journal of Bible and Theology." *Interpretation* 49 (1995/1), 38.

하면서 특히 남성이 여성을 성적인 욕망만을 위한 존재로 격하시키는 것은 하나님이 정하신 남녀의 관계성을 부정하는 것이라고 한다.[41] 성은 인간의 본질을 이루는 것이며 지속적인 상호 헌신이 없는 성관계는 건강한 성이라고 할 수 없다는 것이다.[42]

여성신학에서는 전통적 기독교에 포함되어 있던 이원론적 사고가 여성/육체/자연을 연결지으며 이를 열등하게 취급해 온 것을 비판하며 인간의 상호 연대성과 동등한 관계성의 성서적 전통이 회복되어야 함을 강조한다. 이 관점에서 인간의 성이란 타인과 신체적으로 연합하고 타인과의 관계 속에서 의미를 찾고 타인과의 연대성을 추구하도록 돕는 것이다.[43] 로즈마리 류터는 여성학(주의)의 성해방, 성평등운동이 성의 인격적인 부분에 대한 조명을 놓침으로써 자아와 육체의 분리라는 성문제의 원인을 해결하지는 못했다고 보며, "성의 인격화"가 성차별 및 왜곡된 성문화 문제를 해결 할 수 있다고 보았다.[44] 성은 두 인격체 사이에서 일어나는 육체적, 정신적, 영적 일치와 통합의 경험이며, 인간은 성관계를 통해 몸을 가진 존재로서의 자신을 자각하고 체현되는 영성을 경험할 수 있다. 즉, 성이란 모든 경험을 통해 영적 성숙으로 나아갈 수 있도록 돕는 통로가 되는 것이다.[45]

기독교 전통은 인간이 누군가를 타자화하거나 억압하는 것에 대해 분명한 거부를 표시한다. 바빌론이나 힌두교, 중국 여와의 창조 이야

---

41 차호원,『성경이 말하는 완전한 여성』(서울: 신앙계, 1986), 36-37.

42 이재성 엮음,『성의 신비와 성의 문제점들』, 135-136.

43 도로테 횔레,『사랑과 노동』

44 로즈마리 류터,『여성해방과 성의 혁명』, 최광복 옮김 (서울: 일월서각, 1983), 42.

45 백은미,『여성과 기독교교육』(서울: 이화여자대학교 출판부, 2014), 94-97.

기가 사회 구성원들 사이의 위계질서를 정당화하는 것과는 달리 창세기의 창조 이야기는 동등하면서 서로를 기뻐하는 인간관계를 조명한다. 이때 인간의 성은 개인의 것이 아니라 서로가 서로에게 향하는 사회적이고 공적인 성격을 지닌다. 따라서 기독교는 금욕주의적 관점에서 성을 행위 중심적으로 규제하거나 이를 사적 영역에 국한시키려는 이해를 벗어나 기독교적 성이 가지고 있는 상호적이고 연대적 관계성을 사회에 강조하면서 보다 거시적인 전환을 요청해야 한다.

3. 단절된 성 vs 인간 사이의 관계를 지구 전체의 관계로 확장시켜 나가는 연결된 성

섹스로봇과 함께 수행하는 성행위는 인간의 성을 타자화하고 도구화할 뿐 아니라 이를 개인적인 쾌락의 충족만을 위해 수행하는 사적인 성, 단절된 성으로 개념 짓는다. 1960년대 이후 경구피임약과 성병 치료약 등이 개발되면서 성의 해방과 성적 자기 결정권의 주장은 여성의 성의 해방이라는 측면에서는 의의를 가지지만, 통제력을 상실한 과잉 성애화와 실험적 성의 소비에 따른 성 정체성의 혼란을 가져온 것 또한 부인할 수 없다.[46] 특히 인간이 대상이 아닌 물체—여러 가지 형태의 자위 기구, 섹스로봇도 그 안에 포함된다—와 함께 수행하는 성행위는 인간이 성을 통해 맺을 수 있는 친밀한 관계성을 삭제하고, 개인을 단절시킨다. 나아가 성을 가지고 있는 몸을 통해 보다 큰 공동체로 향할 수 있는 가능성도 제한할 위험성을 가진다.

---

46 임희숙,『교회와 섹슈얼리티』(서울: 동연, 2017), 21.

멕페이그(Sallie McFague)는 성과 몸을 긍정적인 것으로 재조명하면서 인간, 자연, 피조물의 유기체적 생명망을 강조한다. 기독교 신앙은 몸의 창조, 인간의 몸으로 온 그리스도, 몸의 부활, 하나님의 몸으로서의 세계 등 몸을 긍정하고 몸에 기반을 둔 영성에 근거한다는 것이다.[47] 죌레는 인간은 성과 몸을 통해 다른 이와의 관계를 경험하게 되는데, 이때 느끼게 되는 신뢰 안에서 보다 큰 원초적 연대감, 즉 '포괄적 공동체성'을 느끼게 된다고 주장한다.[48] 성적 관계 안에서 개인이 자기방어를 포기하고 상대방을 온전히 신뢰하는 가운데 얻게 되는 경험이 확장되면서 삶의 전 영역에서 해방과 정의를 추구하게 되고, 이때 인간의 성은 사랑의 말씀이 육체 안으로 들어오는 성사(聖事)적 현실이 될 수 있다는 것이다.

여성신학은 몸과 성을 긍정하면서 현대의 성 개념에 대한 대항 담론으로서 통전적이고 전인적인 성 개념을 제시하는 동시에 이것이 인간 사회에 국한되지 않고 인간 사이에서 경험한 연대성을 모든 생명체와의 연대성으로 확장시켜 나갈 것을 제안한다. 인간을 성적 존재로 창조하신 하나님께서 부여하신 엑스터시를 통해 원초적 연대감을 회복하고, 이 원초적 경험을 통하여 "그 안에서는 모든 경계가 사라지고 동물과 식물, 광물도 말을 한다, 우리는 '만물의 노래'를 다시 들을 수 있게 된다"라는 것이다.[49] 몸과 성이란 개인이 인격적 신뢰를 경험하

---

47 Sallie McFague, *The Body of God* (Minneapolis: Fortress Press, 1993); *Melissa Raphael, Theology and Embodiment* (Sheffield, England: Shaffield Academic Press. 1996); Carter Heyward, *Our Passion for Justice: Image of Power, Sexuality, and Liberation* (NY: Pilgrim Press. 1984).

48 죌레, 『사랑과 노동』, 244.

49 죌레, 『사랑과 노동』, 230.

게 하고, 그 경험을 통해 고립되어 있던 개인이 타인과의 관계로 나아가게 하고, 나아가 보다 큰 공동체, 근본적인 관계성으로 연결되도록 도와주는 하나님의 축복이다. 이러한 시야에서 바라보는 성은 현대사회의 성 개념에 대해 전면적으로 도전하는 동시에 우리가 성과 몸에 대해 회복해야 할 가치가 단지 인간뿐 아니라 전 지구적 공동체를 위해서도 필요한 것임을 알려준다.

V. 새로운 성과 몸 개념을 위한 여성주의 기독교교육 방안

1. 성과 몸의 경험을 풀어내고 재형성하기

중세의 금욕주의와 이원론적 성과 몸에 대한 이해를 벗어나 기독교 전통과 여성신학적 관점에서 본 성과 몸 개념의 이해는 현대의 왜곡된 성문화에 대한 성서적 비전의 회복이자 대항담론으로서 교회공동체 안에서 진지하게 논의되며 확산될 필요가 있다. 이를 위해서는 우선 성별화된 공동체 안에서 그동안 받아왔던 몸과 성에 대한 억압적 경험들을 풀어내고 교환하며 새로운 이해를 형성할 필요가 있다. 새로운 몸과 성에 대한 이해가 이후 성별을 초월한 전체 공동체 안에서의 교육에 반영되어야 함을 최종 목적으로 함에도 불구하고 성별화된 공동체를 먼저 교육의 장으로 제안하는 이유는 남성과 여성의 성의 경험이 매우 다르며, 특히 여성의 몸과 성에 대한 이해가 여성의 시각으로 다루어져야 함이 더욱 긴급하기 때문이다.

비교적 최근 들어 등장한 한국 기독교 여성주의 커뮤니티들은 여성들이 교회공동체 안에서 경험하는 통제적이고 억압적 시선과 행동들에 대해 의구심과 분노가 있음을 보여준다. 인간에 대한 존중을 강조하는 기독교 전통에도 불구하고 교회 현장에는 여성의 몸에 대한 타자화와 대상화, 음녀화 등의 문화적 전제가 여전히 존재하고 있다. 이러한 시각들은 가장 고도의 육체적, 정신적, 영적 일치와 통합의 경험이어야 하는 성행위의 개념을 훼손하고, 특히 여성의 몸과 성을 죄악시하는 억압과 통제를 강화한다.[50] 여성들은 서로의 경험을 교환함으로써 외부의 권위에서 비롯된 것이 아닌 스스로의 앎을 형성할 필요가 있다. 여성들은 교회공동체 안에서 받는 몸과 성에 대한 억압적 통제의 경험에 대해 이야기하고, 분노를 표하거나 공감하고, 이를 해석하면서 본인의 과거와 현재를 연결할 수 있다.[51] 특히 이때 여성들이 안전하다고 느끼는 공동체가 교육의 장이 되어야 하는데, 그 이유는 여성의 몸과 성에 관련된 이야기들이 터부시되고 은밀한 영역의 것으로 치부되는 문화적 전제가 깊게 깔려 있기 때문이다.

류터와 피오렌자는 여성교회(Women-Church)라는 개념으로 여성들이 가부장적이고 남성중심적인 기독교 전통에 대항할 수 있는 장을 제안했다. 안전한 공동체는 서로에 대한 풍요로운 관심과 수용적인 분위기 그리고 서로의 목소리를 격려하고 경험을 상호교환하는 교육적 장으로 기능할 수 있다. 메리 벨렌키는 여성들이 타인의 지식을 일방향적으로 받아들이는 수용적 인식 단계에서 자신의 경험과 목소리

---

50 J. L. Marshall, "Sexual Identity and Pastoral Concerns," *Through the Eyes of Women* ed. Jeanne Stevenson Moessner (Minneapolis: Fortress Press, 1996), 144.

51 William Bausch, *Storytelling: Imagination and Faith* (Connecticut: Twenty-Third Publications, 1988), 24.

에 귀를 기울이는 주관적 인식의 단계로 나아가기 위한 조건으로 엄마, 할머니, 또래 여성들과 같은 모성적 권위와의 경험을 제시하였다.[52] 그동안 여성의 몸과 성에 대한 대부분의 담론은 남성들의 시각과 목소리로 형성되어온 것이었다. 왜곡된 성별 고정관념이나 이중적 성윤리 등 경험들을 나누고 명명하는 과정에서 여성들은 자신의 직관적이고 주관적 느낌에 대한 수용과 인정을 받아가며 자신도 진리와 지식의 원천이 될 수 있다는 사실을 깨닫게 된다. 특히 여성의 성과 몸에 대한 억압적 통제는 여성 자신에게서도 내면화되어 있는 경우가 많기 때문에, 다른 여성들의 목소리를 듣고 이를 해석하고 자신의 경험과 대화시키는 과정은 여성들에게 새로운 해방의 과정이 될 수 있다.

이처럼 서로의 생각과 감정을 공감하면서 경험의 의미를 찾아가는 과정은 남성과 여성 모두의 삶과 신앙의 성숙에 있어서 매우 중요하다.[53] 여성에 대한 성적 억압과 소외는 여성의 소중한 파트너이자 동역자로서의 남성 역시 억압해왔다. 남성은 사회가 요구하는 '남성성', '공격적이고 적극적인 성' 또는 '여성을 대상화하는 성적 주체자로서의 성적 역할'에 의하여 통전적이고 전 인격적인 성적 관계를 이룰 수 있는 가능성에서 소외되어왔다. 자신의 몸과 성에 대한 이야기를 하는 것은 자신의 몸과 성을 새롭게 발견하고 창조하는 과정이 된다.[54] 교회공동체는 성별화된 공동체 안에서 남성과 여성들이 자신의 몸과 성에 대한

---

52 Mary Belenky, *Women's ways of knowing: the development of self, voice and mind* (New York: Basic Books. 1986), 56-61.

53 백은미, 『여성과 기독교교육』, 251.

54 Susan M. Shaw, *Storytelling in Religious Education* (Al: Religious Education Press. 1999).

이야기를 할 수 있는 장을 제공하고, 이에 대한 참여를 독려하는 교육과정을 형성할 의무를 가진다.

2. 전체 공동체 안에서 몸을 축하하기

백은미는 기독교적 성교육은 성을 조화와 일치 그리고 신성한 경험의 근거로 이해하도록 돕는 것이라고 하면서 이는 성적 욕망과 쾌락의 억압이 아니라 상호 간의 보살핌과 존중을 바탕으로 하는 관계를 창출하는 것이라고 하였다.[55] 이를 위해서는 여성이 성의 주체로 설 수 있도록 돕는 교육도 물론 중요하지만, 성행위에 참여하는 남성이 여성을 성적 주체로 인정하면서 상호 간의 쾌락을 중요시하며 수행하도록 돕는 교육적 과정이 필수적이다. 교회공동체는 성에 대한 이야기를 금기시해온 문화적 태도를 버리고, 하나님의 선물이자 창조물로서의 몸과 성을 축하하는 교육적 과정을 가져야 한다. 그동안 여성주의 기독교교육에서는 여성의 몸의 주기를 축하하는 예전적인 교육과정에 대한 논의들이 있어 왔다. 초경과 월경, 임신과 출산, 완경에 이르는 여성 몸의 변화에 대해 긍정적인 시각으로 재조명하며 이의 소중함을 서로 나누는 과정에서 생기는 몸과 성에 대한 인식의 변화를 시도하는 것이다.

몸과 성에 대한 새로운 이해는 남성의 몸과 성 역시 해방의 차원으로 이끌 수 있다. 특히 남성의 경우 2차 성징의 발현, 자신의 몸에 대한 진지한 접근, 타인과의 신체적 접촉의 경험, 나이듦과 함께 찾아오는 다양한 신체적 변화들에 대해 오히려 여성보다 더욱 이야기할 장이 없

---

55 백은미, 『여성과 기독교교육』, 134.

었다고 말할 수 있다. 대니얼 래빈슨은 남성과 여성 삶의 주기를 사계절에 비유하여 성인 발달 과정을 연구하였는데, 이 연구는 성인기 안에서의 혼돈과 갈등, 사회적이고 정신적인 변화와 생물학적 변화는 분리되어 존재하지 않으며 중년기와 노년기 이후의 변화와 이에 대한 공적이고 포용적인 논의가 필요함을 보여준다.[56]

전체 교회공동체는 남성과 여성, 아이와 노인, 청년들과 장년층 등 다양한 전 연령대의 구성원들이 모여 하나님이 주신 성적인 존재로서의 몸에 대해 축하하고 나누는 교육적 과정을 가져야 한다. 마리아 해리스는 몸을 통한 영적 성숙에 대해 이야기하면서 몸의 리듬과 감각에 집중해볼 것을 제안했다.[57] 전술하였다시피, 성은 몸의 한 부분이나 생식기에 국한되는 것이 아니라 인간의 보다 전인적이고 가장 심층적인 것이다. 인간은 자신의 몸을 진심으로 축하할 때 비로소 타인의 존재를 축복의 산물로, 인격적인 몸으로 받아들일 수 있다. 주양육자들은 어린아이의 손가락과 발가락, 이마에 난 잔털을 볼 때의 경이로움과 아이와 함께 걷는 눈길의 소복함, 모래사장을 걸을 때의 일치감과 행복감을 안다.

여러 자연물들은 영유아부의 장식을 위해서만 필요한 것이 아니다. 교회의 전체 구성원은 하나님이 계신 성전으로서의 자신의 몸을 진지하게 바라보고 성찰하고 축하할 수 있는 시간을 가질 수 있어야 한다. 해리스의 제안대로 자신의 신체적 감각, 눈, 코, 입 등으로부터 시작하여 온몸의 부분까지 정신을 집중하면서 자신의 몸과 그 감각들을 느껴

---

56 대니얼 레빈슨, 『남자가 겪는 인생의 사계절』, 김애순 옮김 (서울: 이화여자대학교 출판부, 2003).

57 Maria Harris, *Dance of the Spirit* (NY: Bantam Books, 1989), 10-11, 27.

보는 교육적 과정도 의미가 있을 것이다. 또는 현대의 신자유주의 경쟁사회에서 생산을 위한 도구로, 또는 성적 매력만을 과시하는 성 문화에서 계속 가꾸어야 하는 변화시키고 감시해야 하는 몸으로 자칫 소외되기 쉬운 본인의 몸을 시간을 가지고 살펴보고 안아보고 감싸주는 교육적 과정도 가능할 것이다. 여러 가지 문화와 새로운 기술들이 나와서 마치 우리의 몸을 계속 가꾸고 관심을 두게 만들어주는 듯하지만 실상 그것은 몸을 대상화하고 상품화하며 '이상적인 몸 이미지'에 끊임없이 자신과 타인을 가두는 과정일 뿐이다. 우리는 자기 대상화나 자기 감시를 벗어나 있는 그대로의 인간의 몸을 바라보고 축하하는 자리를 교회공동체 안에서 가져야만 한다. 그것이 바로 하나님이 창조하시고 기뻐하신 인간의 모습이기 때문이다.

3. 하나님의 몸으로서의 지구를 생각하기

하나님의 선물로서의 몸과 성에 대한 인식은 나아가 전 지구공동체의 연결된 몸으로서의 인식으로 확장되어야 한다. 신자유주의적 자본주의는 지구를 돌이킬 수 없는 파괴의 현장으로 내몰고 있다. 자신 및 타인의 몸과 성에 대한 성찰과 관계성의 회복은 자연과의 하나 됨을 경험하고 하나님의 몸인 지구를 위한 영성으로까지 확장되어야 한다. 가족, 성별화된 구성원 혹은 전체 구성원 등 각 교회에 따라 적합한 방식으로 모여 절기에 맞는 자연물들을 둘러싸고 하나하나 냄새를 맡거나 향을 음미하면서 명상하는 과정을 교육과정 안에 포함시킬 수 있을 것이다. 생명의 샘인 성령님과 함께 인간을 포함한 전체 세상에 온전하고 충만한 생명이 가득하기를 기도하는[58] 예전적 과정이 주기적으로 마련된다면 더욱 좋을 것이다.

자연을 일방적으로 소비하던 삶의 방식을 성찰하는 영성 교육을 도입하는 것도 필요하다. 우리가 소유하고 있는 수없이 많은 물질들이 정말로 필요한 것인지에 대해 개인적일 뿐 아니라 공동체적인 성찰과 공유가 광범위하게 확대되어야 한다. 물질의 축적과 이를 통한 비교우위적인 시각을 강요하는 현대의 삶의 궤를 보다 거시적으로 바라보며 커다란 전환을 이루려는 시도를 다 같이 해보아야 한다. 무상으로 주어진 하나님의 선물로서의 그리고 하나님의 몸으로서의 지구를 생각하며 어떠한 삶이 이 지구를 지속가능하게 만들 수 있을지를 진지하게 논의해야 한다. 각자의 삶의 방식을 비판적으로 성찰하면서 대안적인 삶의 방식을 고민하고 작은 실천들을 해나가는 것은 실천적인 영성이자 우리에게 요구되는 연대성에 대한 응답이며, 모든 생명이 상호의존적이라는 진리에 대한 긍정이자 우리를 우리로 부르신 하나님에 대한 화답이다.[59] 하나님은 인지적으로만 알 수 있는 것이 아니라 우리가 감각적으로 느낄 수 있는 이 세계 안에 존재하시며, 우리 또한 몸으로 그 세계에 참여하고 있다는 사실 그리고 나의 몸뿐 아니라 다른 모든 구성원의 몸 역시 그 안의 참여자라는 것을 교회는 축하해야 한다.[60]

---

58 위르겐 몰트만, 『생명의 샘: 성령과 생명신학』, 이신건 옮김 (서울: 대한기독교서회, 2000), 34.

59 Sallie McFague, *Life Abundant: Rethinking Theology and Economy for a Planet in Peril* (Minneapolis: Fortress Press, 2001), 115-117.

60 Elizabeth Moltmann-Wendel, *I Am My Body* (New York: Continuum, 1995), 1-2.

VI. 나가는 말

본고는 섹스로봇에 내포되어 있는 성 개념을 분석하면서 기독교 전통 및 여성신학적 관점에서 대항 담론으로서의 성성(性性) 개념을 제안하고 이를 위한 여성주의적 기독교교육 과정을 제안하였다. 기독교는 현대의 왜곡된 성문화와 성 개념을 정면으로 비판하고, 성서적 비전의 몸과 성 개념을 회복해야 한다. 본 연구에서는 몸의 경험을 풀어내고 재형성하기, 몸을 축하하기, 하나님의 몸으로서의 지구를 생각하기의 세 단계로 이를 위한 교육적 방안을 제안하였다. 자신의 몸의 경험을 풀어내고, 서로의 몸을 축하하면서, 나아가 하나님의 몸으로서의 지구를 생각하고 실천하는 영성의 형성이 오늘날 우리 모두에게는 필요하다. 이후 보다 구체적인 교육 커리큘럼과 교재로 이를 구체화하여 유통시킬 수 있는 기회가 오기를 바라며 많은 후속 연구와 본 연구에 대한 비판적이고 보완적 성찰을 기대한다.

참고문헌

그렌즈, 스탠리.『성윤리학』. 남정우 옮김. 서울: 살림, 2003.

김은주. "시각 기술의 권력과 '신체 없는 기관'으로서의 신체 이미지."「한국여성철학」25 (2016), 137-164.

김혜도. "성경적 관점에서 고찰한 성(性)."「종교문화학보」6 (2009), 59-80.

레빈슨, 대니얼.『남자가 겪는 인생의 사계절』. 김애순 옮김. 서울: 이화여자대학교 출판부, 2003.

류터, 로즈마리.『여성해방과 성의 혁명』. 최광복 옮김. 서울: 일월서각, 1983.

멀비, 로라.『페미니즘/영화/여성』. 유지나, 변재란 엮고 옮김. 주진숙, 서인숙, 김경욱, 조혜정 옮김. 서울: 여성사, 1993.

몰트만, 위르겐.『생명의 샘: 성령과 생명신학』. 이신건 옮김. 서울: 대한기독교서회, 2000.

바트키, 샌드라 리. "푸꼬, 여성성, 가부장적 권력의 근대화."『여성의 몸, 어떻게 읽을 것인가』. 케티 콘보이, 나디아 메디나, 사라 스텐베리 엮음. 고경하 외 옮김. 서울: 한울. 2001.

백은미.『여성과 기독교교육』. 서울: 이화여자대학교 출판부, 2014.

벡, 울리히.『위험사회』. 홍성태 옮김. 서울: 새물결플러스, 2006.

변영인. "기독교 복음주의적 접근으로서의 성교육."「복음과 상담」6 (2006), 168-199.

브루스, 클린트 E, 제롤드 S. 그린버그.『성교육의 이론과 실제』. 조아미, 박선영, 유우경, 이정민, 진영선, 박은혁, 정재민, 선필호, 김소희 옮김. 서울: 학지사, 2011.

손승영, 김현미, 주은희, 나윤경, 오정진.『오늘, 청소년의 성을 읽다』. 서울: 지식마당. 2002.

아이즈너, 엘리어트.『교육적 상상력』. 이해명 옮김. 서울: 단국대학교출판부. 1983.

안선영. "디지털게임 가상공간의 변화와 여성주의 실천에 대한 연구."「페미니즘연구소」10 (2010/2), 129-163.

윤지영. "비판적 포스트 휴머니즘-근대적 인간 개념의 해체와 하이브리드적 주체성."「시대와 철학」26 (2015/3), 39-83.

이영자. "몸권력과 젠더."「한국여성학」22 (2006/4), 197-233.

이재성 엮음.『성의 신비와 성의 문제점들』. 서울: 프란치스코 출판사, 2016.

이주아. "첨단 기술권력 사회에 대한 여성주의 기독교교육적 성찰: 섹스로봇을 중심으로."「기독교교육정보」66 (2020), 169-196.

_____. "게임에서 나타나는 여성: 남성 중심적인 시선에 포획된 여성의 성성(性性)-MMORPG를 중심으로."『혐오와 여성신학』. 여성신학사상 제12집. 한국여성신학

회 엮음. 서울: 동연, 2018, 264-297.

_____. "미디어 생태학적 관점에서 제안하는 창조적 대화 기독교교육: 전자미디어를 활용한 상호연결적 교육방안 모색." 이화여자대학교 대학원 박사학위논문, 2011.

임희숙. 『교회와 섹슈얼리티』. 서울: 동연, 2017.

쥘레, 도로테. 『사랑과 노동』. 박경미 옮김. 서울: 분도출판사. 2018.

차호원. 『성경이 말하는 완전한 여성』. 서울: 신앙계, 1986.

홍성욱. 『생산력과 문화로서의 과학기술』. 서울: 문학과 지성사, 1999.

Bausch, W. *Storytelling: Imagination and Faith*. Connecticut: Twenty-Third Publications, 1988.

Belenky, M. *Women's ways of knowing: the development of self, voice and mind.* New York: Basic Books, 1986.

Harris, M. *Dance of the Spirit*. NY: Bantam Books, 1989.

Heyward, C. *Our Passion for Justice: Image of Power, Sexuality, and Liberation*. NY: Pilgrim Press, 1984.

Marshall, J. L. "Sexual Identity and Pastoral Concerns." *Through the Eyes of Women*. Ed. Jeanne Stevenson Moessner. Minneapolis: Fortress Press, 1996.

McFague, S. *Life Abundant: Rethinking Theology and Economy for a Planet in Peril*. Minneapolis: Fortress Press, 2001.

_____. *The Body of God*. Minneapolis: Fortress Press., 1993.

Moltmann-Wendel, E. *I Am My Body*. New York: Continuum, 1995.

Raphael, M. *Theology and Embodiment*. Sheffield, England: Shaffield Academic Press, 1996.

Shaw, S. M. *Storytelling in Religious Education*. Al: Religious Education Press, 1999.

SIECUS, *Position Statements*, 2018.

Verhey, A. D. "The Holy Bible and Sanctified Sexuality: An Evangelical Approach to Scripture and Sexual Ethics: A Journal of Bible and Theology." *Interpretation* 49 (1995/1), 31-45.

참고 웹사이트

김형자. "주간조선: 섹스로봇① 일반인들에게 로봇과 섹스할 수 있냐고 물어봤더니…." 「조선일보」. 2015년 11월 18일.
http://premium.chosun.com/site/data/html_dir/2015/11/17/2015111702395.html. 2020년 1월 12일 접속.

_____. "주간조선: 섹스로봇② 말하고 이메일까지 보내는 섹스로봇이 곧 등장한다." 「조선

일보」. 2015년 11월 18일.

    http://m.chosun.com/svc/article.html?sname=premium&contid=2015111
702407#Redyh.

김효진. "인공지능 '섹스로봇', 사람과 별 차이 없네."「한겨레」. 2017년 7월 5일.
http://www.hani.co.kr/arti/PRINT/801605.html. 2020년 1월 12일 접속.

류석상. "스마트폰으로 음란물 자주 보는 남편, 걱정이에요."「한겨레」. 2017년 5월 1일.
http://www.hani.co.kr/arti/economy/it/793000.html#csidxaf6c13dcb94d0
44baf1457fc9c02e4e. 2020년 1월 12일 접속.

백주희. "야동 탐닉 이혼사유?⋯야동, 부부관계 순기능 vs 역기능 '시끌'."「동아일보」.
2014년 9월 25일.

    http://news.donga.com/3/all/20140925/66704790/2#csidxb7ba8520fb1b0
96baecd685a96556b7. 2020년 1월 12일 접속.

온라인이슈팀. "'도를 지나쳤다' 논란 불러일으킨 대륙의 '섹스돌'."「포스트쉐어」. 2016년
3월 17일. http://postshare.co.kr/archives/99532. 2020년 1월 12일 접속.

주영재. "'섹스로봇'과의 사랑, 윤리논쟁으로 번지나?"「경향비즈」. 2015년 9월 27일.
http://m.biz.khan.co.kr/view.html?artid=201509270702311&code=#csidxf
d2bd9c63deea32a8313533b6ea0c2a. 2020년 1월 12일 접속.

차진우. "10년 뒤 로봇과 섹스를?"「조선일보」. 2015년 10월 24일.

    http://news.jtbc.joins.com/article/ArticlePrint.aspx?news_id=NB11070230.

초등성평등위원회. "'N번방' 사태 해결 주체로서 교육부의 강력한 대처 방안 촉구 서명 운
동." 2020년 3월 22일.

    https://docs.google.com/forms/d/e/1FAIpQLSdnGRWeCgZrck_dsK_WDv
YYqYU3YpgJgoIaATPeQZDLFlq9Pw/viewform. 2020년 1월 12일 접속.

BBC Three, "The Future of Sex? Sex Robots And Us,"「유튜브」, 2018년 4월 9일.
https://www.youtube.com/watch?v=kGTI2_O9v_Y. 2020년 1월 12일 접속.

    "'리얼돌, 풍속 해치는 물품 아닌 성기구'⋯ 법원, 수입허용 판결,"「뉴시스」, 2021년
1월 25일,

    https://www.donga.com/news/Society/article/all/20210125/105090687/1.

    "섹스로봇",「위키 백과」.

    https://ko.wikipedia.org/wiki/%EC%84%B9%EC%8A%A4_%EB%A1%9C%
EB%B4%87. 2020년 1월 12일 접속.

글 쓴 이 알 림

이영미(Yeong Mee Lee)

뉴욕 유니온신학대학원(Ph.D)에서 구약학을 전공하였다. 성서에 담긴 정의 실현
과 생명 돌봄의 가치를 탐구하는 데 관심이 많다. 대표 저서, 『이사야의 구원신학』
(맑은 울림, 2004), 『하나님 앞에 솔직히, 민중과 함께』(한국신학연구소, 2011)외
다수의 공저와 번역서 및 논문을 저술하였다. 현재 한신대학교 신학부 구약학 교수
로 재직 중이며, 한국여성신학회 회장, 한국민중신학회 부회장으로 활동 중이다.

유연희(Yani Yoo)

뉴욕 유니온신학대학원에서 구약성서학(Ph.D)을 전공하였다. 저서로 『아브라함
과 리브가와 야곱의 하나님』(대한기독교서회, 2009), 『이브에서 에스더까지 성서
속 그녀들』(삼인, 2014)이 있다. 역서로 필리스 트리블의 『하나님과 성의 수사학』
(태초, 1996)과 패트릭 S. 쳉의 『죄로부터 놀라운 은혜로』(한국기독교연구소,
2020) 등이 있다. 감리교신학대학교 객원교수를 역임했고, 후기구조주의, 퀴어-
페미니스트, 생태 관점에서 성서를 해석하는 것에 관심을 갖는다.

정희성(Hee Sung Chung)

미국 드류대학교에서 종교와 심리학(Ph.D)을 전공했다. 서구중심 목회상담연구
에 새로운 패러다임 변화를 시도하며 여성주의 목회상담과 한국풍류영성상담 고
안에 관심하고 있다. 대표 저서로는 『여성과 목회상담』(이대출판부, 2011), 『한
국여성을 위한 목회상담』(이대출판부, 2018)을 비롯 다수의 공저와 논문이 있다.
이화여대 기독교학과/신학대학원 교수로 재직 중이며 현재 한국목회상담학회장,
한국여성신학자협의회 공동대표로 활동 중이다.

조지윤(Ji-Youn Cho)

암스테르담 자유대학교(Ph.D.)에서 신약학을 전공하였다. 성경 번역 이론과 실제, 특히 존대법 연구 및 차별어 번역 연구에 관심이 많다. 대표 저서, *Politeness and Addressee Honorifics in Bible Translation* (Reading: UBS, 2009), *A Guide to Bible Translation: People, Languages, and Topics* (Maitland: Xulon Press, 2019) 외 다수의 논문을 저술하였다. 현재 대한성서공회 번역실/성경원문연구소 국장으로 재직 중이며, 미얀마 파오 부족의 번역 자문, The Bible Translator의 편집위원 등으로 활동 중이다.

정혜진(Hyejin Jeong)

이화여자대학교 대학원에서 성서신학(Ph.D)을 전공하였다. 역서로『여성, 존엄을 외치다: 구약성경에 나타난 여성의 저항』,『여성들을 위한 성서주석』(신/구약편)[공역]이 있고, 공저로『한국적 작은 교회론』이 있다. 이화여대 강사이며, 기독여민회 연구실장으로도 활동하고 있다.

김나경(Na Kyung Kim)

한신대학교 대학원에서 조직신학(Ph.D)을 전공하였다. 갈릴리 예수와 켈트 영성, 생태 여성주의에 관심을 가지고있으며, 학위논문은「초기 그리스도교 공동체의 여성해방운동과 영성에 관한 연구 : 켈트 그리스도교 공동체의 영성을 중심으로」이다. 한신대 겸임교수로 활동하였으며 현재 연구, 저술 활동 중이다.

조현숙(Hyeon Sook Cho)

이화여자대학교 대학원에서 목회상담학(Ph.D)을 전공했다. 정신분석과 신학의 상호관계, 여성주의 상담에 관심을 갖고 있다.『여성주의와 기독목회상담』(공저), "파괴와 생존의 드라마, 상호주체 정신분석의 목회상담적 의미,"「기독교신학논총」106(2017), "다정한 죽음, 영혼의 밤에 함께하시는 하나님-죽음과 부정성,"「기독교신학논총」114(2019)등이 있다. 현재 서울신학대학교 상담대학원 교수로 재직 중이다.

진미리(Miri Jin)

독일 프랑크푸르트 요한괴테 대학에서 조직신학(Ph.D, 세부전공: 여성신학)을 전공했다. 주요관심사는 여성주의 교회론과 그리스도론, 그리고 젠더이론이며, 최근에는 성평등한 의사소통적 교회론의 이론구축에 주목하고 있다. 대표논문은 "페미니스트 비판과 해석학적 지평의 전환"「조직신학논총」45(2016), "여성의 에클레시아의 후기토대주의적 해석"「한국기독교신학논총」108(2018), "21세기 페미니스트 주체 그리기"「신학논단」96(2019), "여성주의 교회론을 위한 선행조건 연구,"「신학연구」77(2020)이 있으며, 저서로는 *Critique and Feminist Theology* (Wien: Lit-Verlag, 2017)이 있다. 현재 감리교신학대학교 조직신학 객원교수이다.

이난희 (Lee Nan Hee)

한신대학교 대학원에서 여성신학(Ph.D)을 전공했다. 한신대 강사를 역임하였고, 여성신학 및 인문 사회과학에 대한 관심을 가지고 연구와 글쓰기를 계속해 왔으며 그 결과를 전자책『믹스 커피 한잔, 여성 신학 한 스푼』,『신 없는 시대, 여성신학은 어떻게 가능한가?』,『여성이 묻는 삼위일체론은 무엇이 다른가?』로 출간하였다. 정신분석학에도 관심을 갖고『유아의 심리적 탄생』,『편집증과 심리치료』,『상상을 위한 틀, 존재의 원시적 상태들에 대한 임상적 탐구들』(한국심리치료연구소) 등 원서 번역작업에 참여하였다. 이외 공역한 저서로는『기독교는 식사에서 시작되었다』가 있다. 한국여신학자협의회 사무국장, 공동대표를 역임하였고 현재 홍보출판 위원장으로 활동 중이며, 영어 강사로 가르치기와 영어 번역작업에 힘쓰고 있다.

강희수(Hee Soo Kang)

이화여자대학교 대학원에서 조직신학(Ph.D)을 전공하였다. 한국여성신학과 여성주의적 리더십과 디아코니아에 대해 관심이 많다. 대표적인 저서로는『자본주의 시대, 여성의 눈으로 성서를 읽다』(동연, 2020) (공저),『안전도시와 통하는 인문학 』(서울신학대학교출판부, 2019) (공저),『에큐메니칼 여정을 돌아보며』

(대한기독교서회, 2017) (공저) 외 다수의 논문을 저술하였다. 현재 서울신학대학교 외래교수, 감리교 신학대학교 객원교수로 재직 중이다.

이주아(jooah lee)

이화여자대학교 대학원에서 기독교교육(Ph.D)을 전공했다. 미디어와 여성을 주제로 연구하고 있으며 특히 첨단기술과 여성, 기독교의 연결고리에 관심을 두고 있다. 『혐오와 여성신학』(공저), 『위험사회와 여성신학』(공저), "한국교회 성평등을 위한 내재적 교육과정 분석과 여성주의 기독교교육방안 모색"(2021) 등 다수의 저서와 논문이 있다. 대학에서 강의를 하고 있으며 기독여성주의 "교회언니 페미토크" 유투브 채널의 일원으로 활동 중이다.